Aktuelle Frauenforschung
Band 40

Den Wechsel im Blick

Methodologische Ansichten feministischer Sozialforschung

Tübinger Institut für
frauenpolitische Sozialforschung e.V. (Hg.)
(Maria Bitzan, Heide Funk, Barbara Stauber)

2. Auflage

Centaurus Verlag & Media UG
2000

Der Druck erfolgte mit freundlicher Unterstützung der Hans-Böckler-Stiftung.

Die Deutsche Bibliothek – CIP-Einheitsaufnahme

Den Wechsel im Blick:
methodologische Ansichten feministischer Sozialforschung / Tübinger Institut für frauenpolitische Sozialforschung e.V. (Hg.). – Herbolzheim : Centaurus-Verl.-Ges., 2. Aufl. 2000
   (Aktuelle Frauenforschung ; 40)

   ISBN 978-3-8255-0221-8   ISBN 978-3-86226-328-8 (eBook)
   DOI 10.1007/978-3-86226-328-8

ISSN 0934-554X

Alle Rechte, insbesondere das Recht der Vervielfältigung und Verbreitung sowie der Übersetzung, vorbehalten. Kein Teil des Werkes darf in irgendeiner Form (durch Fotokopie, Mikrofilm oder ein anderes Verfahren) ohne schriftliche Genehmigung des Verlages reproduziert oder unter Verwendung elektronischer Systeme verarbeitet, vervielfältigt oder verbreitet werden.

© CENTAURUS Verlags-GmbH & Co. KG, Herbolzheim 2000

Satz: Vorlage der Herausgeberin

Den Wechsel im Blick zu haben - zwischen Forschung und Praxis, zwischen Theorie und Empirie, zwischen ForscherInnen und "Beforschten", zwischen Wissenschaft und Politik - und im Wechsel zwischen den Perspektiven nicht den Kopf zu verlieren, dies geht nur in einem lebendigen Diskussionszusammenhang. Das Buch ist zu verstehen als Zwischenergebnis in einem fortlaufenden Prozeß. Die Komplexität steigt permanent, aber - und hier sind wir optimistisch - auch die Möglichkeiten einer Sprache, die diese Komplexität in sich aufnimmt, ohne sie zu reduzieren.

An diesem Prozeß maßgeblich beteiligt waren und sind die Frauen des Tübinger Instituts für frauenpolitische Sozialforschung e.V., die Frauen des "Forums forschender Frauen" in Tübingen, und nicht zuletzt die Mädchen und Frauen, mit denen zusammen wir unsere Forschungserfahrungen gemacht haben. Auch die Teilnehmerinnen unserer letztjährigen Tagung "Wie weibliche Freiheit entsteht" haben ihren Teil dazu beigetragen. Ein ganz herzlicher Dank geht an Barbara Zeppenfeld für die souveräne Layout-Arbeit.

Der Hans-Böckler-Stiftung danken wir für das Interesse am Zustandekommen des Buches und für die finanzielle Unterstützung des Drucks.

Mit dem Buch wollen wir die Diskussion im weiteren Kreis anregen. Es wäre schön, wenn sich die beim Medium "Buch" naheliegende "Einbahnstraße" vermeiden ließe. Wir ermutigen daher die Leserinnen (und die Leser) ganz ausdrücklich, uns mitzuteilen, ob und welchen diskursiven Ertrag die Lektüre für sie hatte!

Tübingen, im Januar 1998

INHALT

Einführung 1

I. Grundlagen

Feministische Forschung - feministische Praxis:
Anwendungszusammenhänge unter schwieriger gewordenen Bedingungen 13

Gegenstands- und Geltungsbereiche feministischer Forschung 28

    Frauen als Subjekte und der Anspruch der Allgemeingültigkeit 29

    Differenzen unter Frauen als Gegenstand der Forschung? 35

    Gesellschaftstheoretische Grundlage: Der Verdeckungszusammenhang 41

II. Zwischen Methoden und Methodologie - Ergebnisse und Erfahrungen

Wegzeichen im Methodendschungel - Standards unserer Forschung 48

    Frauenforschung als Faktor von Gesellschaftlichkeit 52

    Verständigungsprozesse unter Frauen 57

    Differenz unter Frauen 63

    Anerkennung 67

    Konfliktorientierung 71

    Subjekt- statt "Problemgruppe" 77

    Forschung im Lebenszusammenhang von Frauen 83

    Selbstreflexion 86

    Sozialpolitische "Übersetzung" 90

    Ein anderes Modell wissenschaftlicher Veranstaltung 95

Bildungsvorstellungen in Interaktion - Frageperspektiven zur
Erforschung von Bildungserfahrungen von Frauen in
ländlichen Regionen (Gerrit Kaschuba) 101

Subjektbezogene Forschung - Methodische Zugänge zu
Handlungsstrategien und Gestaltungsansprüchen junger
Frauen (Barbara Stauber) 111

Forschung als Praxisentwicklung – Interne Evaluation eines
Modellprojekts zur Mädchenarbeit (Anne Schwarz) 129

Die Herstellung von Experimentier-Räumen als Forschungsmethode
für Selbsterkenntnis und Erkenntnis (Helga Huber) 143

Forschungsergebnisse für die Praxis nutzbar machen -
frauenpolitische "Übersetzung" als Bestandteile methodologischer
Überlegungen (Maria Knab) 158

Konfliktorientierung und Verständigung als methodologische
Basiselemente feministischer Forschung (Maria Bitzan) 176

Zur Umsetzung feministischer Standards in nichtfeministischen
Zusammenhängen (Heidi Reinl) 198

III. Zur sozialpolitischen Transformation feministischer Forschung

Praxis - Forschung - Politik: Ausgangspunkte 217

Zum Entwicklungsbedarf frauenpolitischer Strategien zwischen
Praxis, Öffentlichkeit und Interessendurchsetzung - eine Werkstatt-Tagung 223

    Der rote Faden: Tagungskonzept 230

    Projektvorstellung I - Ein Netzwerk zur Erhebung und Durchsetzung
    von Traueninteressen in der Region: der AK 'Frauen gegen Gewalt'
    im Landkreis Karlsruhe (Monika Schneider, Maria Knab) 237

    Projektvorstellung II - Beteiligung von Frauen und Mädchen an der
    Jugendhilfeplanung: Selbstthematisierung als Voraussetzung
    (Maria Bitzan, Maike Schmidt) 248

    Eigene Wege von Frauen und Mädchen - gemeinsame Wege
    mit Männern und Jungen: Frauen- versus Geschlechteransatz
    in Praxis und Forschung? (Helga Huber, Gerrit Kaschuba) 258

Betroffene - Ehrenamtliche - Professionelle: Frauenpolitisch brisante
Interessenkonstellationen (Maria Knab, Elke Schön) 265

Balancen in der Lebensplanung von Frauen: Gesellschaftliche
Provokationen und Innovationen (Anne Schwarz, Barbara Stauber) 271

Frauenpolitik in pädagogischer Praxis: Privatinteresse oder
fachlicher Standard? (Maria Bitzan, Heidi Reinl) 278

Perspektiven der Zusammenarbeit zwischen Frauen aus Forschung,
Praxis und Politik - ein Resümee 286

Literatur 304

Zu den Autorinnen 319

Einführung

Lange Zeit waren feministische Sozialforscherinnen sehr auf sich gestellt, wenn sie sich auf die Suche nach einem "Methodenbuch" machten. Was sie fanden, war eine auf hohem Reflexionsniveau geführte theoretische Diskussion um Fragen des Standorts von Erkenntnis, der Parteilichkeit (z.B. bei Becker-Schmidt 1985), des "Gegenstandes", der sich einem direkten Zugriff verweigert (z.B. bei Beer 1987). Was sie auch fanden, waren einzelne Studien, in denen die Verknüpfung zwischen Forschungstheorie und -praxis nachvollzogen werden konnte (z.B. bei Krüger u.a. 1987, Becker-Schmidt 1982). Und was sie seit dem Erscheinen des Bandes von Diezinger und anderen (1994) finden: nach langer Zeit das erste Buch, das sich wieder explizit auf den Diskurs feministischer Methodologie bezieht, dessen Beiträge allerdings von unterschiedlichen analytischen Grundlagen ausgehen. Auf einen Aufsatz stießen nach feministischen "Methodentexten" suchende Sozialforscherinnen jedoch fast immer: auf den Aufsatz von Ursula Müller "Gibt es eine "spezielle" Methode in der Frauenforschung?" (Müller 1984), mit dem ihre vergebliche Suche eine Erklärung bekam: als Suche nach dem falschen Gegenstand. Denn, so Ursula Müller, eine feministische Methode gibt es nicht, es gibt allein einen feministischen Begründungszusammenhang, in dessen Rahmen die Entscheidung für eine oder mehrere Methoden getroffen wird. Mit dieser wichtigen Ebenenunterscheidung verbunden war die Forderung, den Begründungszusammenhang offenzulegen und damit die Methodenwahl *als* theorie- und gegenstandsgebundene Entscheidung transparent zu machen. Nun hatten die Suchenden zwar eine Antwort, aber eine, die sie mit einer gewissen Unzufriedenheit zurückließ. Denn so wichtig die Unterscheidung zwischen Methodologie und Methoden ist, so wenig gibt sie Auskunft darüber, wie genau die Vermittlung zwischen diesen beiden Ebenen aussieht. Und zwar nicht nur in der einen Richtung: vom Begründungszusammenhang zur methodischen Entscheidung, sondern auch in der Gegenrichtung: als Frage, wie die Methoden, oder besser: die methodisch induzierten Erfahrungen aus der Forschungspraxis wieder auf den Begründungszusammenhang zurückstrahlen, wie also genau *der wechselseitige Zusammenhang* zwischen Theorie und (Forschungs-) Praxis zu beschreiben ist. Dies vor allem in der bislang wenig beachteten "Gegenrichtung" auszuleuchten, also zu fragen, was "Erfahrung mit Methode" (so der Titel des Bandes von Diezinger u.a. 1994) für die Theorieentwicklung bedeutet, darum geht es uns in diesem Buch vorrangig.

Das Spezifische "unseres Ansatzes" sehen wir darin, diesen *wechselseitigen* Zusammenhang *als* Wechselverhältnis (und nicht etwa als "Transfer" zwischen Theorie und Praxis oder umgekehrt) konsequent durchdacht zu haben. Dieses Buch zeigt, wie es theoretisch und praktisch zu füllen ist. Die Überlegungen, die wir in den einzelnen Kapiteln zu diesem Wechselverhältnis anstellen, sind nicht zuletzt Grundlage *und* Resultat eines gemeinsamen Tagungsprojektes, welches "by doing" theorie- und methodenbildend war. Wir wollen sie hiermit einer breiteren LeserInnenschaft zugänglich machen. Das Buch schlägt also selbst den "doppelten Bogen" zwischen Theorie und Praxis/Praxis und Theorie, der uns mit unserem Ansatz wichtig ist. Damit gibt es wichtige Impulse zur Beantwortung einer bislang noch offenen Frage innerhalb der feministischen Methodendiskussion.

Unser Buch steht in der Kontinuität der Entwicklung der feministischen Methodendiskussion, die durch die "Methodischen Postulate zur Frauenforschung" von Maria Mies angestoßen wurde (Mies 1978) und ganz besonders den demokratischen und politischen Charakter feministischer Forschung in ihrer unmittelbaren Verflochtenheit mit der damals noch jungen Frauenbewegung einforderte und zum unverzichtbaren Kriterium erhob. Diese Akzentuierung provozierte - wohl auch durch eine simplifizierende Rezeption dieser Postulate im Sinne von "Betroffenheitsforschung" - zur kritischen Widerrede. So argumentierte die prominenteste Vertreterin der "Gegenposition", Christina Thürmer-Rohr (1984), gegen die Illusion, "gleichbetroffen" sein zu können, aber auch gegen die Verleugnung der Kompetenz und des eigenen Charakters von Forschung. Beide Positionen stehen sich (bis heute, vgl. Mies 1996) unversöhnlich gegenüber.

Mittlerweile haben sich unterschiedliche Stränge der Diskussion ausdifferenziert. Die Inanspruchnahme des Labels "Frauenforschung" fand Verbreitung, wurde beliebiger, aber auch - in einem positiven Sinne - selbstverständlicher. Und immer wieder tauchte die Frage auf, die Ursula Müller bereits 1984 gestellt hat: wo denn "das Feministische" an feministischer Forschung stecke. Mit der Antwort, die sie selbst auf diese Frage gab, und deren "Ertrag" in der oben erwähnten Ebenenunterscheidung liegt, war eigentlich bereits eine Wendung vorgezeichnet, die dann aber erst 1991 explizit vollzogen wurde: Die Fragestellung herumzudrehen und statt nach dem "spezifisch Feministischen" danach zu fragen, was denn aus der Praxis feministischer Forschung heraus für die Sozialforschung insgesamt verallgemeinerbar ist, wo also die "Impulse für die (qualitative) Sozialforschung aus der Frauenforschung" liegen (so der Titel des Aufsatzes von Helga Bilden und Regina Becker-Schmidt 1991). Auf diese Diskussion, die im bereits erwähnten Band von Angelika Diezinger u.a. (1994) zusammengefaßt und weitergeführt wird, beziehen wir uns, wenn wir daran weiterarbeiten, eine genauere Bestimmung des Standorts "feministisch" im Wechselverhältnis zwischen Theorie und (Forschungs-)Praxis vorzunehmen. Hier - soviel schon vorweg - entsteht Forschungspraxis als politische Praxis, und dies genau nicht (nur) wegen des grundsätzlichen Begründungszusammenhangs feministischer Forschung, sondern wegen der durch die Forschungspraxis/Forschungsmethoden wachgerufenen Erkenntnismöglichkeit - des Prozesses als Erkenntnis und Praxis.

Die Akzentuierung des Politischen provoziert natürlich zu einer Positionierung bezüglich des Verhältnisses von Forschungs- und politischen Zielen. Dieses würden wir heute anders klären, als es in (z.T. wohl auch argumentationsstrategisch) zugespitzter Weise zwischen Maria Mies und Christina Thürmer-Rohr geschah. Unserer Meinung nach gehen Forschungs- und politische Ziele nicht ineinander auf, weshalb die Ziele der Frauenbewegung (*der* Frauenbewegung?) auch nicht in direkter Weise durch die Forschung verfolgt werden können. Dies würde - von Christina Thürmer-Rohr (1984) zurecht auf den Punkt gebracht - eine Unterordnung bedeuten, eine Schließung des prinzipiell offenen Forschungsprozesses, damit auch ein "Stillstellen" der Frauen, mit denen wir forschen und um deren Subjektstatus es feministischer Forschung doch ganz entschieden geht. Aber: Feministische Forschung wird auch nicht jenseits von feministischen Zielen und Motivationen betrieben, sie "will" immer etwas. Das Verhältnis ist vielleicht am ehesten als eines der Parallelität zu beschreiben: Politische Ziele und Forschungsziele sind parallel angelegt, ohne synonym zu sein. Die Forschungsziele weisen in dieselbe Richtung, aber sie unterliegen einer anderen Dynamik als die Zielbestimmungen der Frauenbewegung. Parallel meint eine je eigensinnige Ziel-Mittel-Relation und eine Eigenwertigkeit der beiden Stränge: keiner ist dem anderen nachgeordnet. Forschung hat ihre eigene Praxis, nach der sie Fragestellung und Methoden zu bestimmen hat, mit dem Ziel, "Material" zur Veränderung und Verbesserung der Situation von Frauen beizutragen. Beide aber, politische Praxis und feministische Forschung, sind aufeinander bezogen: sie nutzen und nützen einander in jeweils unterschiedlichem Sinne. Den Zusammenhang von "Erkenntnis und Interesse" teilt feministische Forschung - seit den Anfängen der Kritischen Theorie - mit jeder sich gesellschaftskritisch verstehenden Sozialforschung (vgl. Becker-Schmidt 1985).

Unsere Gründe für dieses erweiterte Verständnis des Zusammenhangs von Theorie und Praxis haben wir aus der Forschungspraxis gewonnen: in unterschiedlichsten Forschungszusammenhängen haben wir erfahren, daß und wie Methodologie und Methoden miteinander zu tun haben: daß letztere genausosehr die Reflexionsebene speisen wie umgekehrt. Die eine ist nicht etwa den anderen "vorgelagert" - womit auch oft eine Wertung verbunden ist - vielmehr stehen beide Ebenen in einem engen Wechselverhältnis, innerhalb dessen Erfahrungen aus der Praxis einen theoretisch-analytischen Zugewinn bedeuten, der sich dann wieder umsetzen muß in eine erneute Reflexion des methodischen Vorgehens usw. In diesem Zusammenhang können wir an einen anderen Gedanken Ursula Müllers (1984) anschließen, der sich kritisch mit der Hierarchisierung zwischen "explorativen Vorarbeiten" und "eigentlicher" Forschung auseinandersetzt. Diese Wertung gibt es dann nicht mehr, wenn die Erfahrungen der sogenannten "explorativen Phase" als Ergebnisse ernstgenommen werden.

Die Vorstellung einer solch spiralförmigen Erkenntnisgewinnung muß die Ebenen der Methodologie und der Methode nach wie vor auseinanderhalten - allerdings im klaren Bewußtsein, daß es sich hierbei um eine *analytische Unterscheidung* handelt und nicht um eine, die Wertigkeiten zuteilt oder festlegt, auf welcher Ebene die "entscheidenden Erkenntnisse" produziert werden. Vorgelagerte und nachgelagerte Prozesse gibt es in diesem Modell nicht mehr, auch die (wertende) Grenzziehung zwischen "Grundlagenforschung" und "anwendungsorientierter Forschung" entfällt. Denn *Ergebnisse* werden nicht etwa nur auf der Ebene des erhobenen Materials und seiner Auswertung produziert, sondern auch die "Erfahrungen mit Methode" sind Ergebnis: zum Beispiel mit welcher Frage gelang es, einen verdeckten Konflikt zu öffnen, welche Formulierungen lösen welche Reaktionen aus, was produziert neuen Druck etc.

Diese Ebene der Erkenntnisgewinnung ist auf eine Form von Selbstreflexion angewiesen, wie sie von Helga Bilden und Regina Becker-Schmidt als notwendiger Bestandteil (nicht nur) von feministischer Forschung gefordert wurde (Bilden/Becker-Schmidt 1991): einer Selbstreflexion, die nicht nur im "inneren Dialog" der Forschenden mit sich selbst erfolgen kann, sondern die auf prinzipiell jeder Stufe des Forschungsprozesses diesen in seiner ganzen Unabgeschlossenheit der Diskussion aussetzt. Damit sucht feministische Forschung bewußt Brüche und Widersprüche auf, weil sie davon ausgeht, daß *hier* wichtige Erkenntnisse liegen (vgl. das Kapitel "Gegenstands- und Geltungsbereiche feministischer Forschung" in diesem Band).

Dieser Zugang ist auch verankert in unseren gesellschaftsanalytischen Überlegungen, die ihrerseits aus Forschungserfahrungen resultieren bzw. durch sie permanent erweitert werden. Danach forschen wir nicht *über*, sondern *im* Geschlechterverhältnis, befinden uns also mit unserer Forschung mitten in seinen Widersprüchen, Bewertungsmustern, Dualismen, Abspaltungen und Ausgrenzungen. Hierin liegt ein weiterer Grund für die Notwendigkeit der "kollektiven Selbstreflexion", mit der wir unsere "Mittäterschaft" (zum Beispiel bei der Formulierung von Fragen, bei der Haltung in Interviews, beim Gebrauch von Begriffen etc.) entdecken und uns bewußt machen können. Wir entwickelten auf theoretischer Ebene das Konstrukt des "Verdeckungszusammenhangs", welches uns ein hilfreiches Instrument für die Analyse der Wirkungsweisen des Geschlechterverhältnisses ist, seinerseits aber ständig auch revidiert, erweitert, reformuliert wird: Verdeckungszusammenhang meint, dies sei hier nur kurz umrissen, daß sich die hierarchische Struktur des Geschlechterverhältnisses auf vielfältigen gesellschaftlichen und subjektiven Ebenen in einer Weise niederschlägt, die weibliche Lebensrealität verdeckt - sowohl in ihrem Potential wie auch in ihrer strukturellen Problematik und Widersprüchlichkeit. Wesentliche gesellschaftliche Aufgaben und wesentliche Erfahrungsweisen werden individualisiert und damit verdeckt - Aufgaben und Erfahrungsweisen, die nicht per se weiblich oder männlich sind, aber durch die Ausgrenzung aus dem (innerhalb der patriarchalen Logik) männlich konnotierten "Allgemeinen" dem Bewußtsein entschwinden und den Frauen als Natur oder zumindest als soziale Selbstverständlichkeit zugeordnet und zugemutet werden. Damit wird der reale Beitrag von Frauen in den verschiedensten gesellschaftlichen Bereichen unsichtbar gemacht, damit werden wesentliche gesellschaftliche Aufgaben individualisiert, damit werden gesellschaftliche Widersprüche verdeckt und "individualisiert", und es werden dafür permanent die Begründungsmuster auf der

Ebene der Symbolproduktion (Sprache, Begriffsbildung, Bilder von Weiblichkeit und Männlichkeit etc.) produziert. Diese Verdeckungen bestätigen sich gegenseitig, weshalb wir von Verdeckungs*zusammenhang* reden. Sie tun dies umso mehr unter den Bedingungen der "zweiten", individualisierten Moderne (vgl. Beck/ Giddens/ Lash 1996). Wo noch vor einem halben Jahrhundert Verbote, Ausschlüsse, klare Verhaltensregelungen existierten, also auf gesellschaftlicher Ebene "aktiv" ausgeschlossen wurde, wirkt heute die soziale Realität mit Individualisierung, Entthematisierung und scheinbarer Offenheit subtiler und vielleicht auch stärker verdeckend. Wo das Geschlechterverhältnis seine offensichtliche hierarchische Gestalt verloren hat, wirkt es vielleicht noch stärker problemverkleisternd, weil es als realer Hemmschuh für subjektive und kollektive Entwicklungen nicht mehr benannt werden kann und darf. Uns ist bewußt, daß wir mit diesem Konstrukt in die Nähe eines ideologiekritisch von der Frankfurter Schule formulierten "allgemeinen Verblendungszusammenhangs" rücken, dessen kulturpessimistische Färbung wir jedoch nicht teilen. Wir nehmen vielmehr die Tatsache, daß wir alle verfangen sind in diesen patriarchalen Verdeckungen, unsere eigene Mittäterschaft, zum Ausgangspunkt für eine handlungstheoretische Erweiterung dieses Konstrukts. Da, wo wir uns in dieser Verfangenheit "auf die Schliche kommen" - zum Beispiel in unserem eigenen reduzierenden Blick, in unserem eigenen reduzierenden Sprachgebrauch - können wir die eigene Mittäterschaft, aber auch Veränderungspotentiale des Handelns entdecken. Der Verdeckungszusammenhang "funktioniert" nur durch das Mittun, er ist von Subjekten permanent hervorgebrachte Struktur - selbst dann, wenn er eine in Institutionen "geronnene Form" annimmt: auch dann ist diese Struktur auf reproduzierende Erhaltung angewiesen bzw. der reproduzierenden Veränderung ausgesetzt. Genau hier verorten wir also einen Handlungsspielraum von Subjekten: Handeln produziert und reproduziert Struktur, die dann zwar mit größerer objektiver "Härte" den Subjekten entgegentritt, also zu Bedingungen des Handelns wird, gleichzeitig aber sich mit dem Handeln auch wieder verändert. Dieser Gedanke wurde von Anthony Giddens (1988) systematisch ausgearbeitet, ist aber in der kritischen Theorie bereits angelegt, und bei Regina Becker-Schmidt (1985) für die feministische Theorie weitergedacht (vgl. auch Haug/ Hauser 1988). Das Geschlechterverhältnis wollen wir nicht aus dieser Strukturbestimmung herausnehmen und als unveränderbar "stillstellen": vielmehr ist es *als Strukturgefüge* ebenfalls dem (strukturverändernden/ -transformierenden) Handeln von Frauen und Männern ausgesetzt. Anders ließe sich auch unsere subjektorientierte Forschung, bei der es uns immer um diese Handlungspotentiale geht, um (wenn auch verdeckte) politische bzw. politikrelevante Praxis von Frauen, gesellschaftstheoretisch nicht verorten.

Zur Entstehungsgeschichte des Frauenforschungsinstituts:
Am Anfang stand das Bedürfnis zweier Frauen, die Erfahrungen, die sie im Rahmen ihres Forschungsprojektes machten, mit anderen Forscherinnen aus verwandten Themengebieten auszutauschen. Dies war der Anstoß für ein autonomes, also jenseits der Universität zusammenkommendes Forum forschender Frauen, in dem Abschlußarbeiten, Forschungsprojekte, Projekte im Zwischenbereich von Forschung und Praxis diskutiert wurden. Nach einigen Jahren der intensiven Zusammenarbeit und der allmählichen Konturierung eines "eigenen Verständnisses" von feministischer Forschung wuchs bei einigen Frauen aus diesem Kreis das Interesse an einer stärkeren Institutionalisierung. Während das Forum sich weiterhin traf und bis heute eine feste Struktur außerhalb der Universität bietet, gründeten wir 1995 das unabhängige "Tübinger Institut für frauenpolitische Sozialforschung e.V.". Die hieran beteiligten Frauen stellen sich im Rahmen dieses Buches mit einigen methodologischen Aspekten ihrer Forschungspraxis vor, für unser gemeinsam entwickeltes Arbeitsverständnis im Wechselverhältnis von Theorie und Praxis steht die Dokumentation unserer Tagung "Wie weibliche Freiheit entsteht - Zum Entwicklungsbedarf frauenpolitischer Strategien zwischen Praxis, Öffentlichkeit und Interessendurchsetzung in Baden-Württemberg", die wir im Herbst 1996 zusammen mit Frauen aus verschiedenen

pädagogischen, planerischen und politischen Arbeitsfeldern in Bad Urach durchführten.

Zur Entstehungsgeschichte dieses Buches:
Im Laufe der ersten Jahre des "Forums forschender Frauen" bündelte sich der Austausch immer wieder in methodisch-methodologischen Fragestellungen. Diese Fragestellungen vertieften wir in Methodenworkshops, woraus die ersten Textstücke entstanden. Diese Texte wurden in einem gemeinsamen Denkprozeß erweitert, verändert, reformuliert. Sie bilden die Ausgangspunkte für dieses Buch. An der Formulierung der ersten Textstücke war Heide Funk maßgeblich beteiligt, die weitere Textarbeit übernahmen Barbara Stauber und Maria Bitzan.

Zum Aufbau dieses Buches:
Das Buch gliedert sich in drei Abschnitte. Im ersten Abschnitt geht es um die Grundlagen der feministischen Methodendiskussion. Zunächst widmen wir uns der für unser Selbstverständnis zentralen Frage der Anwendungszusammenhänge feministischer Forschung. Diese Frage stellt sich unter den gesellschaftlichen Bedingungen der "zweiten" Moderne anders und komplizierter. Sie muß deshalb im Blick auf diese Bedingungen reformuliert werden, wenn sie nicht in die Fallstricke der frühen Phase der Frauenforschung geraten oder als "alter Hut" ad acta gelegt werden will. Und letzteres darf sie - trotz oder gerade wegen diverser entpolitisierender Tendenzen feministischer Diskussion - nach unserem Verständnis auf keinen Fall. Eine Präzisierung der Frage nach dem Nutzen von Forschung setzt für uns allerdings voraus, sie in die Kontexte zu stellen, in denen sie sich gesellschaftlich unseres Erachtens auch bewegt. Wir versuchen daher, von drei Seiten her auf eine Reformulierung dieser Frage zuzugehen: von der Seite der Ideologiekritik, von der Seite sozialpolitischer Deutungsmuster und von der Seite der Methodologie. In der Vermittlung dieser drei Perspektiven können wir die Nutzenfrage verorten, von hier

aus wird eine Neubestimmung des Begriffs von Praxisforschung möglich. Und von hier aus können wir auch (selbst-)kritisch nachfragen, warum das, was implizit unsere Anforderungen an praxisbezogene feministische Forschung waren und sind, noch keinen expliziten Status bekommen hat. Mit der Verortung in einer modernisierungskritischen feministischen Gesellschaftsanalyse verbinden wir daher auch eine Wissenschaftskritik, die für uns vor allen Dingen "Explizierung des Impliziten" bedeutet.

Im zweiten Teil des Grundlagenkapitels fragen wir nach gemeinsamen Bezugspunkten der vielfältigen Themenstellungen feministischer Forschung. Auch hier geht es um "Explizierung des Impliziten": eine gemeinsame Binnenstruktur und Binnenlogik feministischer Forschungsarbeiten aufzudecken. Hierbei nähern wir uns quasi von einer anderen Seite dem oben bereits genannten "Begründungszusammenhang" feministischer Forschung, denn explizit oder implizit geht es ihr immer um das Geschlechterverhältnis - seine Mechanismen, seine Geschichte, seine Veränderungen und seine Entwicklungsperspektiven. Diese Aufmerksamkeit verändert den Blickwinkel. Verschiebt Relevanzen. Läßt bisher Unbeachtetes in den Blick kommen. Führt zur Infragestellung vermeintlich allgemeingültiger gesellschaftstheoretischer Aussagen. Und dazu, daß die Kriterien für Allgemeingültigkeit neu bestimmt werden müssen. In Bezug auf letzteres kann die Diskussion um Differenz ein großes Stück weiterbringen, vor allem dann, wenn Differenz nicht nur ein hohles Lob der Vielfalt bleibt, sondern werden die ihr innewohnenden Herrschaftslogiken analysiert, die "uns Frauen" trennen und in Hierarchien (nach Alter, sozialer Herkunft, ethnischer Zugehörigkeit, Stadt-Land etc.) bringen. Wurde mit der "Entdeckung" einer gemeinsamen Binnenstruktur feministischer Forschung eine Ausweitung ihres Gegenstandsbereiches möglich, so geht es nun aus der Perspektive einer so verstandenen herrschaftskritischen Diskussion um Differenz um eine Eingrenzung desselben: anzuerkennen, daß es neben dem Geschlechterverhältnis weitere

Herrschaftsverhältnisse gibt, die diesem keineswegs nachgeordnet sind. Dies bedeutet nicht unbedingt eine Minderung des Geltungsbereich feministischer Forschung, wohl aber eine Präzisierung, mit welcher genauer das Zusammenspiel unterschiedlicher Herrschaftsmechanismen untersucht werden kann. Im Zusammenhang mit letzteren explizieren wir auch unsere gesellschaftstheoretischen Überlegungen zur Analyse der Geschlechterhierarchie. Diese münden im theoretischen Konstrukt des Verdeckungszusammenhangs, welches wir in unterschiedlichen Forschungskontexten angewendet und weiterentwickelt haben.

Der zweite Abschnitt widmet sich zunächst den Standards, die wir aus dem Wechselverhältnis von Forschung und Praxis entwickelt haben. Sie beziehen sich vorwiegend auf Forschung in Fragestellungen der Sozialpädagogik, dennoch reicht ihr Geltungsbereich darüber hinaus. Es sind "eigene Standards", Standards, in denen sich unser Anspruch an die eigene Arbeit ausdrückt. Sie sollen trotz ihres "Aufforderungscharakters" nicht als "neue 10 Gebote" die "alten" Postulate ablösen. Standards sind vielmehr zu verstehen als aus theoretischen und forschungspraktischen Erfahrungen gewonnenes Wissen darüber, wie feministische Forschung mit Mädchen und Frauen gestaltet sein sollte, um der verdeckten Relevanz ihrer Lebensrealitäten Ausdruck zu verleihen. Dieses Erfahrungswissen erweitert und verändert sich ständig, stellt bisherige Standards u.U. infrage, verlangt zumindest eine Reformulierung. Damit bringen die hier vorgestellten Standards unseren derzeitigen Diskussionsstand zum Ausdruck, ein "Zwischenbericht" aus einem Prozeß, der nicht abgeschlossen ist und auch nicht abgeschlossen sein kann.

In Einzelbeiträgen von Mitgliedsfrauen unseres Instituts werden dann beispielhaft methodologische Reflexionen aus der Forschungspraxis ausgeführt. Sie entstammen unterschiedlichen Forschungsprojekten aus vorwiegend sozialpädagogischen Zusammenhängen.

Dem letzten dieser Standards, den wir "sozialpolitische Transformation" genannt haben, ist ein eigener Abschnitt gewidmet, weil er für unser Verständnis von feministischer Praxisforschung zentrale Bedeutung hat. Dieses Kapitel beinhaltet die Auswertung der Prozesse, Erfahrungen und Ergebnisse unserer im Herbst 1996 als gemeinsamen Projekt von Forscherinnen und "Praktikerinnen" durchgeführten Tagung. Hierin wird das obengenannte Wechselverhältnis von Theorie und Praxis inhaltlich verdeutlicht und die oben prononcierte Vermittlung zwischen Theorie und Praxis *als Wechselverhältnis* ausgeführt. Das Resümee dieser Tagung erarbeiteten wir zu acht - in Form eines reihum gehenden "Kettenbriefs". Es formuliert die Perspektiven der Zusammenarbeit zwischen Frauen aus Forschung, Praxis und Politik.

Das Buch ist ein Diskussionsbeitrag. Es fordert dazu auf, die eigenen Erfahrungen in der Forschung mit Mädchen und Frauen ernstzunehmen und lädt dazu ein, Neues auszuprobieren, quer zu denken, und vor allem: auszusteigen aus dem zumeist hierarchisch gedachten Verhältnis von Theorie und Praxis.

Es ist ein Angebot zur kritischen Bezugnahme und eine Einladung - zum Mitdenken, Mitdiskutieren, Weiterentwickeln. Es ist in keiner Weise abgeschlossen: weder beanspruchen wir, "abschließend" Antworten auf die hier zur Debatte stehenden Fragen gefunden zu haben, noch glauben wir, daß mit diesen Fragen schon alles "Infragestehende" benannt ist. Wir haben versucht, die derzeitigen "Endpunkte" unserer Diskussion als solche im Text kenntlich zu machen.

Das Buch ist auch eine "Entlastung". Einige Begründungszusammenhänge für die feministische Forschungspraxis haben wir hier formuliert. Insofern leistet das Buch - trotz aller notwendigerweise offenbleibenden Fragen - Grundlagenarbeit.

I. Grundlagen

Feministische Forschung - feministische Praxis: Anwendungszusammenhänge unter schwieriger gewordenen Bedingungen

Feministische Forschung steht von ihrem politischen Selbstverständnis her und auch aufgrund ihrer Wurzeln in der Frauenbewegung immer schon in einem Anwendungszusammenhang. Auch wir definieren unser Selbstverständnis als Wissenschaftlerinnen immer noch relativ umstandslos über den Praxiszusammenhang unserer Forschung, den wir in mehrfacher Hinsicht sehen: als Praxisnähe der Forschung, die - auf der Ebene der Forschungsergebnisse - ohne diese Nähe an Qualität verlöre; als Umsetzungsorientierung der Forschung, die ihre Ergebnisse weitgehend wieder in die Praxis zurückgeben will, also ihren Wert an ihrer Praxisrelevanz bemißt; als "Übersetzerin" in ständigem Pendeln zwischen Praxis und Wissenschaft. Diese relative Selbstverständlichkeit in der Selbstdefinition, dieses implizite Selbstverständnis, ließ bisweilen vergessen, daß der Anwendungsbezug nicht nur im Streit zwischen einem feministischen und dem wissenschaftlichen "main"- oder male-stream, sondern gerade auch innerhalb der feministischen Forschung ein durchaus konfliktträchtiges Thema war und ist: bis heute bewegen sich hier die Positionen innerhalb eines breiten Spektrums, vom Praxisbezug der Forschung als Wahrheitskriterium schlechthin (vgl. Mies 1978 und 1994) bis hin zu einem deutlichen Bekenntnis zu mehr "Handlungsentlastung" und zu der Ansicht, daß der Anwendungsbezug auch einen Druck erzeugen kann, unter dem der gesamte Forschungsprozeß leidet (vgl. Hagemann-White/Rerrich

1988:99). Mit unserem eigenen Forschungsansatz einer feministischen Praxisforschung stehen wir, ohne daß wir diesen Ansatz zum "Königinnenweg" feministischer Erkenntnis verabsolutieren wollen, sehr stark in Anwendungszusammenhängen, müssen uns also genau mit dem Anwendungsbezug auseinandersetzen. Dieser ist, wie weit er auch immer zum Wahrheits- oder Relevanzkriterium von Forschung erklärt wurde, an sich schwierig geworden: Unter den gesellschaftlichen Bedingungen der Modernisierung wurde auch er vom allgemeinen Verlust an Eindeutigkeit ergriffen. Eindeutig sind weder die Wirkungsweisen von Forschung auf Praxis, schon gar nicht die von Forschung auf Politik, noch die politischen Perspektiven, in deren Dienst eine sich feministisch verstehende Sozialforschung stellen will. Konnte in den siebziger Jahren zumindest noch an solche Formen der Eindeutigkeit geglaubt werden, so ist im Zuge weitergehender Modernisierung und Individualisierung auch dieser Glaube abhanden gekommen: Vor circa zwanzig Jahren, in den Anfängen der Frauenforschung, konnte sie diesen Anwendungszusammenhang inhaltlich und von der Zielperspektive her noch ganz klar mit gesellschaftlicher Veränderung füllen. Praxis hieß kollektive Praxis und die Voraussetzungen dieser kollektiven Praxis - ein gemeinsames Grundverständnis in der gesellschaftlichen Analyse, gemeinsame Handlungsstrategien, gemeinsame Ziele und, was am wichtigsten war und gleichzeitig am problematischsten, ein kollektives politisches Subjekt - brauchten nicht infrage gestellt zu werden. Dies hat sich verändert: die feministischen Gesellschaftsanalysen haben sich ausdifferenziert, die Handlungsstrategien werden sehr unterschiedlich eingeschätzt, Einigkeit über die politischen Ziele gibt es allenfalls noch in allgemeinen Formulierungen und das politische Subjekt (als kollektiver Singular) hat sich im Zuge des geschärften und selbstkritischen Blicks auf "falsche Schwesterlichkeit" aufgelöst. Dieser Verlust an Eindeutigkeit soll hier nicht beklagt werden. Dies erschiene uns zum einen historisch sinnlos, zum anderen hat der Verlust an Eindeutigkeit auch Öffnung, Differenzierung und Genauigkeit mit sich gebracht, die wir sehr begrüßen.

Der Praxisbegriff hat sich erweitert - Praxis wird heute kaum mehr reduziert auf die "öffentliche" Praxis. Vielmehr wird gerade die Trennung von Öffentlichkeit und Privatheit zunehmend infrage gestellt, werden verschiedene Öffentlichkeiten identifiziert (vgl. Lang/ Richter 1994), diese auch zunehmend handlungstheoretisch, als "doing public" bestimmt (Schultz 1996), wodurch sich "Praxis" breiter und umfassender verorten läßt: in den unspektakulären, alltäglichen Lebenspraxen von Frauen, was auch bedeutet, diesen Formen der Praxis Wert zu geben, sie in ihrer gesellschaftlichen Relevanz anzuerkennen. Zum Beispiel mußten *und konnten* zentrale Kategorien feministischer Forschung - wie die von Anpassung und Widerstand - anders bestimmt werden. Unter den heutigen Bedingungen sozialer Integration sind die Handlungsstrategien von Frauen als komplexe Vermittlungsleistungen zwischen subjektiven Ansprüchen und gesellschaftlichen Anforderungen zu begreifen. Die Kategorien Anpassung und Widerstand suggerieren hier immer falsche Vereinseitigungen, die solche Vermittlungsleistungen in ein polares Schema pressen, welches zudem mit einer problematischen Bewertung unterlegt ist und in die eine Richtung Entwertung, in die andere Richtung Idealisierung produziert[1].

Heute wird es möglich, das Geschlechterverhältnis als eines zu begreifen, in dem strukturelle Bedingungen und subjektive Handlungsmöglichkeiten in einem dialektischen Wechselverhältnis stehen. Dies erlaubt einen präziseren Blick auf Handlungsbedingungen und auf Handlungsstrategien, mithin auch auf die subjektiven und kollektiven Veränderungsmöglichkeiten des Geschlechterverhältnisses.

Wir können also zusammenfassen:
Den Verlust von Eindeutigkeit produktiv zu wenden, hat zur Differenzierung von Analysen und Konzepten in feministischer Forschung geführt. Der Verlust der Eindeutigkeit ist kein Abfall in Beliebigkeit. Er war zwar zunächst anstrengend, öffnete

---

[1] Die Anfänge einer solchen Neubestimmung von Widerstand und Anpassung fanden sich schon früh in der kritischen Mädchenforschung (Savier/ Wildt 1978).

aber den Blick auf die Komplexität der Zusammenhänge. Inzwischen ist es zu einem Kennzeichen und wichtigen Prinzip feministischer Analyse geworden, auf unterschiedlichen Ebenen die "Genauigkeit des Blicks" zu kultivieren (vgl. Bitzan 1997) und die Eindeutigkeit als "falsche" zu entlarven. Die Kritik am falschen Allgemeinen war ja ein zentraler Ausgangspunkt feministischer Forschung. Diese Kritik hat sich verallgemeinert und bezieht nun auch den selbstkritischen (Rück-)Blick auf die eigenen Analysen und Untersuchungen ein. Eine zunehmende Sensibilität für die Problematik des Denkens im Singular (vgl. Thürmer-Rohr 1997) hat inhaltliche Festlegungen, wie Frauen sind und zu sein haben, als politisch motivierte Zuschreibungen entlarvt, die - unabhängig von der jeweiligen politischen Motivation - zu erneuten Klischeebildungen führen, in denen Frauen sich nicht wiederfinden. *Gerade* der Anwendungsbezug, der aus dem Selbstverständnis von Frauenforschung resultiert, birgt in besonderem Maße die Gefahr von Klischeebildungen und -reproduktionen. Besonders dann, wenn der Anwendungsbezug zu "platt" gedacht ist, wenn beispielsweise Skandalisierungen den "Betroffenen" dienen sollen. Oder wenn die Handlungskompetenzen von Mädchen und Frauen in der Problemorientierung der Forschung "übersehen" oder reduziert werden. Wir müssen daher unsere Begriffe, unsere theoretischen und methodischen Zugänge und vor allem unsere Fragestellungen einer permanenten Überprüfung aussetzen, weil wir nicht jenseits, sondern inmitten eines patriarchalen Verdeckungszusammenhangs forschen, der auch unser eigenes Denken prägt[2]. Diese Form der Selbstreflexion muß sich selbst zum Gegenstand nehmen. So verstehen wir auch Ulrich Becks appellativen Impetus seiner These einer "reflexiven Modernisierung" (Beck 1993), die, wenn wir sie auf die Forschung übertragen, in der Forderung mündet, daß sich die Forschung dieser Reflexivität stellen muß und sie auf sich selbst anwenden muß, wenn sie überhaupt noch die gesellschaftliche Entwicklung einholen will. Darin sehen wir eine Herausforderung

---

[2] Der Begriff des Verdeckungszusammenhangs wird im zweiten Teil dieses ersten Kapitels entwickelt.

für die Wissenschaft. Wir wollen also nicht nur die spezifischen Bedingungen, in denen unsere Forschung stattfindet, reflektieren, sondern wenden diese kritische Analyse auf unsere eigene Arbeit an. Unsere Fragen müssen uns immer wieder selbst zur Frage werden: ihre Reichweite, ihre Begrenzungen, ihre impliziten Vorstellungen und Bedeutungshorizonte, ihre verdeckten normativen Besetzungen.

Im Hinblick auf den Anwendungsbezug von feministischer Forschung stellt sich nun die Frage, in welchem Sinne wir weiterhin von ihm reden können. Erste Überlegungen hierzu wollen wir im folgenden anstellen. Den Verlust an Eindeutigkeit wollen wir dabei gerade als Chance für eine reflektierte Neubestimmung nutzen. Hier gilt es zunächst zu differenzieren: zwischen dem allgemeinen Anwendungszusammenhang, in dem feministische Forschung steht, und unserem in spezifischer Weise anwendungsbezogenen Selbstverständnis als feministische Praxisforschung.

Zu ersterem: Wir gehen davon aus, daß - trotz aller Fragezeichen, mit denen die *Wirkung* von feministischer Forschung versehen werden muß - sie in einem grundsätzlichen Sinne in Anwendungszusammenhängen steht. Dies ergibt sich daraus, daß feministische Forschung ja letztlich immer auf eine Veränderung des Geschlechterverhältnisses in seiner jetzigen hierarchischen Struktur abzielt. Um es sehr allgemein zu formulieren, es geht "um die Erweiterung der Handlungsräume von Mädchen und Frauen. Politisches Ziel ist die Öffnung von mehr und vielfältigeren Optionen, gerade jenseits der erwarteten biografischen Entwürfe und Verhaltensweisen. Das bedeutet, nach den subjektiven Vermögen und Wünschen zu suchen und nach deren Behinderungen. Das bedeutet auch, nach den Quellen der Bestärkung und Anerkennung zu suchen, die diese Räume auszunutzen ermöglichen" (Bitzan 1997:5). Unter dieser allgemeinen Ziel- und damit Anwendungsorientierung finden sich sowohl direkte als auch indirekte anwendungsbezogene Forschungszugänge. Wie Ilse Lenz 1996 im systematisierten Rückblick auf die Geschichte der Frauenforschung feststellt, kann inzwischen von drei "Generationen" von Frauenforscherinnen ausgegangen werden, die - jeweils untereinander auch wieder unterschiedlich - auf verschiedene Weise neben und vor den Wissenschaftsdiskursen in konkret-praktischen Frauenzusammenhängen verankert sind - sei dies nun im Rahmen von Frauenforschung, im Rahmen von feministischer Bildungs-, Beratungs- und Sozialarbeit oder in unterschiedlichen soziokulturellen Bezügen. Trotz und in dieser ganzen Unterschiedlichkeit ist diese Verankerung der Kontext der Forschung mit Mädchen und Frauen und auch ihr mehr oder weniger direkter, mehr oder weniger explizit formulierter Bezugspunkt. Dieser ist zugunsten eines besseren Verständnisses offenzulegen.

Unser Zugang, der sich explizit im Wechsel zwischen Forschung und Praxis bewegt und in dem Praxis und Forschung in einem Relevanzzusammenhang stehen (als gegenseitige Aufwertung, gegenseitiger Nutzen, gegenseitige Herstellung von "Bedeutung"), muß sich besonders genau mit dem Thema des Anwendungsbezugs auseinandersetzen.

Aus den bisherigen Bemerkungen dürfte klar geworden sein, daß wir mit "Nutzen" nicht die (direkte) Verwert- und Umsetzbarkeit von Forschung meinen, die so vielleicht nur noch in ganz bestimmten Bereichen der Praxisforschung möglich ist. Die Frage nach dem Nutzen von Forschung stellt sich uns nicht mehr in "einfacher" Form. Denn eine naive Gradlinigkeit enthält Zuschreibungen, Reduzierungen und Klischeebildungen, die der differenzierten Realität weiblicher Lebenslagen und weiblicher Handlungsstrategien nicht gerecht werden. Das beste Beispiel hierfür sind Auftragsforschungen, in denen sich die Fragestellung der Untersuchung zugunsten einer späteren Übersetzbarkeit der Ergebnisse in die sozialpolitischen Diskurse bereits an diese anlehnt und damit die sozialpolitischen Klischees (zum Beispiel bezüglich weiblicher "Problemgruppen") schon in die Untersuchung hineinnimmt. Über diesen Mechanismus verlängern sich die Wirkungen der Geschlechterhierarchie: wenn solche Analysen und Konzepte nicht mit der Untersuchung dekonstruiert werden können, dann reproduziert solche anwendungsbezogene Forschung den verzerrenden und reduzierenden geschlechtshierarchischen Blick. Den Anwendungsbezug verorten wir daher nicht außerhalb, sondern innerhalb der ForschungsPraxis. Dies bedeutet, daß das, was während des Forschungsprozesses geschieht, zum Relevanzkriterium (nicht zum Wahrheitskriterium!) für die Forschung wird. Der Anwendungsbezug wird also nicht erst nachträglich hergestellt (zum Beispiel als "Umsetzung der Ergebnisse in die Praxis"), sondern vollzieht sich im Wechselprozeß zwischen Forschung und Praxis.

Damit vollzieht sich nun in der Tat ein Perspektivenwechsel: die Qualität der Verständigung unter Frauen wird nun zum Kriterium für die Relevanz unseres Tuns als Forscherinnen. Diese Qualität ist genauer inhaltlich zu bestimmen: Zunächst liegt sie in der Herstellung von Verständigung unter Frauen. Diese läßt sich zunächst ganz allgemein entlang der grundlegenden Menschenrechte bestimmen, wonach Verständigung ohne Abwertung, ohne gegenseitige Degradierung, ohne Übergriffe möglich sein muß, so daß sich alle Teilnehmerinnen des Diskurses unter gegenseitiger Achtung und Respekt begegnen können. Nun liegen die Verhinderungen für solche Verständigung *auch* in der Konstruktion des Geschlechterverhältnisses als Herrschaftsverhältnis (vgl. Benjamin 1990, Fraser 1994, Rich 1986, Thürmer-Rohr 1994), womit eine wichtige Präzisierung der Diskussion um die Bedingungen der Möglichkeit eines "herrschaftsfreien Diskurses" (Habermas 1981) notwendig wird. Auf dieser analytischen Basis meint dann Verständigung unter Frauen weiter, sich einander verständlich zu machen, eine kommunikative Brücke herzustellen zwischen Lebensrealitäten, von deren Unterschiedlichkeit wir ausgehen müssen. Wir haben tatsächlich "Verständigungsbedarf", und dieser darf auch die kritischen Punkte wie Hierarchien nicht aussparen. Sonst bleiben "Auslassungen", Nicht-Benennungen, Verselbstverständlichungen auf Seiten der Befragten unhinterfragt. Und auf Seiten der Forscherinnen entsteht die Gefahr von falschen Nivellierungen, "Gleichbetroffenheiten" (vgl. Thürmer-Rohr 1984). Verständigung bedeutet immer beides: sich selbst verständlich zu machen (was eine genaue Wahrnehmung und "Anerkennung" des eigenen Standorts erfordert) und die andere zu verstehen, sie anzuerkennen, was wiederum sowohl die genaue Wahrnehmung wie auch die Wertschätzung beinhaltet (vgl. Bitzan 1997). Und es bedeutet: sich auf die gemeinsame (methodisch unterstützte) Suche nach Möglichkeiten und Ebenen der Verständigung (und eben nicht: der Gemeinsamkeit) zu machen. Dies ist der gemeinsame Bezugspunkt, auf den sich - unter Umständen mit durchaus unterschiedlichen Interessen - beide Seiten beziehen. Die "Praxis der Anerkennung" heißt, " einen Boden der Sicherheit herzustellen, der Frauen nicht gleich von ihren Deutungen und ihrem Wissen um das, was sie brauchen, abbringt" (Bitzan 1997:12).

Nutzen und Bedeutsamkeit von Forschung liegen für uns dann auf unterschiedlichen Ebenen der Verständigung:

* in der Verständigung unter Frauen: wie kann es beispielsweise innerhalb von praxisbezogenen Forschungsprozessen zur Entwicklung von Interpretationsfolien für weibliches Handeln kommen, welche die Strategien von Frauen neu bewerten? Wie können durch die Forschung Verständigungsprozesse unter Frauen initiiert und unterstützt werden, die ihnen selbst neue Erfahrungen und neue Deutungsmuster im Hinblick auf gegenseitige weibliche Bezugnahme vermitteln?
* innerhalb der Wissenschaftsdiskurse: wie können die Ergebnisse der Frauenforschung vermittelt und verallgemeinert werden? Wie kann beispielsweise die gesellschaftliche Relevanz, die wir in den minderbewerteten weiblichen Handlungsfeldern sehen, zu einer allgemeinen "Umschrift" gesellschaftlicher Relevanzsysteme führen?
* auf den verschiedenen Politikebenen - und zwar vom allgemeinen sozialpolitischen Diskurs über die Wirkungen auf das regionale Klima bis hin zu den Aushandlungsprozessen in Initiativgruppen: wie kann hier der Prozeß der diskursiven Verständigung vorangetrieben werden? Wie sind zum Beispiel nicht-degradierende Formen von Beteiligung möglich?

Die Thematisierung des Nutzens von Forschung greift somit in verschiedene theoretische Diskurse ein. Diese sollen im folgenden kurz benannt werden und damit den systematischen Ort des Nachdenkens über den Anwendungsbezug skizzieren.

Sie liegen zum einen auf der Ebene von *Ideologiekritik* - bzw. entspringen dem Anspruch, ideologiekritische Forschung zu betreiben. Unter Ideologiekritik verstehen wir dabei in Anlehnung an Regina Becker-Schmidt (1994), sichtbar zu machen, daß zentrale Zuschreibungsmuster in Bezug auf Weiblichkeit auf ideologischen Trennungen/ Spaltungen beruhen bzw. darauf, daß unzulässigerweise Getrenntes/ Aufgespaltenes in einen "falschen" Zusammenhang gebracht wurde. Beide Aspekte - das Trennen und das "falsche" Wiederzusammenbringen des Getrennten - sind inhaltliche Präzisierungen des Begriffs der Ideologieproduktion. Wenn unsere Forschung ideologiekritisch sein will, dann können wir dies überprüfen, indem wir fragen, wo unsere Arbeit eine Art der Dekonstruktion patriarchaler Trennungen und eine Art der Rekonstruktion des ideologisch Getrennten und "falsch Zusammengesetzten" leistet. Gleichermaßen müssen wir aber fragen, wo auch wir die patriarchalen Spaltungen reproduzieren. Unsere Nutzenfrage wird hier zur selbstkritischen Hinterfragung unserer Arbeit auf die Wirkungen der Geschlechterhierarchie - darauf, wie sich in ihr die ideologischen Mechanismen, die der Geschlechterhierarchie geschuldet sind, spiegeln.

Die ideologiekritischen Fragen wiederholen sich auf der Ebene der *sozialpolitischen Deutungsmuster* - und auch hier wieder doppelt. Einerseits als Leitfrage einer kritischen Analyse sozialpolitischer Politikproduktion: wo können wir reduzierte Weiblichkeitsbilder und einen reduzierenden sozialpolitischen Umgang mit Frauen auf verdeckte gesellschafts- und sozialpolitische Konflikte zurückführen? Wo und wie können wir in unserer Arbeit durch unsere theoretischen und methodischen Zugänge Raum schaffen für die Öffnung dieser verdeckten Konfliktlinien? Und damit auch Raum für nicht-reduzierte "Weiblichkeitsbilder" als Grundlage einer anderen Sozialpolitik mit und für Frauen? Andererseits jedoch wiederum als Frage einer kritischen, "reflexiven" Selbstreflexion: wo fallen wir, indem wir uns auf den sozialpolitischen Diskurs einlassen, selbst immer wieder in (neue) Klischeebildungen und Reduzierungen zurück? Unsere Nutzenfrage wird hier zur Frage nach den Möglichkeiten, "Brückendiskurse" (Fraser 1994) herzustellen zwischen den bislang abgeschotteten Bereichen weiblicher Lebenswelten und den unterschiedlichen sozialpolitischen Arenen. Sie ist gleichzeitig eine Aufforderung zur selbstkritischen Überprüfung unserer Haltung: Wo fangen wir an, für die Frauen zu sprechen? Wo holt uns der Mythos der Schwesterlichkeit und Gleichbetroffenheit ein, der uns den Blick auf Differenzen unter Frauen verstellt? Wo sind wir plötzlich wieder sozialpädagogisch-fürsorglich und negieren in bester Absicht den Subjektstatus der Frauen, mit denen wir forschen?

Zum dritten stellt sich uns die oben genannte Nutzenfrage als Frage nach der *Methodologie* - der prozeßhaften Verschränkung von Theorie- und Methodenentwicklung: welche theoretischen und methodischen Zugänge erweisen sich in den unterschiedlichen Forschungskontexten als geeignet, die bisherigen Überlegungen aufzunehmen und Raum zu schaffen für den genauen, nicht-reduzierten Blick auf weibliche Lebenszusammenhänge? Auf dieser Ebene der Nutzenfrage müssen wir unsere Kritik der Ideologieproduktion und der Wirkung herrschender sozialpolitischer Deutungsmuster auf unsere methodologischen Reflexionen rückbeziehen.

In diesem Spannungsfeld aus Ideologiekritik, Sozialpolitik und Methodologie bewegt sich unseres Erachtens das Fragen nach dem Anwendungsbezug von Forschung. Indem wir von diesen drei Eckpunkten aus diese Frage stellen, versuchen wir, kritische Gesellschaftsanalyse, sozialpolitische Transformation und die konstruktive Übersetzung in erweiterte Forschungskonzepte, die erstere beiden aufnehmen, zu integrieren - ein durchaus anspruchsvolles Unterfangen.

Die Frage nach dem Nutzen von Forschung so zu stellen, ist innerhalb der herrschenden Wissenschaftsdiskurse keineswegs gängig. Zwar wurden die Wirkungen von Geschlechterhierarchie auf das Denken auch im Wissenschaftsbereich immer wieder untersucht (vgl. List/ Studer 1989) in ihren Auswirkungen auf Frauen (vgl. bspw. die Überlegungen zur Mittäterschaft von Frauen bei Thürmer-Rohr 1989), dennoch betreten wir hier Neuland. Das Neue besteht darin, daß wir nicht nur die Begrifflichkeit von Wissenschaft verändern, sondern tatsächlich auch Wissenschaft als spezifische Veranstaltung: Wir nehmen eine Umwertung und Umnutzung dieser Veranstaltung vor (vgl. das Kapitel II in diesem Buch und hierin besonders den Beitrag von Bitzan). Zum Beispiel durch die Bestimmung des Nutzens der Forschung entlang der Frage, inwieweit damit das Geschlechterverhältnis als Herrschaftszusammenhang hinterfragt wird. Zum Beispiel durch bestimmte Methoden, die gerade den Blick *hinter* den Verdeckungszusamenhang der Geschlechterhierarchie erlauben. Zum Beispiel auch - und in Zusammenhang mit den angewandten Methoden stehend - durch den veränderten Subjektstatus, den die Frauen, mit denen wir forschen, in unseren Untersuchungen haben. Sobald die subjektiven Lebenspraxen Relevanz bekommen, sobald die Subjekte selbst zur Sprache kommen, verändert sich das gesamte soziale Gefüge von Wissenschaft als sozialer Veranstaltung. Und dann erst kann unseres Erachtens Wissen entstehen: in der gegenseitigen Anerkennung als zwei (oder mehrere) eigenständige weibliche Subjekte. Auf diese gegenseitige Anerkennung ist Wissen angewiesen, will es nicht Herrschaftswissen bleiben.

Das Wissenschaftsverständnis, zu dem uns dieser Reflexionszusammenhang geführt hat, ist bislang eher implizit geblieben, obwohl uns immer deutlicher wird, daß dieses Wissenschaftsverständnis und die Standards, die wir inzwischen an unsere Forschung anlegen, bisherige Wissenschaftsübereinkünfte infrage stellen und damit direkt die Grundlagen von Forschung betreffen. Daß hier *Konflikte* liegen, die nicht nur auf der Ebene des Wissenschaftsdiskurses zu führen sind, sondern allgemeine gesellschaftspolitische Relevanz haben, blieb auf den Wegen, die wir - selbstgewählt und gleichzeitig oft notgedrungen - als Vagabundinnen allein oder in kleinen Gruppen gegangen sind, häufig verdeckt (denn sie wurden ja nicht einmal auf der Ebene des Wissenschaftsdiskurses offen ausgetragen). Nun, da wir uns den Raum gegeben haben, einmal innezuhalten, stellen wir fest, daß wir nicht umhin können, diese Konflikte zu benennen. Und eben nicht als lediglich "wissenschaftsinterne" - so, als ob der Wissenschaftsdiskurs nichts mit den gesellschaftlichen Strukturen zu tun hätte -, sondern in ihrer realen gesellschaftlichen Bedeutung, sprich: mit konkretem Bezug zur Geschlechterhierarchie. Dazu müssen wir vor allem unsere eigenen, bislang impliziten Standards, die wir - nicht nur in der Kritik herrschender Wissenschaftsstandards, also nicht nur ex negativo, sondern durch unser Tun in unterschiedlichen Forschungszusammenhängen - entwickelt haben, benennen, um sie als unsere Wegbegleiterinnen sichtbar zu machen. Warum haben diese Standards bisher nur verdeckte Relevanz bekommen? Warum haben wir ihnen bisher nur implizit Relevanz gegeben?

a.: Zunächst setzt uns unser Wissenschaftsverständnis einer spezifischen Anforderungssituation aus: denn nach diesen Standards müssen sich unsere Arbeiten nicht allein in den Arenen des Wissenschaftsdiskurses bewähren, sondern auch in den Arenen einer erweiterten Frauenöffentlichkeit, indem sie der alltäglichen Realitätserfahrung von Frauen einen neuen, öffentlichen Raum geben wollen. Durch die Veränderung und Erweiterung des Forums sind die Anforderungen an unsere Arbeit auf eine ganz eigene Art und Weise gestiegen. Es kommt hierdurch ein weiteres Feld der Legitimation hinzu. Dieses hat nach unseren Kriterien fachliche Notwendigkeit und steht als solches daher außer Frage. Zu kritisieren ist allerdings, daß diese Arenen durch die gesellschaftliche Bewertung voneinander abgeschottet und in ein hierarchisches Verhältnis zueinander gebracht werden. Dies setzt uns *Zerreißproben*, Infragestellungen und Prozessen der Nichtachtung durch und der Wiederanpassung an die herrschenden Wissenschaftsstandards aus. Diese Erfahrung des Zerrissenwerdens erscheint uns oft in der Form persönlichen Ungenügens/ persönlicher Krisen. Statt dessen müssen wir sie aber als Hinweis dafür auffassen, daß in der Diskussion um Standards von Wissenschaftlichkeit *gesellschaftliche Konflikte* eingelagert sind, die uns eben oft selbst verdeckt sind, um so mehr, als wir durch die Struktur von

Forschungsaufträgen und -projekten häufig in individualisierten Arbeitssituationen stehen. Wir müssen also von einer im "Alltagsgeschäft" uns selbst oft verdeckten Ebene der Entwertung unseres Wissens und unserer eigenen fachlichen Standards ausgehen. Wir haben die Erfahrung gemacht, daß wir nur im gegenseitigen Austausch und in der gegenseitigen Vergewisserung diese unausweichlichen, den Forschungssituationen immanenten, gesellschaftlichen Konfliktlinien offenlegen können.

b.: Wir müssen uns jedoch auch selbstkritisch mit unserer Mittäterschaft auseinandersetzen: Die Anerkennung im Wissenschaftsbetrieb verlangt von uns häufig den Preis der Selbstreduzierung von Wissen und der Reduktion von Weiblichkeitsbildern und Weltbildern - und steht damit in diametralem Widerspruch zu den Anforderungen, die wir selbst an unsere Forschung stellen. Wir müssen feststellen, daß wir diesen Preis zahlen, weil er uns Machtbeteiligung im Wissenschaftsbetrieb verspricht. Den eigenen Standards lediglich impliziten Status zu geben, sich jedoch weiterhin über die herrschenden Standards zu legitimieren, anstatt den Konflikt um verschiedene Standards zu öffnen, ist eine Form von Mittäterschaft. Der Konflikt um diese Standards ist ein Machtkonflikt und er ist ein patriarchaler Konflikt - die herrschenden Standards entsprechen der patriarchalen Logik von Macht-/ Wissenserhalt bzw. -ausgrenzung. Solange wir unsere eigenen Standards nicht offensiv vertreten, verleugnen auch wir diesen Konflikt - und müssen ihn immer wieder in individualisierten Situationen aushalten.

Aus diesen Gründen ist es an der Zeit, eine Basis für die Offenlegung des Konflikts um Wissenschaftlichkeitsstandards zu schaffen. Dies ist gleichzeitig die Basis für eine erweiterte Bezugnahme aufeinander als feministische Forscherinnen. Eine Basis auch für das Benennen von Selbstzensur innerhalb feministischen Denkens und Forschens. Wir beginnen, wie gesagt, nicht am Nullpunkt, sondern haben schon eine beachtliche Wegstrecke zurückgelegt. Und wenn wir uns umschauen, stellen wir fest: wir haben Standards eines anderen Wissenschaftsverständnisses entwickelt, die unseren

Anforderungen standhalten. Weil diese häufig nur implizit in unseren Untersuchungen enthalten sind, müssen wir *sie explizit* machen, um ihnen Sichtbarkeit und Relevanz zu verschaffen. Wir brauchen also gut sichtbare ("öffentliche") Markierungen auf unseren Forschungswegen - eine Vergewisserung über unsere Standards, weil wir erst auf der Grundlage eines solcherart gesicherten Wissens Offenheit zum Experimentieren gewinnen.

Wir sehen den Ort der Wissensgenerierung in der praxisbezogenen Forschung mit Frauen. Eine klare Trennung von Grundlagenforschung und praxisbezogener Forschung erscheint von hier aus weder möglich noch sinnvoll: genau das Wissen, das wir zum Beispiel innerhalb von Begleitforschungen, von praxisbezogenen Evaluationen, von Handlungsforschung etc. gewinnen, hat unseres Erachtens Grundlagenqualität. Dies verabsolutieren wir keineswegs zu der Behauptung, daß nur auf diesem Wege Wissensgenerierung möglich sei. Für uns ist dieser Weg jedoch zentral und zudem von analytischer, forschungsethischer und methodologischer Relevanz.

Dieser Ausgangspunkt führt zu folgenden methodologischen Fragen: Wie müssen wir in Anbetracht des prekären gesellschaftlichen Subjektstatus von Frauen in unseren Untersuchungen vorgehen, damit wir im vorschnellen Rückgriff auf das Anpassungs-Klischee die Negation des Subjektstatus nicht wiederholen? Wie müssen wir fragen, damit wir die Unterwerfung von Frauen sichtbar machen können, ohne sie verantwortlich zu machen für die gesellschaftlichen Deutungsmuster? Damit wir sie auch da nicht abwerten, wo sie sich die gesellschaftlich verordneten Bilder aneignen? Damit wir nicht übersehen, daß sie trotz dieser verordneten Bilder ihre eigenen Definitionen haben? Wie müssen wir fragen, damit die subjektiven Strategien in ihrer Ambivalenz aus Anpassung und Widerstand sichtbar werden? Und wie müssen wir entsprechend die Kategorien Anpassung und Widerstand so öffnen, damit Raum entsteht für die Eigenständigkeit und Unreduzierbarkeit dieser Strategien?

Bevor wir jedoch diese methodologischen Standards in konkreten Forschungsbezügen ausführlicher darstellen (s. Kapitel II), klären wir nun genauer den Gegenstands- und Geltungsbereich feministischer Forschung und präzisieren damit auch den theoretischen Hintergrund unseres Verständnisses vom Geschlechterverhältnis und der Forschung hierin.

Gegenstands- und Geltungsbereiche feministischer Forschung

Die Überschrift über dieses Kapitel wird vielleicht Erstaunen hervorrufen: Wie denn, ist denn nicht klar, wovon feministische Forschung handelt, was ihr Gegenstandsbereich ist? Oder aber: Wie denn, soll jetzt etwa festgeschrieben werden, was unsere Themen sind? Die folgenden Überlegungen wollen in der Tat im Hinblick auf die erste Frage Klärung schaffen, ohne allerdings Anlaß zu der Befürchtung zu geben, die mit der zweiten Frage ausgedrückt ist. Sie sollen vielmehr der Vergewisserung darüber dienen, was das "gemeinsame Dritte" der vielfältigen Themenstellungen feministischer Forschung ist, was hinter den verschiedenen und mit ganz unterschiedlichen Methoden durchgeführten Einzeluntersuchungen als gemeinsame Bezugspunkte ausgemacht werden kann. Der Anspruch ist dabei, diese Bezugspunkte, die häufig implizit bleiben oder hinter dem konkreten Forschungsanlaß verschwinden, explizit zu benennen und hinter der Vielfalt an Themen und Methoden eine gemeinsame Struktur zu erkennen und kenntlich zu machen. Diese Suche nach den Konvergenzlinien feministischer Forschung hat auch den Zweck, geteilte/ gemeinsame Relevanzen sichtbar zu machen und damit feministische Forschung als Faktor von Gesellschaftlichkeit deutlicher werden zu lassen.

Das gemeinsame Dritte in den bisherigen Beiträgen feministischer Forschung sehen wir darin, daß gesellschaftliche Strukturen, gesellschaftliche Funktionszusammenhänge und soziale wie subjektive Deutungsmuster auf ihre geschlechtshierarchische Binnenstruktur hin untersucht werden. D.h., es geht in feministischen Forschungen viel weniger, als dies oberflächlich scheinen mag (oder proklamiert wird) darum, "die Frauen" zu untersuchen, als vielmehr darum, mittels ihrer Lebenslagen Aufschluß zu bekommen über die gesellschaftlichen Strukturen und (Deutungs-)Muster, die die verschiedenen Formen des Frau-Seins bestimmen und die die individuellen und kollektiven Formen ihrer Lebensbewältigung prägen. Feministische Forschung kann deshalb auch nicht auf der Phänomenebene bleiben, kann nicht lediglich deskriptive Forschung sein, sondern hat - sei es nun in konstruktiver, dekonstruktiver oder rekonstruktiver Absicht - analytische Qualität (zur Unterscheidung von Konstruktions-, De- und Rekonstruktionsanalysen s. Rodenstein 1990).

Frauen als Subjekte und der Anspruch auf Allgemeingültigkeit

Gerade die Frauen *nicht* zum "Gegenstand" zu machen, entspricht, obwohl dies zunächst paradox klingen mag, der Subjektorientierung als wichtigem Prinzip feministischer Forschung. Es soll nicht *über* sie, sondern *mit* ihnen *über die Bedingungen und Möglichkeiten ihrer Lebensgestaltung* geforscht werden. Wir nehmen sie damit als Subjekte - nämlich als Expertinnen ihrer Situation - wahr. Dabei erhalten beide Seiten - die Forscherinnen wie die Frauen, mit denen sie forschen - Gelegenheit für neue Explikationen. Die beiden Seiten mögen durchaus unterschiedliche Erkenntnisinteressen im Forschungsprozeß verfolgen - Unterschiede, die aus den unterschiedlichen Ausgangspunkten für die Beteiligung an der Forschung und aus der unterschiedlichen Rolle im Forschungsprozeß resultieren. Die Erkenntnismöglichkeiten, die sich durch die Beteiligung am Forschungsprozeß erschließen, liegen jedoch für beide Seiten in einem breiten Spektrum. Dieses reicht von Neuansichten des eigenen gelebten Lebens - des vergangenen wie des aktuellen -, von einem Zugewinn an biographischer Kompetenz also[3], bis hin zum Generieren neuer Explikationen für die Gestalt, Wirkungsweise und die Veränderungsmöglichkeiten des Geschlechterverhält-

---

[3] Hierbei wird unter Biographie der bewußt gemachte Lebenslauf verstanden.

nisses als einer zentralen gesellschaftlichen Grundstruktur,- mit der Zielperspektive seiner Veränderung. Gleichzeitig kann es - wiederum für beide Seiten - darum gehen, neue Bezugnahmen auf andere Frauen (Mütter, Schwestern, Freundinnen, kulturelle, politische, regionale Frauenzusammenhänge etc.) zu entwickeln.

Auch wenn diese strukturelle Ebene nicht immer sichtbar ist, behaupten wir, daß sie der latente Gegenstand feministischer Forschung im allgemeinen ist: egal, ob wir historische Forschungen oder Analysen zu aktuellen weiblichen Lebenslagen betreiben, egal, ob wir uns der Sozialstrukturanalyse oder der Biographieforschung widmen, egal, ob es uns stärker um sozialpolitische oder psychosoziale Kontexte weiblichen Lebens geht, egal, ob wir uns auf der Ebene von Konstruktions-, Dekonstruktions- oder Rekonstruktionsanalysen bewegen, - immer brauchen wir theoretische Konstrukte zur Hypothesengewinnung sowie zur Interpretation des erhobenen Materials, die sich auf die gesellschaftliche Konstruktion des Geschlechterverhältnisses beziehen. Und folglich geht es immer auch darum, die Plausibilität dieser theoretischen Konstrukte zu überprüfen, herauszubekommen, ob sie sich zur Interpretation der Ergebnisse eignen, ob mit ihrer Hilfe weitergedacht werden kann etc. Explizit oder implizit geht es feministischer Forschung also immer um die theoretische Fassung des Geschlechterverhältnisses - seiner Mechanismen, seiner Geschichte, seiner Veränderungen und seiner Entwicklungsperspektiven. Das Geschlechterverhältnis ist - gerade durch diese Forschung - erkennbar geworden als gesellschaftliche Grundstruktur. Damit wurden Basiserkenntnisse für sämtliche sozialen Zusammenhänge in Gesellschaften unseren Typs gewonnen. Hierin begründet sich auch der erst in letzter Zeit explizit formulierte Anspruch feministischer Forschung: der Anspruch auf die allgemeine Relevanz der Forschung, und zwar sowohl in ihren Ergebnissen (im Hinblick auf Geschlechterpolitik als Gesellschaftspolitik), als auch im wissenschaftspolitischen Sinne - als Anspruch darauf, über die hier entwickelten und umgesetzten Methoden Aufschlüsse über *allgemein* relevante gesellschaftliche Themen zu bekommen. Ein zentraler Text in diesem Zusammenhang ist der Aufsatz von Regina Becker-Schmidt und Helga Bilden (1991), in dem dieser Anspruch explizit erhoben und begründet wird. Dieser Anspruch auf Verallgemeinerbarkeit kann gerade in der oben genannten gemeinsamen Struktur im Gegenstandsbereich feministischer Forschung verankert werden: *Weil* es immer auch um das Geschlechter*verhältnis* geht, um die gesellschaftliche Struktur des Zusammenlebens von Frauen und Männern in einem hierarchischen Kontext, kann und muß sich feministische Forschung als auf einen *allgemeinen gesellschaftlichen Relevanzbereich bezogene* verstehen - und hat damit mehr Berechtigung auf Verallgemeinerbarkeit als vieles, was im "angestammten" Spektrum von Sozialwissenschaften fraglos für allgemein relevant gehalten wird, sich jedoch bei genauerem Hinsehen als lediglich für die männliche Lebensrealität relevant entpuppt. Zum Beispiel hat die feministische Forschung durch ihre Analyse der geschlechtsspezifischen und -hierarchischen Arbeitsteilung die Grundlagen für ein erweitertes Verständnis gesellschaftlicher Arbeit geschaffen (z.B. Beer 1987; Ostner 1978). Ähnlich erweiternd in gesellschaftstheoretischem Sinne waren Analyse und Kritik der Trennung von Öffentlichkeit und Privatheit: hier entstanden neue Konzepte von pluralen Öffentlichkeiten (z.B. Lang/ Richter 1994), die Öffentlichkeit nicht mehr über die Abgrenzung gesellschaftlicher "Sphären", sondern - handlungstheoretisch - über öffentlich relevante Aktivitäten der Frauen (und Männer) bestimmen. Weitere Beispiele sind die feministische Kritik an der bisherigen Sozialisationsforschung (Hagemann-White 1992), an ihren impliziten, einem - ebenso fiktiven - männlichen Entwicklungsprozeß abgelesenen Unterstellungen (vgl. Helfferich 1994), welche erweiterte Modelle für die Komplexität des Sozialisationsprozesses entwickeln ließen.

Von hier aus können neue Kriterien für Verallgemeinerbarkeit formuliert werden: Die Beschäftigung mit dem Geschlechterverhältnis und geschlechterbezogen bzw. differenziert angelegte Forschungen müssen nachgerade zum Maßstab dafür gemacht werden, ob eine sozialwissenschaftliche Forschung von sich behaupten kann, für die gesamte Gesellschaft relevante Ergebnisse hervorzubringen. Es gibt schlechterdings keinen sozialwissenschaftlichen Gegenstandsbereich, in dem geschlechtsneutrale Fragestellungen möglich sind. Das Geschlechterverhältnis ist eine Grundstruktur von Gesellschaft (vgl. Giddens 1988), wer sie übergeht oder zu neutralisieren versucht, disqualifiziert die Relevanz der eigenen Aussagen. Die systematische Aufmerksamkeit für das Geschlechterverhältnis und seine Auswirkungen auf weibliche und männliche Lebenslagen machen wir hiermit zu einem Relevanzkriterium. Wir verzichten dabei im Unterschied zu Ursula Müller (1991) auf den Begriff der Objektivität, der uns durch die erkenntnis- und wissenschaftstheoretische Diskussion zu belastet erscheint[4].

Die Perspektive jedoch teilen wir durchaus: die Frage, ist, unter welchen analytischen Voraussetzungen sozialwissenschaftliche Aussagen verallgemeinert werden können. Die Perspektive, die unseres Erachtens dabei wichtig ist, ist eine, die struktur- und handlungstheoretische Dimensionen koppelt: Mit der Frage nach der Struktur des Geschlechterverhältnisses, besser: den Strukturen der Geschlechterverhältnisse geht es immer auch um die Möglichkeiten des Frau-Seins innerhalb dieser Strukturen. Und umgekehrt: in den Möglichkeiten des Frau-Seins lassen sich immer auch die realen Strukturen sowie die realen Veränderungsmöglichkeiten des Geschlechterverhältnisses analysieren.

---

[4] *"Objektiv* im Sinne der Frauenforschung kann nur eine Wissenschaft sein, die das Geschlechterverhältnis in seiner heutigen Struktur, nämlich als patriarchales, in ihren Analysen zugrundelegt. Dies stellt hohe Anforderungen an die wissenschaftstheoretische und methodologische Diskussion (auf die die feministische Forschung mir derzeit besser vorbereitet scheint als der mainstream, soweit er malestream ist; die Reflexion männlicher Wissenschaftler über den Zusammenhang von gesellschaftlich formierter Männlichkeit und dem vorherrschenden Typus von Wissenschaft hat gerade erst eingesetzt (vgl. z.B. Hearn/ Morgan 1990)" (Müller 1991:77f.) Irritierend ist, daß Ursula Müller hier so stark um den Begriff der Objektivität kämpft, indem sie die feministische Forschung als die letztlich objektivere zu bestimmen sucht. Wenn wir sie aber richtig verstanden haben, geht es ihr dabei jedoch genau um das, was wir oben die Verallgemeinerbarkeit im Sinne von "allgemeiner gesellschaftlicher Relevanz" genannt haben.

Beide Ebenen erfaßt Ursula Müller mit ihrem "Blick von der Seite" (1991:79). Es reicht ihrer Ansicht nach nicht aus, lediglich den "Blick von unten" (als einer der "traditionellen" Forderungen der Frauenforschung seit den Postulaten Maria Mies' von 1978) einzunehmen: dann fehlt eben jene Sicht auf gesellschaftliche Strukturzusammenhänge, und erst recht auf die Involviertheit und Mittäterschaft von Frauen in und an den bestehenden Strukturen des Geschlechterverhältnisses. "Als forschungsethische und -politische *Perspektive* ist gegen diese Forderung wenig einzuwenden; als *Forderung* werte ich sie jedoch ambivalent" (ebd.:78). Auch Maja Nadig hat diese beiden Ebenen bereits 1987 in der zweiten ihrer "Zehn Thesen" zum "feministischen Umgang mit der Realität und die feministische Forschung" umrissen: "Ich verstehe unter feministischer Wissenschaft den Versuch, in einer männerdominierten Gesellschaft, die sexistische Wissenschaft betreibt, die Lebenszusammenhänge der Frau in den historischen Kultur-, Klassen- und Produktionsverhältnissen so zu untersuchen, daß die Art der Geschlechterbeziehung und die Situation der Frauen ihren adäquaten Raum erhalten.

Es ist das Ziel, diese Zusammenhänge in einer Weise zu deuten und darzustellen, welche die objektive und subjektive Bedingung des Frau-Seins in Rechnung stellt. Feministische Wissenschaftlerinnen haben den aufklärerischen Anspruch, Ideologie, Unterdrückung und Unbewußtmachung im Lebenszusammenhang der Frau in der Praxis und Theorie aufzuspüren und aufzuzeigen. Dieses *Erkennen und Aufdecken von Zusammenhängen* soll in der Folge auch emanzipatorisches und politisches Handeln ermöglichen" (Nadig 1987:164 f.).

Über diese Gegenstandsbestimmung kommt noch ein weiteres gemeinsames Ziel von Frauenforschung ins Blickfeld, bei Nadig zum Schluß als Ermöglichung emanzipatorischen und politischen Handelns benannt: die Veränderung von gesellschaflichen Relevanzstrukturen, die Veränderung von gesellschaftlichen Diskursen und Realitäten.

In diesem Zusammenhang spielt die durch die Forschung hergestellte bzw. bewußt und sichtbar gemachte Bezugnahme von Frauen auf Frauen eine zentrale Rolle - sowohl erkenntnismäßig als auch in ganz praktischem Sinne. Hierin läßt sich ein weiteres Qualitätsmerkmal feministischer Forschung bestimmen - und gleichzeitig ein verbindendes Glied zwischen ihren unterschiedlichen Richtungen. Dies wollen wir hier den übergeordneten Gegenstandsbereich von feministischer Forschung nennen - als Frage danach: *worum geht es uns letztlich?* Auch hier ist nochmals Ursula Müllers Formulierung des "Blicks von der Seite" hilfreich: der "Blick von der Seite" sieht das Geschlechterverhältnis als von beiden Geschlechtern her dynamisierbares Verhältnis. Er gesteht *beiden* Seiten ein Veränderungspotential zu, er stellt nicht die eine (männliche) Seite still und verabsolutiert sie damit, stilisiert sie nicht zum unveränderlichen Naturzustand. Mit dieser theoretischen Öffnung wird die kritische Perspektive auf die Geschlechter*hierarchie* nicht preisgegeben, aber zugestanden, daß die patriarchale Struktur auch Männern Entwicklungsmöglichkeiten vorenthält (vgl. Böhnisch/ Winter 1992) und daß eine wirkliche Veränderung dieses patriarchalen Geschlechterverhältnisses Veränderungen auf beiden Seiten bedarf. Dies jedoch wird immer noch häufig übersehen, was wiederum der Struktur des bestehenden Geschlechterverhältnisses geschuldet ist: "Die gegenwärtige gesellschaftliche Struktur des Geschlechterverhältnisses produziert (...) einen Zwang zur wechselseitigen Verachtung der Geschlechter. Beide sind auf Grund ihrer gesellschaftlichen Positionierung (innerhalb einer gleichermaßen hierarchischen wie dualisierenden Struktur, d.A.) an der Entfaltung von Subjektivität (wie Kollektivität, d.A.) gehindert; sie halten sich jedoch auch wechselseitig in Stereotypen fest" (Müller 1991:87 f.). Die Veränderung, die es braucht, damit beide Geschlechter einander (sowohl unter sich als auch gegenseitig) aus diesen Stereotypen entlassen können, sehen wir nicht als festgelegtes, "gefülltes" Bild einer "bestimmten Utopie", sondern als Prozeß, in dem zum Beispiel Formen der Bezugnahme von Frauen auf Frauen geprobt werden - ohne falsche Harmonisierung, ohne das Übersehen und Übergehen von real existierenden Differenzen, Konkurrenzen und Hierarchien. Ein offener Prozeß, der ohne die fiktiven Unterstellungen eines einheitlichen kollektiven Subjektes und einer kollektiven Zielbestimmung auskommt. Utopie genug.

Differenzen unter Frauen als Gegenstand feministischer Forschung?

Geht es zwischen den Geschlechtern darum, einen antihierarchischen geschlechterpolitischen Diskurs zu finden, so muß innerhalb der Geschlechter eine genauere Wahrnehmung der Unterschiedlichkeit erfolgen. Wir sind als Andere nicht gleich.

Ein wichtiger Schritt weg von vereinheitlichenden Modellen weiblicher Lebensentwürfe, von einem fiktiven Kollektivsubjekt "Frau", von naiver Schwesterlichkeit per Geschlecht, von den Gefahren des Biologismus waren die Arbeiten zu der Vielfalt von Frauen, zu ihrer Unterschiedlichkeit, zu einer Wahrnehmung von Differenz. Dieser gedankliche Schritt war notwendig und fruchtbar. Er hat zu einer angemessenen Abbildung dieser unterschiedlichen weiblichen Lebensrealitäten geführt, zu einer stärkeren Beachtung der unterschiedlichen subjektiven Handlungsstrategien. Mit ihm hat die Formel der intersubjektiven Anerkennung erst Gehalt bekommen, mußte ihrerseits aber wieder erweitert werden, zum Beispiel um die Kategorie "Konflikt" (Bitzan/ Klöck 1993). Doch darf an dieser Stelle nicht halt gemacht werden, wie auch in der theoretischen Debatte um Differenz und Gleichheit immer wieder gefordert wurde. Denn das bloße Betonen der Vielfalt trägt ein affirmatives Moment in sich: Es verdeckt, daß Unterschiede - auch in unseren Forschungszusammenhängen - auch ihre Wurzeln in Herrschaftsverhältnissen haben. Es verdeckt, daß "das Andere" nie bloß "das Andere" ist, sondern auch das Mindere, das Randständige, das Nicht-Normale, das latent Ausgegrenzte und Entwertete - oder aber, genauso wirklichkeitsverzerrend und entsubjektivierend - das Exotisierte, das Idealisierte, falsch Überhöhte, Ikonisierte. Differenz impliziert nicht zwangsläufig Hierarchie, doch der Maßstab, der der

Differenz unterlegt ist, ist meist mit Wertung - und dadurch mit Hierarchisierung - verbunden. So kommt es, daß der Differenz oft auch ein Herrschaftsmoment innewohnt, das gerade von der Seite aus wenig wahrgenomen wird, von der aus die "Anderen" beschrieben werden. Für die Wahrnehmung der Machtdurchdrungenheit von Differenz haben die Internationalismus-Ansätze sensibilisiert. Die Impulse kamen aus der Basis von Frauengruppen, und zwar stets von Seiten der schwarzen bzw. farbigen Bewegungen. Sie kamen *nicht* von den sozial privilegierten weißen Feministinnen. Diese müssen sich heute vielmehr mit dem Vorwurf der Ausblendung hierarchischer Strukturen jenseits der Geschlechterhierarchie auseinandersetzen. In der Tat liegt hier ein Realitätsverlust vor, der eine wichtige Wurzel in der eigenen uneingestandenen Mittäterschaft an der Dominanzkultur (Rommelspacher 1994) hat. Frauen in der Mehrheitskultur haben "die Dominanzerfahrung in ein anderes Selbstverständnis zu integrieren als 'ihre' Männer, nämlich in das von selbst Diskriminierten. Diese Spannung zwischen Dominanz und Diskriminierung ist von den Frauen anzunehmen" (Rommelspacher 1994:194). Für die Genauigkeit der Wahrnehmung, die genau solche Spannungen aufnimmt und "Unvereinbares" nebeneinanderstehen läßt, gab es auch in der feministischen Theoriebildung lange Zeit zu wenig Platz. Statt dessen wurde "Dominanz gegen Diskriminierung aufgerechnet" (ebd.). Oder das Denken der Differenz hat auf halber Strecke haltgemacht und somit Differenz verabsolutiert. So konnte es passieren, daß gerade da, wo das pauschale Kollektivsubjekt Frau differenziert werden sollte, es auf anderer Ebene reproduziert wurde. Zum Beispiel ist aus der Mädchenarbeit/ Mädchenforschung bekannt, daß, nachdem die Kategorie der Mädchen "entdeckt" wurde, es schon bald Kritik an dieser Kategorie als erneut verallgemeinernder gab, um dann zu weiteren fälschlich verallgemeinernden Kategorien zu gelangen, zum Beispiel: die "ausländischen Mädchen". Ilse Lenz hat das, was mit diesen Kategorisierungen passiert, folgendermaßen beschrieben: "Nicht 'die Frau', sondern 'die weiße', 'die schwarze' oder 'die türkische' Frau erscheinen als eingeschlossen in ein Gruppenschicksal (...) die Differenz (wird, d.A.) zur Chiffre, die

die Homogenität der bezeichneten Frauengruppe einfordert, aber weder für Brüche in Biographien oder widerständiges Handeln, noch für persönliche Entwicklung (...) Raum läßt" (Lenz 1992:103). "Der Grundsatz von 'Gleichheit und Differenz' erweist sich (.) (oftmals, d.A.) als eine unklare Kompromißformel, mit der die Frauenforschung versucht hat, den Wunsch von Frauen nach Gleichstellung, aber auch nach Anerkennung weiblicher Werte und Lebensformen zu versöhnen. Baut er doch weiter auf dem Dualismus zwischen 'gleich' und 'unterschiedlich' auf, anstatt ihn zu dekonstruieren. Dies wäre möglich, wenn die Differenz nicht als gegeben, als Resultat gesehen würde, sondern die Frage lautete: wie werden Unterschiede sozial geschaffen, und wie werden sie in Ungleichheit umgemünzt? Welche Herrschaftsverhältnisse zum Beispiel prägen die Lage schwarzer Frauen im Zusammenhang von Rassismus und Sexismus?" (Lenz 1992:105). Diese kritische Reflexion kommt nie ohne eine selbstkritische Reflexion auf die eigene Verfangenheit in der Dominanzkultur und auf mögliche Mittäterschaften auch im eigenen Denken und Handeln aus.

Eine andere Wurzel für die mangelnde Differenzierung von (unterschiedlichen) Herrschaftsformen und unterschiedlichen Betroffenheiten und Mittäterschaften von Frauen liegt auf der Ebene der feministischen Politik, ihren Veränderungs- und Entwicklungsperspektiven. Diese konnten lange Zeit nicht ohne ein Kollektivsubjekt "Frau" gedacht werden. Die Angst, daß dieses inzwischen als Fiktion erkannte "Kollektivsubjekt Frau" sich auflösen könnte in lauter einzelne, nicht mehr politikfähige weibliche Individuen, hielt lange Zeit von den nötigen Differenzierungen ab, die ja immer mit Verunsicherungen und dem Verlust von Eindeutigkeit einhergehen. Iris Marion Young suchte Lösungen für dieses Dilemma. Sie beschreibt es zunächst noch einmal im Rahmen der Geschichte der Frauenforschung: "Die feministische Forschung hat immer angenommen, sie brauche sowohl theoretisch als auch politisch ein 'Subjekt'. Entworfen wird dieses Subjekt durch die weibliche Geschlechtsidentität und Geschlechtserfahrung. Feministische Politik, so wird angenommen, spricht für oder im Namen von jemandem, also der Gruppe 'Frauen', wie sie durch diese weibliche Geschlechtsidentität definiert ist. Die Kategorie Geschlecht wurde gerade deshalb in die feministische Forschung eingeführt, um traditionelle Bemühungen zur Definition der weiblichen Natur über die Biologie kritisieren und ablehnen zu können. Der Diskurs über die Geschlechtsidentität tendiert aber selbst dazu, die fließenden und sich verändernden sozialen Prozesse zu reifizieren, in denen Menschen sich aufeinander beziehen, miteinander kommunizieren, spielen, arbeiten und über Produktions- und Interpretationsmittel streiten. Das Beharren auf einem feministischen Subjekt verbirgt die soziale und diskursive Produktion von Identitäten" (Young 1994:227). Mit Bezug auf Judith Butler bestimmt Iris Marion Young dann die Hauptaufgabe feministischer Theorie und Praxis als eine kritische: es geht ihr um "die Formulierung von Genealogien, die die soziale Konstruktion einer gegebenen Handlungskategorie aufzeigen" (ebd.:228). Trotz dieser Kritik am "feministischen Essentialismus" hält sie es nach wie vor für wichtig, daß sich die feministische Forschung der Frage stellt, wie sie "im Lichte dieser Kritik noch etwas Positives über den Zustand des sozialen Lebens und das, was es sein sollte, aussagen" kann (ebd.:229). Sie selbst schlägt dabei den "pragmatischen Weg" vor, auf dem sie einen Ausweg aus dem Dilemma findet, daß nämlich dem Bemühen, Frauen als eine Gruppe mit gemeinsamen Eigenschaften und gemeinsamer Identität zu konzipieren, scheinbar unüberwindbare logische und politische Schwierigkeiten entgegenstehen, andererseits jedoch die feministische Politik jede Bedeutung zu verlieren scheint, wenn Frauen nicht als Gruppe konzipiert werden können (ebd.:232). Ihr Ausweg ist das Konzept der Serialität, welches sie in Anlehnung an Sartre in dessen "Kritik der dialektischen Vernunft" entwickelt: "Eine Serie ist ein Kollektiv, dessen Mitglieder passiv vereint sind, und zwar durch das Verhältnis, in dem ihre Handlungen zu materiellen Objekten und praktisch-inerter (träger, d.A.) Geschichte stehen. Das praktisch-inerte Milieu, in dem und durch dessen Strukturen Individuen ihre Ziele verwirklichen, wird als Einschränkung der Art und des Spielraums des Handelns erfahren. Um jemanden als Teil derselben Serie bezeichnen zu können, ist es nicht nötig, eine gemeinsame

Eigenschaftsgruppe aller Mitglieder zu identifizieren, weil die Mitglieder der Serie nicht durch das definiert werden, was sie sind, sondern durch die Tatsache, daß sie sich in ihren diversen Seins- und Handlungsweisen an denselben Objekten und praktisch-inerten Strukturen orientieren. Die Mitgliedschaft in der Serie definiert die Identität ihrer Mitglieder nicht. (...) Schließlich gibt es kein Konzept der Serie, das die inneren Eigenschaften der Mitglieder festlegen könnte, die für die Mitgliedschaft ausschlaggebend sind. Die Serie ist eine unscharfe, sich verändernde Einheit, ein amorphes Kollektiv" (ebd.:245). Der serielle Charakter des *Geschlechts* besteht nun für Frauen darin, daß zum einen der weibliche Körper zum praktisch-inerten Objekt wird, zu einem regelgebundenen sozialen Körper, der unterlegt ist mit den Bedeutungen, Regeln, Praktiken und Voraussetzungen der institutionalisierten Heterosexualität. Doch nicht nur der Körper - "eine Vielzahl von Artefakten und sozialen Handlungsräumen sind von geschlechtlich bestimmten Kodierungen überfrachtet" (ebd.:248). Die institutionalisierte Heterosexualität spiegelt sich in der geschlechtsspezifischen Arbeitsteilung, deren Kontext "historisch, kulturell und institutionell äußerst verschieden (ist, d.A.). Aber wo immer sie auftritt, produziert sie eine Vielzahl praktisch-inerter Objekte, die die geschlechtlich bestimmten Serien konstituieren. Die Büros, Arbeitsplätze, Garderoben, Uniformen und Werkzeuge spezifischer Aktivitäten setzen stillschweigend ein bestimmtes Geschlecht voraus. Die Sprache und Gesten, die Rituale, mit denen Menschen bei bestimmten Aktivitäten ausgeschlossen oder einbezogen werden, reproduzieren diese Teilungen, indem sie Menschen anziehen oder abstoßen" (ebd.:249).

Entscheidend für unseren Zusammenhang ist nun, daß dieses Konzept der Serialität davon ausgeht, "daß die serielle Ebene des Geschlechts den Hintergrund für die persönliche oder Gruppenidentität bildet, statt sie zu konstituieren" (ebd.:251). Damit umgeht es sowohl das Problem des Essentialismus (Frauen sind *so*), als auch das Problem der Identitätszuschreibung. "Jeder Mensch hat (und behält, d.A.) eine einzigartige Identität, die Ergebnis seiner Geschichte und der individuellen Bedeutung ist, die er im Umgang mit anderen Menschen, seinen kommunikativen Interaktionen durch diverse Medien und den speziellen serialisierten Strukturen zuschreibt, deren bisherige Geschichte ihn verortet. Das heißt, es gibt keine Frau, deren Identität von den Markern des Geschlechts frei ist, aber die spezifischen Einschreibungen dieser Marker in die Identität sind bei jeder Frau anders" (ebd.:256). Das soziale Leben wird dann beschreibbar als ein ständiges "Auf und Ab von Gruppenbildung aus der Serie und Gruppenauflösung in die Serie" (ebd.:257). "Frau-Sein" ist dann "auf der unreflektiertesten und universellsten Ebene (...) eine serielle Tatsache" (ebd.). Die Bildung von Frauengruppen, die Bildung eines feministischen Bewußtseins entsteht keineswegs notwendig aus dieser seriellen Realität - genauso wahrscheinlich sind andere Serien, die sich zum Beispiel über soziale oder kulturelle Zugehörigkeiten herstellen. Doch in ihrem Tun beziehen sich diese Gruppen von Frauen zumindest implizit auf die Serie "Frauen".

Daß dieses "reicht", daß es genügend Basis herstellt für ein politisches Handeln, daß mit den Differenzierungen auch neue Bündnismöglichkeiten auftauchen, darauf hat Christina Thürmer-Rohr hingewiesen (vgl. Thürmer-Rohr 1984, 1997). Mit ihr, die dieser Frage immer auf der Spur ist, wollen wir weiterfragen, woher das "Denken im Singular" rührt, warum die Spannung zwischen Dominanz und Diskriminierung sich so schlecht aushalten läßt. Warum wir immer wieder hineingezwungen werden in falsche Dichotomisierungen: starke Frau - schwache Frau, männliche Herrscher/ weibliche Opfer etc., warum es so schwer ist, außerhalb dieser Dichotomisierungen zu denken, die Ambivalenzen tatsächlich offenzuhalten, die Spannung als existierende, nicht auflösbare zu beschreiben. Nach Zygmunt Baumann (1995a) ist es eine der zentralen Denkfiguren der Moderne, Eindeutigkeit herzustellen durch das Schließen von Ambivalenzen - eine Eindeutigkeit, die immer nur eine vermeintliche bleiben kann. Diese Denkfigur ist freilich gekoppelt mit Herrschaft - das Ausschließende, Ausgrenzende bewirkt, daß man sich mit dem Ausgeschlossenen, Ausgegrenzten nicht weiter beschäftigen muß, daß ihm Anerkennung weiterhin versagt bleiben darf. Der herrschende Blick ist der vereinheitlichende, subsumierende, harmonisierende. Es ist einer, der das Inkommensurable, die real existierende Unterschiedlichkeit, nicht erträgt, der immer eins ins andere auflösen muß. Die Frage stellt sich jedoch, ob sich diese "Identitätslogik" (Becker-Schmidt 1989) nicht noch genauer bestimmen läßt: Wenn mit dieser Identitätslogik falsch vereinheitlicht wird, dann muß sich doch genauer analysieren lassen, was hier wie vereinheitlicht wird, was sozusagen genauer die subsumierenden Mechanismen und die subsumierenden Kategorien sind. Wenn mit dem Denken im Singular Komplexität verdeckt wird, dann muß doch auch genauer bestimmt werden, welche Anteile der Komplexität jeweils "verschüttet" werden. Dies führt uns zu dem theoretischen Analysemodell "Verdeckungszusammenhang", das wir gemeinsam entwickelt und immer wieder verändernd rekonstruiert haben (vgl. Huber/ Knab 1992, FrauenFortbildung 1993, Funk/ Schmutz/ Stauber 1993, Stauber 1996, Bitzan 1997, Knab 1997). Mit ihm lassen sich in der "Identitätslogik" geschlechtshierarchische Strukturen entdecken, die auf allen gesellschaftlichen Ebenen anzutreffen sind, ohne daß dadurch die Wirksamkeit anderer Herrschaftsmechanismen infrage gestellt wird. Es läßt unseres Erachtens also auf der analytischen Ebene genügend "Platz" für ein Denken der Differenz. Aber es hält an der Idee fest, daß es trotz der notwendigen Abkehr von falschen Verallgemeinerungen Ebenen der strukturellen Verallgemeinerbarkeit gibt, zum Beispiel dann, wenn sich feministische Forschung um die - dank der Differenzansätze ja erst in ihrer Notwendigkeit erkannte - Dekonstruktion von Herrschaftsverhältnissen bemüht.

Gesellschaftstheoretische Grundlage: Der Verdeckungszusammenhang

Das Konstrukt des Verdeckungszusammenhangs ist ein analytisches Instrumentarium für die Untersuchung weiblicher Lebensrealitäten, ihrer strukturellen Bedingungen und der Strategien, mit denen sie durch die Subjekte (verändernd) reproduziert werden. Es stellt sie in den Kontext der Geschlechterhierarchie, deren Wirkmechanismen es unter der Perspektive des "Verdeckens weiblicher Lebensrealität" aufsucht. Unter dieser Perspektive lassen sich in unterschiedlichen gesellschaftlichen Bereichen geschlechtsspezifische, genauer: geschlechtshierarchische Strukturen als "Verdeckungen" entdecken:

zum Beispiel im Bereich der sozialpolitischen Normalitätsproduktion (a),
zum Beispiel im Bereich der gesellschaftlichen Symbolproduktion (b),
zum Beispiel im Bereich biographischer Konstruktionen (c).

ad (a): Die sozialpolitische Produktion von "Normalität" bewegt sich immer noch um die "Real-Fiktionen" (Ostner 1987) der männlichen Erwerbsbiographie und der dazu passenden (durch die Frauen "vertretenen") Familie - mit inzwischen vielfältigen Modifikationen, die sich den veränderten arbeitsmarktlichen und soziostrukturellen Realitäten (nachhinkend) angepaßt haben, im Kern aber immer noch - positiv oder negativ sanktionierend - auf die oben genannten "Normalitätsmuster" bezogen sind und daraus ihren normalisierenden Charakter erhalten. Diese Normalitäten haben an sich verdeckenden Charakter: sie machen zum Beispiel alle jenseits der Erwerbsarbeit erbrachten, gesellschaftlich unverzichtbaren Leistungen als *Arbeit* systematisch unsichtbar. Sie klammern zudem das, worauf sich diese Leistungen und Tätigkeiten beziehen, aus dem gesellschaftlichen Relevanzbereich aus: die gesamten Care-Zusammenhänge, die Bereiche des gesellschaftlichen Engagements jenseits der offiziellen Politikstrukturen, die Bereiche der Nachbarschaften, sozialen Milieus, kulturellen Szenen etc., in denen wichtige Prozesse der sozialen Integration stattfinden. Jenseits einer partiell stattfindenden ideologischen "Belobigung" finden diese Bereiche keine gesellschaftliche Anerkennung. Verdecken findet in geschlechtshierarchischer Form statt - betrifft jedoch auch Männer, wenn sie sich in die den Frauen zugeschriebenen Zuständigkeitsbereiche "verirrt" haben:

* als Verdecken des realen Beitrags von Frauen zu gesellschaftlich relevanten Bereichen,
* als Verdecken der allgemeinen Bedeutung von Bedürftigkeit, gegenseitiger Angewiesenheit, sozialem Halt, Bindungen,
* als Verdecken gesellschaftlicher Verantwortung für alle nicht sozialpolitisch/ öffentlich geregelten Bereiche, die im Zuge von Individualisierung immer mehr zunehmen und sehr häufig einen geschlechtshierarchischen Kern haben, insofern sie dann dem Bereich des "Privaten", sprich: den Frauen zugewiesen werden (vgl. Bitzan/ Hemmerich 1997).

ad (b): Mit Gudrun-Axeli Knapp (1992) und Regina Becker-Schmidt (1987) sind wir der Überzeugung, daß sich die Reproduktion der Geschlechterhierarchie über die Dimension der symbolischen Ordnung ebenso vollzieht wie über ökonomische und (sozial-) politische Strukturen. Letztere kommen nie ohne die auf der symbolischen Ebene produzierten Bilder aus. Diese lassen zwar den Subjekten relativ viel Spielraum für Selbstgestaltung, dennoch ist an ihnen auch der "Mainstream" der gesellschaftlichen Diskurse abzulesen. Die Bilder bewegen sich daher häufig auf einem schmalen Grat zwischen Selbstgestaltung und Verdeckung. Am Beispiel von Mädchen im Übergang Schule - Beruf läßt sich dies sehr gut zeigen: die strukturelle Dimension der zunehmend sich verschlechternden Ausbildungsbedingungen (nicht nur) der Mädchen konnte lange Zeit - inzwischen immer weniger - durch das Bild des starken Mädchens/ der starken jungen Frau, die genau weiß, was sie will, bzw. die dann, wenn sie "Orientierungsschwierigkeiten" hat, selbst für ihr (Miß-) Geschick verantwortlich zu machen ist, verdeckt - oder zumindest verharmlost - werden. Selbst wenn sich also die Weiblichkeitsbilder modernisieren - und das Bild des starken Mädchens ist ein hochmodernes, zudem von Mädchen akzeptiertes und von ihnen mitgetragenes/ weitergestaltetes, - transportieren sie, ähnlich wie die alten Klischees, Zumutungen und Zuschreibungen, die die realen strukturellen Probleme verdecken. Dieses Verdecken schlägt in Form von Selbstzuschreibungen auch auf die biographischen Konstruktionen durch.

ad (c): Im gesellschaftlichen Kontext von Individualisierung hat der Druck zur (Selbst-) Begründung und (Selbst-)Darstellung zugenommen, und zwar auf eine ganz bestimmte Weise: Individualisierung zeigt sich hier, in der biographischen "Bilanzierung", als Individualisierung von Gelingen und Scheitern. Was erwähnenswert ist und was nicht, die subjektiven Relevanzen des biographischen (Selbst-)Berichts, folgen häufig diesem Grundmuster. Dabei werden viele Widersprüche, Ambivalenzen, biographische Brüche verdeckt. Letztlich zählt das Resultat, das Erreichte. Wie es zustandegekommen ist, welche Versuche davor geglückt oder gescheitert sind, wo der Beitrag anderer zum eigenen Gelingen lag und liegt, wo eine selbst andere unterstützt - alles dies läuft Gefahr, "verselbstverständlicht" zu werden, "nicht der Rede wert zu sein", weder nach innen (im Selbstbild) noch nach außen. Der 'Verselbstverständlichung' (und damit Entnennung), sind dabei vor allem die "kleinen", "unwichtigen", doch eigentlich "selbstverständlichen" Unterstützungsleistungen und Bezüge ausgesetzt, vor allem dann, wenn sie innerhalb weiblicher Unterstützungszusammenhänge stattfinden. Das, was sozialen Halt gibt, was in schwierigen und gerade deshalb oft biographisch zentralen Entscheidungssituationen "trägt", ist in Gefahr, verdeckt zu werden. Damit bleiben soziale Grundlagen von biographischer (und gesellschaftlicher) Entwicklung unsichtbar.

Mit dem analytischen Konstrukt des Verdeckungszusammenhangs lassen sich nicht nur innerhalb dieser beispielhaft genannten Bereiche Verdeckungsmechanismen aufzeigen, es lassen sich auch vielfältige Querverbindungen zwischen zum Beispiel den Ebenen sozialpolitischer Realitätsdefinition, gesellschaftlicher Strukturen (wozu ökonomische Strukturen genauso gehören wie die Weisen der Symbolproduktion) und kollektiver oder individueller "Konstruktion" von Realität entdecken. Dies rechtfertigt die Rede von einem "Verdeckungs*zusammenhang*". Damit soll nun - angesichts der oben geführten Differenzierungsüberlegungen - nicht wieder ein dominierendes Strukturmuster ausgemacht werden, sehr wohl aber ein allgemeines, zu einer patriarchalen Gesellschaftsform gehörendes. Insofern steckt im Konstrukt des Verdeckungszusammenhangs auch ein Stück Gesellschaftsanalyse: diese Gesellschaft zu begreifen als eine, die sich - nicht nur, aber auch - über die Aufrechterhaltung der Geschlechterhierarchie reproduziert und deren soziale Grundsäulen - die ökonomischen Prozesse, die Arbeitsmarktprozesse, die sozialen und kulturellen Prozesse etc. - durchherrscht sind von geschlechtshierarchischen Zuschreibungen, Zumutungen und Bewertungen. Letztere sind immer mit Verdeckungen verbunden: Im Sinne einer "Mikrophysik der Macht" (Foucault) durchdringen sie alle Ebenen der Realitätswahrnehmung. Sie leiten unser Denken und Handeln insofern, als sie eine polare und hierarchische Wahrnehmungsstruktur hervorbringen, die wesentliche Seiten des Lebenszusammenhangs im Selbstbezug wie im Bezug auf andere abwertet und verdeckt. Sie blenden die bereits genannten, für die biographische wie für die gesellschaftliche Entwicklung zentralen Erfahrungen aus dem Bereich subjektiver und gesellschaftlicher Relevanz aus. Sie zensieren Handlungs- und Ausdrucksformen. Sie kappen Verbindungen, machen Zusammenhänge unsichtbar, polarisieren, machen es unmöglich, Widersprüchliches nebeneinander bestehen zu lassen. Sie bewirken einen (kollektiven wie subjektiven) Realitätsverlust.

Wir gehen davon aus, daß in patriarchalen Gesellschaften diese Verdeckungen permanent und überall stattfinden. Der Verdeckungszusammenhang ist ein Analysemodell, das gleichermaßen struktur- wie handlungstheoretisch angelegt ist: er ist Struktur, aber als Struktur wird er immer wieder durch das konkrete Handeln von konkreten Frauen und Männern reproduziert; er bedingt dieses Handeln *genauso* wie er durch dieses Handeln hervorgebracht wird. Und hier liegt der analytische (und real erfahrbare) Ansatz für Veränderung: es gibt immer die Möglichkeit, verdeckte Konflikte aufzudecken, verselbstverständlichte soziale Tatbestände zu benennen, falsch

Getrenntes wieder in Zusammenhang zu bringen, Tabus zu durchbrechen. Es gibt immer auch die Möglichkeit, die eigene Mittäterschaft am Verdeckungszusammenhang aufzukündigen, sich zum Beispiel aktiv auf die Suche nach (verdeckten) Widersprüchlichkeiten zu machen, auch wenn diese Suche immer weiter gehen wird, sprich: auf nächster Stufe wieder auf Klischees und Verdeckungen stoßen wird, auch im eigenen Denken.

Auch unser Forschen findet also immer *im* Verdeckungszusammenhang statt. Es geht darum, auf forschungsmethodologischer Ebene systematisch mit dem Verdeckungszusammenhang zu rechnen und das eigene Vorgehen danach zu befragen, inwieweit es geeignet ist, diesen Zusammenhang aufzubrechen (vgl. Abschnitt II in diesem Buch). Wenn es auch kein Entrinnen gibt, dann gibt es doch immer diese systematische Berücksichtigung und eine mittels (kollektiver) Selbstreflexion in Gang gesetzte Bewußtmachung von Mittäterschaft.

In den vorausgehenden Ausführungen haben wir den Gegenstandsbereich feministischer Forschung zugleich ausgeweitet und eingegrenzt. Ausgeweitet haben wir ihn insofern, als wir auch in thematisch zugespitzten Einzeluntersuchungen eine gemeinsame Binnenstruktur feministischer Forschung sehen: die implizite oder (was wünschenswerter wäre) explizite Bezugnahme auf Geschichte, Mechanismen, Veränderungen und Entwicklungsperspektiven des Geschlechterverhältnisses als Herrschaftsverhältnis. Eingegrenzt haben wir den Gegenstandsbereich insofern, als wir anerkennen müssen, daß es neben dem Geschlechterverhältnis weitere Herrschaftsverhältnisse gibt, die diesem keinesfalls unterzuordnen sind. Dies anzuerkennen, bedeutet, die Grenzen der eigenen Aussagen zu sehen. Paradoxerweise mindert sich jedoch dadurch nicht ihr Geltungsbereich, im Gegenteil: erst dadurch, daß wir klar den Gegenstandsbereich definieren - in seinen Grenzen - entsteht die Möglichkeit, nach dem Zusammenspiel etwa zwischen dem Geschlechterverhältnis und rassistischer Unterdrückung zu fragen. Erst im Verzicht auf den subsumierenden Blick erhalten die Aussagen allgemeine gesellschaftspolitische Relevanz. Daß der subsumierende Blick, das "Denken im Singular" selbst ein Herrschaftsmechanismus ist, und zwar einer mit geschlechtshierarchischem Kern, ist Anlaß und Ausgangspunkt des Konstrukts vom Verdeckungszusammenhang, mit dem wir die "Genauigkeit" forschungsmethodologisch kultivieren wollen - im Bewußtsein, daß erst im Bündnis mit weiteren Herrschaftsanalysen die kritische Analyse der Geschlechterverhältnisse zu einer wirklich allgemeinen Herrschaftskritik werden kann.

II Zwischen Methoden und Methodologie - Ergebnisse und Erfahrungen

Wegzeichen im Methodendschungel - Standards unserer Forschung

Die Methodendiskussion in der Frauenforschung hat verschiedene Phasen durchlaufen, die vor allem Auseinandersetzungen mit der Frage nach dem Stellenwert qualitativer Methoden, nach der Parteilichkeit bzw. Betroffenheit und ihrem Verhältnis zu dem allgemeinen Methodenrepertoire der Sozialwissenschaften akzentuierten. Alle Aufsätze zu diesem Thema resümieren jedoch, daß es sich streng genommen "bei der Methodendiskussion in der Frauenforschung eher um eine methodologische und epistemologische Diskussion gehandelt hat als um eine im engeren Sinn methodische" (Abels 1993:6). Die Erkenntnis setzt sich zunehmend durch, daß nicht die feministische Methode zu suchen sei, sondern die Methodenwahl im Zusammenhang mit dem Gegenstand, dem Thema und den beteiligten Personen zu reflektieren ist (vgl. Müller 1984). Wenn wir nun im folgenden über Standards der Forschung sprechen, so verstehen wir darunter keine neuen Meßlatten, keine objektivierbaren Maßstäbe, an denen unser Tun zu messen wäre. Vielmehr sind sie aus forschungspraktischen Erfahrungen gewonnene Überlegungen zur Methodenwahl und zum Forschungsdesign als ganzes. Sie geben Hinweise, wie die vorab dargestellten theoretischen Orientierungen (s. Kapitel I) in die Anlage der Forschung einfließen können, damit zwischen theoretischen Analysen und praktischem methodischen Handeln in der

Forschungssituation eine bessere Vermittlung entstehen kann. Forschungspraktische Erfahrungen und Selbstreflexionen in Forschungssituationen sowie aus dieser Forschung heraus generiertes Wissen über Zusammenhänge weiblicher Lebenssituationen, - wiederum als Zusammenhänge der Gesellschaft im ganzen gemeint, - ergeben Hinweise auf Möglichkeiten und Grenzen bestimmter Forschungsdesigns und bestimmter methodischer Zugänge. Eine zentrale Bedeutung kommt hierbei der Forschungshaltung, der theoretischen Interpretationsfolie für Phänomene in der Forschungssituation und der Ein- bzw. Rückbeziehung der Erkenntnisse in die Praxis (Lebenspraxis, professionelle Praxis) der Forschungsbeteiligten zu.

Da unser theoretischer Ausgangspunkt in dem Konstrukt des geschlechtshierarchischen Verdeckungszusammenhang einen Begriff gefunden hat (s. Kapitel I), sind für uns solche methodischen Erfahrungen und Überlegungen von besonderem Interesse, mit denen Verdecktes aufgedeckt, transparent werden kann, d.h. mit denen verdeckten, verschwiegenen, abgespaltenen Seiten gesellschaftlichen Seins Relevanz gegeben und diese für die Beteiligten zugänglich gemacht werden können.

In diesem Sinn werden wir hier nun nicht einzelne Methoden vorstellen und als feministische Forschungsstandards vorgeben. Wir werden Forschungsorientierungen, gesammelte Erfahrungen aufzeigen, die im Bereich zwischen methodologischen Grundüberlegungen und einzelnen Methodenreflexionen angesiedelt sind. Sie sind keine Vorgaben, die das feministische Gütesiegel bestimmen sollen. Gegen solche Engführungen steht die Entwicklung des Forschungsdiskurses ebenso wie unser eigener Prozeß der fortwährend erweiterten Erkenntnisgewinnung und des immer neu zu erprobenden konkreten "Gegenstandsbezugs". Mit jeder neuen Forschungserfahrung gewinnen wir Gesichtspunkte hinzu, die das bisherige Wissen verändern, erweitern oder auch in Frage stellen. In diesem Sinn läßt sich also nicht von einem "geschlossenen Erkenntnispaket" ausgehen. Wenn wir dennoch von "Standards" sprechen, so geben wir dem bis hierher gesammelten Erfahrungswissen im Kontext der theoretischen Analysen einen Rahmen und einen Namen, von dem aus die Reflexion weitergehen kann. Mit der inzwischen in der Frauenforschung erreichten Vielfältigkeit ist eine Möglichkeit von Auseinandersetzung geschaffen, die Forscherinnen veranlaßt, ihre Position zu klären und ihnen ermöglicht, sich in Erweiterung oder Widerspruch zu anderen in der Wahrnehmung zu verfeinern und ein "Mehr an Vielheit der Stimmen" zu ermöglichen. Die Klarheit der eigenen, theoretischen und erfahrungsgesättigt begründbaren, Positionen bedeutet keine Engführung, sondern Ausgangspunkt für Offenheit und Weiterentwicklung. Es gibt keinen festgelegten Katalog feministischer Methoden. "Der Fortgang der theoretischen Diskussion wie der empirischen Forschung scheint durch diese Unklarheit nicht wesentlich behindert zu sein; im Gegenteil: eindrucksvoll dokumentieren eine Reihe von Sammlungen eine ungeheure Vielzahl von Projekten (...). Der (...) vorgeschlagene Weg, nicht über abstrakte Grundsätze der Wissenschaftskritik, sondern über Auseinandersetzung mit den inhaltlichen Fortschritten der Frauenforschung die methodologische Diskussion voranzutreiben, scheint mir fruchtbar zu sein. Denn nicht Ansprüche und Anforderungen an uns und unsere Schwestern verändern dauerhaft unser Leben, sondern Erkenntnisse, die ohne uns als feministische Forscherinnen nicht, nicht in dieser Weise, oder nicht zu diesem Zeitpunkt verfügbar gewesen wären" (Müller 1994:68).

Mit dieser Ausgangshaltung, die in ihrer Offenheit und dennoch Entschiedenheit der unsrigen naheliegt, werden wir nun also unsere im Tübinger Frauenforschungszusammenhang entwickelten Standards vorstellen. Ein fortlaufender kollektiver Reflexionsprozeß hat sie formuliert, gefüllt und weiterentwickelt. Der überwiegende Teil unserer Forschungen bewegt sich im Spektrum sozialpädagogischer, jugendtheoretischer und erwachsenenbildnerischer Themenbereiche und Praxisfelder. Insofern setzen wir in dem vorwiegend soziologisch gefärbten Methodendiskurs der Frauenforschung einen etwas anderen Akzent und können vor allem im weiteren Sinne pädagogische Erfahrungen aus der Frauen- und Mädchenarbeit methodologisch nutzbar machen. In den erfreulich interdisziplinären Frauenforschungsdiskurs bringen wir auf diese Weise einige Konkretionen im Hinblick auf den Praxis- und Umsetzungsbezug von Forschung ein wie auch Erfahrungen zum Aufschließen von Selbstdeutungen und (Selbst-)Bewußtheit über Bewältigungswege widersprüchlicher moderner Anforderungen an Mädchen und Frauen. Überhaupt die Zielgruppe der Mädchen in den Blick zu nehmen, ist eher eine Besonderheit sozialpädagogischer Forschung, wie uns scheint.

Unsere Forschungserfahrungen liegen vorwiegend im Bereich der qualitativen Methoden, über die wir entsprechend stärker methodologisch diskutieren. Obwohl wir sie für viele Fragen und im Forschungsprozeß inbegriffene Veänderungsprozesse für geeignet halten, soll dies kein Plädoyer gegen quantitative Methoden sein. Im Gegenteil, im Einklang mit vor allem neueren Veröffentlichungen halten wir die konträre Gegenüberstellung quantitativer und qualitativer Methoden für unfruchtbar und können uns gegenseitige Ergänzungen, Begründungshilfen und Mischprojekte vorstellen (vgl. die Überblicke bei Müller 1994, Krüger 1994).

Unsere heute formulierten Standards kennzeichnen also einen derzeitigen Diskussions- und Kenntnisstand in einem Prozeß, der nicht abgeschlossen ist und auch nie abgeschlossen sein kann. Sie sind zudem Ausdruck dessen, wie wir Forscherinnen den aktuellen Stand der Frauenforschungsdebatte in unseren jeweiligen Projekten transformieren und welche eigenen Relevanzen wir dabei entwickelten. Die eigenen und eigenwilligen Akzentuierungen, die wir dabei vorgenommen haben, resultieren aus unseren konkreten Forschungs- und Praxiserfahrungen.

Unser Hauptaugenmerk gilt dem kritischen Blick auf Klischeebildungen und Reduzierungen, mit denen Frauen und Mädchen reduziert werden, sich aber auch selbst reduzieren und einpassen in erwartete Muster, die also durch Außen- und Eigenbilder Vielheit, Verschiedenheit und eigene kreative Lösungen verdecken. Dieser Blick wurde geschärft durch die Auseinandersetzung mit verschiedenen kritischen

Forschungskontexten, die auch jenseits der Geschlechterforschung mit verdeckten Sozialformen und vereinheitlichenden Deutungs- bzw. Normalitätsmustern zu tun haben. In vielen unserer Forschungen beziehen wir uns beispielsweise auf die kritische Landforschung. Konfliktforschung, Regionalforschung und Armutsforschung (z.B. Böhnisch/ Funk 1989, Chassé 1996, Wahl et al. 1982) bilden ebenfalls Felder, in denen dieser Blick schon angelegt ist. Eine weitere wichtige Perspektive in fast jeder unserer Forschungsfragen ist die Suche nach der Bedeutung weiblicher Bezugnahme. Erkenntnisse zu Bedingungen für einen möglichen (bzw. verhinderten) Selbstbezug können mit der Erforschung von weiblichen Bezugnahmen angegangen werden. Dies bedeutet das Aufsuchen von verdeckten Seiten der Orientierung, die (oft zugleich) Kraftquelle und Konfliktquelle sind, die sich aber nicht im sichtbaren gesellschaftlichen Raum abspielen (vgl. Frauenfortbildungsgruppe Tübingen 1993).

Wie wir solche Blickwinkel konkret erforschen und inwiefern sie relevant sind für unsere Deutungszusammenhänge, das wird aus den exemplarischen Forschungstexten im *zweiten* Teil dieses Abschnitts deutlich, die bestimmte methodologisch relevante Aspekte aus einzelnen Untersuchungen vorstellen. Im *ersten* Teil werden die hiermit zusammenhängenden Forschungsstandards als für uns geltende Orientierungen erläutert und als Rahmen vorgegeben, innerhalb dessen die einzelnen konkreter ausgeführten Aspekte des zweiten Teils verortet sind. Mit ihrer Darstellung stellen wir sie zur Diskussion, wollen andere Frauen anregen, ihnen Ideen des Zugangs weitergeben. Sie sind daher Orientierungshilfen und Diskussionspunkte zugleich.

Frauenforschung als Faktor von Gesellschaftlichkeit

Frauenforschung, die von dem Verdeckungszusammenhang der Geschlechterhierarchie als einer grundlegenden (modernen) Gesellschaftsstruktur ausgeht, übt ihre zwangsläufig kritische Rolle immer auf mehreren Ebenen zugleich aus: erstens im Hinblick auf Erkenntnisse/ Ergebnisse zur Lebensrealität von Frauen und damit zur Gesellschaftsstruktur und ihren impliziten und expliziten Möglichkeiten für Individuen hierin und zweitens im Hinblick auf Zugänge, Deutungsmuster und Verfahrensweisen der wissenschaftlichen Bearbeitung dieser Realität, d.h. auf der Ebene der Wissenschaftskritik. Auf beiden Ebenen muß sie Ideologiekritik betreiben, was heißt, gegen bestehende dominante Deutungsmuster, Gültigkeitsnormen und Abspaltungen anzugehen (vgl. Abschnitt I, Kapitel 1). Somit ist sie auch von direkter politischer Bedeutung, indem sie auf der Ebene der Realitätsinterpretationen und der daraus abgeleiteten gesellschaftlich verfolgten Bedarfsprioritäten dem politischen Aushandlungsprozeß andere Inhalte anzubieten hat, also die Abspaltungen und Umdeutungen (wieder) einbringen muß. Sie ist es aber auch, indem sie in der Wissenschaftspolitik Konflikte um die Definitionen dessen, was Relevanz hat (bzw. bisher nicht haben darf) eingeht.

Frauenforschung als Faktor von Gesellschaftlichkeit heißt für uns, daß wir uns bewußt und willentlich in die Konflikte um Deutungsmacht, um Definitionsmacht hineinbegeben, in Konflikte darüber, was welche gesellschaftliche Relevanz hat. Ausgehend von der kritischen "Gleichheitsdiskussion" im frauenpolitischen Diskurs (vgl. Gerhard/ Jansen u.a. 1990, für die Frauenforschung z.B. Thürmer-Rohr 1984, für weibliche Vergesellschaftung z.B. Rommelspacher 1992) sind dabei ebenso die Verhältnisse zwischen Frauen selbst als Felder der Auseinandersetzung um Definitionsmacht zu sehen. Frauenbezugnahme spielt sich nicht außerhalb der Gesellschaftlichkeit ab. Wir finden bei uns selbst, aber auch bei den forschungsbeteiligten Frauen und Mädchen herrschende Relevanzmuster vor, deren Bedeutung nicht einfach übergangen werden darf, indem sie weggeleugnet wird und eine andere Realität gesetzt wird. Vielmehr muß sie hier sichtbar und damit hinterfragbar werden. Es geht also, methodisch gesprochen, um den Prozeß von der Wahrnehmung der Relevanzmuster hin zu ihrer Hinterfragung bzw. Verschiebung. Dieser zentrale Bestandteil des

Forschungsprozesses muß "inszeniert" werden, soll er nicht einfach Verständigungsblockaden erzeugen.

Die ideologiekritische Funktion erfüllt die Forschung also zum einen, indem sie sich in politische und wissenschaftskritische Diskurse einmischt, zum anderen aber - und dies möglichst vermittelt miteinander -, indem sie mit den beteiligten Frauen oder Mädchen selbst einen Prozeß der Aufhebung herrschender Relevanzmuster anzielt. Das bezieht sich sowohl auf die Organisation der Forschung, vor allem auf den Stellenwert, den die Beteiligten erhalten (Status als Expertin, Subjekt), als auch auf die inhaltliche Prozeßgestaltung und -begleitung.

So begeben wir uns auch mit den "Adressatinnen" in einen Diskurs über Relevanzen. Es geht darum, "Brückendiskurse" (Fraser 1994) als Diskurse zwischen Theorie und Praxis zu führen, die aber oft in den Konflikt um Relevanzen eingespannt sind. Hier, in unseren konkreten Forschungszusammenhängen, erleben wir ja genau diese Konflikte darüber, welches die relevanten Fragestellungen, welches die "wichtigen" theoretischen Ansätze sind und welches die adäquaten und anerkannten Methoden sind.

Beispiel: Zwei Forscherinnen führen - als Element ihrer Erhebungspraxis zu Kompetenzen und Bildungswünschen von Frauen - Bildungsveranstaltungen mit Frauen in einer ländlichen Untersuchungsregion durch. Weil sie wissen, daß die Teilnehmerinnen sich am aktivsten dann beteiligen, wenn sie selbst etwas erarbeiten/ beitragen, also gefordert sind, beginnen sie die Veranstaltung mit aktivierenden Methoden. Es schlägt ihnen hierauf der Protest der Teilnehmerinnen entgegen: deutlich wird, daß es Erwartungen an die beiden Forscherinnen als "Expertinnen" gibt, die sie zunächst erfüllen müssen. Erst danach kann es zur eigenen Beteiligung der Teilnehmerinnen kommen.

Deutlich wird an diesem Beispiel, daß mit dem Wissenschaftlerinnenstatus ein Expertinnenstatus verknüpft ist, der bewirkt, daß den teilnehmenden Frauen ihr eigener Expertinnenstatus zunächst einmal "abhanden kommt". Allein durch diese

Konfrontation der beiden gesellschaftlich mit ganz unterschiedlichen Relevanzen versehenen Sphären von Wissenschaft und Lebenspraxis findet eine Entwertung der Letzteren statt und damit eine (latente) Selbstentwertung der Frauen. Diese kann nur dadurch aufgehalten werden, daß die Frauen "zum richtigen Zeitpunkt" - nachdem beispielsweise die Erwartungen an die Wissenschaftlerin erfüllt sind - und mit entsprechenden Methoden eine gestaltende Funktion für den Prozeß bekommen. Würden die Forscherinnen, gutmeinend, die vorhandene (entwertende) Erwartungshaltung übergehen, so hätten sie unter der Hand die Hierarchie noch verstärkt, indem sie "arrogant" ihr Muster durchsetzten und den Frauen ihr vermeintliches "Mehr" an Wissen verweigerten.

Diese Erfahrung aus Bildungsveranstaltungen wird selbst zum Auswertungsgegenstand: welche Hierarchien, welche offiziellen und welche verdeckten Relevanzstrukturen lassen sich hier aufzeigen? Ganz deutlich wird die Hierarchie Wissenschaft/ eigene (Alltags-)Praxis: zunächst einmal wird uns als Wissenschaftlerinnen ein Expertinnenstatus zugeschrieben. Egal, ob wir es wollen oder nicht, wir verkörpern als Wissenschaftlerinnen einen gesellschaftlichen Bereich mit relativ hohem Status, demgegenüber andere Erfahrungsbereiche abgewertet werden. Unabhängig von den sonstigen Durchsetzungsproblemen "unserer" Wissenschaftlichkeit schreiben die Frauen Wissenschaftlern (ganz allgemein) Deutungskompetenz für ihr Leben zu. Das Problem liegt auch nicht an dem verallgemeinerten Wissen und den zur Verfügung stehenden Deutungsfolien der Wissenschaftlerinnen, die den betroffenen Frauen tatsächlich u.U. den Horizont erweitern könnten, sondern es liegt in dem hierin bestehende Gefälle, in der fehlenden Wechselwirkung der unterschiedlichen Wissens- und damit Relevanzbereiche und der mangelnden Vorstellung (und geringen Bewertung) von Kooperation als Weg, zu mehr Wissen zu gelangen[5].

---

[5] Damit bewiesen die Frauen im übrigen einen gehörigen "Realitätssinn", denn diese Haltung kommt ja aus dem, was ihnen ständig begegnet: andere sind die ExpertInnen, andere wissen

Diese geltenden Relevanzstrukturen müssen wir wahrnehmen, denn sie durchdringen - mehr oder weniger auffällig - jedes Untersuchungssetting. Doch wir dürfen nicht bei der Wahrnehmung stehenbleiben. Wir müssen hieraus Konsequenzen für unser methodisches Vorgehen ziehen. Es muß uns darum gehen, in unserer Forschungspraxis den Erfahrungen der Frauen, mit denen wir forschen, einen Status zu geben, um dem, was in den herrschenden gesellschaftspolitischen und auch wissenschaftlichen Diskursen nur verdeckte Bedeutung hat, Raum zu verschaffen (vgl. Funk/ Schmutz/ Stauber 1993). Wenn wir aber die Frauen nicht funktionalisieren wollen für den Beweis einer anderen Realität, heißt dies, den geforderten Status nicht herbeizudefinieren (und sich über die Verweigerung oder Beschämung der Frauen zu wundern), sondern das Gefälle zum Ausgangspunkt zu nehmen und in einen gemeinsamen Prozeß der Entdeckung der Relevanzmuster zu treten und sie dann zu verändern.

Feministische Forschung als Faktor von Gesellschaftlichkeit bedeutet in diesem Zusammenhang, Bedingungen zu schaffen, daß Frauen im Forschungsprozeß durch entsprechende methodische Zugänge zu Subjekten mit gesellschaftlichem Status, das heißt u.a. mit Definitionskompetenz, werden können. Der Subjektstatus kann dabei eben nicht gesetzt, sondern er muß erst wieder rekonstruiert werden (vgl. Rodenstein 1990 und auch unten, Standard "Subjektorientierung", vgl. auch Stauber in diesem Band). Unsere Forschung steht daher in einem Spannungsfeld, das dadurch charakterisiert ist, daß wir das, was strukturell und systematisch die Lebenssituation von Frauen kennzeichnet - die Verweigerung des Subjektstatus - in der und durch die Inszenierung von Forschungsprozessen zeitweilig außer Kraft setzen wollen. Wir können ihnen nicht den vollen gesellschaftlichen Status geben, wir haben ihn ja auch selbst nicht, aber wir können einen inszenierten Raum erzeugen, der Erfahrungen des Ernstnehmens ermöglicht, neue Realitätserfahrungen vermittelt und in dem alle Beteiligten als Subjekte zur Geltung kommen.

---

angeblich, was gut für sie ist; was sie selbst wahrnehmen, hat keinen Status in Bezug auf gesellschaftliche Prioritäten (oft nichtmals im eigenen Lebenszusammenhang!).

Verständigungsprozesse unter Frauen

Wie wir innerhalb des Spannungsfelds zwischen Status-geben im Wissen um den gesellschaftlich verweigerten Subjektstatus agieren (können), stellt sich uns als offene Frage in jedem Forschungsprojekt neu. Neue Erfahrungen können zum Beispiel entstehen, wenn es gelingt, einen sozialen Rahmen für dieses experimentelle Außer-Kraft-Setzen gesellschaftlicher Entwertungsprozesse zu finden, der eine Form von Öffentlichkeit herstellt. Öffentlichkeit beginnt bei der Sichtbarmachung im Frauenzusammenhang, beginnt bei den lebenspraktisch stabilen, in der Bewertung jedoch äußerst fragilen *Bezügen unter Frauen* (vgl. Frauenfortbildungsgruppe Tübingen 1993).

Unsere Forschungen sind in mehrfachem Sinne auf Verständigungsprozesse unter Frauen bezogen. Zunächst verfolgen sie die frauenpolitische Zielrichtung, Verständigung unter Frauen als Basis veränderter gesellschaftlicher Bedeutungen und damit von Lebensverhältnissen, die weniger ausgrenzend und hierarchisch sind, anzustreben, - wobei sie damit keineswegs ein weibliches Harmoniemodell im Sinne haben, sondern reale und vollständige gegenseitige Wahrnehmung in Verschiedenheit und Ganzheit. Daneben bezieht sich unsere Forschung methodisch-inhaltlich mindestens in dreifacher Hinsicht auf Verständigung unter Frauen: (1) Erstens zielt sie darauf ab, im Sinne der vorherigen Ausführungen zur Forschung als Faktor von Gesellschaftlichkeit Räume für Verständigung herzustellen, zu inszenieren und hierin Erkenntnisse durch selbstreflexive Prozesse zu gewinnen. (2) Zweitens sucht sie als Forschungsbasis existierende Verständigungszusammenhänge zwischen Frauen auf, arbeitet in bewußter Bezugnahme hierauf und verfolgt damit auch das Ziel, die vorhandene Verständigung sichtbar zu machen. (3) Und drittens untersucht sie als Forschungsthema selbst, wie die Verständigung unter Frauen läuft, welche Bedeutung sie tatsächlich hat, welche Hindernisse ihr in den Weg gestellt werden, welche Fallen weibliche Verständigung unter geschlechtshierarchischen Bedingungen mit sich bringt etc.

ad 1) Die methodische Ausrichtung, Räume zur Verständigung herzustellen, konkretisiert das Selbstverständnis einer statusgebenden Forschung: es geht immer darum, in und mit der Forschungssituation Raum zu schaffen für die Verständigung zwischen Frauen, das heißt wahrnehmende gegenseitige Prozesse zu ermöglichen, keine "Einbahnstraßen" zu produzieren - sei dies nun die Verständigung zwischen der Forscherin und einer Befragten im Einzelinterview, sei dies in Gruppeninterviews im bereits existierenden Verständigungszusammenhang unter Frauen, sei dies in Gruppensituationen, die zum Zweck der Untersuchung hergestellt wurden, günstigstenfalls aber keine einmaligen Begegnungen bleiben etc. Aus dem Wissen heraus, daß es zu wenig Raum für einen Austausch unter Frauen gibt, und grundsätzlicher noch: daß eine Gegenerfahrung zum verweigerten Subjektstatus als Frau in einem öffentlichen Raum stattfinden muß, muß es unserer Forschung daran gelegen sein, einen solchen Raum herzustellen. Dadurch schafft sie eine reale Erfahrung (also nicht nur eine "künstliche"), erzeugt eine gesellschaftliche Erfahrung der weiblichen Bezugnahme, die auch erkennbar und benennbar ist.

ad 2) In forschungspragmatischer Hinsicht sind unsere Untersuchungen vielfach auf Frauenzusammenhänge angewiesen. Ohne diese wäre uns der Zugang zu Frauen erschwert. Einerseits nutzen wir damit diese Zusammenhänge, andererseits stärken wir sie, indem wir uns explizit auf sie beziehen: die Frauen bekommen Anerkennung als Gruppe und damit mehr Sichtbarkeit, mehr Relevanz. Ein wichtiger erster Schritt in dem Forschungsprozeß beinhaltet demzufolge das Aufsuchen von bestehenden Frauenzusammenhängen. Hier ist es wichtig, die Wahrnehmung so zu öffnen, daß nicht nur öffentlich definierte und sich selbst repräsentierende Gruppierungen in den Blick geraten, sondern auch "private", verdeckte Zusammenhänge gefunden und "gesehen" werden. Methodisch muß dazu in den ersten inhaltlichen Überlegungen zum Thema immer die Frage einfließen, wie Frauen in Bezug auf dieses Thema miteinander zu tun haben, über welche Fragen, Aspekte des Themas sie mit anderen Frauen in Kontakt sind etc. Das kann auch den beteiligten Frauen selbst deutlicher machen, wo sie sich auf andere Frauen beziehen, angewiesen sind oder auch bisher sich getrennt fühlen. Oft stellt sich uns die Frage, inwieweit unsere Forschung tatsächlich dazu beiträgt, Verständigungsprozesse unter Frauen anzustoßen/ zu bestärken; und umgekehrt: ob wir nicht selbst einen weitaus größeren Nutzen aus (bereits existierenden) Zusammenhängen unter Frauen haben, als sie ihn je durch uns gewinnen können. So wichtig an dieser Fragestellung der selbstreflexive Impetus ist, kritisch zu überprüfen, ob wir Frauen erneut funktionalisieren, so muß sie doch als falsche Alternative zurückgewiesen werden, die einem Denken geschuldet ist, das alles in ein Mehr oder Weniger, das den Nutzen für die einen in Weniger-Nutzen für die anderen definiert.

ad 3) Nicht zuletzt machen wir diese Frauenzusammenhänge in unseren Untersuchungen auch häufig direkt zum Thema. Hierbei gewinnen wir erweiterte Kriterien dafür, was "Verständigungszusammenhang" unter Frauen bedeuten kann. Wir wollen also mit der Erforschung auch die Hypothesen der Bedeutung von Verständigungszusammenhängen überprüfen und in ihrer spezifischen und konkreten Qualität besser erkennen können. Gleichzeitig geht es dabei auch darum, die "Untiefen" von Zusammenhängen, von vermeintlichen Verständigungsprozessen zu sehen. Denn unter patriarchalen Bedingungen sind diese immer überformt durch verdeckende Relevanzmuster, konkurrierende Anerkennungsbestrebungen, von gegenseitigen Wahrnehmungsbildern, die Frauen schwächen. Sie sind gleichzeitig aber auch lebendige Realität, die Frauen stützt, auf die sie sich wirklich beziehen und die ihnen das Gespür für eine andere "Wirklichkeit" als die herrschende wachhält. Diese Widersprüchlichkeiten zu beleuchten, kann uns für die methodischen Überlegungen ebenso Gewinn bringen wie für Erkenntnisse zu Veränderungen im weiblichen Lebenszusammenhang überhaupt. Es kann darüberhinaus auch Gewinn geben für unsere eigenen kommunikativen Forschungszusammenhänge (als Verständigungszusammenhänge), in denen wir unsere Projekte reflektieren und auswerten.

Diese Bezugnahme und Berücksichtigung von Verständigung unter Frauen begreifen wir nicht zuletzt auch als ersten Schritt einer Ver-Öffentlichung: Frauen werden füreinander sichtbar, Frauen tauschen sich aus, Frauen stellen sich mit diesem Austausch ein "öffentliches" Forum her, von dem aus weitere Schritte in andere Öffentlichkeiten getan werden können (zu einem in dieser Hinsicht erweiterten Begriff von Öffentlichkeit vgl. Lang 1994).

Beispiel:
Eine Gruppenleiterin aus dem Mutter-Kind-Programm[6] wird auf die Intentionen, die sie mit der sozialpädagogischen Gruppenarbeit verfolgt, befragt. Sie spricht davon, daß die Frauen sehr unterschiedlich sind, daß sie sich in der Anfangszeit häufig dazu "verdonnert" fühlen, die Gruppentreffen zu besuchen, und daß es mitunter sehr lange braucht, bis sie für sich herausfinden, was sie von der Gruppe haben. Es ist ein realer Konflikt, der auch mit dem problematischen Verpflichtungscharakter der sozialpädagogischen Betreuung zu tun hat. Die Gruppenleiterin sieht diesen Konflikt, sieht ihre eigene Rolle eingewoben in diesen Konflikt, ist aber nicht bereit, ihn zuzukleistern. Sie will, daß die Frauen mit allem, was ihnen "stinkt", herauskommen, sie will in Konflikt gehen mit den Frauen, will keine "heile Gemeinschaft".

Es ist nun Aufgabe der Forscherin, diesem Anspruch zuzuarbeiten und die realen Konflikterfahrungen in der Gruppe sichtbar zu machen. Sie versucht mit der Leiterin zu klären, welche institutionellen Vorgaben den Konflikt begründen, welche eigenen Wünsche an den Sinn der Arbeit konflikthaft wirken und wie dies zusammenwirkt mit der Lebenssituation der betroffenen Frauen, die sich zunächst eben gar nicht sozialpädagogisch "bedürftig" definieren, sondern im wesentlichen auf die Sozialhilfe, die mit dem Programm verbunden ist, angewiesen sind. Mit der Pädagogin zusammen gilt es zu klären, wo sie selbst den institutionellen Vorgaben erliegt, um ihrer eigenen

---

[6] Dies ist ein baden-württembergisches Programm für alleinerziehende Frauen, welches die Möglichkeit einer erhöhten Sozialhilfe an diverse Bedingungen, u.a. an die verpflichtende Teilnahme an sozialpädagogischer Gruppenarbeit, knüpft (vgl. Schultheiß 1987, Stauber 1986).

Arbeit Sinn zu verleihen. Findet sie mit den Frauen etwas Drittes, etwas, was sich nicht auf ihre Definitionsmacht als Pädagogin bezieht und für die Frauen nicht auf ihre als defizitär definierte Situation, dann hat sie die Chance, mit den Beteiligten sozialpolitisch an das Dilemma heranzugehen.

Für die Forschungspraxis resultieren aus diesen Überlegungen andere Mittel als das einmalige Gespräch. Das Interview muß interaktiv werden, die Pädagogin kann eine gewisse Zuarbeit und Klärungshilfe von der Forscherin erwarten und wird gleichzeitig zu Interaktionen angeregt, deren Begleitung wiederum Raum im Forschungsdesign bekommen muß - was allerdings häufig unzulänglich bleibt, weil die Ressourcen zu knapp sind. Dennoch ist die Wirkung der Interaktivität als handlungsorientiertem Aspekt der Forschungssituation nicht zu unterschätzen. Besteht also das Forschungsinteresse in dem Herausfinden der pädagogischen Absichten, dann kann sich die Forscherin nicht - quasi kontemplativ - ansehen, in welchem Dilemma sich die Pädagogin befindet, sondern muß genau das Wissen um die Rahmenbedingungen für Frauenkontakte in die Forschungssituation hineingeben und somit auch die Behinderungen einer offenen Aushandlungsmöglichkeit erklären helfen.

Solche Interventions- und Klärungsprozesse geben mehr Wissen über sozialpädagogische Absichten und "Erfolge", sie geben Informationen über zwischengelagerte Verdeckungen (Ängste, institutionelle Bindungen und Logiken), die die Frauenbezugnahme in dieser professionellen Situation mitbestimmen. Der Prozeß, in den die Forscherin dann punktuell oder periodisch miteintritt, gibt auch Auskunft über das Wie des Freiräumens, über wiederum methodische Möglichkeiten anderer Bezugnahmen im professionellen Kontext. So entstehen vielleicht Ideen über ein weitergehendes "Beratungsprogramm" für solche Gruppen, das über die Beziehungsprobleme und die Kindererziehungsfragen hinausgeht.

Abstrakter: Forscherin, Pädagogin und die beteiligten Frauen gewinnen - in ihren je unterschiedlichen Wissensformen - mehr Wissen über ein Wie der Verständigung. Und einmal mehr wird hierin sowohl für die Forschungs- wie für die Praxissituation deutlich, daß Verständigung in unserem Sinne gerade nicht über einfach definierte Übereinstimmungen oder Verabredungen laufen kann (vgl. hierzu auch Bitzan in diesem Band).

Mit diesem Herangehen befinden wir uns forschungsstrategisch leicht in einem Dilemma, das aus der Tatsache resultiert, daß Frauenforschung immer schon in einem politischen Kontext verortet ist und sich selbst auch als politischen Faktor versteht. Wir stehen ständig unter dem Druck, unsere Aussagen auch auf ihre politischen Gehalte zu überprüfen (und darauf, inwieweit sie von verschiedenen politischen Kräften interpretiert bzw. absichtlich fehlinterpretiert werden könnten). Dies erschwert unsere Freiheit, als Forscherinnen auch "handlungsentlastete Deutungsmuster" zu entwerfen, Dinge zunächst einmal in ihrem Zusammenhang zu *sehen*, ohne daran sofort Anforderungen, wie damit politisch umgegangen werden muß, zu knüpfen, bzw. sich selbst darauf verpflichtet zu fühlen[7]. Wer sagt denn, daß wir, wenn wir genauer hinschauen und das, was wir sehen, auch ver-öffentlichen, weiter weg sind von unserem selbstverordneten politischen Anspruch? Vielleicht geht es ja genau darum, ein kritisches Licht zu werfen auf die Bedingungen, unter denen Verständigungszusammenhänge unter Frauen entstehen können, ein kritisches Licht zu werfen auch auf den wahrscheinlich wichtigsten Punkt im Kontext von Verständigung: den Punkt der Differenz. Mit einer erhöhten Sichtbarkeit von Frauenzusammenhängen werden auch die Unterschiede zwischen Frauen deutlicher. Wir gewinnen daher einen

---

[7] In diesem Zusammenhang ist auch eine Aussage nichtdeutscher Forscherinnen interessant, die diese "ängstliche" Haltung in einen spezifisch deutschen Kontext stellen: "Als Nicht-Deutsche, die dadurch eine bestimmte Distanz zur deutschen Kultur haben, fällt uns auf, daß hierzulande ein außerordentlich starker Druck existiert, sich keine handlungsentlastenden Deutungsmuster zu erlauben, wenn ein Bereich politisch aufgeheizt oder moralisch bedeutsam ist. Dies ist unserer Einschätzung nach allerdings ziemlich kontraproduktiv. Denn wo bräuchten wir das dringender als dort, wo wir wirklich Strategien finden müßten? Wo wäre die Möglichkeit, uns nicht bei jedem Satz nach den Handlungskonsequenzen fragen zu müssen, notwendiger?" (Hagemann-White/ Rerrich 1988:9).

differenzierten Begriff von Verständigung, der uns eben nicht zurückwirft auf alte "Gleichheitsprogramme". Verständigung heißt nun: Verständigung in Differenz.

Differenz unter Frauen

Unsere Welten sind nur partiell geteilte Welten. Hiervon auszugehen bedeutet zweierlei (und zwar gleichzeitig und miteinander in Bezug gesetzt): Zum einen geht es darum, diese Differenzen anzuerkennen, als Tatsachen zu sehen, nicht die Augen zu verschließen, zum andern darf dieses aber nicht auf Beliebigkeit hinauslaufen. Nur von den Differenzen zu reden, ohne sie näher zu analysieren, kann im schlimmsten Fall auf eine kritiklose Verdoppelung und Rechtfertigung schlechter Realität hinauslaufen, im weniger schlimmen Fall auf eine oberflächliche Idealisierung, auf ein plattes "Lob der Vielfalt" (vgl. Abschnitt I, Kapitel 2). Differenzen fordern uns vielmehr dazu heraus, sie als Reflexe gesellschaftlicher Machtstrukturen zu analysieren, in ihnen Elemente der Fortsetzung von gesellschaftlichen Hierarchien zu erkennen (vgl. Lerner 1993). Es muß uns darum gehen, herauszufinden, wie Unterschiede gemacht und in Ungleichheit gewandelt werden (vgl. Lenz 1993:105). Das begründet einerseits inhaltliche Forschungsfragen, zum Beispiel eine Frage-richtung in dem Themenkomplex der weiblichen Bezugnahme; es begründet andererseits aber auch Vorsicht und bestimmte, auf die jeweilige Forschungssituation abgestimmte Vorgehensweisen:

Zunächst bedeutet es, Unterschiede überhaupt wahrzunehmen, d.h. mit ihnen zu rechnen: Wir müssen unter uns, zwischen uns und den Frauen, mit denen wir forschen, und natürlich auch bei den Frauen untereinander von unterschiedlichen, vielleicht sogar divergierenden Wahrnehmungs-, Bewertungs- und Interessenskonstellationen ausgehen. Besonders auffällig ist dies in der Auseinandersetzung zwischen weißen und schwarzen Frauen, aber auch zwischen Frauen aus Ost und West, zwischen Frauen aus Stadt und Land etc. Sodann bedeutet es, die Statusprobleme und andere Hierarchien, die wir als Wissenschaftlerinnen in die Forschungssituation hineinbringen, bewußtzuhalten (vgl. Standard 1). Darüber hinaus spielen unsere unterschiedlichen Biopraphien und Erfahrungen, die uns mit bestimmten Begriffen Unterschiedliches assoziieren lassen, eine Rolle. Wir müssen mit Irritationen, mit anders belegten Bedeutungen, mit Ängsten und Definitionszuweisungen rechnen - und mit Verletzungen hierin. So können Begriffe, die wir als Wissenschaftlerinnen völlig selbstverständlich benutzen, bei den Frauen, mit denen wir forschen, Irritationen auslösen. Wir stellen plötzlich fest: wir sprechen eine andere Sprache, belegen dieselben Wörter mit unterschiedlichen Bedeutungen und v.a. auch mit unterschiedlichen Bewertungen. Diese Irritationen können wir nicht einfach übergehen, sondern müssen sie aktiv aufgreifen, weil sie eine wichtige Erkenntnisquelle sind.

Beispiel 1: In einer Befragung junger alleinerziehender Frauen zeigen die den Einzelinterviews vorausgehenden Gruppengespräche, daß der Begriff der "Eigenständigkeit" sehr kontroverse Diskussionen auslöst. Diese Diskussionen sind für die Forscherin unvermutet, weil sie selbst zunächst einen eindeutig postitiven Begriff von Eigenständigkeit hat. Die dadurch entstehende Irritation - sowohl bei den Frauen als auch bei der Forscherin - führt zu der Entscheidung, den Begriff der Eigenständigkeit bewußt in den Einzelinterviews einzusetzen, damit die Frauen sich nochmals an ihm abarbeiten können. "Eigenständigkeit" wird nun zum thematischen Anlaß, die verschiedenen Bedeutungsgehalte, die der Begriff für die Frauen hat, genauer zu beleuchten. Hierbei geht es zum einen um die männlichen Konnotationen von "Eigenständigkeit" - wie "Autonomie" oder "Unverbundenheit" -, welche kritisiert und in Frage gestellt werden; zum anderen geht es um die Kritik an den gesellschaftlichen Anforderungen, die dieser Begriff transportiert - Anforderungen, denen sich die Frauen tagtäglich stellen müssen und die sie tendenziell als Zumutung erleben, weil sie gar keine Wahl haben, sich für oder gegen diese Art der Eigenständigkeit zu entscheiden. Zum Dritten steht der Begriff der Eigenständigkeit aber auch für etwas, das die Frauen durchaus für ihr Leben beanspruchen. Die Irritation, die der Begriff der Eigenständigkeit ausgelöst hat, steht also genau für dieses Spannungsfeld von zugemuteten Anforderungen und den selbstbestimmten Anteilen der Lebensform "Alleinerziehende Frau" - einem Spannungsfeld, dem die Forscherin, übertragen auf ihre konkrete Lebenssituation, in geringerem Maße oder besser: in anderer Form ausgesetzt ist, das aber gerade durch diese Unterschiedlichkeit erst thematisierbar wurde.

Beispiel 2: In einer wissenschaftlichen Begleitforschung von Weiterbildungsangeboten für Frauen "nach der Familienphase" werden die unterschiedlichen Konnotationen von "Rausgehen" deutlich: Ist "Rausgehen" gleichbedeutend mit der Wiederaufnahme einer Erwerbstätigkeit, ist "Rausgehen" der Besuch einer Weiterbildungseinrichtung, ist "Rausgehen" die informelle Form der Herstellung von Frauenöffentlichkeiten, die nur für die Frauen sichtbar werden? Die Differenz öffnet hier wiederum ein Feld, in dem gesellschaftliche Anforderungen, verschiedene Formen von Normalität und Selbstverständlichkeit, verschiedene Relevanzstrukturen thematisiert werden können. Zugleich bekommen die Forscherinnen einen Anlaß zur selbstkritischen Reflexion ihrer eigenen Bewertungsstandards: welches "Rausgehen" werten sie (unausgesprochen) als das "bessere", wie stellen sie sich zu ihren (bis dahin implizit gebliebenen) eigenen Relevanzen, welchen Raum geben sie anderen Relevanzen?

Beide Beispiele zeigen, daß die Irritation bei einer nichtoffenen Forschungsanlage oder bei einem anderen theoretischen Hintergrund möglicherweise zu gravierenden Fehlinterpretationen geführt hätte. Vielleicht hätte dann die Forscherin das Zögern als Unwille oder Unfähigkeit der Frauen zu ihrer eigenen "Freiheit" interpretiert, als Wunsch, doch lieber in der abhängigen Situation zu verharren. Dann wäre sie genau nicht auf das widersprüchliche Spannungsfeld gestoßen und hätte nicht herausfinden können, daß in der Ablehnung von bestimmten Bedeutungsgehalten der Begriffe ("Rausgehen", "Eigenständigkeit") bereits eine Bewältigung von widersprüchlichen Anforderungen versteckt ist. Auch unsere Begriffe transportieren sehr schnell neue Zumutungen an Frauen - Zumutungen, die als gesellschaftliche ohnehin latent vorhanden sind. Im gesellschaftlichen Zusammenhang haben Frauen zumeist keinen Raum, sich gegen diese Zumutungen zu wehren. In der Forschungssituation jedoch tun sie es. Hier muß unsere Souveränität darin bestehen, uns nicht beleidigt zurückzuziehen, weil wir "ungerechterweise" für etwas herhalten müssen, das wir nicht verschuldet haben, sondern genau diese Struktur des stellvertretenden Widerstands gegen gesellschaftliche Anforderungsmuster zu erkennen und entsprechend auszuwerten.

Diese Beispiele stehen weniger für eine spezifische Gesprächstechnik, sie verweisen vielmehr auf die Offenheit und Sensibilität in der Gesprächssituation, die solche Irritation nicht als Erschwernis der Verständigung verbucht, sondern eben als Anlaß, genau hier weiter zu fragen und mehr zu erfahren. Hier zeigt sich auch, daß Interpretationsmethoden schon in der Interviewsituation selbst und nicht erst anschließend bei der Auswertung des transkribierten Materials zum Thema werden.

Wenn wir die Situationen genauer analysieren, stellen wir mindestens drei verschiedene Bewertungs- und Deutungszusammenhänge fest, die den Differenzen unter Frauen zugrunde liegen: die patriarchalen Deutungsmuster, die als reale gesellschaftliche Anforderungen Bestandteil des alltäglichen Bewältigungssettings sind; die feministischen Deutungsmuster, die schnell zu einer zusätzlichen Anforderungsstruktur an die Frauen, mit denen wir forschen, geraten, weil wir sie als spezifische Erwartungshaltung in die Interviewsituation hineintragen; schließlich die Selbstdefinitionen der Befragten, die immer auch Resultat komplexer Bewältigungsleistungen sind und daher in Zusammenhang mit den unterschiedlichen Anforderungssituationen unterschiedlicher Lebenslagen stehen.

Wenn wir uns dieser so entflechtbaren Komplexität von Bewertungs- und Deutungsmustern bewußt bleiben, haben wir eine wichtige Grundlage dafür geschaffen, Differenzen produktiv werden zu lassen im Sinne eines theoretischen wie praxisbezogenen Erkenntnisgewinns. Differenzen unter Frauen werden erst dann zum Hindernis von Verständigung, wenn über reale Hierarchien hinweggesehen wird und, was damit zusammenhängt, wenn wir übersehen, daß der bewußte Umgang mit Differenz mit Anerkennung verbunden ist. Denn im gesellschaftlichen/ politischen Rahmen machen wir die Erfahrung, als Unterschiedliche gegeneinander ausgespielt zu werden. Es gibt gesellschaftlich *kaum Gelegenheit für positive Erfahrungen unserer realen Differenz*. Dies betrifft uns als Forscherinnen genauso wie die Frauen, mit denen wir forschen.

Die methodische Konsequenz hieraus muß also lauten: Räume zu schaffen für Gegenerfahrungen, ohne dabei die Differenz zu idealisieren.

Anerkennung

Differenz wird dann zu einer politischen und strategischen Größe - und damit auch für die Forschungssituation zu einem wesentlichen Bezugspunkt - wenn sie mit Anerkennung verbunden wird. Dies präzisiert Anerkennung als Frage nach gesellschaftlichem Status, hebt sie aus einer emotionalen, "schwülstigen" Konnotation der Harmoniesehnsucht heraus. Gesellschaftspolitisch zielt Anerkennung in der modernen Gesellschaft auf vollwertige Mitgliedschaft im politischen, öffentlichen Gemeinwesen, und zwar als eigenständige Person, als Subjekt, als Individualwesen, das nicht eingeschlossen bleibt in die Kategorie ständischer oder ökonomischer, ethnischer oder geschlechtlicher Subsumierungen. Anerkennung bedeutet im ersten Sinn zunächst die Tatsachenbestätigung der Existenz (etwas, jemand ist da) und im weiteren Sinn Wertschätzung, Schaffung von Bedingungen subjektiver Entfaltung. Sie wird zu einem Schlüsselbegriff der Teilhabe und somit auch der Analyse von politischen Zielen und sozialen Bewegungen (vgl. Honneth 1992, Stauber 1996).

So wird Anerkennung auch für feministische Forschung ein Schlüsselthema. Wir müssen davon ausgehen, daß Frauen in vielerlei Hinsicht der gesellschaftliche Subjektstatus nach wie vor verwehrt ist: Frauen sind das Besondere im Unterschied zum Männlich-Allgemeinen, sie sind aus dem gesellschaftlichen Bezugssystem ("das Allgemeine") ausgeschlossen; Frauen wird als Müttern der Subjektstatus verwehrt (vgl. Breitenbach 1992); Frauen haben aufgrund der "Rechtmäßigkeit" von Gewalt gegen Frauen keinen Anspruch auf personale Integrität; Frauen wird ein eigenes sexuelles Begehren abgesprochen. Die verschiedenen Dimensionen eines verwehrten

Subjektstatus bewirken wiederum das Fehlen eines eigenständigen weiblichen Symbolsystems: auf der kulturell-symbolischen Ebene sind Frauen als eigenständige Subjekte nur marginal vertreten.

Subjektiv wirkt sich dies aus in einer prekären Suche nach Anerkennung:

* Nicht selten dominiert der Wunsch nach Harmonie und positiven Gefühlen in Frauenzusammenhängen (als Gegenerfahrung). Die gesellschaftliche Verweigerung von Anerkennung *als Unterschiedliche* ist die reale Erfahrung, die hinter diesem Harmoniestreben steht. Wir werden durch die herrschenden Diskurse permanent auf reduzierte Weiblichkeitsbilder festgelegt, mit denen unsere vielfältigen Erfahrungsbereiche aus dem Zusammenhang gerissen und wertend gegeneinandergehalten werden, wiederum als Spaltungserfahrung. Es gibt kaum Raum für die Bezugnahme in Verschiedenheit.
* Frauen suchen Anerkennung bei den Dominanzträgern, bei Männern und im männlichen Bezugssystem. Die aber ist prekär, ist partiale Anerkennung in einem Abwertungssystem, die zu einer Pseudoteilhabe führt um den Preis ständigen "Wohlverhaltens" und der Abspaltung von anderen Frauen.

Politische Konsequenz ist die Anerkennung von weiblichen Bezugssystemen: es gilt, sie wahrzunehmen, ihnen politische Bedeutung zu geben und sie als gesellschaftliche Verhältnisse der Bezugnahme in Differenz zu gestalten (vgl. Libreria delle donne di Milano 1989, Giesecke 1993).

Anerkennung nun als Standard unserer Forschung zu thematisieren, führt uns noch einmal dazu, die Forschungskonstellation als Begegnung zwischen (unterschiedlich anerkannten) Frauen mit fehlendem gesellschaftlichen Subjektstatus zu betrachten (vgl. Standard 1). Wir können unseren Status als Wissenschaftlerinnen dazu nutzen, anderen Frauen Anerkennung zu geben. Dies muß sich in unseren Methoden widerspiegeln:

kein erneutes Degradieren, sondern das Ermöglichen der bewußten Bezugnahme aufeinander.

Beispiel: Zwei Forscherinnen stellen fest, daß sich bei der Erforschung von Aktivitäten gegen Gewalt gegen Frauen bisher verdeckte Bezugssysteme unter Frauen zeigen. Sie suchen nach Möglichkeiten, diese erkennbar zu machen. Sie überlegen mit den beteiligten Frauen zusammen, wer von ihren Aktivitäten erfahren soll und von wem sie selbst mehr erfahren möchten. Sie kommen zu dem Schluß, daß es nicht nur darum geht, das politische Gemeinwesen mit ihren Aktionen zu erreichen, sondern ebenso andere Frauen, die dadurch in ihrem Engagement gegen Gewalt bestärkt und sichtbar werden könnten. Sie haben also mehrere Öffentlichkeiten im Blick. Schließlich organisieren die Forscherinnen gemeinsam mit den Frauen eine Fachtagung. Damit verschaffen sich Frauen gegenseitig und für ihr Thema Anerkennung. Die Forscherinnen nutzen ihr organisatorisches Know-How für die Bereitstellung eines Rahmens hierfür.

Auch in dieser Forschungsanlage überschreiten die Forscherinnen bewußt die Rolle der Wahrnehmenden. Indem sie die gewonnene Erkenntnis, - nämlich, daß es mehr Aktivitäten und Bezugnahmen von Frauen zum Thema gibt als öffentlich sichtbar und gemeinhin angenommen wird, - nicht nur als Forschungsergebnis niederschreiben, sondern als aufdeckendes Medium für weitere Erkenntnisse zu nutzen wissen, treten sie in eine weitergehende Beziehung zu den beteiligten Frauen. Die gemeinsame Aktivität, eine Tagung zu organisieren, verschafft beiden Seiten ein Ziel, das praxis- und forschungsrelevant ist, das beide in ihrem Bemühen anerkennt und weiterbringt. Darüberhinaus verlängert und bestärkt diese Idee die Bedeutung der Gruppe und der Aktivitäten dieser Frauen - sie werden in ihrem gesellschaftlichen Engagement anerkannt und als relevante Subjekte in ihrer gesellschaftlichen Aktivität bestätigt.

Im Hinblick auf methodische Vorgehensweisen ist an diesem Beispiel zweierlei erkennbar: Die Forscherinnen operationalisieren ihre Suche nach gesellschafts- politischen Aktivitäten nicht in einem klassischen Kategoriengebäude, das nur die bereits anerkannten politischen Ausdrucks- und Organisationsformen in den Blick bekommt, sondern beziehen sich auf den lebensweltlichen Kontext der Frauen, der es ihnen ermöglicht, aus ihren Betroffenheiten heraus ihre Verständigungen und ihre Aktivitäten zu thematisieren. Dadurch bekommen sie andere Organsiationsformen, andere Bezugnahmen und tatsächlich vorhandene kommunizierte Verständigung zu diesem Thema in einer Region in den Blick. Das heißt, sie anerkennen die Aktivität - auch und gerade in ihren eigenen, verdeckten Formen. Das geht aus von und schafft Material für eine differenzierte (Re)Konstruktion von Öffentlichkeit - unter Frauen und von Frauen. Darüber hinaus treten die Forscherinnen mit den beteiligten Frauen in einen gemeinsamen Prozeß (Tagungsorganisation): sie anerkennen sie als kompetente Mitplanerinnen, als diejenigen, die etwas zu sagen haben (Expertinnenstatus) und sie arbeiten gerade mit dem Wissen über verdeckte Frauenbezugnahmen: durch Aktivitäten, durch Raum-schaffen entstehen weitere Bezugnahmen zur Wahrnehmung - und damit weitere Forschungserkenntnisse zu der Frage, wie Frauen mit der ständigen Gewaltbedrohung als politisches Thema umgehen - regionalbezogen und in Bezugnahme aufeinander.

Es geht uns also in unserer Forschung um die Organisation von Anerkennung (vgl. in Bezug auf kommunale Planungsprozesse Bitzan/ Funk 1995). Jedes Forschungsdesign hat sich die Frage zu stellen, inwieweit es einen Beitrag zur Anerkennung von Frauenrealität, zur Anerkennung ihrer Bedürfnisse, Orientierungen und Widersprüche leistet und inwieweit es Anerkennung für und mit Frauen ermöglicht/ inszeniert.

Diese Dimension der Anerkennung auf die Forschung anzuwenden, bedeutet, Frauen in den Zusammenhängen wahrzunehmen, in denen sie stehen. Damit aber kommen unterschiedliche "Standorte" in den Blick, unterschiedliche Lebensformen, unterschiedliche Bezüge. Anerkennung kleistert diese nicht zu, sondern sucht sie, will genau hierüber Aufklärung. Wirkliche Anerkennung findet erst statt, wenn ich die andere als von mir unterschiedene wahrnehmen kann, mich über diese Unterschiedlichkeit auch in Konflikt mit ihr begebe, es für wert erachte, unsere Unterschiedlichkeit in Beziehung zu setzen und den Konflikt respektvoll mit ihr austrage. Anerkennung führt in der Konsequenz zur Wahrnehmung innerer und äußerer Konflikte und Konfliktstrukturen.

Konfliktorientierung

Konfliktorientierung als Standard von Forschung ist ein ungewöhnlicher Akzent. Gemeinhin gelten Konflikte als zu meidende Gefahren, als Störgrößen des Forschungsprozesses. Aber jede Forschung hat mit Konflikten zu tun. Insbesonder solche Frauenforschung, die sich der Frage verdeckter Wirkungsmechanismen des Geschlechterverhältnisses auf subjektive und gesellschaftliche Strukturen und Lebensformen widmet - und damit nach wie vor einen emanzipatorischen Anspruch verfolgt - kann und muß sich in mehrfacher Hinsicht auf Konflikte beziehen: In der Erforschung der Lebenswelten muß sie auf Konflikte achten und diese systematisch herausarbeiten; das Forschungsarrangement selbst muß als latent konflikthafte Interaktion angesehen werden; Frauenforschung begibt sich im Wissenschaftsdiskurs in Konflikte; Konfliktorientierung wird zu einem methodischen Anspruch im Forschungsdesign.

Wir sehen in der Konfliktorientierung ein produktives methodisches Element, weil mit ihr Licht in verdeckte gesellschaftliche Konflikte gebracht wird und ebenfalls in die Möglichkeiten, diese Konflikte zu öffnen, sie der Wahrnehmung und der Bearbeitung zugänglich zu machen[8].

In der Forschungssituation zeigen sich Konflikte zumeist nicht offen, sondern in Brüchen im Gesprächsverlauf, in Irritationen über bestimmte Problembeschreibungen, in Verweigerungen, etc. Wenn sich beispielsweise von uns befragte Frauen gegen Problemdefinitionen wehren, wenn deutlich wird, daß sie das, womit wir glauben, einen Sachverhalt präzise beschrieben zu haben, als Etikettierungen auffassen, dann müssen

---

[8] Zur theoretischen Verortung von Konfliktorientierung als handlungsleitende Maxime emanzipatorischer Praxis vgl. Bitzan/ Klöck 1993.

wir dies als Hinweis auf (verdeckte) Konflikte aufnehmen und versuchen, sie herauszuarbeiten. Konflikte zeigen sich auch in Tabuisierungen, Dethematisierungen oder in der beharrlichen Wiedergabe von Weiblichkeitsklischees, die ganz offensichtlich im Widerspruch zu eigenen Erfahrungen der betreffenden Frau stehen.

Die Forschungssituation erfordert eine bewußte Wahrnehmung, ja ein Aufsuchen solcher Brüche, solcher Risse im einheitlichen Bild der funktionierenden Alltäglichkeit. Forschungskompetenz heißt für die Forscherin hier, diese Risse und Widerstände gerade nicht zu scheuen oder möglichst aus der Forschungssituation herauszuhalten ("es war ein ganz tolles Gespräch..."), sondern das, was uns in der Interviewsituation zunächst einmal befremdet, konfrontiert, irritiert aufzugreifen. Daraus ergibt sich die methodische Aufforderung, an Widersprüchlichem, an Sperrigem anzusetzen, es aus dem Gespräch direkt aufzusuchen, noch zu forcieren. Das setzt voraus, konflikthafte Stimmungen nicht auf sich selbst zu beziehen (also sich auch nicht sofort mit der von der beforschten Frau verweigerten Bestätigung zu beschäftigen), sondern sie als analytisches Zugangsmittel zu tieferliegenden Konfliktstrukturen zu werten. Weder geht es darum, der betroffenen Frau den Konflikt zu entreißen, indem er auf eine andere Ebene transformiert wird, noch geht es darum, sich selbst als Agentur, die auch definiert, Konflikte verdeckt, hierarchisiert, herauszuhalten. Aber es geht darum, dieses aufzuschließen, den Konflikt genauer herauszufinden und, im Idealfall gemeinsam, die gesellschaftliche Widersprüchlichkeit hierin zu bearbeiten. Wir müssen an dieser Stelle die Souveränität besitzen, den Widerstand von Frauen auf den Ebenen von Sozialpolitik und gesellschaftlichen Zumutungen zu interpretieren, anstatt unser Begriffssystem zu verteidigen oder uns zurückzuziehen. Wir müssen den stellvertretenden Widerstand, den wir bei den Frauen im Interview feststellen, gerade als Erkenntnisquelle nutzen: hierüber bekommen wir Aufschluß über gesellschaftliche Konfliktlinien, die in der Regel genau deshalb verdeckt bleiben, weil sie individuell ausgehalten und bewältigt werden müssen.

Zum Beispiel begegnen wir oft dem Konflikt zwischen begrenzten subjektiven Bewältigungsmöglichkeiten und latent überbordenden gesellschaftlichen Zumutungen - einer der Grundkonflikte der derzeitigen individualisierenden Sozialpolitik. Als Deutungs- und Analysehintergrund erweist sich hier die Theorie des gesellschaftlichen Verdeckungszusammenhangs als sehr brauchbar. Sie versetzt uns in die Lage, hier Konflikte als Bewältigungsmöglichkeit von unzumutbaren Vereinbarkeitsleistungen zu interpretieren - und als Sorge, daß diese Bewältigung wieder genommen wird. Diese Interpretationsfolie muß aber zugleich angewendet werden auf die unbedingt notwendige Selbstreflexion: Wir müssen unsere eigenen Begriffe, Erklärungs- und Deutungsmuster daraufhin überprüfen, ob wir mit ihnen nicht auch selbst latent Konflikte verdecken: Inwieweit üben wir mit Begriffen erneut Druck aus? Inwieweit reduzieren wir Frauen? Inwieweit reproduzieren wir den gesellschaftlichen Anforderungsdruck? Was für unser begriffliches Vokabular gilt, trifft auch für unser methodisches Repertoire zu: auch hier müssen wir, in jedem Forschungszusammenhang erneut, prüfen, welche Methoden sich bei welcher Fragestellung und mit welchen Frauen eignen, Konflikte zu öffnen, und welche eher "schließenden" Charakter haben.

Beispiel 1: In einem Forschungsprojekt zu den Grundlagen der Beratung von Frauen stellen die Forscherinnen einen Widerstand der Frauen gegenüber "Beratung" fest. Dieser wird sowohl in Interviews mit einzelnen Frauen über ihre Orientierungen und Fragestellungen deutlich als auch in Gesprächen mit Multiplikatorinnen, die berichten, zu welchen Ausschreibungen sich Frauen eher anmelden. Im Zusammenhang mit Erziehungsfragen zum Beispiel ziehen die Frauen Bildungsangebote vor. Zwar haben Frauen, wie in den Interviews deutlich wird, durchaus Orientierungsbedarf und suchen auch Wege, sich zu beraten. Dieser Bedarf wird allerdings verdeckt durch die Selbstdefinition, alles zu schaffen, alles zu bewältigen.

Bei einer konfliktorientierten Interpretation wird deutlich, daß bestimmte Begriffe Zuschreibungs- bzw. Entwertungsmuster transportieren: Werden Frauen zum "Beratungsfall" gemacht bzw. werden sie gezwungen, sich selbst so zu definieren, dann werden ihnen ihre erzieherischen Kompetenzen abgesprochen, dann müssen sie sich selbst reduzieren. Von Bildungsangeboten hingegen erwarten Frauen eine Erweiterung ihrer Kompetenzen. Beratung setzt an den Defiziten an, Bildung aber an den Kompetenzen. Beratung verlangt zunächst einmal (Selbst-)Degradierung, bei Bildung hingegen geht es gleich um Weiterentwicklung. Beratung individualisiert, Bildung hingegen findet in einem öffentlichen Rahmen statt und stellt selbst Öffentlichkeit her. Dies sind die Zuschreibungen, auf deren Basis die Frauen in den Interviews antworten. Es geht ihnen gar nicht darum, ihre Wünsche nach Unterstützung zu negieren oder gar überhaupt keine haben zu dürfen - wie es eine oberflächliche Sichtweise herauslesen könnte (und wie es ja viele soziale Institutionen zum Beispiel in ländlichen Regionen auch tun und damit den Bedarf gut "unter der Decke" halten können) -, sondern diese in einem Anerkennungskontext formulieren zu können.

In der schematisierten Gegenüberstellung von "Bildung" und "Beratung" fehlt freilich die Qualität der Prozesse, die in den beiden Bereichen ablaufen. Diese können sich durchaus gegenläufig zu der äußeren Struktur verhalten: Stärkungsprozesse in Beratungssituationen, Prozesse von sozialer Kontrolle, Zurückhaltung und Zurückgehalten-Werden in Bildungsveranstaltungen mit größerer Öffentlichkeit. Wir müssen also auseinanderhalten: Auf der einen Seite verfolgen wir die Frage, was die Frauen dazu bringt, eher Bildungs- als Beratungsangebote in Anspruch zu nehmen. Auf der anderen Seite erforschen wir, welche Prozesse in den von ihnen gewählten Bereichen jeweils stattfinden. Dieses auseinanderzuhalten, ermöglicht es, mit den Frauen (und mit den anbietenden Institutionen) darüber in einen Austausch zu kommen, was sie brauchen, was sie erwarten und welche Barrieren und Reduktionen in vorhandenen Angeboten stecken. Damit wird das Thema von der subjektiven Seite (sind Frauen in der Lage, Beratungsansprüche zu formulieren?) transformiert auf die sozialpolitische Frage, welche Konflikte Frauen mit den Institutionen des Bildungs- und Hilfssystems haben und wie diese Institutionen selbst wieder weibliche Kompetenz und Lebensrealitäten verdecken.

Beispiel 2: Häufig stellen wir fest, daß Frauen im Gespräch ihre Bezüge zu Frauen auf eine äußerst widersprüchliche Weise thematisieren: Zum einen gibt es eine explizite Wertschätzung der "besten Freundin", die da ist, wenn frau sie braucht, zum anderen jedoch tauchen immer wieder abwertende Beschreibungen von Frauenzusammenhängen auf- oder betonte Abgrenzungen, betontes Anders sein als "die". Gleichzeitig wird die stabilisierende Bezugnahme überdeutlich. Bewohnerinnen eines sozialen Brennpunktes erzählen, welche Bedeutung die Frauenbezüge in den Wohnblocks für die Alltagsbewältigung (und zwar weit über gegenseitige Kinderbetreuung hinaus) haben. Deutlich werden gemeinschaftliche Formen der weiblichen Alltagsorganisation, sowohl im Generationen- als auch im Freundinnenverhältnis. Gleichzeitig können diese Frauen mit einer Vehemenz über einzelne andere Frauen aus den Blocks herziehen, die verblüfft. Die Konstellationen ändern sich dabei in kurzen Zeiträumen immer wieder.

Auch dieser Widerspruch ist Hinweis auf einen verdeckten gesellschaftlichen Konflikt: es existiert für Frauen kein klar bewertetes weibliches Bezugssystem, es dominieren reduzierende oder eindeutig abwertende patriarchale Weiblichkeitsbilder über Frauen - vor allem über mehrere Frauen an einem Ort. Dies führt dazu, daß auch die eigenen positiven Erfahrungen mit Frauen immer wieder überformt und entwertet werden und daß negative Erfahrungen im Frauenzusammenhang sofort eine ideologische Begründung haben. Spezifische Erwartungen an Frauenbeziehungen bzw. enttäuschte Erwartungen an Frauen bleiben hinter diesen schnell verfügbaren Klischees verborgen. Für die Interpretation und die Umgangsweisen ist es wichtig zu wissen, daß Konflikte ja nicht nur auf Differenzen und gesellschaftliche Symbolstrukturen verweisen, sondern im konkreten wie im allgemeinen mit Abwertungen, Zumutungen und damit mit Verletzungen verbunden sind. Die gesellschaftliche Abwertungsstruktur korrespondiert mit vielen subjektiven konkreten Verletzungserfahrungen, die sich Frauen gegenseitig in der Rückbeziehung auf die klischierten Weiblichkeitsbilder zufügen (vgl. Frauenfortbildungsgruppe Tübingen 1993). Frauen erleben sich also immer als Verletzte, als solche, die sich schützen wollen vor weiteren Verletzungen. Sich abzugrenzen von anderen ist eine Strategie, sich nicht mit den eigenen Verletzungen erneut zu konfrontieren. Konflikte, Ambivalenzen, Widersprüchlichkeiten zuzulassen, in sich selbst different sein zu dürfen, kann eine Strategie sein, sich mit diesen eigenen Verletzungen und Zumutungen auseinanderzusetzen. So kann die Konfliktorientierung in der Forschung auch selbstaufklärende Prozesse begünstigen (vgl. zur inhaltlichen Bedeutung von Konflikt und Ambivalenz im weiblichen Lebenszusammenhang Becker-Schmidt 1990).

Auch bei diesem Thema geht es darum, im Interview nicht pädagogisierend gegenzuhalten, die Abwertungen sozusagen zu sanktionieren oder als inkompetente Wahrnehmung zu disqualifizieren, sondern den Forschungsprozeß zu nutzen, um Raum zu schaffen für eine genauere Betrachtung weiblicher Bezugssysteme und ihrer Bedeutung - in den Dimensionen von Unterstützung genauso wie in den Dimensionen von Verletzung und Enttäuschung. Unsere Arbeit kann ein Beitrag sein zur Schaffung und Stabilisierung eines erweiterten symbolischen Bezugssystems unter Frauen.

Differenzen, die mit den Frauen in der Forschungssituation aufscheinen, können auch als Konflikte angegangen werden, d.h. die Forscherin muß ihre Irritation ja nicht verstecken. Aber sie bleibt in Respekt, sie bleibt bei der Haltung, daß Frauen hierin Wichtiges über eigene Bewältigungslösungen zu berichten haben.

Dies führt zu einer weiteren Dimension unseres Standards: Konfliktorientierung führt auch zu Konflikten innerhalb des Wissenschaftsdiskurses. Innerhalb des herrschenden Wissenschaftsverständnisses ist Konfliktorientierung keine "Wissenschaftlichkeit" verbürgende Kategorie, wir müssen sie in diesem Diskurs erst vertreten. Dabei geht es nicht nur um die wissenschaftstheoretische Auseinandersetzung, sondern, eng damit verknüpft, um die konkreten Forschungsbedingungen sowie um unsere Spielräume für die Gestaltung des Forschungsauftrags. Nur selten arbeiten wir unter Bedingungen, die uns den entsprechenden zeitlichen Rahmen für ein konfliktorientiertes Vorgehen geben. So können wir auch Behinderungen, die unseren Forschungsanlagen und unseren Interpretationszusammenhängen entgegengebracht werden, wiederum als Erkenntnisquelle für verdeckende gesellschaftliche Bewertunsgmuster, für ausgegrenzte Themen und Bezugnahmen nutzen. Umgekehrt müssen wir uns aber auch selbstkritisch fragen, ob wir immer dann, wenn es nötig wäre, auch in den Konflikt gehen und uns offensiv für die Spielräume, die wir brauchen, um unsere Arbeit sinnvoll durchzuführen, einsetzen. Hier sind wir selbst den herrschenden Bewertungsmustern ausgesetzt, die bei uns Ambivalenzen bezüglich der Relevanz unserer Standards hervorrufen.

Für unsere Forschungsanlage, insbesondere für Arrangements/ Aufträge, die einen begleitenden Charakter haben und über einen gewissen Zeitraum angelegt sind, bedeuten beide Dimensionen der Konfliktorientierung konkrete Vorgaben für die zu klärenden Bedingungen. Denn wenn wir erstens nicht von Interessen- und Deutungsgleichheit mit den betroffenen Frauen ausgehen können und zweitens gängige Forschungsmuster als Konflikte zukleisternd erwarten müssen, dann wird das Konfliktpotential zum systematischen Ausgangsort für Erkenntnis (s. hierzu Bitzan in diesem Band). Gerade bei wissenschaftlicher Projektbegleitung/ Praxisforschung ist es unerläßlich, vorab die verschiedenen Erwartungen/ Interessen bezüglich der wissenschaftlichen Begleitung offenzulegen (vgl. Bitzan/ Klöck 1993): Welche Interessen verfolgt der Auftraggeber/ die Auftraggeberin? Welche Interessen verfolgt der Träger? Welche das Projekt *als Projekt*? Welche die einzelnen MitarbeiterInnen? Und was sind unsere Vorstellungen? Hier müssen gegebenenfalls wir dafür sorgen, daß ein Raum für einen solchen Austausch entsteht (vgl. auch den Standard "andere wissenschaftliche Veranstaltung").

Subjektstatus statt "Problemgruppe"

Dieser Standard akzentuiert noch einmal Elemente aus den vorhergehenden Standards. Er spielt unseres Erachtens für jede Frauenforschung eine zentrale Rolle, bekommt aber für die sozialpädagogische Forschung besondere Relevanz. Denn mehr noch als die soziologischen Erforschungen einzelner Verhältnisse und Bedingungen ist die sozialpädagogische konfrontiert mit den Folgen der Verweigerung eines gesellschaftlichen Subjektstatus. In dem, was als besondere Belastungen für Frauen in Form von Problemen, Krisen und zwischenmenschlichen Zumutungen gerade die "Gegenstände" der Sozialpädagogik ausmachen, kommen dramatische Auswirkungen geschlechtsspezifischer Zuweisungen zum Ausdruck. Damit verknüpft sind sozialpolitische Konzepte, die eben diese Erscheinungen als individuelle Probleme definieren und Frauen somit ein zweites Mal den Subjektstatus absprechen.

Die Kritik an der Verweigerung des gesellschaftlichen Subjektstatus (vgl. Standard 2) sowie die Tatsache, daß Frauen sozialpolitisch wie auch in der nichtfeministischen sozialwissenschaftlichen Forschung vorwiegend als "Problemgruppe" auftauchen, verweist auf die Notwendigkeit von Theoriearbeit auf der Ebene von Subjekt- und Handlungstheorie. Letztlich geht es hierbei um eine radikale Kritik an der patriarchalen Subjekt-Konstruktion, die zentrale Elemente menschlichen Lebens wie Bedürftigkeit, Abhängigkeit, Angewiesenheit (vgl. Rommelspacher 1992) ausgrenzt, sie umwandelt als Anforderungen an Frauen (die Sorgende, die Selbstlose) und damit unsichtbar macht, wenn nicht tabuisiert (vgl. Ostner 1988). Es geht damit um eine Kritik an der patriarchalen Konstruktion des Dualismus Öffentlichkeit/ Privatheit, in dem sich die geschlechtshierarchische Arbeitsteilung manifestiert.

In unseren Forschungen arbeiten wir mit einem *offenen* Konzept von Subjekt, das vor dem Hintergrund einer Kritik der Geschlechterhierarchie innerhalb der Kategorien "Widerstand" und "offene Balance" gedacht ist. Die theoretischen Bemühungen zielen dabei auf

* die Wiedergewinnung eines gesellschaftlichen Horizonts durch die Aufhebung der Trennung von Öffentlichkeit und Privatheit,
* den Abschied von der Dichotomie Autonomie/ Abhängigkeit (Rommelspacher 1992, Eckart 1991, Diezinger 1993) und

* die Hinwendung zu *intersubjektiven* Konzepten der Interdependenz und Reziprozität (Eckart 1992 mit Hinweisen auf Gilligan und Benjamin).

Letztlich ist es die geschlechtshierarchische Arbeitsteilung, die die Grundbedürfnisse von Bindung und Eigenständigkeit dichotomisiert und in eine geschlechtsspezifische Polarität und Hierarchie bringt: "Die Betonung der Wechselseitigkeit, der Intersubjektivität ist die Voraussetzung dafür, daß die Emanzipation der Frauen nicht als eine nachzuholende Anpassung an die Lebensweise des männlichen Bürgers und 'freien' Lohnarbeiters mißverstanden wird, die ja gerade von der Ausgrenzung des weiblichen Lebenszusammenhangs lebt, und daß umgekehrt diesem Ausgegrenzten nicht schon per se die Sprengkraft zur Aufhebung der patriarchalen Verhältnisse zugeschrieben wird" (Eckart 1992:69f.; vgl. auch unsere Ausführungen zum "Verdeckungszusammenhang" in Abschnitt I, Kapitel 3 in diesem Band). Des weiteren geht es um die grundsätzliche Anerkennung von Bedürftigkeit - versus einem fiktiven Modell des bindungslosen, autonomen Individuums, das als "Realfiktion" der Erwerbsgesellschaft (Ostner 1987) beschrieben wurde. Statt Dichotomisierungen und Abspaltungen auf der begrifflichen Ebene muß es uns auch um eine Sprache gehen, die Spannungsverhältnisse deutlich machen kann.

Eine forschungsleitende Handlungsorientierung zeichnet sich hieraus erst vage ab (vgl. v.a. Stauber in diesem Band). Es geht zunächst um die Berücksichtigung unterschiedlicher Machtverhältnisse und die Unterscheidung der Handlungsebenen und -möglichkeiten. Es geht um die Beachtung der gesellschaftlichen Funktionalisierung und Machtlosigkeit von Frauen unter gleichzeitiger Beachtung der subjektiven Individualität und Handlungsfähigkeit jeder einzelnen Frau - d.h. ihres individuellen Subjektseins. In diesem Kontext müssen Frauen ihre Konflikt- und Bewältigungsstrategien entwickeln, wofür ihnen der Gestaltungsspielraum häufig fehlt. Sie handeln also als Subjekte innerhalb restriktiver Bedingungen.

Auf diesem Hintergrund akzentuieren wir die Möglichkeit der Entwicklung von Selbstvertretung. Methodologische/ methodische Konsequenzen hieraus sind zunächst eine Veränderung unserer Haltung: Wir forschen nicht über Frauen, sondern mit ihnen. "Wir betrachten die Frauen als Expertinnen ihrer Situation und nicht als unseren Forschungsgegenstand. Für die Interpretation der geäußerten Situationsbeschreibungen und Meinungen bedeutet das zu beachten, daß Forscherinnen und Befragte von unterschiedlichen Bezugsgrößen abhängig sind: die Befragten interpretieren die Situation im Rahmen ihrer lebensweltbezogenen Alltagserfahrungen, ihres Wissens, während die Forscherinnen die Situation im Rahmen ihrer Alltagserfahrungen, Bewertungsmaßstäbe und Wertmaßstäbe ihres Wissens *und* zusätzlich ihres professionellen Wissens interpretieren" (Huber/ Knab 1992:9). Eine Frage, entlang der wir unsere Arbeit immer wieder selbstkritisch überprüfen müssen, ist daher auch, inwiefern die Frauen mit ihren Interpretationen tatsächlich bei uns vorkommen, inwiefern wir ihnen tatsächlich "eine Stimme verleihen". Vor diesem Hintergrund sind auch Überlegungen von Forscherinnen zu verstehen, die in den Anfangszeiten der Forschung, in der es darum ging, Frauen Status zu geben (Bsp. Frauen in sozialen Brennpunkten) zögerten, überhaupt Verallgemeinerungen festzuhalten und die Frauen nur für sich sprechen lassen wollten (vgl. Heinritz/ Thiele 1979), um sie vor einer erneuten Degradierung und Subsumierung zu schützen. Obwohl diese Haltung in der Forschung nicht repräsentativ ist, bleibt doch die Notwendigkeit erheblicher Sensibilität dafür, wo die Grenzen der Berechtigung liegen, für andere zu sprechen.

Theoriebildung und Forschungspolitik befinden sich also oberflächlich im Zwiespalt: wir kritisieren den herrschenden Subjektbegriff, wir fordern ihn zugleich als Status ein - freilich in anderer Form -, wir reklamieren also einen Subjektstatus für Frauen und kommen doch immer wieder in die Fallstricke des Denkens in "Problemgruppenkategorien":

Beispiel: Bei der Lebensweltanalyse von Sozialhilfeempfängerinnen in einem sozialen Brennpunkt sucht die Interviewerin nach Elementen in den Äußerungen der Frauen, die auf Ansatzpunkte für die Überwindung des Sozialhilfestatus hinweisen und aus denen auch sozialpädagogische Handlungskonzepte hergeleitet werden könnten (eine gewünschte Zielrichtung der Forschung, damit die Pädagogik nicht an der Lebenssituation der Frauen vorbeigeht). Die Frauen aber sind in ihren Aussagen nicht bereit, diese Lebenssituation grundsätzlich zu problematisieren. Vielmehr reklamieren sie mehr finanzielle Hilfen für sich und beklagen sich über ungerechte Behandlung auf den Sozialämtern.

Ausgehend von einer kritischen Analyse der Auswirkungen des Sozialhilfestatus auf gesellschaftliche Anerkennung und Rechte (vgl. bspw. Ferguson 1985) sucht die Forscherin nach Elementen, mit denen Frauen sich aus dieser Degradierung zu befreien suchen. Damit aber nimmt sie schon einen Blick von außen/ oben ein, der ihr zunächst verschließt, daß die Betroffenen gar nicht bereit sind, die gesellschaftlichen Statussysteme anzuerkennen und sich somit als Ausgegrenzte definieren zu lassen. Erst mehr offene Auseinandersetzung mit den Frauen macht der Forscherin erkennbar, wie sehr sie in bestimmten Problemkategorien verhaftet ist. Die Frauen selbst sind - bei genauem Hinsehen - sehr klar darin, für ihre (gesellschaftlich) geleistete Arbeit Geld und Status zu beanspruchen. Darüber hinaus spüren sie selbst deutlich, daß eine bestimmte Kategorisierung, auch wenn sie noch so emanzipatorisch gedacht ist, ihrer Lebenssituation nicht gerecht wird. Sie *sind* nicht Sozialhilfemepfängerinnen, sondern vielfältig lebende Frauen, die u.a. öffentliche Unterstützung erhalten.

Allgemein gesprochen verweist dieser latente Widerstand der befragten Frauen auf die Problematik sozialer Konstruktion von Problemgruppen, vor der auch diejenigen nicht gefeit sind, die diese Problematik aufheben möchten. Diese Problematik gründet in

* sozialwissenschaftlicher Kategorienbildung: Fast jede sozialwissenschaftliche Kategorie zu Frauen (als Forschungs"gegenstand") ist verknüpft mit spezifischen Klischees über die so bezeichnete Gruppe und evoziert fast zwangsläufig den Rück-

bezug auf Forschungsliteratur hierzu, in der bestimmte - problemkonstruierende - Perspektiven dominant sind;
* sozialstaatlicher Förderpolitik: diese übt einen Zwang zur Problemgruppenkonstruktion aus, Chancen auf Unterstützung haben nur solche Gruppen, die unter die Definition von bestimmten Problemlagen/ -konstruktionen subsumierbar sind. Die Komplexität wird reduziert, innere Zusammenhänge zerschnitten, was zu einer gesellschaftlichen Unsichtbarmachung tatsächlicher Konfliktlinien führt. Die Ausgrenzung kann geradezu als Funktion dieser Sozialpolitik definiert werden;
* der Selbstdarstellung, zu der die Frauen aufgrund der Privatisierung sozialpolitischer Aufgabenfelder und der Behandlung als "förderungspolitische Problemgruppe" immer wieder gezwungen sind: Obwohl Frauen sich selbst als kompetent und different erleben, müssen sie sich doch als Problemgruppe definieren, damit sie in den Genuß von bestimmten Leistungen oder Beachtungen kommen. Sie müssen sich selbst reduzieren, um zu Anerkennung zu gelangen - die klassische Paradoxie des weiblichen Lebensauftrages. Daß dies nicht ohne Widerständigkeit passiert und manchmal die Kippunkte des Selbstbildes noch hervorscheinen, wurde in obigem Beispiel gezeigt (vgl. zu diesen Konstruktionsprinzipien genauer Stauber 1996:48 ff.; zu letzterem vgl. Ferguson 1985).

Diese Erfahrungen verweisen methodisch sehr eindeutig darauf, niemals von einer einzigen Kategorie aus (auch nicht "Frau" allein!) zu versuchen, Lebensrealität in den Blick zu bekommen, erforschen zu können. Selbstdefinitionen sind ebenso viel Raum zu geben wie der Entfaltung der offenen und vielfältigen Lebenssituation im Zusammenhang mit den je konkreten regionalen Strukturbedingungen, die als Verursachungsfaktor ebenso wie als Bezugsfeld der eigenen Handlungen eine zentrale Rolle einnehmen. Nur so sind reduzierende und problemgruppenkonstruierende Perspektiven zu verhindern. Die Konsequenz hieraus ist, Frauen in ihrem *gesamten* Lebenszusammenhang zum Thema zu machen, in den unterschiedlichen Bereichen ihrer konkreten Lebensrealität, und keine Isolierung von und damit Reduzierung auf bestimmte "Problemlagen" vorzunehmen. Das methodische Prinzip hierfür heißt: Raum schaffen für nicht-reduzierte Selbstdarstellung.

Forschung im Lebenszusammenhang von Frauen

Wenn die Forschung konsequent eine nichtreduzierende Perspektive einnehmen soll, so muß sie nach der Integration von Handlungsperspektive und strukturellem Bezug suchen. Dies heißt vor allem, weder die strukturellen Bedingungen weiblichen Aufwachsens und Lebens auszublenden, noch die Frauen hauptsächlich zum Opfer dieser Bedingungen zu definieren. Für die Forschungsfrage bedeutet dies immer, eine doppelte Perspektive einzunehmen (wenn auch mit unterschiedlichen Gewichtungen): einerseits auf subjektives Handeln, subjektive Bewältigungs- und Deutungsleistungen und andererseits auf die strukturellen Bedingungen, die zwar gestaltbar sind, subjektiv zunächst aber als gegeben erscheinen.

Haben wir mit den bisherigen Standards eher die Handlungsperspektive betont (nicht zuletzt, weil es uns ein Anliegen ist, aus den Defizit- und Opferzuschreibungen der frühen Frauenforschung herauszukommen), so geht es uns hier nun vornehmlich um die Bedeutung der Einbeziehung der strukturellen Dimension. Probleme und Lösungen sind nicht in den Frauen als Individuen zu suchen - dies wäre genau der Tenor des gesellschaftlichen Individualisierungsdiskurses - sondern in gesellschaftlichen Strukturen und ihrer Weiterentwicklung. Für die Beschreibung weiblicher Lebenslagen ist eine *Strukturanalyse* ihrer gesellschaftlichen, sozialpolitischen, regionalen Situation unerläßlich (vgl. Frerichs/ Steinrücke 1993).

Um *qualitative* Aspekte dieser Strukturanalyse zu bekommen, bedarf es einer genauen, für jedes Forschungsthema neu anzustellenden methodologischen Reflexion: wenn wir davon ausgehen, daß Frauen funktionieren müssen, daß es einen gesellschaftlichen Verdeckungszusammenhang für Konflikte gibt, der derzeit im Gewand der Individualisierung daherkommt, dann wird das offene Thematisieren von belastenden Situationen und Lebensbedingungen schwierig. Denn unter der Vorgabe, mit dem Leben klarkommen zu müssen als individuelle Aufgabe, wird die Thematisierung von Schwierigkeiten subjektiv schnell verbunden mit Zugeständnissen von Scheitern und Inkompetenz. Die Forschungssituation muß demzufolge so angelegt sein, daß sich Frauen als aktiv Gestaltende ihrer Bedingungen präsentieren können. Dann lassen sich auch Rahmenbedingungen, Vorgaben etc. leichter als Zumutungen formulieren. Parallel zu Interviews oder auch interaktiven Forschungsmethoden sind für diese Fragestellung weitere Daten zu erheben. Das kann ebenso durch Gespräche mit Schlüsselpersonen aus der Region erfolgen wie auch durch die Auswertung soziostruktureller und -ökonomischer Daten aus diversen Statistiken etc.

*Beispiel 1: Im Interview stellen wir diese Thematik als Widerstand gegen die Etikettierung zu einer "Problemgruppe" fest. Das, was uns zunächst an den Frauen beeindruckt - ihre Widerständigkeit, ihre Stärke, ihre Kompetenz in unterschiedlichen Anforderungsbereichen - ist häufig eben **auch** Bestandteil des Verdeckungszusammenhangs, der andere Formen der Selbstdarstellung geradezu verbietet. Wenn wir dies feststellen, haben wir zwei methodische Möglichkeiten: zum Einen das Thematisieren (und Interpretieren) **im Kontext** unterschiedlicher Themenbereiche. Vieles, was verdeckt bleibt, wenn es singulär thematisiert wird, öffnet seine Problem- und Konfliktstruktur in Konfrontation mit Aussagen aus anderen Themenbereichen. So kann eine Frau ihre Kompetenz und Verantwortlichkeit für und in der Erziehung ihrer Tochter schildern. An anderen Themenstellungen wird deutlich, daß sie schon monatelang mit ihr vergeblich nach einer Lehrstelle sucht und darüber in große Konflikte mit der Tochter geraten ist, weil sie ihr noch mehr Aktivitäten und Unterordnungsbereitschaft abverlangen möchte.*

Eine andere Möglichkeit ist, die Thematik in Interviews mit "Schlüsselfrauen" zu besprechen - Frauen, die in engem, professionellen oder lebensweltlichem Kontakt zu den Befragten stehen und die andere Schlaglichter auf denselben Sachverhalt werfen können (z.B. Lehrerinnen).

In der Interpretation geht es dabei nicht darum, die Aussagen gegeneinander auszuspielen - nach dem Motto: wer hat recht? Vielmehr geht es um eine erweiterte

Perspektive auf Aussagen und um Aufschluß über herrschende Muster des Thematisierens. Wir sehen also nicht "richtige" oder "falsche" Situationsdarstellungen, sondern erfahren mehr über Zumutungen und deren subjektive Bedeutungs- und Verarbeitungsgehalte. Die Frau muß sich selbst gegen die ausschließenden Ausbildungsbedingungen für ihre Tochter ihre Fürsorge- und Verantwortungswahrnehmung aufrechterhalten, um handlungsfähig zu bleiben. Ein Eingeständnis der objektiven Grenzen allein würde sie zunächst handlungsunfähig machen: Hier wird auch deutlich, wie nahe die sozialpädagogische Forschung mit Praxis verbunden ist: Die Forschungssituation könnte potentiell genutzt werden, mit der Frau zusammen genau dieses Dilemma aufzudecken - zu erkennen, wie stark strukturelle Behinderungen zurückdelegiert werden in den subjektiven Verantwortungsbereich von Frauen. Das wird aber nur möglich sein, wenn andere Bereiche, in denen die Frau ihre Kompetenz und Verantwortlichkeit versichert bekommt, in den Blick geommen werden. Beide methodischen Möglichkeiten setzen unseres Erachtens die Maxime des "Forschens im Lebenszusammenhang" um.

Forschung im Lebenszusammenhang von Frauen heißt auch: Forschung im konkreten sozialräumlichen Kontext der *Region*. Der Blick auf die Region als Konglomerat von Handlungschancen und spezifischen Ausgrenzungs- und Tabuisierungsbedingungen gewährleistet, daß wir die beiden Ebenen von Handlungsperspektive und strukturellen Bedingungen im Zusammenhang sehen, daß wir nicht in die eine oder andere Richtung blind werden. Die Region ist die lebensweltliche Folie für Vergesellschaftungsprozesse - für gesellschaftlichen Ausschluß, für sozialpolitische Funktionalisierung, aber auch: für Formen von Selbstvertretung.

Beispiel 2: Bei der Erforschung von Organisationsformen und Handlungen von Frauen gegen Gewalt in einer Region werden zunächst keine besonderen Aktivitäten sichtbar. Frauen selbst thematisieren, daß bei ihnen ja weder schlimme Gewalttaten vorkämen noch irgendwelche Organisationsformen dagegen existierten. Wird aber über biografische Erfahrungen und über Frauenerfahrungen aus Familie/ Nachbarschaft geredet, so entstehen Bilder von Gewalterlebnissen, die allerdings als

Normalität erfahren wurden. Und mit diesen Geschichten kommen die Erzählungen des Schutzes und des Widerstandes, die sich die Frauen organisierten, hervor. Es wird ein privates Unterstützungsnetz sichtbar sowie ein Konsens über die Verwerflichkeit der Gewaltanwendung - in der spezifischen Frauenöffentlichkeit. Die regionalen Netzwerke beziehen dabei neben den "Privatfrauen" ebenso Professionelle ein - oft in "neutralen" Berufsstellungen.

Der Zugang über alltagsweltliche Geschichten deckt also regionale Bezugsstrukturen auf (s. Standard "Verständigung"), regionales Wissen und regionale Organisationsmöglichkeiten. Die Thematisierung funktioniert weniger über vorgegebene Definitionen, wie eine Organisationsstruktur auszusehen hätte. Tabuisierungen und Thematisierungen sind je nach den gegebenen Möglichkeiten in der Region sehr unterschiedlich und müssen daher in diesem Kontext aufgesucht und interpretiert werden. Dies sind nicht für jede Region dieselben Zugänge - es muß im konkreten örtlichen Kontext ein jeweils eigener angemessener Zugang gefunden werden. Hier setzen sich gesellschaftliche Strukturen in konkretes Alltagshandeln um, und umgekehrt. Hier findet also sozialpolitische Transformation in beide Richtungen statt: Zum einen werden in diesem konkreten lebensweltlichen Zusammenhang gesellschaftliche Prozesse wie der der Individualisierung weitergegeben, "nach unten transferiert", zum anderen geschieht hier jedoch auch sozialpolitische Einflußnahme und Gestaltung "von unten". Auch und gerade im Hinblick auf letzteres wird der Regionalansatz für eine handlungsorientierte Forschung wichtig. Es öffnen sich dann als Zugänge zur Strukturanalyse Fragen nach regionalen Kompetenzen ebenso wie nach regionalen Normaliätsmustern, -zumutungen, -veränderungen, -umdefinitionen, -erweiterungen.

Selbstreflexion

Wir sind im Forschungsprozeß keine neutrale Erhebungsinstanz und haben keine neutralen Erhebungsinteressen. Diese Feststellung betrifft den politischen Anspruch der Forschung. Sie betrifft aber ebenso uns als Personen, die selbst Teil des geschlechtshierarchisch konstruierten Geschlechterverhältnisses sind. Wir selbst suchen und praktizieren Lösungen und sind der Lage, diese in einem gesellschaftlichen Kontext zu begreifen und zu reflektieren. Indem wir Lebenssituationen, Belastungen und Bewältigungswege von Frauen erforschen - und die entsprechenden sozialpolitischen Vorgaben im Geschlechterverhältnis näher begreifen -, machen wir indirekt auch unsere eigene Lebensituation zum Thema.

Für das Vorgehen in Forschungssituationen hat dies Konsequenzen: Unsere eigenen Emotionen/ Involviertheiten etc., die in Verbindung mit der Fragestellung und/ oder mit den "beforschten" Frauen auftreten, können wir nicht als Störgröße, als "privat", auslöschen, wir können diese vielmehr selbst als Erkenntnisquelle nutzen. Sie bringen Hinweise auf unsere eigenen Klischees, unsere eigenen Reduzierungen, unsere Selbst- und Fremdinterpretationen, unsere konkreten oder diffusen Ängste und unseren Umgang damit, unsere eigene Bedürftigkeit (z.B. nach Anerkennung, nach dem Erleben "starker Frauen" etc.). Methodisch verlangt dies, systematisch zu reflektieren, wo wir Unbehagen spüren, wo Irritationen entstehen und welche dies genauer sind.

Diese Haltung führt zu einer offenen Forschungssituation. Indem ich mich gegenüber der befragten Frau zu erkennen geben als eine, die ebenfalls in Widersprüchen steckt und Balanceakte zu vollziehen hat, kann sich die Frau mir gegenüber auch als Frau (und nicht nur als "interessanter Fall") verstehen - und dann kann sie sich auch selbst jenseits von Fremd- und Selbstreduzierung äußern. Ein fruchtbarer Prozeß kann erst auf der Basis dieser gegenseitigen Anerkennung erfolgen (Benjamin 1989). Das bedeutet im übrigen nicht, wie schon angesprochen, nach dem Gemeinsamen mit der Frau zu suchen.

Beispiel: Eine Forscherin, die vor ihrer wissenschaftlichen Tätigkeit lange Zeit im Frauenhaus gearbeitet hat, stellt irgendwann im Verlauf ihrer Untersuchung ihre impliziten Erwartungen an die befragten Frauen fest und stellt diese Erwartungen in ihren spezifischen berufsbiographischen, dann aber auch in einen erweiterten Kontext: "..also daß da bei mir so eine große Bedürftigkeit da war, nach den Stärken von Frauen zu fragen, also Frauen zu suchen, die was losmachen, die was zustande bringen, und wo ich gemerkt hab', das war bei mir so ein Bedürfnis nach Frauenbewußtsein, nach der langen Zeit mit einfach total fertigen Frauen konfrontiert gewesen zu sein, und dann - das war wirklich, das war toll, der X (Kollegin) ging es genauso, das war ja auch ein Anliegen, aber ich denk', daß wir da wirklich mehr unter dem Stichwort "eigene Bedürftigkeit" (geforscht haben, d.A.). Und das ist nicht nur was Subjektives und auch nicht nur was Privates, sondern das ist ja ein Teil von der Forschung" (Methodenworkshop 93:27). Im weiteren Verlauf wird diese eigene Bedürftigkeit nicht als etwas den Forschungsprozeß "Störendes" behandelt - entwertet -, sondern als spezifische Qualität benannt: Es ist ein Unterschied, "ob ich jetzt theoretisch die Idee hab', na ja, jetzt frag' ich mal nach Stärken, oder ob ich ein Bedürfnis hab', wirklich die Stärken (zu erfahren, d.A.). Und ich bring' der Frau ja auch, ich spiegle der etwas wider und ich sporn' sie auch an, das auch wirklich zu erzählen. Und die merkt ja, daß ihr das guttut und daß ich mich dran freu'..." (ebd.).

Die Forscherin hat diese "Bedürftigkeit", diesen Wunsch nach Vorbildern, Impulsen, nicht automatisch zum Thema mit den Frauen erklärt. Sie reflektierte aber mit ihrer Kollegin und gemeinsam waren sie in der Lage zu sehen, wie diese ihre Forschungsfragen und ihre Interaktionen im Forschungsprozeß beeinflußte. Erst dann wurden auch Wirkungen auf die Gesprächssituation erkennbar, die Frauen geradezu herausforderten, auch diese Seiten zu zeigen.

Wir können, wenn wir uns als Subjekte im Forschungsprozeß wahrnehmen, Zusammenhänge aufdecken zwischen unserer eigenen Bedürftigkeit, unseren eigenen Ängsten und den Reduzierungen und Klischeebildungen, die sich bei einer selbstreflexiven Betrachtung immer wieder in unseren Fragen reproduzieren. Diese Zusammenhänge sind zu benennen, sind im konkreten Forschungsprozeß zu dokumentieren und auszuwerten (vgl. Erdheim/ Nadig 1984, Nadig 1987 und 1992). Ein möglicher Einwand gegen diese Überlegungen könnte lauten: Wir machen uns selbst zu sehr zum Mittelpunkt der Forschung. Doch ist es nicht eine Illusion anzunehmen, wir könnten uns entscheiden zwischen dem reinen neutralen Blick auf Frauen als "Gegenüber" in der Forschung und unserer eigenen Selbst-Thematisierung? Es findet immer *beides* statt.

Die eigene Standortgebundenheit wird in den meisten Forschungen viel zu wenig thematisiert. Gemeint ist damit keineswegs, die eigene Geschichte, die eigenen Situationserfahrungen den Frauen aufzulegen, also im Extremfall nur das, was sich mit unseren Erfahrungen oder Konflikten deckt, wahrzunehmen. Das wäre eine folgenreiche Reduzierung der Frauen und der möglichen Erkenntnisse. Dies zu verhindern, fordert geradezu dazu heraus, bewußt auf die eigenen Prozesse zu achten, - um sie von denen der Frauen unterscheiden zu können oder sie absichtsvoll in Beziehung zu setzen.

Die notwendige Selbstreflexion muß im Forschungsdesign einen systematischen und beachteteten Platz finden. Hierfür ist es gerade wichtig, sich eigene Zusammenhänge zu schaffen, oder bereits im Team zu forschen. Wir können uns so davor schützen, die Frauen für unsere Bedürfnisse/ Prozesse zu funktionalisieren (vgl. auch Bitzan in diesem Band). Im Kontakt mit ihnen können wir dann klarer und expliziter Irritationen in einer Weise zum Thema machen, wie sie für die Frauen selbst etwas Klärendes haben - einen Eigensinn (vgl. hierzu Standard Konfliktorientierung).

Inhaltlich bezieht sich die Selbstreflexion auf alle bisher genannten Standards. Darüber hinaus brauchen wir sie, um uns im Wissenschaftssystem so verorten zu können, daß wir nicht unter der Hand unsere Standards wieder vernachlässigen, daß wir also auch über Bedingungen nachdenken, unter denen wir unsere eigenen Maßstäbe durchhalten. Denn diese Vorgehens- und Interpretationsweisen sind ja keineswegs das, was im male-stream als besondere Vorzüge von Wissenschaftlichkeit gehandelt werden. Im Gegenteil. Immer lauert die "Verführung", kontemplativer, herkömmlicher an die Fragestellungen heranzugehen und dafür wissenschaftliche Anerkennung zu ernten. Damit aber bringen wir uns um das Potential des Ertrages der eigenen Forschungen (s. z.B. Reinl und Standard 10 in diesem Band).

Sozialpolitische "Übersetzung"

Mit unseren Forschungen verfolgen wir die Absicht, gesellschaftliche Diskurse zu beeinflussen. Wir teilen ein umfassendes Politikverständnis, das Politik als gesellschaftliche Diskurse über Bedürfnisinterpretationen, die unterschiedlich durchsetzungsfähig sind, begreift (vgl. Fraser 1994). Ausgehend hiervon suchen wir mit der Forschungsorganisation (im günstigen Fall) und mit den Ergebnissen Elemente in verschiedene Diskurse einzubringen, die verdeckte entpolitisierende Aspekte (meist weiblichen) Lebens benennen und die die Trägerinnen der Bedürfnisse sozialpolitisch aufwerten. Die Diskursveränderung zielt also in zwei Richtungen: die Veränderung der Inhalte mit ihren Bedeutungszuschreibungen und die Veränderung der Beteiligungschancen, so daß bisher ausgeschlossene Gruppierungen hineinkommen. Es geht also um inhaltliche und partizipatorische Dimensionen.

Dabei sind die relevanten Diskurse auf verschiedenen Ebenen zu suchen: der Wissenschaft, der sozialpolitischen Diskurse über relevante politische Fragestellungen, der Landes- und kommunalpolitischen Zusammenhänge als konkrete Organisation von Bedürfnisregelungen, der Diskurse unter Frauen in der gegenseitigen Wahrnehmung und Bezugnahme, der Fachdiskurse (z.B. Bildungsarbeit, soziale Arbeit).

Akzente, was warum in die Diskurse eingebracht werden soll, ergeben sich aus den bis hierher entwickelten Forschungsstandards:

* Differenzen deutlich wahrzunehmen, vor allem im Hinblick auf in ihnen verborgene Machtstrukturen;
* für (politische) Anerkennung eines respektierenden, nichthierarchischen Umgangs- mit Differenzen zu streiten;
* Anerkennung im Sinne des Rechts auf gesellschaftliche, rechtliche, körperlicheIntegrität und Geltung als grundlegende Orientierung einer veränderten Politik der Bedürfnisinterpretation zu thematisieren, und dadurch auch die

Bereitschaft zu erbringen, in Konflikte zu gehen: "gehört" zu werden, ist nicht eine Frage des Befolgens oder Nicht-Befolgens von Regeln (weder im Wissenschaftsdiskurs, noch im sozialpolitischen Diskurs), also des "richtigen" Verhaltens, sondern eine Frage gesellschaftlicher Machtstrukturen, - eine politische Frage.

Diese Aspekte stehen in engem Zusammenhang mit anderen Fragen: Welche Themen, welche Subjektleistungen, welche Personengruppen bekommen gesellschaftliche Geltung, welche nicht? Welche Definitionen und Zuschreibungen setzen sich durch, welche nicht? Welche Bedürfnisse werden in welcher Form anerkannt und welche nicht (Fraser 1994)? In welcher Form werden Bedürfnisse sozialpolitisch "beantwortet" und welche Auswirkungen hat diese spezifische Form sozialpolitischer Antworten auf die "Betroffenen"[9] ? Sozialpolitik meint in unserem Verständnis die gesellschaftliche Produktion und Steuerung sozialer Notwendigkeiten und Bedürfnisse. Damit umfaßt sie sowohl staatliche/ öffentliche Definitionsprozesse und konkrete rechtlich-kommunikative Regulierungen (Gesetze, Praxis der Behörden, Maßnahmen) als auch die soziale Praxis der Subjekte und insbesondere der sozialen Bewegungen - das heißt, sie ist auch gemeint als Politik des Sozialen (vgl. Fraser 1994, Diemer 1989), in der die Konflikte zwischen staatlichen Bedürfnisdefinitionen und subjektiven Bedürfniswahrnehmungen bzw. lebensweltlichen Relevanzen notwendiger Gestaltung der sozialen Prozesse zum Thema werden - auch als Konflikte zwischen mit unterschiedlichem Durchsetzungspotential ausgestatteten Gruppen. Dabei sind machttheoretisch einzelne Interessengruppen (z.B. themen- oder regional orientiert) zu unterscheiden von solchen Gruppen, die aufgrund zugeschriebener Distinktionsmerkmale von Wahrnehmung und Einfluß ausgeschlossen sind, die also auf grundlegende gesellschaftliche Hierarchien

---

[9] Vgl. Ferguson 1985, die für die USA herausgearbeitet hat, wie EmpfängerInnen sozialer Unterstützung etikettiert, stigmatisiert, entmündigt werden; wie das soziale Problem (z.B. der weiblichen Verarmung) verlagert wird auf die Frage des *richtigen*, d.h. angemessenen persönlichen Verhaltens als Fürsorgeempfängerin (anspruchslos, demütig, "empfangend" rechtlos).

und Grenzziehungen entlang ethnischer, geschlechtsspezifischer, altersbezogener etc. Kategorisierungen verweisen. In diesem sozialpolitischen Feld wirken spezifische politisch dominante Definitionsprozesse bezüglich sozialer Bedürfnisse und deren Relevanz. Diese Prozesse sind als politische Akte nicht ohne weiteres sichtbar, da sie als Gesetzesregelungen, Normalität, gesellschaftliches Selbstverständnis erscheinen und immer wieder so reproduziert werden (vgl. Abschnitt 1 in diesem Band und Standard 1).

Hier setzt unser Standard an als Einmischung in die Politik der Bedürfnisinterpretation. Die *Konflikte*, soziale Verantwortlichkeit und Verbindlichkeit im Zusammenhang mit ökonomischen /arbeitsmarktbestimmten Anforderungen bzw. kultureller (Individual)Konsumorientierung zu vereinbaren, werden sozialpolitisch transformiert: sie werden, obwohl sie gesellschaftlich erzeugt sind und gesellschaftliche Fragen betreffen, in die Frauen hineinverlegt, nach innen gewendet, zu ihrem "Problem" gemacht. Sie drücken sich zum Beispiel als Konkurrenz unter Frauen aus: gegenseitige Abwertung, das gegenseitige Sich-Streitig-Machen von Kompetenz, restriktive Weiblichkeitsbilder im Diskurs unter Frauen. Sie drücken sich auch aus als individueller Beratungsbedarf. Hieraus stellt sich für uns die Aufgabe, diese herrschende individualisierende Form sozialpolitischer Transformation zu re-transformieren: die Probleme wieder in ihren realen Verursachungskontext zu stellen. "Sozialpolitische Transformation" bezieht sich also auf das Ent-Decken herrschender sozialpolitischer Transformationsleistungen des Systems (herrschende Rechts- und Diskurspolitik), indem Konflikte (von Frauen, im Geschlechterverhältnis) als Folge der individualisierenden Transformation erkennbar werden. Dieser "Übersetzungs"-prozeß als Definitions-, Aufklärungs- und Erkenntnisprozeß zielt auf den offiziellen politischen Diskurs, auf die Verständigung unter Frauen, auf den professionellen Diskurs besonders im sozialen Bereich und nicht zuletzt auf den Wissenschaftsdiskurs selbst (s.o.).

Forschungspraktisch wollen wir hier nicht einer Überforderung das Wort reden. Die Umsetzung dieser eher grundsätzlichen Zielorientierung gewinnt Konkretion (und verliert damit den Schrecken der Allmachtsphantasie), wenn wir bezüglich der jeweiligen Forschungsthemen und ihrer sozialen, regionalen und inhaltlichen Gebundenheiten nach Erhebungsformen suchen, die - im Sinne der bisherigen Standards - Bewußtmachungseffekte in mehrere Richtungen anzielen und den betroffenen Frauen und Mädchen Anerkennung geben. Wenn wir im weiteren nach Möglichkeiten - aus dem Forschungszusammenhang heraus! - suchen, wie Frauen und Mädchen ihre Anliegen auch selbst vertreten können und wie dies als "politische Veranstaltung" erkennbar und wahrnehmbar zu machen ist[10]. Wir erwarten also nicht von jedem Forschungsprojekt eine spektakuläre politische Aktion. Es geht vielmehr um Vermittlung.

Beispiel: Bei der wissenschaftlichen Begleitforschung zur Jugendhilfeplanung in einer Kommune stellt die Forscherin herkömmliche Erhebungsinstrumente für die Interessen Jugendlicher in Frage. Sie verweist auf zum Teil verdeckte Mädcheninteressen, die mit Fragebögen oder anderen direkten Methoden kaum sichtbar werden. Sie verdeutlicht, wie diese Methoden Mädchen in den Klischeebildern eher bestätigen. Sie erläutert die Gefahr jugendpolitischer Kurzschlüsse in Richtung einseitiger Jungenorientierung, wenn nur von der Erscheinungsebene der deklarierten Bedarfe ausgegangen wird.

Sie erwirkt im Planungsrahmen Spielraum für Beteiligungs- bzw. Erhebungsformen (Projekte), mit denen Mädchen ihre Sichtweisen und Bedürfnisse zur Geltung bringen können (aus Erfahrungen der Mädchenarbeit und Mädchenforschung). Die Forscherin arbeitet dann - mit Mädchen/ mit Pädagoginnen - daran, wie diese Interessen so "gestaltet", bearbeitet, das heißt "in Form" gebracht werden können, daß sie als sozialpolitischer Bedarf erkennbar und politisch verhandelbar sind. Gleichzeitig bringt sie in das politische Feld der Jugendhilfe (z.B. in den Jugendhilfeausschuß, in Facharbeitskreise,...) die Geschlechterdifferenzierung als notwendige planerische

---

[10] Dies ist vielleicht ein besonderer Aspekt von praxisorientierter Forschung, die in ihrer Fragestellung mit den Lösungen sozialer Probleme verknüpft ist. Es erscheint uns aber generell ein Kennzeichen feministischer Geschlechterforschung, weil das Geschlechterverhältnis den Ausdruck gesellschaftlichen Umgangs mit sozialen Fragen inkarniert.

Orientierungsgröße mit ein. Damit gibt sie fachliche Standards für den kommunalen Planungsprozeß vor, damit stärkt sie den beteiligten Frauen den Rücken und mischt sich selbst in den politischen Diskurs ein. Sozialpolitische Transformation bezieht sich hier also auf drei Seiten des Forschungsprozesses: erstens besteht analytische Klarheit über die (teilweise) Verborgenheit von Bedürfnissen und Konflikten, welche bestimmte Vorgehensweisen bei der Interessenserhebung induziert. Das muß auch den Geldgebern und Planungsverantwortlichen vermittelt werden. Zweitens werden partizipatorische Erhebungsverfahren gesucht, die den beteiligten Pädagoginnen und Mädchen Selbstartikulation erleichtern und drittens wird nach Vermittlungen gesucht, nach diskursiven Brücken, die Ergebnisse mit den herrschenden Politikstandards und -formen in Kontakt zu bringen - durch die Organisation von inhaltlichen Fachtagungen, durch Vorträge, durch Teilnahme an politischen Debatten, durch Umsetzung von bestimmten Beteiligungsformen (Arbeitskreise etc.).

Das Anliegen dieses Standards bedeutet also, Themen offenzulegen, regionale Auseinandersetzungen zu initiieren, Beteiligungsräume freizuarbeiten und aktuelle politische Gelegenheitsstrukturen zu nutzen, um das Wissen einzubringen. Es bedeutet vor allem den offenen Diskurs unter Frauen aus den verschiedensten Zusammenhängen (vgl. Standard 2).

Auf der Ebene der regionalen Verständigung im kommunalpolitischen Bereich und auf der Ebene der Verständigung unter Frauen gibt es inzwischen einige Erfahrungen mit forschungsinduzierten und -geleiteten Impulsen in die dominanten Diskurse und damit mit der "Übersetzung" individuell erscheinender Probleme in politische Themen[11].

---

[11] Vgl. aus unserem Zusammenhang z.B. Bitzan/ Klöck 1993, Ministerium für Frauen, Familie, Weiterbildung und Kunst Baden-Württemberg 1995, Huber/ Knab 1992.

Ein anderes Modell wissenschaftlicher Veranstaltung

Im Querblick auf unser dargestelltes Forschungsverständnis soll nun erläutert werden, daß und wie dadurch ein anderes Modell von Forschung entstehen kann. In mehreren Aspekten unterscheidet sich das unsrige von "klassisch" angelegten Untersuchungen im Sozialbereich und macht aus Forschung eine andersartige wissenschaftliche Veranstaltung. Unsere Forschungspraxis ist dem Versuch geschuldet, deutlicher gegenseitigen Nutzen für alle Beteiligten herzustellen und dadurch produktiv und mit dem Gewinn gegenseitiger Stärkung zu arbeiten.

* Ohne "Vorarbeit" in regionalen Frauenzusammenhängen ist unsere Forschung theoretisch nicht denkbar und vom Standpunkt praktischer Umsetzung nicht möglich. "Im Vorlauf" von Befragungen/ Erhebungen gemachte Erfahrungen sind eine zentrale Grundlage für die Formulierung der Fragestellung, die Auswahl der Methoden, die Formulierung von Einzelfragen in Interviews, die Entwicklung von Auswertungskategorien. In diesem Schritt wird die Forscherin mit der Lebenssituation und der Art und Weise, wie Frauen mit bestimmten Aspekten in ihrem Zusammenhang umgehen, bekannt und kann sich bestehende Zusammenhänge aufschließen. Der "Vorlauf" wird so Bestandteil der Untersuchung. Seine Relevanz für alles weitere verlangt, keine Trennung, keine Hierarchisierung von Exploration und "eigentlicher Forschung" (vgl. Müller 1984) vorzunehmen, wie es häufig in der sozialwissenschaftlichen Methodendiskussion vorzufinden ist. Eine Hierarchisierung zwischen den einzelnen Untersuchungsschritten erweist sich unseres Erachtens sogar kontraproduktiv, weil sie den Blick verstellt auf die Relevanz einer systematischen Einbettung der Untersuchung in den regionalen Zusammenhang.

* Die hier formulierten Standards führen dazu, Forschungspraxis und Forschungsergebnisse nicht getrennt voneinander zu betrachten, zu bearbeiten und zu verwenden. So wie der Vorlauf schon wesentlicher Bestandteil eines Untersuchungsdesigns sein muß, so hat die Wahl der angemessenen Methoden im Forschungskontext wesentlich

mit den Fragestellungen und dem (politisch verorteten) Gegenstand zu tun, steht mithin also in einem unmittelbaren Zusammenhang zur methodologischen Reflexion. Dieser Zusammenhang setzt sich fort mit den Prozessen, die die Forschung als Forschung in Gang setzt. Die Frage des Wie einer Annäherung ist eng verwoben mit den möglichen Ergebnissen und beides wiederum mit der Möglichkeit, im Forschungsprozeß selbst und aus ihm folgend Verständigungen, Bezugnahmen, Politik zu gestalten - was dann auch wieder Gegenstand und Weg der Forschung sein kann. Unter dem Schlagwort "Methode als Ergebnis" (vgl. Maurer 1996) wird dem spiralförmigen Aufbau von Erkenntnis durch das Wechselverhältnis von Zugängen und Fragestellungen seitens der Forscherin und Erkenntnissen, Mitteilungen und Bewußtwerdungsprozessen seitens der Beteiligten Rechnung getragen. Am Ende wissen wir mehr darüber, wie bestimmte Zusammenhänge in Erfahrung gebracht, Frauen selbst zugänglich gemacht werden können. Das heißt, wir produzieren auch Ergebnisse auf der Ebene der Methodenfrage, Ergebnisse, mit welchen Mitteln verdecktes Wissen und Kompetenz zum Vorschein kommen können.

* Offene Forschungsverfahren, die einer Veränderung auch des Wissenschaftsdiskurses verpflichtet sind, verlangen Transparenz und Offenlegung von Prozessen. Wir treten nicht an mit dem Schein, schon alles über den Untersuchungs"gegenstand" und dementsprechend über die adäquaten Methoden zu wissen. Wir treten an als Suchende, die in der verbundenen Reflexion von Methodologie und Methode (s. Einleitung) mit fortschreitender Erfahrung fortschreitend Methoden reflektieren und gegebenenfalls verändern. Daher sind Offenheit, brüchige Verläufe, Momente der Verunsicherung (vgl. Wahl/ Honig/ Gravenhorst 1982) Anlässe zur Veränderung des Untersuchungsdesigns ist beispielsweise das Eingeständnis eines zunächst "wirklichkeitsfremden" Herangehens (vgl. Brown/ Gilligan 1994) keine Inkompetenz, auch kein Scheitern des Forschungsprozesses. Vielmehr ist dieses wiederum als Erkenntnisquelle zu nutzen (s. Standard Konfliktorientierung) und wird durch die Darlegung/ Veröffentlichung eine Unterstützung für andere Forscherinnen. Diese Brüchigkeit offenzulegen, uns nicht hinter einer "glatten" Untersuchungsfassade zu verstecken, müssen wir also als einen Zugewinn von Souveränität und Kompetenz werten und setzen damit aktiv einen wissenschaftspolitischen Kontrapunkt.

Allerdings sehen wir auch bei uns die Tendenz, brüchige Prozesse im nachhinein zu glätten, im rekonstruktiven Rückblick Pseudo-Kontinuität, Pseudo-Stringenz herzustellen. Nicht zuletzt die Sorge um mangelnde Anerkennung der wissenschaftlichen Dignität wie auch mangelnde Anerkennung bei den Beteiligten, die gern das Bild der geschlossenen glatten Fachkompetenz mitstricken (und sich selbst damit dem Reflexionsprozeß entziehen), führen uns dazu in Versuchung. Wir sind es selbst wenig gewohnt, Unfertiges, Revidiertes, Konflikthaftes als konstruktive Beiträge anzuerkennen, in ihrem Nutzen für uns und unser Gegenüber zu sehen. Dennoch: "Wir müssen uns überlegen, ob wir in unseren Frauenbeziehungen (und das gilt auch für Forschungsbeziehungen, d.A.) die Art von Macht wollen, die wir uns durch Lügen erkaufen können. ... Wenn eine Frau die Wahrheit sagt, schafft sie damit die Möglichkeit für mehr Wahrheit in ihrer Umgebung" (Rich 1990, S. 29f). Das ist der radikale (wissenschafts)politische Gehalt, der ein erhöhtes Maß an Erkenntnis verspricht. Um hier mehr Ehrlichkeit zu schaffen, müssen wir selbst Bedingungen für die Anerkennung organisieren, die der Nachdenklichkeit Raum gibt. Immer wieder wird so die Notwendigkeit des Austauschs, der Versicherung in kollektiven Prozessen unter feministischen Forscherinnen deutlich (vgl. auch Nadig 1987).

* In Verbindung hierzu steht die Nutzung der Brüche, Verunsicherungen, unerwarteten Ereignisse im Forschungsprozeß als eigenständige Erhebungsquelle. Dies erfordert, "innere" und "äußere" Faktoren von Forschung zusammen zu sehen, nicht nach wichtig/ weniger wichtig zu diskriminieren, vielmehr auf Wechselwirkungen hin zu untersuchen. Die Rahmenbedingungen sind so mehr als nur dieses: sie sind ebenfalls Faktoren, die auf den Erkenntnisprozeß Einfluß haben und als solche im Forschungsfeld systematisch mitreflektiert werden müssen. Freilich erfordert dieses komplexe Herangehen erweiterte

Forschungsbedingungen als die, unter denen wir üblicherweise arbeiten müssen. So bleibt zumindest die Aufmerksamkeit in diese Richtung neuartiges Element der wissenschaftlichen Verantwortung.

* Uns geht es darum, andere Relevanzstrukturen in das bisherige Wissenschaftsverständnis einzuziehen: der offene Prozeß anstelle des festgehaltenen Ergebnisses; die "Vorarbeit"/ das experimentelle Herangehen/ die Kontaktaufnahme/ das Wahrnehmen anstelle einer Hierarchie zwischen Exploration und "eigentlicher Forschung"; Raum für subjektive Relevanzen der Befragten anstelle einer Vorab-Festlegung dessen, "was zählt"; ein "Leitfaden zum Zuhören" (vgl. Brown/ Gilligan 1994:34ff.) statt eines festgefügten Frageraster etc.

* Zwischen Theoriearbeit und empirischer Arbeit sehen wir einen engen und wechselseitigen Prozeß, den eine Hierarchisierung zudecken würde. Oft gilt die Reihung: erst die Theoriearbeit, dann die Erhebung, dann die Frage, was dies nun wieder für die Theoriebildung heißt. Für uns stellt sich der Zusammenhang jedoch als Wechselverhältnis in allen Schritten der Untersuchung dar (vgl. Einleitung).

Wenn sich die Forscherin auf die Interaktionen mit den Betroffen wirklich einläßt, ihnen (wenn auch kurzzeitig) Beziehung anbietet, dann reflektiert sie gleichzeitig Wege der "Verständigung" und Erkenntnis über gesellschaftliche Zusammenhänge, über mögliche bzw. verdeckte Verständigungschancen (sehr anschaulich und offengelegt bei Brown/ Gilligan 1994). Wir müssen daher diesem Wechselprozeß einen eigenen Status innerhalb unseres Wissenschaftsverständnisses geben. Tun wir das nicht, geraten wir bei einer Überbewertung der Theorie in die Falle von Pseudo-Systematisierung, bei einer Überbewertung der Empirie in die Falle, suggerieren zu müssen, die Daten sprächen für sich selbst. Daß sie dies nicht tun, daß in jedem Schritt unser - sich laufend durch die empirischen Ergebnisse verändernder - theoretischer Background die Quelle unserer Interpretationen ist, müssen wir deutlich machen (vgl. Hopf 1979 und 1991). Wahl/ Honig und Gravenhorst (1982) betonen diesbezüglich die Notwendigkeit der Entwicklung eines "Verweisungszusammenhangs", mit dem die Brücke zwischen fallbezogener/ subjektorientierter Forschung und globalen Aussagen hergestellt wird - eine Brücke, die nie nur ganz Theorie und nie nur ganz Empirie sein kann.

* Wechselwirkungen und integrierte Bestandteile von Forschung sehen wir auch zwischen Untersuchungsprozeß und Umsetzungsmöglichkeiten. Nicht jede Fragestellung hat zwar deutlich erkennbare Umsetzungsimpulse, gerade wenn dieses als zeitlich nachgeordneter Prozeß gedacht wird. Aber jede Untersuchung hat in ihrem Prozeß Elemente, die die Situation verändern. Dieses bewußt zu sehen und damit auch zu inszenieren, wäre der Hintergrund für umsetzungsorientierte Forschung. Mit einem bestimmten, in einzelnen Beispielen im vorhergehenden Text näher beschriebenen Rahmen als Raum für Selbst-Inszenierung und Selbst-Thematisierung schaffen wir bei den Frauen und mit ihnen Raum für Umdeutungen, für neue Sichten auf Problemlagen und Handlungsmöglichkeiten.

Mit der hier geführten Diskussion um die Frage der Standards unserer Forschungen im Hinblick auf die Methodenwahl und die theoretischen Begründungen ging es uns darum, noch einmal detailliert zu verdeutlichen, daß es keine Methodendiskussion ohne gesellschaftstheoretischen Hintergrund geben kann, keine Frauenforschung ohne Analysen des Geschlechterverhältnisses, die sich gleichzeitig durch die einzelnen Forschungselemente und Erkenntnisse immer weiter verfeinern, ausdifferenzieren und auch korrigieren. Des weiteren wurde deutlich, daß feministische Forschung ohne Interaktionen im Frauenzusammenhang nicht denkbar ist und daß genau in der Berührungsstelle dieser Beziehung der Kern des politischen Verhältnisses von Frauen und damit seiner Veränderung liegen kann.

So ist für uns der Erkenntnisprozeß über methodologische Fragen keineswegs abgeschlossen oder festgelegt. Wir haben Elemente zusammengetragen, die den politischen Anspruch, den wissenschaftlich-theoretischen Anspruch und den methodisch-empirischen Anspruch erhellen. Wir schließen mit der offenen Feststellung, die Abels in ihren Überlegungen "Zur Bedeutung des Female-Stream für die Methodendiskussion" (1993) festhält: "Die Frauenforschung hat sicherlich (noch?) nicht alle methodischen Probleme, die sich aus der Interaktion zwischen Subjekten im Forschungsprozeß ergeben, gelöst - schließlich handelt es sich um eine junge wissenschaftliche Disziplin. Dennoch stimme ich Becker-Schmidt und Bilden (1991) darin zu, daß gerade in der Weiterentwicklung der Ansätze der Selbstreflexion und der bewußtseinsverändernden Gestaltung des Forschungsprozesses die größten Impulse aus der Frauenforschung für die empirische Sozialforschung überhaupt liegen" (Abels 1993:13).

Bildungsvorstellungen in Interaktion - Frageperspektiven zur Erforschung von Bildungserfahrungen von Frauen in ländlichen Regionen

Gerrit Kaschuba

In der Beschäftigung mit der Erforschung von Bildungserfahrungen und -interessen von Frauen in ländlichen Regionen werden gesellschaftlich normative Wertvorstellungen deutlich. Diese betreffen die Bildungsvorstellungen der Befragten, zu denen sowohl die Adressatinnen und Teilnehmerinnen von Weiterbildung gehören als auch Multiplikatorinnen und in der Weiterbildung Beschäftigte, aber auch die Vorstellungen der Forscherinnen selbst. Insofern spielen sie in die Kommunikation einer Untersuchung immer mit hinein. Es zeigt sich die Notwendigkeit, diese normativen Orientierungen zum Gegenstand der Untersuchung - bereits in der Anlage wie auch in der Durchführung und in der Auswertung - zu machen, um sie nicht zu einer 'Falle' für alle Beteiligten werden zu lassen.

Mit der Metapher der "Janusköpfigkeit von Frauenbildung" möchte ich das Problemfeld beschreiben: Auf der einen Seite kann Bildung Frauen dabei unterstützen, ihre Interessen erkennen und durchsetzen zu lernen, auf der anderen Seite überlagert und verdeckt formale Bildung häufig bereits vorhandene Erfahrungen, anderweitig erworbene Kompetenzen und Qualifikationen[12]. Auch die subjektive Orientierung an

---

[12] Mit formaler Bildung bezeichne ich Bildungsangebote, die in Bildungseinrichtungen angeboten werden, und deren Inhalte und/ oder Abschlüsse vor allem hinsichtlich ihrer beruflichen bzw. ausbildungsbezogenen Verwertbarkeit anerkannt werden. Informelle Bildung bzw. Lernprozesse verweisen dagegen auf - beabsichtigte oder unbeabsichtigte - Lernprozesse, die zum einen ebenfalls in Bildungsveranstaltungen ablaufen können, aber eher

formaler Bildung durch die Frauen selbst deckt eigene Kompetenzen zu. Eine wesentliche Rolle spielt dabei die unterschiedliche gesellschaftliche Anerkennung von informell und formal erworbenen Kompetenzen und Qualifikationen, die vor allem Frauen insofern trifft, als sie in und für die verschiedenen Tätigkeiten und deren Verbindung auch Kenntnisse außerhalb von Bildungseinrichtungen erwerben. Diese werden eben nicht als Qualifikationen im Sinne formal erworbener Kenntnisse gewertet, weshalb sie auch nicht als solche präsentiert werden können. Dennoch lernen Frauen ständig weiter, um ihre Kompetenzen zu erweitern. Um Ergebnisse der Untersuchung, auf die ich im folgenden noch näher eingehen werde, vorwegzunehmen: Frauen in ländlichen Regionen bilden sich sowohl informell als auch in der formal organisierten Weiterbildung fort. Sie tun dies sowohl für den häuslichen, familiären Bereich wie auch für die Landwirtschaft bzw. ihre Erwerbstätigkeit. Gleichzeitig geht die gegenwärtige Qualifizierungsoffensive an un- oder gering qualifizierten Frauen vorbei. Rufe von Vertretern der Wirtschafts- und Arbeitsmarktpolitik nach "Bemühungen" von Frauen im Sinne lebenslanger Weiterbildung, "wenn sie nicht in weniger attraktive Berufe abrutschen oder ganz aus dem Arbeitsmarkt verdrängt werden wollten" (Südwestpresse vom 14.9.1996), lassen traditionsreiche Defizitzuschreibungen an Frauen aufleben und die Schuld bei ihnen suchen. Sie verdecken die erwähnten bildungspolitischen Setzungen und die schlechteren regionalen Arbeitsmarktbedingungen für Frauen (besonders, aber nicht nur in ländlichen Regionen). Statt von einem "doppelten Bildungsprozeß" - analog zu der "doppelten Vergesellschaftung" von Frauen (Becker-Schmidt 1983) - auszugehen, in dem sich Frauen Kenntnisse für den Erwerbs- und den familiären, hauswirtschaftlichen Bereich - sowohl auf informellem, als auch auf formalem Wege - aneignen, findet eine "Halbierung der Bildung" (Rabe-Kleberg 1990) statt, eine Entwertung ihrer beruflichen Qualifikation durch die

---

als 'unbeabsichtigte' Begleiterscheinungen nicht das Ziel derselben darstellen, zum andern z.B. an Alltagsorten, in verschiedenen Tätigkeitsbereichen, in verschiedenen Gruppen und Beziehungskonstellationen stattfinden können.

Rollenfestschreibung von Frauen auf die Familie - auf der Folie des Maßstabes 'des' berufstätigen Mannes. Diese hierarchische Perspektive erfährt unter Berücksichtigung regionaler Gesichtspunkte eine weitere Akzentuierung und Ver-schärfung: durch die Abwertung ländlicher Lebenswelt.

Auf die Bedeutung der gesellschaftlichen Abwertung der verschiedenen Arbeits- und Lernerfahrungen und -leistungen von Frauen in ländlichen Regionen für eine Forschungssituation, in der das Thema Bildung im Mittelpunkt steht, will ich im folgenden näher eingehen. Dabei setze ich den Akzent der Reflexion auf den gegenseitigen Lernprozeß aller an der Untersuchung Beteiligten und auf den einen solchen Prozeß erst ermöglichenden selbstreflexiven Ansatz, der (Klischee)Bilder aufweichen und methodische Fallen umgehen hilft. Ich gehe ausführlicher auf mögliche 'Fallen' in der Interaktion zwischen Forscherinnen und interviewten Adressatinnen bzw. Teilnehmerinnen von Weiterbildung ein, die in ähnlicher Form in dem Verhältnis zwischen Teilnehmerinnen und Mitarbeitenden der Weiterbildungseinrichtungen eine Rolle spielen. Daran anknüpfend beschäftige ich mich mit der Frage, welche Handlungs- und Umsetzungsmöglichkeiten sich mit einer lebensweltlich und biographisch orientierten Untersuchung ergeben können.

Bei diesen Ausführungen beziehe ich mich auf ein Forschungsprojekt, in dessen Mittelpunkt die Lebensentwürfe und Bildungsinteressen von Frauen in ländlichen Regionen stehen (s. Kaschuba/ Reich 1994)[13]. Gemeinsam mit einer Kollegin führte ich Einzelinterviews sowie Gruppengespräche mit Frauen der Jahrgänge 1945 bis 1960 aus zwei Dörfern einer Region sowie Gruppengespräche. Außerdem befragten wir Multiplikatorinnen und pädagogische MitarbeiterInnen bei Weiterbildungsträgern in der Region nach ihren Sichtweisen auf diese 'mittlere' Frauengeneration (zwischen 30 und 45 Jahre) als Adressatinnen von Weiterbildung und ihren Bildungskonzepten und -angeboten. Unter den Interviewpartnerinnen befinden sich Frauen, die in der

---

[13] Es wurde durch das Förderprogramm "Frauenforschung" des Landes Baden-Württemberg finanziell unterstützt.

Landwirtschaft tätig sind, Erwerbstätige, sowie Frauen, die vorwiegend im Haushalt und in der Familie tätig sind. Bisherige Untersuchungen hatten fast ausschließlich Bäuerinnen als 'die' Landfrauen im Blick und blendeten andere Lebenszusammenhänge ebenso aus wie auch die bereits thematisierten 'anderen' Lernerfahrungen. Es geht also bei der Untersuchung insofern um die Erforschung von Grundlagen, was Bildungserfahrungen und -interessen von Frauen in ländlichen Regionen betrifft. Gleichzeitig aber unterliegt sie einem umsetzungsorientierten Verständnis, indem Lernprozesse im Untersuchungsprozeß selbst durch qualitative Forschungsmethoden wie Interviews und Gruppengespräche möglich werden und daraus Konsequenzen für Weiterbildungen mit Frauen in ländlichen Regionen formuliert werden können. Mit Hilfe biographie- und lebensweltorientierter Forschungsmethoden werden die Sichtweisen von Frauen in ländlichen Regionen auf Bildung untersucht. Nur so ist es möglich,

* sich biographischen Auseinandersetzungen von Frauen mit Bildung zu nähern,
* zur Reflexion lebensweltlicher, regionalspezifischer und biographischer Bedingungen und darauf basierender Interessen beizutragen,
* dabei vor allem Wertmaßstäbe und Normen zu hinterfragen - auf Seite der Forscherinnen wie auch der Befragten.

Eine wichtige Ausgangsbedingung für die Untersuchung stellt die Anerkennung der Interviewpartnerinnen in ihrem biographischen und lebensweltlichen Kontext dar. Dabei erweist es sich als zentrales Problem, deren Äußerungen nicht mit vorschnellen Interpretationen und eigenen normativen Bildern zu überlagern. Daß dies ein durchaus anspruchsvolles Unterfangen ist, soll hier nicht geleugnet werden. Vielmehr lassen sich verschiedene konfliktreiche Themenfelder und methodische Stolpersteine identifizieren, von denen ich einige stichwortartig aufführe:

Die Hierarchie zwischen formaler und informeller Bildung schlägt sich in Definitionen und normativen Vorstellungen von Bildung und weiblichen Lebensentwürfen auf Forscherinnen-Seite nieder. Auch sie sind nicht frei von gängigen Bewertungen. Deshalb ist zu überprüfen, welche Ziele insgeheim für die befragten Frauen verfolgt werden: Spielen unausgesprochene Maßstäbe und Ziele wie die Ausübung einer beruflichen Erwerbstätigkeit, eine qualifizierte Ausbildung, der Besuch einer beruflichen Weiterbildung oder gar erhoffte widerständige Formen eine Rolle? Werden damit nicht (neue) Hierarchien aufgebaut? Es geht nicht um das Überprüfen erreichter Bildungsstandards, sondern es ist nach dem subjektiven Deutungszusammenhang zu fragen, danach, welche Rolle einzelne Handlungen für die Frauen spielen. Es ist zu 'einfach', die Teilnahme an Weiterbildungsangeboten im Kreativ- oder Pflegebereich oder die formulierte Orientierung auf Familie und Arbeit bei der Begründung für die Weiterbildungsteilnahme einmal mehr als 'frauentypische' Lebenswege abzuqualifizieren. Unter Umständen zeigen sich - auf dem jeweiligen biographischen und lebensweltlichen Hintergrund - darin widerständige Umgangsmöglichkeiten mit erwarteten Rollenzuschreibungen, die keineswegs zwangsläufig mit Anpassung an die vorgegebenen Bereiche zu interpretieren sind. Um solche Einteilungen in Untersuchungen nicht abzubilden, sondern nach Möglichkeiten zu suchen, sich darüber zu verständigen, d.h. genau diese Sichtweise zum Thema zu machen, ist eine wachsame Haltung und Bereitschaft zur ständigen Selbstreflexion erforderlich.

Wenn wir als 'Akademikerinnen' Erfahrungen von Frauen mit 'niedrigem', 'mittlerem' oder keinem Schulabschluß, mit und ohne Berufsabschluß thematisieren, die diese mit formaler Bildung in Schule, Ausbildung oder auch Weiterbildung machten, laufen wir Gefahr, erneut Defizitgefühle zu wecken. Dies betrifft besonders die Jahrgänge, die vor der Bildungsreform Mitte der 60er Jahre die Schule besuchten[14]. Nach der Reform verbesserten sich die schulischen Bildungsmöglichkeiten in

---

[14] In unserer Untersuchungsregion in Baden-Württemberg waren dies die bis einschließlich 1952 Geborenen. Für die späteren Jahrgänge besserten sich die schulischen Bildungsmöglichkeiten auf dem Land, der mittlere Schulabschluß gewann immer größere Bedeutung für Mädchen.

ländlichen Regionen. Auch das Bild des "katholischen Arbeitermädchens vom Land", das als Symbol für die am stärksten bildungsbenachteiligte Gruppe nicht nur das Fremd-, sondern ebenso das Selbstbild prägte, verlor an Schärfe. Doch zeigen bereits Fragen nach dem Schul- und Ausbildungsstand, wie 'besetzt' dieses Thema für diese Frauengeneration ist, wie sich Erwartungen, Hoffnungen sowie Enttäuschungen, die Frauen mit Bildung verbanden bzw. verbinden, in biographischen Konflikten und Defizitgefühlen niederschlagen.

Eine weitere Schwierigkeit stellt sich bei diesem Thema: Welche Ansatzpunkte sind überhaupt denkbar, um informelle Bildung bzw. Lernprozesse zu thematisieren? Wie können Lebens- und Arbeitsbereiche wie zum Beispiel Haus- oder Landwirtschaft, die gesellschaftlich abgewertet sind, als relevante Bereiche für Bildungs- und Lernerfahrungen gesehen und angesprochen werden, in denen sowohl Kompetenzen erworben werden, die aber auch Kompetenzen erfordern? Damit in Zusammenhang steht die grundsätzlich notwendige Differenzierung zwischen reflektierten und nichtreflektierten Lernaktivitäten. Entscheidend ist auch hier für eine 'gelingende' Herangehensweise, wie die Deutungsmuster der Frauen in Erfahrung gebracht werden können, ohne die eigenen der Forscherinnen - wiederum gutmeinend - überzustülpen.

Die bisherigen Ausführungen haben sich mit der Frage des Umgangs von Forscherinnen mit 'Fallen' und Schwierigkeiten im Untersuchungsprozeß, wie sie normative Vorstellungen von Bildung und Frauenbiographien beinhalten, befaßt. Ausgangspunkt ist dabei die Überlegung, daß eine solche Untersuchung in den sozialen Kontext dann emanzipatorisch verändernd hineinwirkt, wenn es ihr gelingt, einen Teil der genannten Aspekte, der 'Fallen' in der Untersuchungssituation zu berücksichtigen und Fragen zu formulieren, die den Blick öffnen und einen Perspektivewechsel ermöglichen, wenn sie mit dem Hinterfragen normativer Vorstellungen und Bebilderungen neue Sichtweisen auf den Umgang von Frauen mit Bildung ermöglicht. Damit ist die Frage der Handlungs- und Umsetzungsmöglichkeiten von lebenswelt- und biographieorientierten Untersuchungen angesprochen.

An dieser Stelle scheint zur Klärung des umsetzungsorientierten Verständnisses dieser Untersuchung eine Zwischenbemerkung angebracht, die auf die Unterschiede praxisorientierter Forschung eingeht. Diese liegen in verschiedenen Zielrichtungen und Reichweiten, und darin, wie gezielt aktivierend bzw. auf welcher Ebene sie vorgehen: Zielen sie darauf ab, in Handlungsfeldern zum Beispiel gemeinsame Projekte im Bildungs- und Kulturbereich mit Betroffenen und Multiplikatorinnen umzusetzen (z.B. Stadelhofer/ Kaschuba u.a. 1994)? Oder beabsichtigen sie, Konsequenzen aus Untersuchungsergebnissen (und deren methodischen Vorgehensweisen) für die Praxis, zum Beispiel die Bildungsarbeit, zu formulieren, die wiederum die Erhebung subjektiver Sichtweisen und Handlungsmöglichkeiten zur Grundlage haben? Die hier ausgewählte Studie ist letzterem zuzuordnen. Dabei ist es mir wichtig, im folgenden darauf einzugehen, daß sie durch die Subjektorientierung auch bereits während der Erhebung verändernd in den sozialen Kontext hineinwirkt, wenn sie

* vor allem durch Befragung den Frauen Raum zur Reflexion gibt, bislang "verdeckte" Praxen, Erfahrungen, Kompetenzen, Handlungsmöglichkeiten aufzuzeigen,
* Multiplikatorinnen und Mitarbeitende bei Weiterbildungsträgern zur Überprüfung ihrer eigenen persönlichen und beruflichen Praxis anregt.

Bei der Befragung von Frauen als Adressatinnen und Teilnehmerinnen der Weiterbildung wird mit biographischen und themenzentrierten Interviews ihr Blick in die Vergangenheit, auf ihre gegenwärtige Situation und in die Zukunft in den Mittelpunkt gestellt. So können subjektive Deutungsprozesse von Frauen in ländlichen Regionen in Erfahrung gebracht und den Befragten zugleich Reflexionsmöglichkeiten in der Forschungssituation geboten werden. Dabei erweist es sich als besonders wichtig, einen Raum zu eröffnen, um Zusammenhänge in der eigenen Biographie erkennen und interpretieren zu können. Widerspiegelnde Rückfragen, in denen zum Beispiel die Diskrepanz zwischen der Selbsteinschätzung von Frauen, nicht reden zu können, und der konkreten Erfahrung im Interview durch die Forscherin thematisiert wird, erweisen sich als unterstützend[15]. Durch Fragerichtungen können bisherige hierarchische Einteilungen, Zuschreibungen und Abwertungen hinterfragt werden; zum Beispiel wird es hierdurch möglich, den Erwerb von Kompetenzen verschiedenen lebensweltlichen Erfahrungsräumen und Lernorten zuzuordnen. Dies beinhaltet auch, an der Abwertung anzusetzen, wie sie mit Bildern zum Beispiel von der 'Landfrau' oder 'Hausfrau' von Frauen selbst übernommen und in gegenseitigen (durchaus konfliktreichen) Bebilderungen praktiziert werden[16].

In den Interviews mit pädagogischen Mitarbeitenden und Multiplikatorinnen der Weiterbildungsträger ging es ebenfalls um das Hinterfragen normativer Bildungsvorstellungen. Ergebnisse bzw. Fragestellungen aus den Interviews mit den Frauen flossen in die Gespräche mit ein. Darüber können Tendenzen aus der Untersuchung der Weiterbildungsinteressen der Frauen und damit auch Anregungen für die Weiterbildungsarbeit vermittelt werden. Gleichzeitig wird die Perspektive der Weiterbildungsträger auf Frauen im ländlichen Raum beleuchtet und ihr Bildungskonzept in Erfahrung gebracht. Auch hier geht es um die Öffnung eines Raumes zur Reflexion und

---

[15] Vgl. Witzel 1982. Als weiteres methodisches Mittel wendeten wir einen räumlichen und zeitlichen "Perspektivenwechsel" (s. Becker-Schmidt 1983) an, den ich hier nicht ausführen kann (s. dazu Kaschuba/ Reich 1994).

[16] Die gegenseitige "Bebilderung" von Frauen wurde in der Untersuchung zum Beispiel in Gruppengesprächen mit den an der Untersuchung beteiligten Frauen thematisiert. In diesen Gesprächen wurden Eindrücke unterschiedlicher Erfahrungs- und Lebenswelten der interviewten Frauen wie auch ihrer verschiedenen Handlungsmöglichkeiten und Umgangsweisen mit Rollenerwartungen - auch im Blick auf Bildung - aus unserer Sicht als Forscherinnen wiedergegeben. Wir verbanden damit die Absicht, die notwendige gegenseitige Anerkennung unter Frauen bewußt zu machen und zu praktizieren.

Verständigung über Ansatzpunkte ihrer Arbeit unter geschlechtsdifferenzierter und sozialräumlicher Perspektive[17].

Die Beschäftigung mit Selbst- und Fremdbildern ist immanenter und wesentlicher Bestandteil einer solchen Untersuchung. Indem beide Perspektiven - von Frauen in ländlichen Regionen und Mitarbeitenden aus Weiterbildungseinrichtungen - aufgenommen werden, läßt sich zum Beispiel eine Korrespondenz zwischen den Sichtweisen der Mitarbeitenden in der Weiterbildung mit den Sichtweisen der Frauen auf die Weiterbildungsträger feststellen: in Interviews mit den Frauen zeigt sich ein Wissen und ein Spüren von (z.T. klischeehaften) Bildern, wie sie von Frauen in ländlichen Regionen und ihrem Verhältnis zu Bildung bei Weiterbildungsträgern stellenweise tatsächlich existieren und welche wiederum ihre Art der Weiterbildungsteilnahme beeinflussen. Dies macht deutlich, daß - analog zur beschriebenen Forschungssituation - Reflexionsmöglichkeiten zur Hinterfragung normativer Vorstellungen, mit denen eine Abwertung 'anderer' Lebensformen und -entwürfe einhergeht, in der Bildungsarbeit für Adressatinnen und Teilnehmerinnen wie auch für in der Weiterbildung Tätige notwendig sind. Als Ziel für Frauen in ländlichen Regionen kann formuliert werden, daß sie mit Bildungsanforderungen von außen umgehen, aber auch Angebote nutzen und darüber hinaus auch eigene vorhandene Kompetenzen und Qualifikationen erkennen und daran anknüpfen können.

---

[17] Am Ende des Forschungsprojekts entwickelte sich bei einzelnen VertreterInnen der Wunsch nach einem darauf aufbauenden "runden Tisch" aller Weiterbildungsanbieter in der Region mit wissenschaftlicher Begleitung, was aber aus Gründen der beendeten Projektfinanzierung von unserer Seite nicht weiter verfolgt werden konnte.

In diese Richtung wurde bereits im Untersuchungsprozeß methodisch gearbeitet. Dieses Vorgehen selbst kann insofern bereits als frauenpolitische Praxis bezeichnet werden, als

* sowohl widersprüchliche Verhaltensanforderungen in der Lebenswelt und in der Biographie von Frauen als auch strukturelle Hierarchien zum Beispiel zwischen Stadt und Land aufgedeckt werden,
* Erfahrungen und Leistungen von Frauen sichtbar werden und dabei formal und informell erworbene Kompetenzen und Qualifikationen Beachtung finden,
* die Interaktion der an der Forschungssituation Beteiligten in allen Phasen der Untersuchung als Ausschnitt der weiblichen Lebensrealität in den Mittelpunkt einer kritischen Reflexion gestellt wird, und
* dabei wechselseitiges Lernen zwischen an der Untersuchung Beteiligten während des gesamten Erhebungszeitraumes möglich ist[18].

---

[18] An dem oben genannten Beispiel der Interpretation des Besuchs von Kursen im Gesundheits- oder Kreativbereich habe ich ausgeführt, wie wichtig es ist, nicht vorschnell auf *typische* Orientierungen von Frauen zu schließen. Vielmehr ist es wichtig, die Funktion und Bedeutung in Erfahrung zu bringen, die diese Kurse für Frauen haben. Nur so war es zum Beispiel möglich zu erkennen, daß sie sich darüber generell Handlungsspielräume für den Besuch von Weiterbildungen im Sinne eines Stufenmodells verschaffen.

Subjektbezogene Forschung: Methodische Zugänge zu Handlungsstrategien und Gestaltungsansprüchen junger Frauen

Barbara Stauber

Unter den gesellschaftlichen Bedingungen von Individualisierung und "Zweiter Moderne" ist subjektives Handeln so stark gefragt und gleichzeitig so stark verdeckt wie noch nie: gefragt ist es, weil Individualisierung bedeutet, gesellschaftliche Themen und Konflikte aus dem Bereich gesellschaftlicher Verantwortlichkeit auszulagern in subjektive Zuständigkeit, die Risiken des Scheiterns zu individualisieren, jede und jeden einzelnen für ihr/ sein Schicksal verantwortlich zu machen. Individualisierung macht individuelle Handlungsstrategien zu gesellschaftlichen Ein- und Ausschlußkriterien und dethematisiert deren strukturelle Bedingtheiten.

Gleichzeitig wird unter individualisierten Bedingungen immer nur auf bestimmte Weise Handeln sichtbar: zum Beispiel als individueller Erfolg, als "präsentierbare" Leistung oder aber als individuelles Versagen, als Handeln aus (zugeschriebenen) persönlichen Defiziten heraus. Alles, was "unspektakulär" bleibt, das Alltagshandeln, das Handeln in sozialen Kontexten, das Identität und sozialen Zusammenhang stiftende Handeln, bleibt verdeckt, ist "verselbstverständlicht". Dies hat mit der gesellschaftlichen Verortung solchen Handelns in den weiblichen Zuständigkeitsbereichen und seiner Delegation an selbige zu tun, spiegelt also gesellschaftliche/ geschlechtshierarchische Wertigkeiten und Muster der Anerkennung wider: der geschlechtshierarchische Verdeckungszusammenhang (vgl. Abschnitt I, Kapitel 3) wirkt sich dahingehend aus, daß subjektivem Handeln seine gesellschaftliche Relevanz aberkannt oder nur bestimmten Handlungsbereichen - "Öffentlichkeit", Ökonomie etc. - diese

Relevanz zugesprochen wird. Ausgeblendet bleiben dabei immer auch solche Handlungsbereiche, die für den sozialen Zusammenhalt, für "Gesellschaft", unverzichtbar sind, v.a. die Bereiche des immer noch vor allem Frauen zugeschriebenen Handelns in Care-Zusammenhängen. Ein weiterer Ausdruck des Verdeckungszusammenhangs ist die Isolierung von Zusammengehörigem wie Produktion-Reproduktion, Öffentlichkeit-Privatheit, bezahlte Arbeit-unbezahlte Arbeit, das Trennen und falsche Wieder-Zusammensetzen, indem Komplementäres in ein hierarchisches Verhältnis gebracht wird (vgl. Becker-Schmidt 1989). Auch dieses verläuft entlang den Mustern der Geschlechterhierarchie, nach denen gesellschaftliche Relevanzbereiche und Wertigkeiten zugeteilt werden. Damit werden immer wichtige Bereiche des Handelns verdeckt und ihre gesellschaftlichen Bedingungen ohnehin.

Unter diesen gesellschaftlichen Voraussetzungen, die sich natürlich auch permanent modernisieren, das heißt: in immer neuem Gewand daherkommen, ist es um so wichtiger, subjektive Handlungsstrategien sichtbar zu machen - in ihrer subjektiven Relevanz für die Bewältigung und den Umgang mit gesellschaftlichen Individualisierungszumutungen und -chancen, aber auch in ihrer gesellschaftlichen Relevanz als Hervorbringen der Voraussetzungen für soziale Integration. Gerade die gesellschaftlich verdeckten und abgewerteten Anteile dieses Handelns sind dabei sichtbar zu machen. Als "Beitrag zu mehr Realismus", der sozialpolitisch, vor allem aber auch geschlechterpolitisch von Bedeutung ist.

Ich will in diesem Zusammenhang einen der "Standards" feministischer Forschung besonders akzentuieren: den der *Subjektorientierung* - ein Standard, der inzwischen fast zur Floskel verkommen ist, zu einem relativ unverbindlichen Etikett, das sich sehr viele Forschungsansätze, die mit der Untersuchung sozialer Phänomene zu tun haben, anheften. Darin kann auf der wissenschafts*politischen* Ebene zwar ein Erfolg qualitativer Ansätze in der Sozialforschung gesehen werden, gleichzeitig gilt es, sehr genau nachzufragen, was eigentlich jeweils mit Subjektorientierung gemeint ist (vgl. Abschnitt II, Kapitel 1).

'Subjektorientierung' heißt zunächst, Frauen als Subjekte wahrzunehmen, die eine aktiv gestaltende Rolle im Forschungsprozeß übernehmen. Dies bedeutet aber, Frauen in der Forschung einen Status zu geben, der ihnen gesellschaftlich nicht ohne weiteres zugestanden wird. Weibliche Lebensrealität ist vielmehr von der Verweigerung dieses Subjektstatus geprägt, was sich auf vielen Ebenen zeigen läßt: Zum Beispiel in der Verweigerung des Anspruchs auf körperliche Unversehrtheit, wie sie in der gesellschaftlichen Tolerierung von körperlichen Übergriffen auf Frauen zum Ausdruck kommt; zum Beispiel in der Verweigerung eines weiblichen Begehrens innerhalb eines patriarchal definierten sexuellen Systems zwischen den Geschlechtern; zum Beispiel in der Verweigerung eigener subjektiver Bedürfnisse in den herrschenden Mutterbildern, die immer noch auf die Selbst-losigkeit der Frau als Mutter abstellen; zum Beispiel im berühmten Widerspruch, auf den die Bildungsforschung hingewiesen hat: "Besser gebildet und doch nicht gleich"; zum Beispiel im Übergehen und Überhören der Stimmen von Frauen in den gesellschaftlichen Machtbereichen und in Öffentlichkeiten, die gerade da, wo sie gesellschaftlichen Status versprechen, immer noch männlich dominiert sind.

Subjektorientierung findet vor dem Hintergrund dieses gesellschaftlich verweigerten Subjektstatus statt. Es ist nun wichtig, diese beiden Ebenen auseinanderzuhalten: So sehr die geschlechtshierarchischen Strukturen im Zusammenhang mit der Verweigerung des weiblichen Subjektstatus zu kritisieren sind, so wenig zulässig wäre es, diese Analyse in direkter Weise auf die konkrete Gesprächspartnerin im Interview zu übertragen. Die Gesprächspartnerin ist ganz und gar Subjekt. Alles andere wäre zum einen ein konkretistisches Mißverständnis der Analyse, eine unzulässige Vermischung der gesellschaftsanalytischen und der lebensweltlich-handlungsbezogenen Ebene, und zum zweiten eine Reproduktion des kritisierten Sachverhalts: wir würden die konkrete Frau in ihrer Subjektivität verkürzen auf den Opfer- (und damit Objekt-) status, wir würden sie ihrer Subjektivität und ihrer tätigen Seite berauben etc. Statt dessen geht es mit der Subjektorientierung darum, den Forschungsprozeß so anzulegen, daß das, was

Frau-Sein potentiell beinhalten kann, theoretisch und methodisch (also forschungspraktisch) sichtbar werden kann, eine Gelegenheit bekommt, deutlich zu werden und aus dem Verdeckungszusammenhang herauszutreten. Dies stellt in methodischer Hinsicht gewisse Anforderungen an den Forschungsprozeß, an die Art und Weise, wie die Fragestellung formuliert ist (Verzicht auf Objektivierungen, zum Beispiel in Form von Problemzuschreibungen o.ä.), an die Art und Weise, wie Untersuchungsgruppen gebildet werden (weil hier neue Klischeebildungen, neue Zuschreibungsmuster lauern), daran, wie die Interviews geführt werden (s.u.: die "Gesprächsregeln gegen den Verdeckungszusammenhang"). Und schließlich: wie die Interviews ausgewertet werden und wie mit diesen Auswertungen weiter umgegangen wird. Gelingt es zum Beispiel, die gesellschaftlichen Entwertungsprozesse über die Situation des Interviews hinaus außer Kraft zu setzen, einen Rahmen zu finden, mit dem Formen von Öffentlichkeit hergestellt werden, mit dem "Diskurspolitik" in unserem Sinne, als subjektorientierte Verschiebung von Relevanzen, möglich wird?

Aus der Kritik am gesellschaftlich verweigerten Subjektstatus und dem Anspruch der Subjektorientierung von Forschung darf also kein scheinbares Paradoxon konstruiert werden. Der Anspruch ist vielmehr in dem Sinne umzusetzen, daß die Forschung einen Beitrag leistet zur Weiterentwicklung der kritischen Analyse des Geschlechterverhältnisses: um zu differenzierteren Aussagen darüber zu kommen, wodurch und wie Frauen der Subjektstatus verweigert wird. Aber auch parallel hierzu - und dieses Pendant ist wichtig - einen Beitrag dazu zu leisten, wie eine weibliche Subjekttheorie bzw. eine Theorie des Handelns aus feministischer Sicht genauer gefaßt werden könnte. Der Bezug zu dieser weiblichen Subjekt- und Handlungstheorie ist mit der Subjektorientierung immer da, er bleibt nur häufig implizit. Um für eine theoretische Entwicklung, die die traditionellen, oder genauer: patriarchalen Polarisierungen, Dichotomisierungen, Entwertungen unterläßt, fruchtbar werden zu können, muß der implizite Bezug herausgearbeitet und "expliziert" werden. Hierbei ist an bereits geleisteter Theoriearbeit anzusetzen (vgl. etwa Rommelspacher 1992, Benjamin 1990), diese jedoch in den unterschiedlichen Untersuchungskontexten auszudifferenzieren. Nur so kann sich ein dynamisches Wechselverhältnis zwischen Theoriebildung und empirischer Forschung entwickeln.

Subjektorientierung wird in diesem Verständnis also etwas relativ Anspruchsvolles: Sie bedeutet

* anzuknüpfen an die Analyse eines gesellschaftlich verweigerten Subjektstatus und die eigene Forschung im Hinblick auf ihren Beitrag zu einer Veränderung dieser gesellschaftlichen Perspektive zu reflektieren,
* Sensibilität zu entwickeln für mögliche eigene "Mittäterschaften" an der Verweigerung des Subjektstatus (etwa dann, wenn wir in unseren Forschungsdesigns gesellschaftliche Zuschreibungsmuster reproduzieren),
* die eigene Forschung sowohl von der Fragestellung her als auch methodisch so anzulegen, daß Frauen als Subjekte sichtbar bleiben, darin, wie sie jeweils in unterschiedlichen Zusammenhängen ihr Leben aktiv gestalten, welchen Umgang sie finden mit den gesellschaftlichen Anforderungen und Zumutungen, wie sie sich mit gesellschaftlichen Normalisierungen auseinandersetzen und wo sie eigene Normalität gestalten.

Zum Beispiel heißt dies: die Forschung im Lebenszusammenhang von Frauen zu verorten, sie in ihren vielfältigen Bezügen zum Thema zu machen, in den unterschiedlichen Bereichen ihrer konkreten Lebensrealität und keine Isolierung von und damit Reduzierung auf bestimmte "Problemlagen" vorzunehmen. Gleichzeitig müssen wir Frauen in ihrer strukturellen Belastung wahrnehmen, darin, wie sie *als Handelnde* einen bewältigenden Umgang mit den ihnen zugemuteten Anforderungen finden. Die aktuelle Schwierigkeit dabei ist, daß das offene Thematisieren von belastenden Situationen und Lebensbedingungen fast nicht mehr möglich ist. Populäre Versionen der Individualisierungsthese bestimmen den gesellschaftlichen Diskurs und wirken sich in einer zunehmenden Verdeckung von strukturellen Konflikten aus: die Ursachen für aktuelle Belastungssituationen werden nicht mehr im gesellschaftlichen Zusammenhang gesucht, jede ist ihres Glückes Schmiedin, "ich schaff' das schon", ist der herrschende Tenor, der uns hellhörig machen muß, weil an solchen Bekundungen das Fragen eigentlich erst beginnt.

Ich will nun genauer und auf meine Forschungspraxis mit Mädchen und jungen Frauen bezogen beschreiben, um was es mir mit Subjektorientierung geht:

Subjektorientierung ernstgenommen heißt: die Mädchen und jungen Frauen in ihren *unterschiedlichen* Lebensvorstellungen und Ansprüchen an ein Frauenleben ernst zu nehmen. Es heißt damit auch: die reale *Differenz* unter Frauen anzuerkennen, sie wahrzunehmen in ihren unterschiedlichen biographischen und sozialen Kontexten. Anerkennung der Differenz ist voraussetzungsvoll. Denn es geht eben nicht darum, sich im Sinne einer vermeintlichen Schwesterlichkeit oder Gleichbetroffenheit zu verständigen - dies ist gerade zwischen Frauen verschiedener Lebensalter unmöglich - sondern sehr genau die Punkte, an denen Gleichbetroffenheit existiert, von denen zu unterscheiden, an denen Frauen - in diesem Falle Forscherinnen und Frauen, mit denen sie forschen - unter ganz unterschiedlichen Bedingungen Frauenleben gestalten, an denen sie ganz unterschiedliche Strategien der Lebensbewältigung benötigen, an denen sie unterschiedliche Deutungsmuster entwickeln, weil sie zum Beispiel in ganz verschiedenen (historischen) Diskursen verortet sind. In Forschungsgesprächen mit jungen Frauen treten zum Beispiel immer wieder Verständigungsschwierigkeiten auf, die mit generellen "Verständigungsschwierigkeiten" zwischen den Frauengenerationen zu tun haben; letztere zeigen sich in gegenseitiger Abwehr/ Ablehnung, unterschiedlichen Selbstbildern als Frau, unterschiedlichen Sichtweisen auf das Geschlechterverhältnis, auf den Umgang mit Männern und Frauen etc. Junge Frauen fühlen sich sehr schnell von älteren Frauen (gerade auch Feministinnen) auf bestimmte Probleme festgelegt, verstehen die Problemanalyse als Problemzuschreibung, wehren sich gegen noch so leise Anklänge an den "Opferdiskurs". Dies gibt Anlaß, genauer zu überprüfen, woher diese Verständigungsschwierigkeiten stammen. Meine Thesen hierzu will ich kurz benennen, denn sie sind wichtig als Ergebnis und Background meiner Forschungspraxis.

Die Verständigungsschwierigkeiten zwischen den Frauengenerationen haben zum einen mit den feministischen "Problematisierungsdiskursen" zu tun. Auch wenn diese sich inzwischen ausdifferenziert haben, hängt ihnen immer noch der "Geschmack" der Opferthese an, wenn auch nur als "unterschwellige Botschaft". Dies *können* junge Frauen nicht annehmen, denn, und dies ist die gesellschaftsanalytische These: die gesamtgesellschaftlichen Individualisierungszumutungen "erlauben" diesen Problemdiskurs nicht. Jede ist für ihr eigenes Glück verantwortlich, kann es sich infolgedessen nicht "leisten", Probleme zu benennen - weder vor sich selbst noch nach außen. Es gibt neue Problemtabuisierungen mit der Folge einer Individualisierung des Scheiterns.

Zu nennen sind in diesem Zusammenhang aber auch die neuen Weiblichkeitsbilder, die genau diese Eigenverantwortlichkeit für das eigene Leben transportieren: das starke Mädchen, die selbstbewußte junge Frau - in jeder Hinsicht superfit und immer mit einer klaren Orientierung, wo's lang geht. Diese Bilder sind gesellschaftlich und selbst produziert, in ihnen steckt genausoviel (gesellschaftliche) Zumutung wie (eigene) Widerständigkeit; die mediale Vermittlung sorgt für ihre Allgegenwart, obgleich auch hier wiederum das Wechselspiel aus medialer Durchdringung fast aller Lebensbereiche und subjektiven Aneignungsweisen (die immer auch Transformationsprozesse darstellen) gesehen werden muß.

Die Verständigungsschwierigkeiten haben aber auch noch mit einem weiteren Punkt zu tun: Daß sich nämlich aus der Perspektive junger Frauen wenig verändert hat: die "Errungenschaften" der Frauenbewegung bewegen sich ja vorwiegend auf der Ebene von Diskurspolitik, haben hier neue Selbstverständlichkeiten und Normalitäten geschaffen, sind jedoch als solche in den Augen junger Frauen, die genau mit diesen

Selbstverständlichkeiten groß geworden sind, nicht mehr klar erkennbar. Und auf der Ebene "offizieller" Politik haben junge Frauen keine Illusionen: die Feigenblattfunktion von Gleichstellungspolitik zum Beispiel ist ihnen klar bewußt; sie haben keine Erwartung an die Politik, aber auch keine Utopie im Hinblick auf Selbstorganisation. Sprich: der "Sinn" von feministischem Engagement ist unsichtbar und "der feministische Diskurs" (aus der Perspektive junger Frauen im Singular) suspekt geworden. Wenn wir grundsätzlich unter uns, zwischen uns und den Frauen, mit denen wir forschen, und natürlich auch zwischen den Frauen untereinander, von unterschiedlichen Wahrnehmungs-, Bewertungs- und Interessenskonstellationen ausgehen müssen, so gilt dies in der Zusammenarbeit mit Mädchen und jungen Frauen in besonderer Hinsicht im Hinblick auf den Bezug zur Frauenbewegung und ganz allgemein zu diesen "feministischen Diskursen".

Diese Differenzen nicht nur anzuerkennen, sondern genauer zu analysieren, bringt uns an den Punkt gesellschaftlicher Statusunterschiede: Wer kann es sich unter den beschriebenen Bedingungen individualisierten Erwachsenwerdens leisten, das Geschlechterverhältnis so zu problematisieren, wie es etwa die feministische Sozialwissenschaftlerin tut? Auch die konkrete Untersuchungssituation ist nicht frei von der Macht der Differenz oder besser: der gesellschaftlichen Macht in der Differenz. In ihr spiegelt sich die gesellschaftliche Hierarchie zwischen Wissenschaft und alltäglicher Lebenspraxis und damit zwischen den verschiedenen Wissensformen. Dies kann zum Verstummen des lebensweltlichen Wissens oder aber zur betonten Auflehnung gegen seine Abwertung führen - und damit immer zu Relevanz"verzerrungen". Diese herrschenden Wertigkeitsstrukturen müssen wir wahrnehmen, denn sie durchdringen *jedes* Untersuchungssetting. Und auch hier dürfen wir nicht bei der Wahrnehmung stehenbleiben, sondern müssen Konsequenzen für unser methodisches Vorgehen ziehen. Es muß uns darum gehen, in unserer Forschungspraxis den Erfahrungen der Frauen, mit denen wir forschen, ein Gewicht zu geben, um dem, was innerhalb der herrschenden gesellschaftspolitischen Diskurse immer nur eine vernachlässigte Relevanz hat, Raum zu verschaffen (vgl. Abschnitt II, Kapitel 1).

In meiner bisherigen Arbeit spielte dieses Verständnis subjektorientierter Forschung eine zentrale Rolle. In unterschiedlichen Forschungszusammenhängen und mit unterschiedlichen Gruppen junger Frauen ging es darum, ihre Handlungsstrategien aufzudecken, subjektive Handlungsstrategien als aktive Vermittlungsleistungen zwischen gesellschaftlichen Zumutungen und eigenen Gestaltungswünschen sichtbar zu machen. Das Handeln der jungen Frauen ist nach diesen Untersuchungen wahrzunehmen als permanente Auseinandersetzung mit und aktive Transformation von Normalitätszumutungen, als aktive Vermittlungsleistung, und nicht etwa als eines, das sich polarisieren ließe in Anpassung einerseits, Widerständigkeit andererseits. Solche polarisierenden Kategorien erfassen die komplexen Handlungsstrategien junger Frauen nicht, sie sind lediglich dazu geeignet, neue (falsche) Klischees hervorzubringen, zwischen deren Polen die Realität verschwindet. Der sozialpolitische Diskurs der "Problemgruppen" stellt Untersuchungen über weibliche Lebensgestaltungsformen, -möglichkeiten und -bedingungen vor spezifische Herausforderungen, spannt Fallstricke, in denen sich Untersuchungskonzept, Sprache, Begriffsbildungen leicht verheddern. Deshalb darf es nie nur um eine Bestandsaufnahme subjektiver Bewältigungs- und Gestaltungsmöglichkeiten gehen, sondern immer auch um das Aufdecken "verdeckter" Gestaltungsformen, um das Sichtbarmachen eigener Normalitätsmuster, um das Zur-Sprache-Bringen "verschwiegener" Wünsche. Die Umsetzbarkeit dieser verdeckten Ansprüche wird geradezu zum qualitativen Kriterium für die Lebensbedingungen von Mädchen und Frauen in spezifischen sozialpolitischen, sozialräumlichen, strukturellen Kontexten - und damit auch für die Forschungsanlage.

Aus meiner derzeitigen Forschungsarbeit mit jungen Frauen und Männern heraus möchte ich den Stellenwert von Subjektorientierung für die soeben beschriebene Strategie der Sichtbarmachung subjektiven Handelns und seiner gesellschaftlichen

Bedeutung, seiner gesellschaftlichen Bedingungen, konkretisieren. In dieser Arbeit geht es um kulturelle Selbstinszenierungen und ihre Relevanz für Prozesse sozialer Integration - untersucht am Beispiel von jungen Frauen und Männern aus der Techno-Szene.

Subjektorientierung drückt sich hier zunächst darin aus, daß Thema und Methode eine sehr enge Verbindung eingehen: Das Thema an sich hat bereits methodische Relevanz, und umgekehrt verfügt die Methode (s.u.: das themenzentrierte qualitative Interview) über einen direkten Bezug zur Thematik.

Der Forschungsanlaß selbst liegt im Zentrum des Interesses nicht nur der Fragenden, sondern auch der Befragten: die Thematik ist lebensweltlich relevant und wird von den jungen Frauen und Männern positiv besetzt. Es ist "ihr" Thema, es ist das Thema, in dem sie ExpertInnen sind. Diese lebensweltliche Relevanz der Fragestellung ist m.E. eine günstige Voraussetzung für eine auf qualitativen Methoden beruhende Untersuchung mit jungen Frauen und Männern. Daß der Gegenstand, das Thema "von Interesse" sein muß - und zwar für alle beteiligten Forschungssubjekte - ist nur scheinbar eine Selbstverständlichkeit in sozialwissenschaftlicher Forschung. Das lange aufrechterhaltene Objektivitätspostulat hat vor allem auf der Seite der Forschenden diese grundlegende Ebene von persönlicher Motivation verdeckt, worauf insbesondere die feministische Sozialforschung aufmerksam gemacht hat. Subjektive Relevanz ist aber ebenso ein (verdecktes) Thema auf Seiten der Befragten: Wird der Subjektbezug von Forschung ernstgenommen, dann kann ich die Befragten nicht einfach zu InformantInnen über ein beliebiges Thema machen, sondern muß über das Gesprächsangebot auf ein spezifisches Interesse stoßen: Die Befragten müssen sich von dem Interview einen subjektiven Nutzen versprechen können. Dieser kann sein: als ExpertIn angesprochen zu werden, über sich reden zu können, sich selbst darstellen zu können, sich im Erzählen biographisch zu vergewissern, zum Weiterdenken angeregt zu werden etc. Auch wenn sich erst während oder nach dem Interview herausstellt, ob es diesen subjektiven Ertrag hat, muß bereits vorher (und durch eine entsprechende Vorstellung des Forschungsvorhabens) ein Gefühl subjektiver Relevanz da sein. Die Zusage zu einem Gespräch ist daher schon in diesem Sinne zu werten.

Thematische Relevanz muß aber auch noch in einem weiteren Sinne gegeben sein: Das Thema muß den analytischen Grundannahmen entsprechen. Da diese im Falle dieser Untersuchung in einer handlungstheoretischen Perspektive auf Prozesse der sozialen Integration liegen, muß der thematische Focus so gewählt sein, daß er sich eignet, die eigenständigen Handlungspotentiale junger Frauen und Männer sichtbar zu machen.

Umgekehrt haben die Methoden eine enge inhaltliche Verbindung zur Thematik: Haupterhebungsinstrument ist das qualitative Interview mit jungen Frauen und Männern, das verschiedene Aspekte des Selbstinszenierungs-Themas focussiert, selbst aber auch eine Möglichkeit zur Selbstinszenierung bietet: "The interview is a stage upon which know-ledge is constructed through the interaction of interviewer and interviewee roles" (Kvale 1996:127). Im qualitativen Interview können die Befragten ihren Expert-Innenstatus durch Sprache, Outfit, Gestik etc. demonstrieren. Dies wird dadurch verstärkt, daß die Interviews mit den jungen Frauen und Männern jeweils an "ihren" Orten durchgeführt werden. Diese Orte sind Bühnen der Selbstinszenierung oder werden es im Moment des Interviews. Sie werden weitestgehend in Eigenregie bespielt, die Fragen leiten lediglich das Thema der Inszenierung (s.u.: *themenzentriertes Interview*).

Die Forschung bewegt sich dabei zugleich in lebensweltlicher Ferne/ Fremdheit und Nähe/ Vertrautheit - in dem klaren Bewußtsein, daß letztere auf der Ebene der Interaktion einen Zugang öffnet, es aber dann darum gehen muß, sich mit der Fremdheit/ Andersartigkeit bewußt auseinanderzusetzen. Das zugrunde gelegte Untersuchungsverständnis ist daher das einer "lebensweltlichen Ethnographie" (vgl. Hitzler/ Honer 1988). Ethnographie hat dabei den Status eines methodologischen Rahmens - für (flexible) Forschungsstrategien - und nicht den einer eigenständigen und kontextunabhängigen "Methode" (Honer 1989:314). Der ethnographische Ansatz wird verfolgt in einer konstruktivistischen Grundhaltung, nach der Ethnographien als "true fictions" (Clifford 1986) zu betrachten sind, und dies in mehrfacher Hinsicht: "(1) contextually (it draws from and creates meaningful social milieux); (2) rhetorically (it uses and is used by expressive conventions); (3) institutionally (one writes within, and against, specific traditions, disciplines, audiences); (4) generically (an ethnography is usually distinguishable from a novel or travel account); (5) politically (the authority to represent cultural realities is unequally shared and at times contested); (6) historically (all the above conventions and constraints are changing). These determinations govern the inscription of coherent ethnographic fictions" (Clifford 1986:6). Mit diesem ethnographischen Grundverständnis verbunden ist eine bestimmte Auffassung von sozialer Realität und den Fragen der Verallgemeinerbarkeit von Ergebnissen: Es geht mir nicht um die Beschreibung *der* sozialen Realität, sondern - vor dem Hintergrund der Pluralisierung der Lebensformen - um die Deskription "thematisch begrenzter, zweckgerichteter, subkultur-, milieu- und gruppenspezifischer, also sozusagen *relativer* Normalitäten" (Honer 1989:299). Von diesen lebensweltlich-milieuspezifischen Erkenntnissen ausgehend soll dann nach Möglichkeiten verallgemeinerbarer Aussagen gesucht werden. Hierbei stellt das theoretische Konstrukt des geschlechtshierarchischen Verdeckungszusammenhangs eine wichtige theoretische Hilfestellung dar: analoge Verdeckungsstrukturen schaffen Möglichkeiten einer strukturellen Verallgemeinerung. Und: subjektive Handlungsstrategien gegen den Verdeckungszusammenhang lassen Aussagen über soziale Relevanz zu, ohne damit soziale Allgemeingültigkeit zu behaupten.

Der Frage der Generalisierbarkeit von Aussagen wird mit dem Rückgriff auf die Struktur Verdeckungszusammenhang im Sinne von fallrekonstruktiven Verfahren (Hermans u.a. 1984, Wohlrab-Sahr 1993) begegnet. Dieses Verfahren ist nicht der "Logik der großen Zahl" verpflichtet (nach dem Motto: eine Form ist dann allgemein, wenn sie für viele gilt), sondern folgt einer anderen Argumentation: "Danach konstituiert jeder einzelne Fall seine besondere Allgemeinheit in dem Sinne, daß er in

Auseinandersetzung mit allgemeinen Regeln seine Eigenständigkeit ausbildet. Es lassen sich also aufgrund von Fallmaterial sowohl gesellschaftliche Bedingungen und Regeln erschließen, als auch die Art und Weise, wie 'der Fall seine spezifische Wirklichkeit im Kontext allgemeiner Bedingungen konstruiert hat' (Hildenbrand 1991:257), d.h. welchen Selektionsprozeß er vor dem Hintergrund objektiver Möglichkeiten vornimmt. Dieser Selektionsvorgang, die Art der Herausbildung einer spezifischen Struktur vor dem Hintergrund allgemeiner Bedingungen läßt sich mit entsprechenden Interpretationsverfahren aufschlüsseln, rekonstruieren" (Wohlrab-Sahr 1994:272f.). So werden *Strukturgeneralisierungen* (vgl. Oevermann 1988) möglich.

Innerhalb dieses Rahmens kommen dann themenzentrierte Methoden des qualitativen Interviews zur Anwendung (zur systematischen Einordnung vgl. Hopf 1991). Mit dem *themenzentrierten Interview* variiere ich den Ansatz des problemzentrierten Interviews (Witzel 1982), bewußt die Überlegung berücksichtigend, daß die befragten Forschungssubjekte *als Subjekte*, als TrägerInnen eines spezifischen Wissens und einer spezifischen Kompetenz zum betreffenden Gegenstand wahrzunehmen sind, und nicht als TrägerInnen eines "Problems" oder als InformantInnen über "Probleme junger Menschen". Der Gegenstand der Interviews ist ein Thema und kein Problem - mit dieser bewußten Unterscheidung verändert sich die Haltung der Forschungssubjekte zueinander und die "Färbung" des Interviews. Es verändern sich allerdings *nicht* die Hierarchien zwischen derjenigen, die das Thema definiert, und denjenigen, die als ExpertInnen zu diesem Thema angesprochen werden (vgl. Lenz 1992, Thürmer-Rohr 1984).

Das themenzentrierte Interview ist also ein teilstrukturiertes, leitfadengestütztes Interview, das in diesem Fall Elemente der biographischen Methode (vgl. Dausien 1994) beinhaltet. Im Zentrum stehen die Fragen zum soziokulturellen Kontext, aber immer mit biographischem Bezug: Fragen der Entwicklung von Bedeutsamkeit, ihrer Veränderung, Fragen der Lebensgeschichte (z.B. der berufsbiographischen Entwicklung, der Interessensentwicklung, der Entwicklung sozialer Zusammenhänge) und der Lebensperspektiven. Doch auch diese biographischen Elemente bleiben *themen-*

zentriert. Dies ist nicht als Beschränkung der biographischen Erzählung zu verstehen, vielmehr gehe ich davon aus, daß die biographische Erzählung immer einen impliziten oder, wie hier, expliziten roten Faden hat, diesen auch braucht, um sich als Geschichte zu strukturieren.

Des weiteren enthält die Befragungsmethode *diskursive Elemente* (vgl. Staudinger 1984), die einen Austausch zwischen den Forschungssubjekten ermöglichen. Dies ist wichtig im Sinne einer bereits im Interview stattfindenden "kommunikativen Validierung" der Relevanz von Fragen und Themenkomplexen. Dies impliziert, daß Eingriffe und Nachhaken nicht - wie im narrativen Interview - als Störvariable im assoziativen Erzählfluß begriffen werden. Vielmehr soll die fragende Person die Gelegenheit haben, durch entsprechende Einwürfe und entsprechendes Nachhaken eventuelle Stereotype aufzubrechen, Gegenbilder hervorzuholen, Andeutungen nachzugehen, implizite Bilder zu explizieren etc. Gleichzeitig haben diese Nachfragen die Funktion, das Gespräch immer wieder thematisch zu zentrieren - ohne es jedoch zu zensieren. Das Nachfragen erfolgt dabei nach einer theorie- und themengeleiteten Auswahl von Aspekten, die sich im Laufe des Forschungsprozesses erweitert (s.u.: relative Offenheit des Forschungsprozesses).

Der Leitfaden hat also eine spezifische Funktion. Statt "ein Skelett für einen strukturierten Fragebogen abzugeben", soll er nach Andreas Witzel "das Hintergrundwissen des Forschers/ Interviewers thematisch organisieren, um zu einer vergleichbaren Herangehensweise an den Forschungsgegenstand zu kommen. Der Leitfaden ist Orientierungsrahmen bzw. Gedächtnisstütze für den Interviewer und dient der Unterstützung und Ausdifferenzierung von Erzählsequenzen der Interviewten. In ihm ist der gesamte Problembereich (bzw. der gesamte thematische Bereich, d.A.) in Form von einzelnen thematischen Feldern formuliert, unter die in Stichpunkten oder in Frageform gefaßte Inhalte des jeweiligen Feldes subsumiert sind. Die innere Logik des Aufbaus der Themenfelder sowie die Reihenfolge der einzelnen, unter die jeweilige Thematik fallenden Fragerichtungen ist nur der 'leitende Faden' für die Problem- (bzw.

Themen-, d.A.). Zentrierung des Interviewers, soll also dem Interviewten nicht aufoktroyiert werden" (Witzel 1982:90).

Durch diese Methode ist gewährleistet, daß die befragten Forschungssubjekte die Teilthemen unterschiedlich gewichten bzw. durch weitere Teilthemen ergänzen können. Der subjektiven Gestaltung des Interviews durch die Befragten bleibt damit ein relativ großer Spielraum, was ich bei einer Untersuchung mit jungen Frauen und Männern und zu dieser Fragestellung für zentral erachte. Das Interview gibt den jungen Frauen (und Männern) Raum für einen erweiterten Selbstbezug, für Selbstinszenierungen, für die Entwicklung neuer Deutungsmuster. Seine Entfaltung wird ermöglicht durch eine bestimmte Haltung der Forscherin im Interview. Um diese nicht zu "personalisieren" oder gar im Sinne eines "weiblichen Einfühlungsvermögens" zu naturalisieren, habe ich - zusammen mit zwei Kolleginnen - "*Gesprächsregeln gegen den Verdeckungszusammenhang*" formuliert, mit denen diese Haltung methodisch umsetzbar wird (vgl. Funk/ Schmutz/ Stauber 1993). Sie sind methodische Konsequenzen aus der Analyse des Verdeckungszusammenhangs und aus der Erfahrung, daß der Verdeckungszusammenhang auf allen Ebenen des Interviews begegnet. Geschlechtshierarchische Zuschreibungen, Abspaltungen, Abwertungen durchdringen das Denken und Agieren der Forscherin wie der Befragten, sie werden sich nie ganz eliminieren lassen. Insofern wir sie uns aber bewußt machen können, lassen sich hieraus auch methodische Vorgehensweisen ableiten:

a. Den Raum, den das Interview bietet, öffnen
Als Forscherin erzähle ich, wie ich zu meiner Fragestellung gekommen bin, was mich speziell in diesem Interview interessiert, und der Gesprächspartnerin vermittle: sie ist die Expertin, die zu diesem Thema Interessantes zu berichten hat.

b. Status verschaffen

Das Interview muß damit beginnen, daß die Gesprächspartnerin aus ihrem Kompetenzbereich erzählen kann und sich damit einen Status verschafft, von dem aus Ängste und Unsicherheiten überwunden werden können und Unerwartetes, Unorthodoxes gesagt werden kann.

c. Druck wegnehmen

Im Interview muß mit dem gesellschaftlichen Druck, der auf Frauen lastet, umgegangen werden, zum Beispiel indem immer dann, wenn die Gesprächspartnerin nicht von ihren eigenen Ansprüchen und Vorstellungen redet, sondern den gesellschaftlichen Normalitätsdruck zum Ausdruck bringt, nachgehakt wird und gegengefragt wird. Dabei darf allerdings kein neuer Druck produziert werden.

d. Keinen neuen Druck erzeugen

Wir sind als Forscherinnen nicht frei von diesem gesellschaftlichen Normalitätsdruck, der sich in unsere Fragen einschleicht, was uns häufig erst beim Auswerten der Interviews bewußt wird. Wir müssen deshalb mit geschärfter Aufmerksamkeit den Gesprächsverlauf auf solche normalisierenden Effekte hin verfolgen und bewußt Gegenräume schaffen: zum Beispiel, indem wir Gelegenheit zur unzensierten Selbstdarstellung bieten, zum Beispiel, indem wir zu "Phantasiereisen", "Zeitreisen", "was wäre, wenn - Überlegungen" anregen.

e. Die Praxis der Frauen, ihre reale Bezugnahme aufeinander, sichtbar machen

Häufig werden in den Äußerungen der Gesprächspartnerinnen ihre existierenden weiblichen Unterstützungszusammenhänge abgewertet und bagatellisiert - in starker Diskrepanz zu der realen Bedeutung, die sie für die Frauen haben. Diese Diskrepanz kann sichtbar gemacht werden, indem wir beispielsweise direkt nach Unterstützungspersonen in Konfliktsituationen fragen oder das Thema wenden: Mit wem hätten unsere Gesprächspartnerinnen gerne mehr Kontakt? Was wünschen sie sich für den Zusammenhalt unter Frauen?

f. Thematische Anlässe schaffen

Das Interview ist ein Angebot von Themen, bietet "Anlässe" zur Thematisierung von Erfahrungen und Situationen, die in der Alltagskommunikation eher verdeckt bleiben, weil sie - aufgrund von Abwertung, Tabuisierung oder Normalitätsdruck oder einfach, weil die subjektive Bedeutsamkeit oft nicht reicht, um etwas zur Sprache zu bringen - nicht direkt erzählbar sind.

g. Horizonterweiterung und Aktivierung

Das Interview soll einen Freiraum bieten, in dem Phantasien und Zukunftspläne formuliert, "vergessene" Träume und Wünsche wiederentdeckt, neue Ideen entwickelt werden können. Es soll auch Anregungen vermitteln, wie diese neuen Ideen umgesetzt werden können. Schon durch die In-Blicknahme der real vorhandenen weiblichen Unterstützungszusammenhänge kann sich hierbei die Einschätzung von Realisierbarkeiten/ Machbarkeiten stark verändern.

Mit diesen Gesprächsregeln kann das Interview methodisch bewußt inszeniert werden als Raum für Selbstinszenierung. In ihm kann die Befragte das, was für sie subjektiv von Bedeutsamkeit ist, darstellen. Subjektorientierung ist aber gleichzeitig auch Orientierung auf Intersubjektivität: Die Forscherin hat sich selbst und ihr Gegenüber als Subjekte in ihrer ganzen Unterschiedlichkeit, aber auch mit einer breiten Palette an diskursiven Verständigungsmöglichkeiten wahrzunehmen. Dies bedeutet: Raum zu lassen dafür, was für die Gesprächspartnerin thematische Relevanz hat, transparent zu machen, wo die eigenen Relevanzen liegen; aber auch: diese eigenen Relevanzen immer wieder kritisch zu hinterfragen - gerade im Hinblick darauf, inwiefern sie Relevanzen einer "Erwachsenenlogik" sind, die zu stark institutionell gebunden ist und die lebensweltlichen Relevanzen junger Frauen und Männer übergeht.

Subjektorientierung muß ihre Fortsetzung finden in der Auswertung der Interviews. Dies bedeutet zum Beispiel, Interviews trotz einer Sortierung der in ihnen angesprochenen inhaltlichen Aspekte nicht zu "zerschneiden", sondern die Aussagen *im*

Kontext des gesamten Interviews auszuwerten. Es bedeutet weiterhin, sich bei der Entwicklung von Auswertungskategorien *auch* von den Gesprächen selbst, von den offenen oder verdeckten Relevanzen der Befragten leiten zu lassen. Auswertungskategorien sind damit schon als Teil der Untersuchungsergebnisse anzusehen. Und schließlich bedeutet es in der Darstellung dieser Ergebnisse, die jungen Frauen möglichst weitgehend und zusammenhängend "zu Wort kommen zu lassen", Einblick zu geben in ihre Logiken, ihnen mit dem Forschungsbericht nochmals Raum für ihre Selbstinszenierung zu geben.

Forschung als Praxisentwicklung - Interne Evaluation eines Modellprojektes zur Mädchenarbeit

Anne Schwarz

Die folgenden Ausführungen widmen sich der Aufgabe, einige der Forschungserfahrungen des Modellprojektes "MädchenGesundheitsLaden (MGL)" zu dokumentieren und auszuwerten. Es handelt sich hier um ein internes Evaluationsmodell, das heißt, die Projektmitarbeiterinnen vereinbarten in ihrer Person die Rolle der Forscherin mit der Praktikerin. Das Wesen dieser Forschungsarbeit läßt sich als ein Experimentieren mit Forschungsmethoden und methodologischer Weiterentwicklung von verschiedenen Forschungsstandards, orientiert an den besonderen Gegebenheiten der praktischen Projektarbeit, beschreiben. Doch zuvor einige Worte zu dem Projekt und seiner Zielsetzung:

Der MädchenGesundheitsLaden - eine Projektskizze
Der MädchenGesundheitsLaden wurde von 1990 bis 1993 als ein gesundheits- und sexualpädagogisches Modellprojekt zur Beratung von Mädchen und jungen Frauen vom Ministerium für Frauen, Familie, Weiterbildung und Kunst Baden-Württemberg in vollem Umfang gefördert[19]. Das Projekt wurde konzipiert, um eine zielgruppenorientierte Sozialarbeit zur Vorbeugung mädchenspezifischer Gesundheitsprobleme zu entwickeln und zu erproben. Diese anfängliche Zielsetzung hat sich inhaltlich von einer gesundheits- zu einer vorwiegend sexualpädagogischen Ausrichtung der praktischen

---

[19] Der MädchenGesundheitsLaden existiert auch heute, 1997, noch und wird auch in Zukunft weiterbestehen, denn er wurde von der Stadt Stuttgart nach Beendigung der Modellphase in eine Regelförderung übernommen.

Arbeit entwickelt. Diese Veränderung ist das Resultat einer durch die Erfahrungen in der Praxis und Auswertung der intern durchgeführten Begleitforschung veränderten Perspektive auf die tatsächlichen Bedürfnisse von Mädchen. Diese waren und sind vorwiegend im sexualpädagogischen Bereich anzusiedeln.

Da hier nicht der Ort ist, das Projekt in seiner Konzeption und praktischen Ausgestaltung ausführlich zu beschreiben (vgl. hierzu Preiss u.a. 1996), möchte ich an dieser Stelle nur die Arbeitsbereiche des Projektes anführen: Es wurde eine Beratungsstelle für Mädchen eingerichtet, die Einzelberatung für Mädchen anbietet, weiter wurde aufsuchende Mädchengruppenarbeit entwickelt. Das bedeutet, daß Mädchen von den Mitarbeiterinnen des MGLs vor Ort, in der Schule, im Jugendhaus, der Wohngruppe etc. aufgesucht und mit ihnen Gruppenveranstaltungen durchgeführt werden oder Mädchengruppen die Einrichtung aufsuchen. Als dritter Bereich wurden Fortbildungen für Multiplikatorinnen entwickelt und angeboten.

Das Forschungsziel
Das Forschungsziel des Projekts läßt sich auf zwei verschiedenen Ebenen beschreiben:

* Zum einen sollten praktische Arbeitsmethoden, die neu entwickelt wurden, auf ihre Verwendbarkeit für eine außerschulische sexual- und gesundheitspädagogische Arbeit mit Mädchen überprüft werden.
* Zum anderen ging es darum, die tatsächlichen Probleme und Bedürfnisse von Mädchen in diesem Bereich zu eruieren und daraus resultierend die Arbeitsweisen entsprechend zu modifizieren.

Elemente des Forschungsdesigns und ihre konkrete "Verwertbarkeit" im Forschungsprozeß
Da es sich beim MGL um die Erprobung einer neuartigen sozialen Arbeit handelte, war ein wissenschaftliches und praktisches Vorgehen gefordert, das sich während des "Experimentierens" mit neuen Arbeitstechniken durch einen fortlaufenden

"Vergewisserungsprozeß" veränderte. Diesem Anspruch kamen sowohl Prinzipien der Handlungsforschung (Mose 1977, Mayring 1991), der Forschungsplan des qualitativen Experiments (vgl. Mayring 1991, 1985, Kleining 1986), als auch einige forschungsmethodologische Entwicklungen aus der feministischen Frauenforschung (z.B. Becker-Schmidt/ Bilden 1991, Becker-Schmidt 1985, Mies 1978) entgegen. Ebenso erwies sich Selbstevaluation (vgl. Heiner 1988, 1994, Nestmann/ Tiedt 1990), ein Modell zur internen Evaluation von Forschungsfragen, als eine sinnvolle Methode, den Forschungsprozeß so zu organisieren, daß fortlaufend evaluierte Erkenntnisse aus der Praxis prozeßhaft verändernd auf selbige einwirken konnten.

Die wissenschaftliche Begleitforschung des MGL hatte zu Beginn des Forschungsprozesses einen wesentlich explorativen Charakter, da weder die Bedürfnisse/ realen Probleme der Adressatinnen noch die Eignung der teilweise vorab neu entwickelten praktischen Arbeitsmethoden bekannt waren. Deshalb mußten die Adressatinnen dieser neuen Arbeit, mehr als sonst in sozialen Alltagspraxen üblich, in den Forschungs- und Selbstvergewisserungsprozeß miteinbezogen werden. Diesen Erfordernissen entsprachen am ehesten die oben angeführten Untersuchungselemente und -methoden, welche im folgenden, bezogen auf ihre Verwendung für den Forschungsprozeß des MGL, kurz skizziert werden.

Die Handlungsforschung zeichnet sich unter anderem dadurch aus, daß sie Forschungsprozeß und Praxis sequentiell miteinander verknüpfen und Forschungsergebnisse noch während des Forschungsprozesses in konkrete praktische Handlungsschritte umsetzen will (vgl. Mose 1977, zusammenfassend Mayring 1991).

Die Voraussetzungen für diesen Weg liegen einmal darin, das jeweilige Praxisproblem genau zu definieren, sich das Ziel der Praxisveränderung zu vergegenwärtigen und die Forschungssubjekte so weit als möglich als gleichberechtigte PartnerInnen in den Forschungsprozeß miteinzubeziehen (zu den Grenzen dieser Möglichkeiten der gleichberechtigten Partizipation vgl. Müller 1994 und das Kap.

"Wegzeichen ..." in diesem Band). Der Forschungsprozeß ist "gekennzeichnet durch ein ständiges Pendeln zwischen Informationssammlung, Diskurs und praktischen Handlungen" (Mayring 1991:36). Dieses Konzept kam den Anforderungen der Projektentwicklung des MGL entgegen, da die Entwicklung und der Fortbestand der praktischen Arbeit von der Evaluation der jeweiligen praktischen "Arbeitsexperimente" abhing, in denen die Mädchen die wichtigsten "Prüferinnen" für die Qualität der neuen Methoden darstellten.

Mit dem Begriff *"Qualitatives Experiment"* wird ein Forschungsdesign bezeichnet, das "versucht, durch einen kontrollierten gegenstandsadäquaten Eingriff in den Untersuchungsbereich unter möglichst natürlichen Bedingungen Veränderungen hervorzubringen, die Rückschlüsse auf dessen Struktur zulassen" (Mayring 1991:41). Dazu ist es notwendig, den "Forschungsgegenstand" vor dem Eingriff genau zu beschreiben, den experimentellen Eingriff vorzunehmen, den Forschungsgegenstand erneut zu beschreiben und daraus resultierende Schlußfolgerungen auf seine Struktur vorzunehmen. Allerdings muß dieses Verfahren wiederholt und in verschiedenen Variationen (Kleining 1986) durchgeführt werden, um eine der ersten Deskription des Gegenstandes überlegene Strukturanalyse erhalten zu können.

Bezogen auf die Aufgabenstellung des MGL, eine neuartige soziale Arbeit zu erproben und zu überprüfen, erwies sich das Verfahren des Qualitativen Experiments geradezu als ideal. So wurde beispielsweise eine neue Veranstaltungsreihe mit Mädchen durchgeführt und mit Beobachtungsprotokollen beschrieben. Mithilfe von Variationstechniken wie der "Kombination" oder "Substitution" (Kleining 1986) konnten einzelne Handlungssequenzen der Veranstaltungsreihe neu zusammengestellt oder durch andere ersetzt werden. Die Veranstaltungsreihe wurde erneut (und möglichst mit derselben Gruppe) durchgeführt, beobachtet und protokolliert. Ein neuer Analyseschritt bezüglich der Qualität der praktischen Arbeit, der Akzeptanz durch die Adressatinnen etc. wurde hiermit möglich und vollzogen. Solches qualitatives Experimentieren wurde während der Modellphase des Projekts fortlaufend durchgeführt und modifiziert: auf der praktischen Ebene durch häufig variierende Arbeitsansätze, auf der wissenschaftlichen Ebene durch den Einsatz unterschiedlicher Forschungsmethoden wie teilnehmende Beobachtung, Fragebogen, Dokumentenanalyse und Interviews.

Obgleich es in der *feministischen Frauenforschung* (innerhalb der Sozialforschung) keinen einheitlichen Frauenforschungsansatz gibt oder ein eigenes Paradigma im Sinne einer "Schule" entwickelt wurde (vgl. Krüger 1994), konnten aus der feministischen Methodologiedebatte (z.B. Becker-Schmidt/ Bilden 1991, Metz-Göckel 1991, Ostner 1986, Becker-Schmidt 1985, Mies 1978) wichtige forschungsmethodische Konsequenzen gezogen werden. Die für diesen Zusammenhang relevanten Postulate von Mies können summarisch folgendermaßen zusammengefaßt werden: Der Forschungsprozeß soll geprägt sein von "bewußter Parteilichkeit"[20] und einer "horizontalen Beziehung" zwischen Forscherin und Beforschten. Hinzu kommt die Rück- und Anbindung des Forschungsprozesses in die Praxis und in frauenpolitische Aktionen, welches einen Lern- und Bewußtseinsprozeß bei allen am Forschungsprozeß Beteiligten bewirkt (vgl. ausführlich Mies 1978). Die genannten Postulate von Mies stellten theoretische Ausgangspunkte für den Forschungsprozess dar, die sich aber im Verlauf der Forschungserfahrungen teilweise relativierten bzw. modifiziert wurden. Bewußte Parteilichkeit im Sinne einer gegenseitigen Teilidentifikation von Forscherin und Beforschter stellte sich im MGL eher eindimensional dar, da die Forscherinnen als "ehemalige" Mädchen sich sehr wohl und häufig mit den Problemen und Fragen von Mädchen identifizieren konnten, der umgekehrte Weg aber aus Alters- und Erfahrungs-

---

[20] Unter Parteilichkeit versteht Mies eine gegenseitige Teilidentifikation von Forscherin und Beforschten, indem sie sich als Subjekte derselben gesellschaftlichen Unterdrückungsmechanismen verstehen. Diese Teilidentifikation bedeutet nicht "bloßer Subjektivismus", sondern "so etwas wie eine kritische dialektische Distanz" (Mies 1978:48), welche Korrekturen gegenseitiger Wahrnehmungsverzerrungen ermöglicht und dadurch zu einer größeren Objektivität der Daten/ Ergebnisse führt.

gründen heraus schwieriger möglich war (allenfalls über Vergangenheitserzählungen der Forscherin). Auch bei dem Versuch, horizontale Beziehungen aller am Forschungsprozeß Beteiligten herzustellen, zeigte die konkrete Arbeits- und Forschungssituation, daß dieser Anspruch nur als relativer eingelöst werden konnte, da es einen unaufhebbaren Alters-, Erfahrungs- und Statusunterschied zwischen den am Forschungsprozeß Beteiligten gab. Diese Erkenntnisse werden unterstützt durch spätere methodologische Entwicklungen in der feministischen Frauenforschung, die sowohl das Konstrukt einer bewußten Parteilichkeit, als auch das der horizontalen Beziehung relativieren, indem sie das Spannungsverhältnis von Gleichheit und Differenz zwischen Forscherin und Beforschter bewußt thematisieren (vgl. Becker-Schmidt 1985, Becker-Schmidt/ Bilden 1991).

Trotz der genannten Einschränkungen waren die Postulate von Mies für den Forschungsprozeß des MGL insofern von Bedeutung, als daß sie eine spezifische Grundhaltung ermöglichten: Wir haben als (junge) Frauen teilweise vergleichbare Erfahrungen gemacht, welche uns in die Lage versetzen können, Mädchen aus der Perspektive der potentiell "Gleichen" und aber auch der "Anderen", der Professionellen, zu betrachten[21]. Die Position der potentiell Gleichen wird möglich durch ein Einfühlen in die Lebens- und Entwicklungslagen von Mädchen mittels eigener biografischer "Erinnerungsarbeit". Gleichzeitig gibt es aber auch die Position der erwachsenen Frau und Pädagogin, die mit professioneller und biographischer Distanz den Mädchen auch als "Andere" gegenübersteht. Diese Dualität der Position bewirkte sowohl Gleichheit als auch Differenz in einem verschränkten Verhältnis. Weiterhin wurde versucht, die Forschungssituationen in den Projektalltag so zu integrieren und offenzulegen, daß Mädchen sich daran aktiv gestaltend beteiligen und sie direkt von den For-

---

[21] Um die subjektiven Verzerrungen und Projektionen einer solchen Forschungshaltung zu minimieren, hatte das Team des MGL regelmäßige Supervisionssitzungen mit einer Psychologin.

schungssituationen profitieren konnten, beispielsweise durch die Aufnahme ihrer Veränderungsvorschläge in den Projektalltag.

Auch die oben angeführten weiteren Postulate von Mies, wie die Rück- und Anbindung an die Praxis und an frauenpolitische Aktionen, sowie dem daraus resultierenden gemeinsamen Lernprozeß von Forscherin und Beforschten fanden ihre Anwendung und Erweiterung im MGL. Da während der gesamten Projektzeit mit zeitlich unterschiedlich aufeinanderfolgenden Methoden gearbeitet und die Erfahrungen ebenfalls zeitlich gestaffelt ausgewertet wurden, konnten die jeweils neuesten Auswertungen sofort in den praktischen Alltag eingespeist und rückgekoppelt werden. Die Arbeits- und Forschungsergebnisse wurden auf regionalen, öffentlichen "Aktionstagen" vertreten, publik gemacht und damit einem Prozeß der Vergesellschaftung nähergebracht. Verschiedene Publikationen (z.B. Preiss u.a. 1996, Schwarz 1994) unterstützten dieses frauen- und jugendpolitische Vorhaben, die Notwendigkeit von Frauen- und Mädchenarbeit am Beispiel des MädchenGesundheitsLadens zu dokumentieren und damit zu ver-öffentlichen. In Erweiterung zu Mies wurde in diesem Forschungsprozeß die Verbindung von Praxis und Politik zu einer Trias von Praxis, Politik und Forschung.

Das Postulat des gegenseitigen Lernprozesses erfuhr während der Forschung große Bedeutung, obgleich auch hier eine Asymmetrie der Lernerfahrungen von Mädchen und Forscherinnen deutlich wurde. Die Forscherinnen konnten durch ihre Wechsel von Forscherin zur Praktikerin und umgekehrt, durch das wechselseitige Einbringen der Forschungsergebnisse in die Praxis und weiteres Erproben in der Praxis in Verbindung mit der Möglichkeit einer distanzierten Betrachtung durch Fachsupervision und Literaturrezeption, reichhaltige und verschiedene Lernerfahrungen machen. Die Lernerfahrungen der Mädchen hingegen waren auf einer ganz anderen Ebene angesiedelt. Sie "lernten" vorwiegend themenbezogen (z.B. Orientierungs- und Informationswissen bezogen auf Themen wie Verhütung, sexuelle Entwicklung, Menstruation etc.) und machten Erfahrungen von Parteilichkeit in dem Sinne, daß sie mit ihren Bedürfnissen ernstgenommen wurden, sie die Arbeitsinhalte weitgehend mitbestimmten und das Klima, innerhalb dessen die Lernerfahrungen stattfanden, gleichberechtigter war als vergleichsweise in der Schule. Trotzdem konnten, insgesamt betrachtet, die Mädchen nicht dauerhaft als gleichberechtigte Partnerinnen fungieren. Sie waren nicht immer gestaltungsmächtige Subjekte, sondern auch immer wieder Objekte im Forschungsprozeß, weil Status-, Alters- und Erfahrungsunterschiede nur graduell aufhebbar waren. Es gilt auch hier mit Regina Becker-Schmidt kritisch zu relativieren, daß man "Menschen nicht einfach zu Subjekten des Forschungsprozesses erklären (kann), solange ich lediglich die Instrumente humaner gestalte, die sie verdinglichende Realität im gemeinsamen Untersuchungsverlauf aber nicht *grundsätzlich* (Hervorh. im Original) aufhebe" (Becker-Schmidt 1985:95).

Becker-Schmidt geht davon aus, daß die subjektive und objektive Realität der zu Beforschenden nicht umstandslos über eine programmatisch verordnete Identifikation als Gleicher, wie sie Mies postulierte, zu erreichen sei. Vielmehr ist ein komplexer Forschungsprozeß mit einem permanenten Perspektivenwechsel seitens der Forscherinnen nötig, der neben Betroffenheit und Selbstbetroffenheit immer wieder der emotionalen und theoretischen Distanz bedarf. Hinzu kommt die Notwendigkeit, auch unbewußten Motiven, Deutungen und Verdrängungsmechanismen aller am Forschungsprozeß Beteiligten Rechnung zu tragen, denn Subjektivität ist nach Becker-Schmidt "eine nicht-identische Einheit von unterschiedlich entwickelten Kräftefeldern - bewußten und unbewußten, triebhaften und realitätsgerechten" (ebd. 98). Doch selbst bei sorgfältigster Anlage des Forschungsprozesses mit dem Anspruch, größtmögliche Gleichheit herzustellen, bleiben Reste unaufhebbarer Differenz zwischen Forscherin und Beforschten.

Der Anspruch eines permanenten Perspektivenwechsels fand im MGL in der Entscheidung für das Evaluationsmodell der Selbstevaluation (s.u.) seinen Niederschlag. Der notwendige Wechsel zwischen der Position als Mädchenarbeiterin, Forscherin und der immer wiederkehrenden Rolle als "ehemaligem" Mädchen ermöglichte verschiedene Verständniszugänge. Auch war durch die Fachsupervision immer wieder eine

Vermittlung zwischen diesen Ebenen möglich. Inwiefern jedoch die Aufarbeitung unbewußter eigener und fremder Barrieren, wie sie Becker-Schmidt für ein umfassendes Subjektverständnis fordert, in diesem Kontext trotz Supervision ausreichend gelingen konnte, muß dahingestellt bleiben, denn der Projekt-Alltag ließ wenig Raum und Möglichkeiten für eine (gründliche) tiefenpsychologische Interpretationsarbeit.

Im Prozeß der *Selbstevaluation* ist im Gegensatz zur Fremdevaluation, die in aller Regel von einer oder mehreren SozialwissenschaftlerInnen durchgeführt wird, die Praktikerin diejenige, die in eigener Sache den Verlauf und die Ergebnisse ihres beruflichen Handelns untersucht. Sie ist Praktikerin und Forscherin in einer Person.

Die Ziele von Selbstevaluation liegen u.a. darin, zur fachlichen Sicherheit beizutragen, indem Arbeitsziele und Arbeitserfolge selbst überprüft und bewertet werden. Ausgangspunkte für die Zielformulierung von Selbstevaluation sind Fragen wie: Ist meine Arbeit erfolgreich? Erreiche ich meine Adressatinnen? Decken sich die Ziele meiner Arbeit mit den Bedürfnissen meiner Adressatinnen? Wie könnte ich meine Ziele anders, effektiver und effizienter verfolgen? Wie bewerte ich die Ergebnisse meiner Arbeit? Durch die wissenschaftliche Überprüfung und Bewertung von Arbeitszielen und Arbeitserfolgen kann eine Vergewisserung der Sinnhaftigkeit des eigenen Tuns erlangt werden, das eigene Handeln gewinnt Gestalt (vgl. Heiner 1988). Dieses Erkennen und Sichtbarmachen von Handlungsvollzügen ist für Sozialarbeit im allgemeinen und für Frauen- und Mädchenarbeit im Besonderen wichtig, denn "das mühsam Erreichte ist wenig greifbar; und die Flüchtigkeit pädagogischer Prozesse mit ihren Rückschlägen und Vergeblichkeiten erschwert sowohl die Selbsteinschätzung wie auch die Außendarstellung des Geleisteten" (Heiner 1988:9).

Für Frauen- und Mädchenarbeit, die meist vor sich selbst und vor der sozialen Öffentlichkeit unter wesentlich stärkeren Legitimationszwängen steht, gilt dies umso mehr. Selbstevaluation trägt hier zur Korrektur überhöhter und falscher Erwartungen bei. Selbstevaluation korrigiert aber auch Selbstunterschätzungen und Entwertungen, die Frauen häufig unbewußt an sich selbst vornehmen. Andere, gewichtige Vorzüge von Selbstevaluation liegen in den Möglichkeiten einer gleichzeitigen Innen- und Außenperspektive, die die Praktikerinnen einnehmen können. Indem die Rollen der Forscherin und der Praktikerin in einer Person vereinigt sind, kann durch den Rollenwechsel, der stets auch einen Perspektivwechsel bedeutet, immer wieder Distanz zu Alltagsvollzügen gewonnen werden. "SelbstevaluiererInnen" versetzen sich selbst in die Lage, bestimmte Handlungen unter pragmatischen und wissenschaftlichen Standpunkten, also mehrdimensional, betrachten zu können. Sie haben daraus resultierend mehr und verschiedene Kriterien zur Verfügung, um ihr Tun zu bewerten, aber auch nach außen zu legitimieren. Selbstevaluation ermöglicht damit eine gesichertere Handlungsfähigkeit, erhöht die Flexibilität beruflichen Handelns, fördert aber auch die notwendige Kontinuität der Arbeit. All dies sind interne Qualifikationen, die die Arbeit selbst, aber auch die Berufstätige persönlich und fachlich qualifizieren[22].

Die Grenzen und Nachteile von Selbstevaluation liegen in der Gefahr einer permanenten Überlastung der Beschäftigten, den immer wieder divergierenden Rollenanforderungen zu entsprechen beziehungsweise diese integrieren zu müssen. Weiterhin besteht trotz permanenten Rollenwechsels das Risiko einer Perspektivenverengung,

---

[22] Diese Option, die Selbstevaluation beinhaltet, kann in sozialpolitischer Hinsicht zweifach genutzt werden: selbstevaluierend tätig zu sein, löst mich aus einem Objektstatus, der oft beinhaltet: Über mich und meine Arbeit wird woanders verhandelt und gewertet. Selbstevaluation kann mich in die Lage versetzen, mich sozialpolitisch aktiv in diesen Prozeß der Bewertung, der meist finanzielle Konsequenzen hat, einzumischen, weil ich mir auch die mir selbst verdeckten oder nicht bewußten Qualitäten meiner Arbeit sichtbar gemacht, meine Arbeitsziele und Arbeitserfolge selbst überprüft habe, diese auch dokumentieren kann und mir dadurch Argumentationshilfen angeeignet habe. Zum Zweiten kann ich mit meinen durch Selbstevaluation erworbenen Kenntnissen auf Lücken und Defizite im System der sozialen Dienste aufmerksam machen, die zum einen meinem eigenen Tun enge Grenzen setzen und zum anderen u.U. anders gelagerte Hilfen oder Zielsetzungen begründen helfen. Dies ist für Frauenprojekte von besonderer Bedeutung, die sich auf diese Weise gegenseitig öffentlich sichtbar machen können, einander Gewicht und Bedeutung verleihen und sich gegenseitig fachlich legitimieren helfen.

weil eine korrigierende Außenperspektive, wie es beispielsweise eine externe Wissenschaftlerin repräsentieren kann, fehlt. Um dieser Gefahr vorzubeugen, ist eine fachliche Supervision und/ oder die Einbindung in wissenschaftliche (Forschungs-) zusammenhänge hilfreich.

Bezogen auf den MädchenGesundheitsLaden kann die Selbstevaluation als Form wissenschaftlicher Begleitforschung als sehr positiv bewertet werden. Die Tatsache, immer wieder aus der Haut der Praktikerin in die der Wissenschaftlerin zu schlüpfen, hat wertvolle Erkenntnisse für die Praxisentwicklung geliefert. Und umgekehrt entwickelten sich aus der veränderten Praxis neue Ideen für den Einsatz wissenschaftlicher Methoden. Ebenfalls von nicht zu unterschätzender Bedeutung war die Tatsache der Selbstqualifikation, die den Mitarbeiterinnen die Kompetenzen vermittelte, wissenschaftlich, praktisch und jugendpolitisch erfolgreich zu arbeiten. Die Übernahme des MädchenGesundheitsLadens in eine Regelfinanzierung 1995 durch die Stadt Stuttgart ist nicht zuletzt auch ein Resultat dieser Selbstqualifizierungsbemühungen.

Das Erhebungsverfahren - die Forschungsmethoden im Überblick
Wie bereits erwähnt, wurden im Verlauf des Forschungsprozesses verschiedene Forschungsmethoden verwendet, deren jeweiliger Einsatz sich aus den Ergebnissen und der Beurteilung der vorausgegangenen Methode begründete.

Am Beispiel: Aus den Ergebnissen der *Teilnehmenden Beobachtung*, die während des ersten Projektjahres durchgeführt wurde, resultierte u.a., daß zu einer differenzierteren Beschreibung der Bedürfnisstruktur der Mädchen "direktere" Methoden nötig waren. Es folgte daraufhin die Befragung von Mädchen mittels eines kurzen *Fragebogens*. Oder Mädchen wurden aufgefordert, formlos schriftlich und anonymisiert aufzuschreiben, welche Themen/ Fragen sie gerne im MGL behandelt haben möchten. Diese und andere schriftlichen Äußerungen wurden mittels einer *Dokumentenanalyse* ausgewertet. Die Aus- und Bewertung dieser Methoden wiederum ergab, daß Bedürfnisstrukturen von Mädchen in großer Vielzahl und zum Beispiel differenziert nach

Strukturkategorien wie Alter, Schule, nationale Herkunft, Schichtzugehörigkeit erkannt wurden, individuelle Ausprägungen jedoch nur holzschnittartig erfaßt werden konnten. Um diese individuellen Bedürfnislagen in biographischen Zusammenhängen feststellen zu können, wurden im dritten Projektjahr einige *themenzentrierte Interviews* durchgeführt.

Die Auswahl der Erhebungsinstrumente für diese Studie war dementsprechend keine zufällige Aneinanderreihung, sondern ist das Produkt dieses längerfristigen Forschungsprozesses, der im Laufe der Entstehung, Entwicklung, wissenschaftlichen Begleitung und Evaluierung des Modellprojekts entstand. Ich möchte hier keine ausführliche Diskussion zur forschungstheoretischen Begründung der Methodenwahl und deren spezifischer Brauchbarkeit im Kontext der Projektforschung führen. Dies wurde an anderer Stelle bereits gemacht (vgl. Preiss u.a. 1996). Wichtig ist an dieser Stelle jedoch eine resümierende Beurteilung der Methodenkombination, die nicht planmäßig vorgegeben war, sondern sich aus der Bilanz von Zwischenergebnissen entwickelte, die in unregelmäßigen Abständen von den Mitarbeiterinnen mittels Methodenauswertung gezogen wurde. Mit Hilfe solcher Zwischenauswertungen und einer begleitenden Rezeption wissenschaftlicher Fachliteratur wurden eigene theoretische Reflexionen inganggesetzt, die wiederum in den jeweils nachfolgenden Teil des empirischen Erhebungsprozesses eingingen und rückwirkten. Dieses Ineinander von praktischen Erfahrungen, empirischen Aussagen und theoretischen Reflexionen war charakteristisch für den Arbeitsprozeß während der gesamten Projektlaufzeit und darf resümierend als sehr produktiv bezeichnet werden. Es konnten fortlaufend theoretische Hypothesen und Betrachtungen durch praktische Arbeitsverfahren und empirische Auswertung überprüft und gegebenenfalls verifiziert und falsifiziert werden.

Bewertung des forschungsmethodologischen Vorgehens
Der Forschungsprozeß des MädchenGesundheitsLadens nach Prinzipien der Selbstevaluation, verknüpft mit methodologischen Überlegungen aus der Handlungs-

forschung, der Frauenforschung, dem Qualitativen Experiment, hat sich in mehrfacher Hinsicht als sehr fruchtbar und innovativ erwiesen.

Der allgemeinste und wichtigste Ertrag bestand darin, die sich fortlaufend entwickelnde gesundheits- und sexualpädagogische Mädchenarbeit praktisch, wissenschaftlich und jugendpolitisch zu qualifizieren und zu legitimieren. Die Kombination der forschungstheoretischen Überlegungen und ihre "Übersetzung" in forschungspraktisches Handeln ermöglichte eine Verortung der Arbeit im Spannungsfeld von Forschung, Praxis und Politik unter weitgehender Vermeidung der üblichen Hierarchie zwischen Wissenschaft und Praxis.

Selbstevaluation als Technik und Methode, den Forschungsprozess unter Erweiterung um frauen- und handlungsforschungsbezogenen methodologischen Überlegungen zu organisieren, versetzte die Mitarbeiterinnen immer wieder in die Lage, erworbene Kompetenzen durch verschränktes wissenschaftliches und praktisches Arbeiten spiralförmig weiterzuentwickeln. Erkenntnisse aus der Evaluierung praktischer Tätigkeiten wirkten auf diese verändernd und weiterentwickelnd ein, ebenso wie umgekehrt die sich entwickelnde Praxis die Wahl neuer geeigneterer Forschungsmethoden bewirkte. Der häufig praktizierte einseitige Transfer von Theorie zur Praxis konnte auch umgekehrt - von der Praxis zur Theorie - geleistet werden. Die methodische Vorgehensweise der Variation wissenschaftlicher und praktischer Arbeitseinheiten, ebenso wie die Variation wissenschaftlicher Methoden je nach verändernden Praxiserfordernissen, hat sich insgesamt als eine erfolgreiche prozeßhafte Methode zur Praxisentwicklung erwiesen.

Die schrittweise Einbindung der Mädchen in Praxis- und Evaluationsprozesse hatte den Effekt, den Subjektstatus der Mädchen zu fördern und sie zu Expertinnen ihrer eigenen Situation zu machen. Bezogen auf das theoretisch-analytische Konstrukt des Verdeckungszusammenhangs (vgl. Kapitel 2 des ersten Abschnitts in diesem Band) konnten durch den Prozeß der Selbstevaluation gesundheitliche und sexuelle Probleme von Mädchen als individualisierte von allen Beteiligten identifiziert und gemeinsam auf einer strukurellen Ebene wahrgenommen werden. Diese durch gemeinsame Prozesse der Reflexion und Selbstreflexion gewonnenen Erkenntnisse führten zur Erarbeitung von adäquaten praktischen gesundheits- und sexualpädagogischen Arbeitsmethoden, die strukturelle Analysen mit individueller und kollektiver Problembearbeitung verbanden.

Die Qualifizierung der Mitarbeiterinnen in beiden Bereichen, der Forschung und der Praxis, hatte positive, direkt sozialpolitisch wirkende Effekte: Durch die qualifizierte Dokumentation des Bedarfs und der Notwendigkeit dieser Art von Mädchenarbeit in öffentlichen Gremien und durch schriftliche Veröffentlichungen konnte der Bedeutung von Mädchenarbeit insgesamt und konkret bezogen auf das Projekt sozialpolitisches Gewicht verliehen werden. Das heutige institutionalisierte Bestehen und die öffentliche Anerkennung dokumentieren den Erfolg der Bemühungen, Forschung und Praxis so eng miteinander zu verzahnen.

Die Herstellung von Experimentier-Räumen als Forschungsmethode für Selbsterkenntnis und Erkenntnis

Helga Huber

Ohne daß danach gefragt wurde, welche Vorstellungen und Verhaltensformen und damit Voraussetzungen junge Frauen in ihrer Sozialisation erworben haben, werden sie nicht selten mit Anforderungen konfrontiert, die sie eben wegen dieser spezifischen Voraussetzungen gar nicht erfüllen können. Mit den hier skizzierten Praxis- und Forschungsmethoden[23] wird ein Weg ermöglicht, der es Mädchen und jungen Frauen erlauben soll, verdrängte Wünsche wahrzunehmen und bewußter mit Berufsentscheidungen umzugehen und gleichzeitig Wissen darüber zu erlangen. Zunächst möchte ich jedoch einige Aspekte der Thematik vorstellen[24] und die Bedeutung der Methoden für handlungsorientierte Sozialforschung aufzeigen.

---

[23] Diese Methoden habe ich gemeinsam mit Ulrike Gfrörer und Magdalena Dieringer im Rahmen des Projekts "Kulturelle Aktivitäten als Medien der Berufsorientierung und Berufsinformation für Mädchen im ländlichen Raum", das vom Ministerium für den ländlichen Raum Baden-Württemberg finanziert wurde, in den Jahren 1990/1991 vorbereitet und erprobt.

[24] Ich greife auf Ergebnisse zurück, die im Rahmen einer Untersuchung in ländlichen Regionen von Baden-Württemberg für das DJI München gewonnen wurden. Dabei wurden Methoden der qualitativen Sozialforschung, vor allem themenzentrierte und biographische Interviews, angewendet. Die Ergebnisse sind teilweise veröffentlicht in Funk 1993.

Befragungsergebnisse zur Berufsfindung von Mädchen und jungen Frauen
Ich gehe davon aus, daß *sozio-kulturelle* Muster, in diesem Fall das Muster von *Weiblichkeit*, die Basis der gesellschaftlichen Verständigung und der Selbstverständigung aller Beteiligten sind und daß die Selbstverständigungsprozesse und deren Ergebnisse als Identität begriffen werden. Die Struktur der komplexen Zusammenhänge zwischen 'Identität' und 'Gesellschaftsprozessen' ist in dem folgenden Zitat auf einen kurzen Nenner gebracht: "Üblicherweise wird die Herausbildung eines Verhaltensrepertoires und der dazugehörigen Selbstwahrnehmung mit dem Begriff der 'Identität' zu fassen versucht. Wenn wir 'weibliche Identität' untersuchen wollen, so denken wir ihr Werden zunächst als eine Art Wechselspiel zwischen gesellschaftlich vorfindlichen Strukturen und dem Bemühen, in ihnen handlungsfähig zu sein - bis zur Möglichkeit der Veränderung eben der Strukturen, in denen man sich arrangieren sollte" Haug/ Hauser 1985:16f.).

Das *Sich-in-den-Strukturen-Arrangieren* ist auf den ersten Blick bei der Berufsfindung von jungen Frauen das vorwiegende Handlungsmuster. Das Ergebnis der Befragungen von jungen Frauen zeigte jedoch, daß dieses Arrangieren keinesfalls 'stromlinienförmig' verläuft, sondern daß Mädchen und junge Frauen *im Wechselspiel zwischen gesellschaftlich vorfindlichen Strukturen und dem Bemühen, in ihnen handlungsfähig zu sein,* bereits gelernt haben, ihre Orientierungen auf das Machbare zu reduzieren. Sie sprechen nicht mehr das aus, "was sie einmal werden wollten", sondern bereits das, was ihnen realisierbar erscheint - und das sind immer noch typische Frauenberufe, die den herrschenden Weiblichkeitsbildern entsprechen. Es ist ein und dasselbe Muster, demzufolge Eltern und andere an der Berufsfindung Beteiligte nicht auf die Wünsche der Mädchen eingehen, sondern machbare Berufe vorschlagen oder Befürchtungen in den Vordergrund stellen, das sich aber auch schon längst in den Köpfen der Mädchen festgesetzt hat und es den meisten verstellt, überhaupt unübliche Wünsche zuzulassen und sich darauf bezogen Gedanken zu machen. In unseren Befragungen von Mädchen und jungen Frauen, die es methodisch zuließen, zurückgenommene Wünsche anzusprechen, wurde deutlich, daß sich bereits Schulabgängerinnen auf die Beschränkungen einstellen: Auf viele Ausbildungs- und Arbeitsplätze bewerben sich Mädchen gar nicht erst, weil sie wissen, daß eine Bewerbung keinen Erfolg hat. Sie nehmen dann lieber von vornherein das, was realistischer ist. Immer wieder kommt auch die erwartete Familienzuständigkeit zum Ausdruck. Junge Frauen, die noch in der Lehre sind oder sie gerade abgeschlossen haben, sprechen von der "Gefahr" des Kinder-kriegens, weil ihnen deswegen ein guter Ausbildungs- oder Arbeitsplatz verwehrt wurde. Diese Ausdrucksweise deutet darauf hin, daß sie das Verweisen in ihre Schranken auch als Einschränkung erleben. Meistens geht es aber um die Frage danach, welcher Beruf sich mit dem Wunsch, später Kinder zu haben, arrangieren läßt.

Wenn Mädchen und junge Frauen *Veränderungen* bei ihren Berufswünschen anstreben, so steht aus der subjektiven Sicht meistens die direkte Veränderung von eigenen Vorstellungen und die darauf bezogene Umsetzung im Vordergrund und nicht so sehr die Veränderung *'der'* Strukturen. In Befragungen von Erwachsenen, die an Berufsfindungsprozessen beteiligt sind, stellte sich heraus, daß unübliche Berufswünsche für pädagogisch Verantwortliche auf jeden Fall eine Herausforderung darstellen, mit der sie unterschiedlich umgehen. Reaktionsweisen treten typisierend gesagt als *Unterstützung* oder als *Zurückweisung* auf.

Lehrerinnen[25], Sozialpädagoginnen, Berufsberaterinnen, usw., die Wünsche von Mädchen ernst nehmen, erwarten von den jungen Frauen die *Auseinandersetzung* mit ihrem Berufswunsch *und* den realen Chancen seiner Durchsetzung. Sie beschönigen die potentiellen Widerstände und Schwierigkeiten nicht, sondern geben während der Berufsfindung Unterstützung bei der Bewältigung der Hindernisse oder sie geben

---

[25] Zum Sprachgebrauch: Wenn ich Lehrerinnen und Lehrer bzw. LehrerInnen schreibe, so sind beide Geschlechter gemeint. Wenn ich Lehrerinnen schreibe, sind Frauen gemeint. Wenn ich Lehrer schreibe, sind Männer gemeint. Wenn ich Lehrer(innen) schreibe, so sind vorwiegend männliche Personen gemeint; wenn ich Lehr(er)innen schreibe, so sind vorwiegend weibliche Personen gemeint.

Unterstützung bei Enttäuschungen, wenn der Wunsch nicht in die Realität umzusetzen ist.

Das Zurückweisen von Berufswünschen geschieht, wenn die beratenden Erwachsenen die in der Realität vorhandenen Widerstände als unüberwindbar ansehen und deswegen jungen Frauen von unüblichen Berufen abraten und sie entmutigen oder weil sie die Berufswünsche gemäß tradierter Weiblichkeitsmuster zurechtstutzen. So wird jungen Frauen im Prozeß der Berufsfindung immer wieder von Berufen abgeraten, weil sich die *Beratenden* für bestimmte Berufe Frauen *nicht vorstellen* können. In den Befragungen wurde deutlich, daß zum Beispiel Lehrer(innen), Berufsberater(innen), Ausbilder(innen) und auch Mütter und Väter, die das tradierte *Muster von Weiblichkeit* vor Augen haben, wenn sie bei der Berufsfindung beraten, Schülerinnen andere Vorschläge machen, als Lehrerinnen, Mütter, usw., die solche tradierten Muster infrage stellen oder bereits gemeinsam mit anderen Frauen nach neuen Lebensmustern suchen. Mit der Zurückweisung wird von den jungen Frauen, die sich trauen, unübliche Berufswünsche zu äußern, abverlangt, daß sie sich mit den Strukturen *arrangieren*.

Es gibt aber auch ein umgekehrtes 'typisches' Muster, nach dem nicht die Mädchen und jungen Frauen selbst sich neue Berufsperspektiven wünschen, sondern demzufolge Erwachsene von jungen Frauen erwarten, daß sie ihre Berufswünsche verändern. Diese Vorgehensweise ist dann problematisch, wenn nicht an den in der Sozialisation erworbenen *Mustern der Handlungsfähigkeit* angeknüpft und auf die *Realitäten auf dem Arbeitsmarkt* Bezug genommen wird, sondern stattdessen von den jungen Frauen erwartet wird, daß sie sich in Muster der Berufstätigkeit von Männern zwängen, daß sie männliche Maßstäbe der Berufsorientierung übernehmen und die - von ihnen selbst gewünschte oder von außen erwartete - Perspektive auf Familie ignorieren und ausgrenzen. Indem solchermaßen ein erwünschtes Verhalten eingefordert wird, das sich auf Idealvorstellungen bezieht, wird von jungen Frauen eine Art der *Realitätsverleugnung* abverlangt, zu der es unter anderem gehört, daß Orientierungen nicht hinterfragt, potentielle Widerstände während der Berufsfindung verharmlost und

Schwierigkeiten während der Ausbildung ignoriert werden. Diese Vorgehensweise verlangt von den jungen Frauen, bei sich etwas zu verändern, was strukturell verändert werden müßte und stellt sie letzten Endes vor die Aufgabe, in bestehenden Strukturen mit veränderten Wünschen handlungsfähig zu sein.

Dagegen gebe ich zu bedenken, daß Wünsche nach Veränderungen immer *auch* eine Kritik an vorfindlichen Strukturen enthalten. Erwachsene sollten diese immanente Kritik bei sich selbst ernst nehmen und bei ihren Veränderungswünschen *Strategien für die Veränderung von Strukturen* anstreben, in die sie Mädchen und junge Frauen einbeziehen, anstatt ihnen die Verantwortung und die Schuld für Mißlingen zuzuschieben. Wenn Mädchen und junge Frauen veränderte Berufswünsche äußern, so sind zum Beispiel LehrerInnen, BerufsberaterInnen, AusbilderInnen, Eltern usw. potentiell mit der darin enthaltenen Kritik an bestehenden Strukturen konfrontiert. Wenn die immanente Kritik nicht zurückgewiesen, sondern ernst genommen und aufgegriffen wird, ist das ein Schritt zur frauenpolitischen Einflußnahme.

Dies gilt auch für eine frauenpolitisch-kritische Forschung. Indem die genannten Handlungsmuster bei allen Beteiligten hinterfragt werden, Verdecktes sichtbar gemacht wird und Ansatzpunkte gesucht werden, die eine Veränderung von Strukturen ermöglichen, werden Voraussetzungen zur politischen Einflußnahme geschaffen.

Das Inszenieren von nichtalltäglichen Erfahrungs-Räumen als Forschungsmethode
Die Reflexion der oben angeführten *typisierten* Vorgehensweisen von Erwachsenen und jungen Frauen während der Berufsfindung führte zur Suche nach Praxis- und Forschungsmethoden, die von den Voraussetzungen der Mädchen ausgehen, aber auch Veränderungswünsche sichtbar werden lassen und realistische Handlungsstrategien ermöglichen sollten. Für das oben genannte Forschungs- und Praxisprojekt wurden dementsprechend Methoden geplant und getestet, die als pädagogische Praxis eine emanzipatorische Selbstvergewisserung von Pädagoginnen und Lernenden zulassen (vgl. Glücks 1994:116ff.) und politische Standpunkte ermöglichen, die nicht den

Mädchen immer wieder die Schuld zuschieben für Bedingungen, die sie nicht selbst verändern können (vgl. Stauber/ Walther 1995:135ff.). Als Forschungsvorhaben sollte das Inszenieren von *nichtalltäglichen Handlungs- und Denk-Räumen* Ergebnisse darüber ermöglichen, wie Mädchen und junge Frauen sich bemühen, in gesellschaftlichen Strukturen handlungsfähig zu sein, wie sie sich arrangieren und welche geheimen Wünsche im Prozeß des Arrangierens bereits verschüttet wurden. Weil damit für alle Beteiligten die Möglichkeit eröffnet wird, ihr Handeln zu überprüfen und für sich neue Perspektiven und Strategien zu erschließen, bezeichne ich die Inszenierung von solchen *nichtalltäglichen Erfahrungs-Räumen* als 'Experiment'.

Mit den gemeinsamen Aktionen in den unterschiedlichen Experimenten verfolgen die Teilnehmenden jeweils unterschiedliche Handlungsabsichten. So nutzen Mädchen und junge Frauen z.B. die Gelegenheit, sich mit ihren eigenen Wünschen auseinanderzusetzen und sich gegenseitig zu 'beraten', Mut zu bekommen und eigene Wege zu verfolgen. Beratungspersonen verfolgen zum Beispiel die Absicht, neue Praxismethoden zu erproben, die jungen Frauen besser zu verstehen und neue Einsichten für den direkten Umgang mit ihnen zu erwerben.

Für Sozialpädagogik als Handlungswissenschaft sind solche Experimente eine dem Gegenstand angemessene Forschungs-Methode, weil analytisch-reflektierende und in die Zukunft weisende Ideen sichtbar werden, die im gewohnten routinisierten Alltag nicht zur Sprache kommen und die nicht einfach abgefragt werden können, eben weil sie durch bereits erfolgtes Arrangieren mit vorgefundenen Mustern nicht mehr frei verfügbar sind. Wissen über das, was hinter dem Arrangieren steht, kann nur über Prozesse aufgedeckt werden, in denen den Beteiligten ermöglicht wird, sich mit vorgefundenen Mustern auseinanderzusetzen, d.h. sich selbst Barrieren bewußt zu machen, sich Klarheit über Wünsche und verdrängte Wünsche zu verschaffen, verdrängte Kränkungen aus der Sprachlosigkeit zu befreien, restriktive Verhaltensweisen zu erkennen und Strategien für einen kreativen Umgang mit eigenen Wünschen zu entwickeln.

Weil die Inszenierung von *nichtalltäglichen Situationen* nur über den Weg der *alltäglichen Praxis* von zum Beispiel Schule, Jugendhaus, Jugendverbänden, usw. ermöglicht wird, sowohl was den Zugang zu Personen als auch zu den Institutionen betrifft, ist eine enge Zusammenarbeit von Praxis und Forschung notwendig. Um Zugang zu Jugendlichen zu bekommen und sie für freiwillige Aktivitäten zu gewinnen, gilt das in besonderer Weise. Für Angebote der Jugendarbeit, in unserem Fall für Mädchenarbeit, sind Teilnehmerinnen fast ausschließlich über persönliche Kontakte und Kontaktreihen (von LehrerInnen, JugendarbeiterInnen, BerufsberaterInnen, usw.) in Vernetzungsstrukturen von Schulen, Verbänden, Jugendhäusern, usw. zu erreichen. Als Voraussetzung für Forschungsarbeiten muß sich eine ForscherIn in diese Praxisfelder und Kontaktreihen einklinken. Das gilt unabhängig davon, um welche Art von Forschungsvorhaben es sich thematisch und methodisch handelt. In dem Projekt, auf das ich mich beziehe, gingen wir so vor, daß die Methoden gemeinsam von Forscherinnen und Sozialpädagoginnen, die vor Ort in der Mädchenarbeit verankert waren, entwickelt und durchgeführt wurden. - Im folgenden stelle ich drei methodisch unterschiedliche Experimente vor.

Beschreibung von Methoden des Experimentierens mit der Berufswahl
a) Zwischen Vergangenheit und Zukunft - Befragung der eigenen Mütter und Großmütter als eine Möglichkeit der Verortung in weiblichen Traditionen und eigenen Wünschen:
Realschülerinnen in der Phase ihrer Berufswahl, befragten ihre eigenen Mütter und Großmütter zu deren beruflicher Biographie. Ziel war es, eigene Berufswünsche im Kontext der örtlichen und regionalen Geschichte der Arbeit (nicht nur Erwerbsarbeit) von Frauen zu sehen, sowie an der beruflichen Familiengeschichte anzuknüpfen und die Gegebenheiten zur Berufsausübung von Frauen im räumlichen Einzugsbereich auf die eigenen Vorstellungen zu beziehen.

Die Sozialpädagogin, die diesen Teil durchführte, besprach in vorbereitenden Treffen gemeinsam mit den Mädchen in der Gruppe mögliche Fragen und erstellte daraufhin einen Fragebogen. Dieser diente als Leitfaden, mit dem die Mädchen ihre Mütter und Großmütter befragten. Anschließend wurden die Ergebnisse der Befragung gemeinsam reflektiert.

Bei den Auswertungsgesprächen stellten die Mädchen unter anderem fest, daß sie die 'Geschichten' teilweise früher schon gehört hatten, daß es ihnen aber eher lästig war, wenn sie damit behelligt wurden. Ein wesentliches Ergebnis war, daß die Mädchen die Aussagen nun anders wahrnahmen und bewerteten. Vor allem in einigen Gesprächen mit Großmüttern wurde das deutlich. Ihre Aktivitäten wurden nun in einem anderen Licht gesehen, nicht mehr als vergangene Geschichten von früher, an denen das 'Lamentieren' oder das 'Anekdotenhafte' wahrgenommen wurde[26]. Der direkte Bezug zum eigenen Leben und zu einer existenziell wichtigen Entscheidung wurde hergestellt und damit bekamen die Erfahrungen der Älteren einen neuen Stellenwert. Die betreffenden Enkeltöchter stellten fest, daß schon die Großmütter unerreichbare Berufswünsche hatten und daß sie sich nicht ausschließlich mit den noch rigideren Selbstverständlichkeiten arrangierten, sondern daß sie gegen Konventionen aufbegehrt haben oder von anderen Frauen erzählten, die weggegangen sind, um sich in Maßen Wünsche zu erfüllen. So wurden beispielsweise die Wünsche der Mütter und Großmütter auf die damaligen Möglichkeiten des Dorfes oder der Region bezogen und ansatzweise wurden Hintergründe für Forderungen durchschaut, die nun von Müttern und Großmüttern an die eigene Person herangetragen wurden.

Es wurde immer wieder deutlich, daß die realistische Einschätzung von Möglichkeiten und die unerfüllbaren Wünsche voneinander abgespalten sind bzw. nebeneinanderher bestehen, daß es aber in allen Generationen immer wieder vorkommt,

---

[26] Dieses Phänomen taucht als Fallstrick übrigens auch in Befragungen auf. Um sich nicht im Material zu verlieren, muß die Thematik *als Wissen* und *als Veröffentlichung von Wissen* von allen Beteiligten im Auge behalten werden.

daß die Wünsche als Maßstab für den Erfolg angesehen werden und nicht die realistisch zu erreichenden Möglichkeiten. Dieser Vorgang ist es, der Frauen über Generationen hinweg immer wieder *innen*, zum Beispiel als eigenes Versagen, suchen läßt, was *außen* verändert werden müßte. In der pädagogischen Praxis könnten solche Spuren konsequent verfolgt werden, um bestehende 'heimliche' Anforderungen von Erwachsenen und eigene 'unbewußte Widerstände' aufzudecken und ein besseres Umgehen mit den eigenen Wünschen und mit den zwischen den Generationen bestehenden Wünschen oder Forderungen zu erlernen. Auch als Voraussetzung, um Widerstände nicht gegeneinander, sondern nach außen zu wenden, gewinnt ein solches Verfahren nicht zuletzt frauenpolitische Bedeutung.

b) Zwischen der Verortung im Umfeld und der Entscheidung für eigene Wege - Junge Frauen reflektieren ihre Erfahrungen mit der Berufsfindung und der Berufsausübung: Mädchen, die sich in der Phase der Berufswahl befanden und junge Frauen, die in der Berufsausbildung standen bzw. diese bereits abgeschlossen hatten, besuchten gemeinsam Tages- oder Wochenendseminare. Unter der Fragestellung: "Wie bin ich zu meinem Beruf bzw. zu meinem Berufswunsch gekommen?" konnten eigene Wünsche, Ansprüche des Umfelds und Möglichkeiten des Arbeitsmarkts thematisiert werden. Dabei sollten Verhinderungen und Verunsicherungen zur Sprache kommen, aber auch Pfade gefunden werden, die zukünftiges Handeln erleichtern.

Das Programm war jeweils aus einer Mischung von Kopf- und Körperangeboten zusammengesetzt, d.h. aus 'Übungen', die sich thematisch um Berufsfindung und Berufstätigkeit drehten und aus 'Übungen' mit verschiedenen Werkmaterialien, mit Tänzen, mit Kleidung oder mit Schminke. Die 'metakommunikativen' Bestandteile waren ganz unterschiedlich angelegt. So gab es szenische Improvisationen zu problematischen Situationen (z.B. bei der Berufsfindung), Berichte von Frauen über ihre Berufstätigkeit (z.B. die Erfahrungen einer selbständigen Schreinerin mit Kind) oder Berichte von jungen Frauen über Wege und Irrwege ihrer Berufssuche[27], Inszenierungen von Arrangements, die eine Auseinandersetzung mit eigenen Schwierigkeiten ermöglichen, u.ä.m. Als Beispiel für letzteres möchte ich kurz eine Übung beschreiben, die aus der Transaktionsanalyse entnommen wurde.

Um verinnerlichten Barrieren auf die Spur zu kommen, wird eine 'Kaffeetafel' arrangiert. Bei dieser Übung sollen sich die jungen Frauen vorstellen, daß sie an einer Kaffeetafel sitzen, zu der sie alle für den Berufsfindungsprozeß wichtigen Leute eingeladen haben. Sie bringen ihren Berufswunsch ein und hören dann im Geiste zu, welche Argumente und Empfehlungen von den einzelnen Gästen kommen. Jedes Mädchen macht die Übung für sich. Anschließend tauschen sie sich in der Gruppe aus. Keine *muß* ihre Ergebnisse den anderen mitteilen. Bei dieser Übung wird den Teilnehmerinnen deutlich, welche Menschen bei der Berufsfindung beteiligt waren oder sind und wie sie jeweils im einzelnen argumentieren bzw. welche Anforderungen damit an sie herangetragen werden. Ziel ist es, daß jede Teilnehmerin die Gelegenheit hat, sich bewußt zu machen, was auf sie einwirkt und dementsprechend sich persönlich selbstbewußter und mit reflektierten Reaktionen gegenüber den Anforderungen zu verhalten.

c) Zwischen Wunsch und Wirklichkeit - Junge Frauen experimentieren mit ihrem Wunschberuf:

Die Ideen für dieses Experiment stammten aus den folgenden Vorüberlegungen: Junge Frauen, die sich neue Wege der Berufs- und Lebensplanung wünschen, haben vielfach

---

[27] Da besonders Irrwege als verpönt gelten, war ihre Berechtigung und der Umgang mit ihnen Gegenstand der Thematisierung. Mädchen dürfen in der Berufsausbildung oder im Studium nicht "scheitern"; es besteht ein hoher Erwartungsdruck, insbesondere im Hinblick auf schnellen Erfolg: Mädchen stehen unter "Zeitdruck". Entsprechend hoch sind auch die Ansprüche an sich selbst, "gut zu sein".

vor Ort keine realen persönlichen Vorbilder, an denen sie ihre Perspektiven orientieren können und an denen sie sehen, was in der Region machbar ist, weil es auf den ersten Blick in vielen Berufen real keine Frauen gibt bzw. weil es in leitenden Positionen keine Frauen gibt. Wenn frau genau hinschaut, sieht sie aber, daß es inzwischen in manchen Berufen vereinzelt Frauen gibt, was jedoch im öffentlichen Erscheinungsbild kaum zutage tritt. Dieses Experiment hat zwei 'Anschlußstellen': es bezieht sich auf die Aktivierung von jungen Frauen bezüglich ihrer Berufswünsche *und* auf die Bedingungen für Frauen in spezifischen regionalen Strukturen bzw. im weiteren Verlauf, auf die Sichtbarmachung von nicht vorhandenen Strukturen, was letzten Endes zu einer ausdrücklichen 'Veränderung von Strukturen' durch die Beteiligten vor Ort führen kann. Ich gehe hier zunächst auf die Sicht der jungen Frauen ein und komme später auf die Frage nach den Strukturen zurück.

Aktivierung von jungen Frauen
Ziel der Aktivierung war es, die Umsetzungsmöglichkeiten von Wunschberufen zu hinterfragen und sich nicht unbedacht zu arrangieren. Darauf bezogen ging es darum, überhaupt einmal Vorstellungen über unübliche Berufswünsche zuzulassen, auszusprechen, mit den anderen Teilnehmerinnen zu besprechen und für einzelne Berufe einzelne Vorbilder in der Region zu suchen, um daran anschließend zu fragen, welche realen Chancen es gibt, als Frau den Wunschberuf später im regionalen Einzugsbereich auszuüben.

Dieses Experiment leiteten zwei Sozialpädagoginnen an, von denen eine zusätzlich Fotografin war. Der Prozeß, den sie für die jungen Frauen inszenierten, begann mit einer gemeinsamen Sitzung, bei der die Teilnehmerinnen über Verlauf und Ziel des Vorhabens informiert wurden, bei der sie sich über ihre derzeitigen Berufswünsche austauschen konnten und darüber nachdenken sollten, ob der Berufswunsch auch ihr jeweiliger *Wunsch*beruf ist. Für den Einstieg ins Thema[28] gingen die Pädagoginnen auf die Erfahrungen einer jungen Frau ein, die bereits einen Prozeß der aktiven Orientierung und Umsetzung hinter sich hatte, der dem Prozeß entsprach, zu dem wir mit unserem Arrangement die jungen Frauen ermuntern wollten. Diese junge Frau hatte bereits mehrere Phasen der Berufsentwicklung hinter sich: Abitur; keine konkrete Vorstellung davon, was sie machen will; kaufmännische Lehre; der Wunsch, Gartenarchitektin zu werden, war anscheinend schon früher vorhanden, wurde aber nicht umgesetzt. Während der Lehrzeit hatte sie sich aber sachkundig gemacht und zwar nicht nur, was die Studienbedingungen betrifft, sondern auch bezogen darauf, wie die Perspektive mit Familie aussehen könnte. Dazu hatte sie sich eine Frau in ihrem Umfeld gesucht, die Kinder hat und diesen Beruf ausübte. Mit dieser Frau sprach sie dann über deren Erfahrungen.

Auch in dieser Situation wurde den Beteiligten deutlich (wie bei den Interviews mit Müttern und Großmüttern), daß die Erfahrungen der jungen Frau und der Bericht darüber nicht beliebig waren, daß ihnen damit nicht lediglich etwas über den 'Zustand' der anderen Frau mitgeteilt wurde, sondern daß sie durch deren 'Veröffentlichung' Wissen erwarben, das für ihre eigene Berufsfindung wichtig war. Durch die Schilderung einer erlebten Geschichte wurden die übrigen Teilnehmerinnen sowohl legitimiert, Wünsche haben zu dürfen, die von Konflikten und Verunsicherungen begleitet sind, als auch angeregt, diese aussprechen zu dürfen. Aus den Beiträgen der jungen Frauen wurde sehr schnell deutlich, daß sie zunächst realistische Berufsziele nannten und im Verlauf des Gespräch sich gegenseitig anregten, ihre Gedanken an Wunschberufe zuzulassen und im weiteren Verlauf der Sitzung auch auszusprechen.

---

[28] Einstiege in Themen, die Assoziationen ermöglichen, müssen grundsätzlich vorbereitet werden. Deswegen spreche ich von *inszenierten Arrangements*. Diese können sowohl in Gestalt von *Geschichten*, die möglichst von einer Person erzählt werden, die sie erlebt hat (s. Beispiel 'selbständige Handwerkerin'), oder auch in Formen angeboten werden, die in der pädagogisch-psychologischen Praxis üblich sind (s. Beispiel 'Kaffeetafel').

Die Qualität des Umgangs mit dem eigenen Berufswunsch wandelte sich von der Verschlossenheit im subjektiven Erleben hin zur Öffnung in einen sozialen Raum. Aufgrund dieser ersten Sitzung überlegten sich die Teilnehmerinnen, ob sie am Experiment teilnehmen wollten.

Der nächste Schritt bestand darin, zu erforschen, ob und wo es Frauen in der Region gab, die den erwünschten Beruf ausübten[29]. Diese wurden telefonisch angefragt, ob sie für ein Gespräch und einen Fototermin bereit wären. Das Treffen mit der 'Frau im Wunschberuf' wurde gemeinsam vorbereitet; es wurden inhaltlich Fragen überlegt und technisch fotografische Kenntnisse vermittelt oder vorhandenes Wissen auf die Situation hin konkretisiert. Jede Teilnehmerin ging gemeinsam mit der Fotografin zu dem Termin. Anschließend wurden die Bilder gemeinsam mit interessierten Teilnehmerinnen entwickelt und es gab Nachgespräche. Eine geplante Ausstellung mit Bildern und Texten konnte wegen begrenzter Finanzen nicht durchgeführt werden.

Die Ergebnisse zeigten, daß die jungen Frauen mit dieser Methode ihre Entscheidungsgrundlagen verbessern konnten, weil ihnen der Berufsverlauf, der Schwierigkeitsgrad der Umsetzung in der Region und damit auch die Aussichten auf ein Bleiben in der Region klarer wurden. Über die Ergebnisse zum Verlauf von individuellen Entscheidungsprozessen hinaus können mit dieser Methode auch Ergebnisse zu strukturellen Bedingungen gewonnen werden.

Bedingungen für die Berufsmöglichkeiten von Frauen in spezifischen regionalen Strukturen

Fragen nach den Bedingungen für die Berufsmöglichkeiten von Frauen in spezifischen regionalen Strukturen zielen darauf ab, ob Frauen in der Region überhaupt zu bestimmten Berufen Zugang gewährt wird bzw. zu welchen Berufen Frauen mittlerweile 'zugelassen' sind. Mit diesem aufdeckenden Forschungsvorgehen kann die

---

[29] Zu diesem Schritt gehört es als Aktivierungsmoment, daß sich die jungen Frauen selbst kundig machen. Die systematische Erfassung ist allerdings Aufgabe der Forscherin.

reale 'Chancenstruktur' ermittelt werden, die den Stand der Entwicklung in der je spezifischen Region aufzeigt, was dann für weiterführende Schritte die Grundlage sein kann, so zum Beispiel für die Entwicklung von neuen 'beruflichen Leitbildern für Mädchen und Frauen'.

Die Suche nach Frauen, die vor Ort in den Wunschberufen arbeiten, ist ohne die Kontaktaufnahme zu Institutionen und zu Schlüsselpersonen nicht möglich. Um Verbindungen herzustellen wird vielfach auf Kontakte zurückgegriffen, die in persönlichen und als zufällig eingestuften Bereichen verortet werden. In einem 'aufdeckenden' Forschungsvorgang ist es möglich, diese sichtbar zu machen, um im weiteren Verlauf die Vernetzungsstrukturen zwischen Frauen nachzeichnen zu können oder neue zu fördern. Bei Interesse von Beteiligten vor Ort ist damit ein Ansatz gegeben, um einen Öffentlichkeitsprozeß in Gang zu setzen, der u.a. die Einflußnahme auf die regionale Arbeitsmarkt-Öffentlichkeit ermöglicht.

Zusammenfassung

Von den Experimenten fühlten sich Mädchen und junge Frauen angesprochen, die für sich etwas anderes als das bisher Übliche erreichen wollten, die irgendeine Unzufriedenheit verspürten, d.h. die auf irgendeine Art verunsichert waren. Die Hemmschwellen, Angebote anzunehmen, sind trotzdem groß. Sozialpädagoginnen, Lehrerinnen, usw. müssen immer wieder persönlich auf Mädchen zugehen und Motivationsarbeit leisten und sie müssen wissen, daß neue Mädchen immer wieder erst durch Freundinnen angesprochen werden. Kaum ein Mädchen kommt aufgrund einer Ausschreibung. Auf solchen persönlichen Wegen verläuft auch die Suche nach Teilnehmerinnen für Forschungsvorhaben. Forscherinnen müssen sich darauf einstellen und eng mit Praktikerinnen zusammenarbeiten.

Das Spezifische der hier beschriebenen Forschungsmethode besteht in der Herstellung von Experimentier-Räumen, in denen Mädchen und junge Frauen *selbst* "forschend" und reflektierend neues Wissen für ihre Lebenssituationen erwerben.

Die enge Zusammenarbeit zwischen Forschung und Praxis ermöglicht es, gleichzeitig Methoden zu entwickeln, die für die pädagogische Praxis anwendbar und geeignet sind, neues Wissen zu erlangen. Als Forschungsergebnis liegt dieses Wissen auf zwei Ebenen:

Es werden regionale, familientraditionale und biographische Zusammenhänge bei Berufsentscheidungen und subjektive Orientierungsmuster, Interpretations- und Entscheidungsleistungen werden erforschbar und sichtbar. Und es entsteht ein Verfahrenswissen darüber, wie sich junge Frauen neue Dimensionen der Entscheidungsreflexion eröffnen können und es entsteht ein Erfahrungs- und Verfahrenswissen darüber, wie Verdecktes zugänglich wird.

Forschungsergebnisse für die Praxis nutzbar machen - frauenpolitische "Übersetzung" als Bestandteil methodologischer Überlegungen

Maria Knab

Während in den Anfangszeiten der Frauenforschung theoretische Überlegungen eng auf Praxis bezogen waren, hat mittlerweile innerhalb feministischer Forschung eine beachtliche Ausdifferenzierung stattgefunden. So entwickelten Wissenschaftlerinnen elaborierte Gesellschaftsanalysen und weitreichende Theorien aus feministischer Perspektive (s. Kapitel 1 in diesem Band). Theoretische Arbeit hat m.E. nicht per se praxisrelevant zu sein und auch das Auseinanderdriften von Theorie und Praxis halte ich nicht grundsätzlich für problematisch; schwierig jedoch scheint mir, wenn es nicht als expliziter Arbeitsschritt verstanden wird, über Vermittlungsschritte zwischen Theorie und Praxis nachzudenken. Dabei geht es einerseits um die Vermittlung von Forschungsergebnissen in die Praxis; andererseits muß auch über Schritte nachgedacht werden, wie die Erkenntnisse aus der praktischen Arbeit mit Frauen und Mädchen wieder in Theoriebildung einfließen können. Denn genau dieses Wechselverhältnis, die gegenseitige Durchdringung und Produktivität der verschiedenen Wissensformen, ist ein wesentliches Anliegen unseres Forschungszusammenhangs. Und dieser "Wechsel im Blick" ist keineswegs üblicherweise Bestandteil von Forschung (vgl. hierzu v.a. Abschnitt I, Kapitel 1 in diesem Band). Angesichts dieser Ausdifferenzierung von Erkenntnisständen, die innerhalb von Theorie und Praxis stattgefunden hat, gilt es, für den Standard, "Bezug zur Praxis herzustellen", adäquate Formen zu entwickeln. Eine Bezugnahme zwischen Frauen aus Forschung und Praxis in einem frauenpolitisch relevanten Sinne heißt für mich, über einzelne Vermittlungsschritte zwischen

Erkenntnissen aus Forschung und Praxis nachzudenken und sie zu organisieren, Räume zur Vermittlung von Erkenntnissen aus Forschungs-Praxis und Praxis von Bildungs- und sozialer Arbeit methodisch herzustellen[30].

Eine solche Bezugnahme zwischen Frauen aus Forschung und Praxis verdeutliche ich beispielhaft an methodischen Wegen, die wir im Anschluß an unser Forschungsprojekt mit Frauen in ländlichen Regionen entwickelten. Zunächst stelle ich kurz die Forschungsergebnisse[31] vor, die in Zusammenarbeit mit Frauen aus der Praxis für deren praktische Tätigkeitsfelder nutzbar gemacht wurden.

Forschungsergebnisse

Gegenstand meiner Forschungsarbeit war es, das Konzept des geschlechtshierarchischen Verdeckungszusammenhangs (vgl. Abschnitt I, Kapitel 2, Teil 3 in diesem Band) empirisch zu übersetzen. Im Forschungsprozeß entwickelte ich eine (Untersuchungs-) Perspektive zur Wahrnehmung von Frauenzusammenhängen jenseits reduzierender Definitionen und Zuschreibungen. Dieser 'andere Blick' auf Frauenzusammenhänge stellt eine wesentliche Ergebnisebene meiner Arbeit dar. Auf einer zweiten Ergebnisebene liegen erste, durch diesen anderen Blick zu Tage geförderte, Erkenntnisse über Inhalte und Strukturen konkreter Frauennetzwerke.

---

[30] Häufig erschwert die Eigenlogik der jeweiligen Tätigkeitsbereiche diese Bezugnahme: Praxisdruck auf der einen Seite und ein Wissenschaftsbetrieb auf der anderen, der ebenfalls einen bestimmten akademischen Praxisdruck erzeugt: immer wieder wird eine nicht-hierarchische Bezugnahme auf Praxis im anerkannten Wissenschaftsbetrieb als unakademisch bewertet.

[31] Die Empirie dieser Untersuchung erhob ich zusammen mit Helga Huber im Rahmen des Forschungsprojektes ."Grundlagen der Beratung für Frauen in ländlichen Regionen". Finanziert wurde diese empirische Erhebung vom Ministerium für Frauen, Familie, Weiterbildung und Kunst Baden-Württemberg.

Bei dem Vorhaben, Forschungsergebnisse für die Praxis nutzbar zu machen, ging es mir um die Vermittlung beider Ergebnisebenen: Ziel war zum einen, die durch diesen 'anderen Blick' gewonnenen Erkenntnisse über spezifische Frauenzusammenhänge in die Praxis einfließen zu lassen; zum anderen, den 'anderen Blick' selbst zu vermitteln, damit Frauen ihre eigene Praxis in Frauenzusammenhängen jenseits von entwertenden und reduzierenden Klischees wahrnehmen können. Die konkreten Erkenntnisse beziehen sich in dem nun vorgestellten Beispiel auf Frauenzusammenhänge in ländlichen Regionen, die sich gegen Gewalt engagieren. Folgendes wurde in der Untersuchung deutlich:

1. In ländlichen Regionen engagieren sich Frauen in den unterschiedlichsten Zusammenhängen und mit sehr unterschiedlichem Status gegen Gewalt: Freundinnen und Bekannte im alltäglichen Lebenskontext, Frauen in ehrenamtlichen Positionen (z.B. Angehörige von Landfrauenvereinigungen, Frauenverbänden, kirchlichen Frauengruppen oder Kommunalpolitikerinnen), professionelle Frauen in Frauenhäusern, Beratungsstellen, Bildungseinrichtungen oder in spezifisch ländlichen sozialen Diensten, wie zum Beispiel Dorf- und Betriebshelferinnen.

2. Diese Frauen stellen mit ihren Bezugssystemen auch Öffentlichkeiten zum Thema 'Gewalt gegen Frauen und Mädchen' in ländlichen Regionen her und zwar in einer Weise, die ländliche Öffentlichkeitsbedingungen und Thematisierungsmuster berücksichtigt.

3. Weiter wurde in der Untersuchung deutlich, daß es innerhalb einzelner Frauenorganisationen oder Verbände sehr gute Vernetzungsstrukturen gibt, daß jedoch Frauen aus unterschiedlichen Frauengruppierungen gegenseitig oft wenig von ihren verschiedenen und je spezifischen Formen des Engagements gegen Gewalt wissen bzw. daß es hier kaum institutionalisierte Formen einer Zusammenarbeit gibt. Dies ist deshalb sehr bedauerlich, da sich - so ein weiteres Ergebnis -, gerade die Zusammenarbeit zwischen Frauen mit unterschiedlichem Status und mit unterschiedlichen Zugehörigkeiten als zentrale Voraussetzung sowohl für effektive Unterstützung von

betroffenen Frauen als auch für ein langfristig wirksames politisches und öffentliches Eintreten gegen Gewalt herausgestellt hat.

4. Daß Frauen in ländlichen Regionen mit ihren unterschiedlichen Vorgehensweisen gegen Gewalt wenig bzw. in verzerrter Weise (füreinander) sichtbar sind, liegt an vielfältigen Verdeckungsmustern, die ebenfalls in der Untersuchung deutlich wurden. So zum Beispiel an reduzierenden Klischees, die hinsichtlich der verschiedenen Frauengruppierungen existieren und die auch die gegenseitige Wahrnehmung der Frauen prägen ('die Feministinnen', 'die Landfrauen', 'die Zugezogenen', 'die Einheimischen', 'die heile-Welt-Frauen' usw.); oder es liegt an verschiedenen Zuschreibungen, mit denen Frauenbezugssysteme in ihrer Qualität als Bestandteil von Öffentlichkeit verdeckt werden, auch von den Frauen selbst. Zentral dabei war die Erkenntnis, wie die Wirksamkeit dieser Verdeckungsmuster entsteht: nämlich aus einer spezifischen Mischung entwertender Wahrnehmungsmuster aufgrund geschlechtshierarchischer Bewertungen und Definitionen einerseits und einer unreflektierten Großstadtorientierung andererseits[32].

5. Damit wurde die Tatsache, daß die für ländliche Regionen geeigneten Ansätze immer wieder verdeckt werden, Frauen mit ihren unterschiedlichen Formen des Engagements wenig füreinander sichtbar sind und damit übergreifende Kooperationsstrukturen verhindert werden, als Ausdruck patriarchaler Gewaltverhältnisse sichtbar. D.h. das Engagement von Frauen gegen Gewalt wird systematisch verdeckt und so in seiner Wirksamkeit eingeschränkt und zwar sowohl in Bezug auf die individuelle Unterstützung der von manifester Gewalt betroffenen Frauen und Mädchen als auch in Bezug auf das öffentlich-politische Vorgehen gegen Gewalt.

---

[32] Autonome Frauengruppierungen distanzieren sich häufig von ländlichen Zusammenhängen, z.B. indem sie sich in der Wahrnehmung ihrer Arbeit und der anderer Frauengruppierungen in der Region eher an großstädtischen Maßstäben orientieren; kirchliche Frauengruppierungen privatisieren häufig ihre Formen der Thematisierung von Gewalt; sie definieren sich aus ländlichen Öffentlichkeiten über eine Orientierung an patriarchal geprägten Öffentlichkeitsvorstellungen heraus.

Als Konsequenz dieser Ergebnisse hielt ich es für notwendig, zusammen mit und für Frauen in der Praxis gezielt Räume für eine andere Wahrnehmung herzustellen. Mit diesen Räumen sollten verdeckte Dimensionen im Handeln von Frauen sichtbar gemacht werden, d.h. konkret sollten

* Frauen jenseits stereotyper Zuschreibungen in ihren unterschiedlichen und je spezifischen Möglichkeiten des Engagements füreinander sichtbar werden,
* die unterschiedlichen Formen des Engagements auch als in unterschiedlichen Ausgangsbedingungen (z.B. ländliche oder städtische Öffentlichkeiten; Engagement im alltäglichen Lebenskontext oder in einer professionellen Einrichtung) begründet sichtbar werden,
* die Frauen als Teil der regionalen Öffentlichkeit sichtbar werden,
* Voraussetzungen geschaffen werden, damit Frauen sich trotz - oder gerade wegen - ihrer unterschiedlichen und damit je spezifischen Möglichkeiten des Engagements aufeinander beziehen und Arbeitsbündnisse entwickeln können. Und zwar Arbeitsbündnisse für effektive Hilfe in akuten Situationen einerseits, für die Einrichtung professioneller Unterstützungsangebote andererseits und schließlich, um Gewalt gegen Frauen und Mädchen langfristig zu verhindern. Ich denke hier zum Beispiel an Bündnisse zwischen professionellen Frauen, Kommunalpolitikerinnen und Frauen aus Frauenverbänden oder kirchlichen Frauengruppen.

Gegenstand der Angebote war also nicht vorrangig das Thema 'individuelle Gewalt gegen Frauen und Mädchen', sondern das Engagement von Frauen in ländlichen Regionen gegen Gewalt; noch einmal präziser formuliert: eine Reflexion von Wahrnehmungsprozessen unter der Frage, wie eine reduzierende Wahrnehmung die Bezugnahme aufeinander und damit übergreifende Arbeitsbündnisse verhindert.

Zur Herstellung solcher Wahrnehmungsräume konzipierten wir regionale Workshops. Das Thema dieser Workshops lautete: "Frauennetzwerke in ländlichen Regionen zur öffentlichen Thematisierung von Gewalt gegen Frauen und Mädchen. Reflexion und Weiterentwicklung praktizierter Ansätze"[33]. Folgende Punkte formulierte ich als Ziele dieser Workshops, die ich in eine erste Verständigung mit den regionalen Trägerinnen und mit potentiellen GeldgeberInnen einbrachte[34].

a) Wahrnehmung und Weiterentwicklung regionalspezifischer Muster einer öffentlichen Thematisierung von Gewalt gegen Frauen und Mädchen - Wahrnehmen jenseits reduzierender Bilder durch die Stadt-Land-Hierarchie.

In den Workshops soll danach gefragt werden, in welcher Weise die in ländlichen Regionen engagierten Frauen die spezifisch ländlichen Öffentlichkeitsbedingungen berücksichtigen. Damit soll zu einem Perspektivwechsel in der Wahrnehmung der eigenen Kompetenzen ermuntert werden. Denn nicht nur 'von außen' werden durch eine Orientierung an großstädtischen Thematisierungsmodellen die in regionalen Arbeitszusammenhängen entwickelten spezifischen Ansätze übergangen; auch die in ländlichen Regionen engagierten Frauen verdecken häufig selbst ihre spezifischen, für die jeweilige Region oftmals geeigneteren Modelle.

b) Wahrnehmung und Weiterentwicklung bestehender Vernetzungen.

Mit den Workshops sollen die in der jeweiligen Region vorhandenen Vernetzungen der zum Thema arbeitenden Frauen sichtbar gemacht, ihre Grenzen aufgezeigt und weitere Schritte der Vernetzung entworfen werden. Von besonderem Interesse sind dabei Vernetzungsmöglichkeiten zwischen professionell, ehrenamtlich und in der Kommunalpolitik tätigen Frauen, da erst mit diesen Arbeitsbezügen zum einen tragfähige Unterstützungszusammenhänge auch im alltäglichen Lebenszusammenhang und

---

[33] Eine ausführliche Dokumentation dieser Workshops liegt unter dem gleichnamigen Titel vor und ist über das Tübinger Institut für frauenpolitische Sozialforschung e.V. zu beziehen, vgl. Knab 1996.

[34] Die Workshops wurden vom Ministerium für Frauen, Familie, Weiterbildung und Kunst Baden-Württemberg und von den Landkreisen, in denen sie stattfanden, finanziert.

zum anderen ein wirksames öffentliches und politisches Eintreten gegen Gewalt ermöglicht wird. Außerdem können diese Arbeitsbündnisse die permanente Überforderung einzelner Unterstützerinnen verhindern, indem mit ihnen auch Unterstützung für die Unterstützerinnen ermöglicht wird.

In diesem Zusammenhang soll vor allem nach vorhandenen und möglichen Formen der Zusammenarbeit zwischen Frauen, die in unterschiedlichen Institutionen oder Arbeitsbereichen, mit je spezifischen Vorgehensweisen und verschiedenen Überzeugungen tätig sind, gefragt werden. Häufig bestehen innerhalb bestimmter Bereiche gute Vernetzungen - so gibt es zum Beispiel innerhalb kirchlicher Verbände oder innerhalb der autonomen Frauenhausarbeit ausgesprochen gut ausgebaute regionale und überregionale Arbeitsgemeinschaften; Formen institutioneller Zusammenarbeit jenseits der einzelnen Zugehörigkeiten ist jedoch wenig entwickelt. Die Erfahrungen, die es mit solchen 'grenzüberschreitenden' Vernetzungen gibt, sollen aufgezeigt und es sollten mögliche Konkurrenzen offengelegt werden.

c) Wahrnehmen und Überschreiten politischer Ausgrenzungen.

Schließlich werden Möglichkeiten der Einflußnahme auf sozial-administrative und kommunalpolitische Gremien diskutiert. Einflußnahme in diesen Bereichen durch Frauennetzwerke stellt eine unabdingbare Voraussetzung für einen grundsätzlichen gesellschaftlichen Wandel im Umgang mit Gewalt gegen Frauen und Mädchen dar. Bereits praktizierte Vernetzungsformen sollen hinsichtlich ihrer Einflußmöglichkeiten auf die regionalen und überregionalen sozialpolitischen Öffentlichkeiten reflektiert werden. In diesem Zusammenhang sollen neben der eigenen Begrenzung durch die engagierten Frauen selbst vor allem auch die Mechanismen der Ausgrenzung vonRaueninteressen aus dem sozial-administrativen Bereich deutlich werden.

d) Entwicklung von Modellen für Austauschforen zwischen theoretisch und praktisch arbeitenden Frauen.

Neben den eher themenorientierten Zielen ist mit diesen Workshops auch der Anspruch verbunden, einen Austauschprozeß zwischen Frauen, die (zur Zeit schwerpunktmäßig) in der sozialen Praxis tätig sind und Frauen, die (zur Zeit schwerpunktmäßig) theoretisch arbeiten zu entwickeln (vgl. vorne).

Konzeption der Workshops

In drei Landkreisen von Baden-Württemberg fanden die Workshops statt. Erste Vorbereitungen wurden in überregionalen Treffen mit Verantwortlichen aus allen drei Landkreisen vorgenommen. Hier wurde zum Beispiel die Frage nach einer Presse- und Öffentlichkeitsarbeit zur Ankündigung der Workshops erörtert, die auch die ländlichen Kommunikationsstrukturen berücksichtigt. Die weiteren, für den jeweiligen Landkreis spezifischen Vorbereitungsschritte, wurden in Arbeitskreisen innerhalb der einzelnen Landkreise durchgeführt.

Die Workshops wurden in den Landkreisen Ostalbkreis, Zollernalbkreis und Landkreis Ravensburg durchgeführt. In jedem Landkreis waren zwei zeitlich auseinanderliegende Workshoptage vorgesehen. Der erste Workshoptag diente der Bestandsanalyse in der Region. Sichtbar gemacht wurden:

*   unterschiedliche Formen des Engagements gegen Gewalt an Frauen und Mädchen bestehende Vernetzungen und Bedarf hinsichtlich weiterer Vernetzungen
*   die räumliche Dimension des Engagements: An welchen Orten im Landkreis-engagieren sich Frauen in welchen Positionen (z.B. professionell oder ehrenamtlich)?

Am zweiten Workshoptag wurden weitere Vernetzungsperspektiven diskutiert und entwickelt. Dieser Entwicklungsschritt wurde inhaltlich und methodisch je spezifisch für den einzelnen Landkreis konzipiert auf der Grundlage der Themen, die sich im ersten Workshop als aktuell herausstellten. So ergaben sich folgende Schwerpunkte für den zweiten Workshoptag:

Ostalbkreis: Eine landkreisweite Fachkonferenz zur Entwicklung einer Konzeption für eine Anlaufstelle gegen sexuelle Gewalt an Mädchen und Jungen, die den unterschiedlichen regionalen Bedingungen im Landkreis gerecht wird.

Ravensburg: Eine Verständigung über die Definition von Gewalt; Möglichkeiten der Unterstützung für ehrenamtlich tätige Frauen, die sich in ihrem eigenen Wohnort gegen Gewalt engagieren; Perspektiven der Zusammenarbeit zwischen professionellen und ehrenamtlich gegen Gewalt engagierten Frauen mit dem Ziel, ehrenamtliche Frauen zu entlasten und professionelle Angebote in der Region abzusichern.

Zollernalbkreis: Die Initiierung eines Netzwerks, das sich für die Stelle einer Frauenbeauftragten im Zollernalbkreis einsetzt. Entgegen der ursprünglichen Planung fand im Zollernalbkreis die Bestandsanalyse und die Entwicklung weiterer Vernetzungsperspektiven an einem Tag statt. Im Gegensatz zu den beiden anderen Landkreisen, in denen sich die Frauenbeauftragten des Landkreises mit viel Engagement an der Vorbereitung beteiligten, wurden die Workshops im Zollernalbkreis auf weitgehend ehrenamtlicher Basis getragen. Hier zeigte sich das Fehlen einer Landkreisfrauenbeauftragten; gleichzeitig wurde mit dem Workshop eine Initiative gestartet, um für die Stelle einer Frauenbeauftragten im Landkreis einzutreten.

Methodische Zugänge für eine Inszenierung von öffentlichen Räumen zur Wahrnehmungsveränderung

Um einen anderen Blick auf das Engagement von Frauen gegen Gewalt zu ermöglichen, hat sich ein Agieren auf mehreren Ebenen als sinnvoll herausgestellt:

a) Inszenierung der Workshops als regionale Öffentlichkeiten

b) überregionale und regionale Vorbereitungstreffen

c) Auswahl von Teilnehmerinnen

Workshops als regionale Öffentlichkeiten
Durch die Inszenierung der Workshops als regionale Öffentlichkeiten haben wir einen veränderten Blick auf Frauenzusammenhänge, die sich in der Region gegen Gewalt engagieren, gesetzt und damit den Teilnehmerinnen der Workshops und der landkreisweiten Öffentlichkeit einen veränderten Blick auf diese Frauenzusammenhänge ermöglicht. Als ein wichtiger Faktor der Öffentlichkeitsarbeit erwies sich ein spezifischer Duktus der Workshopankündigung und -einladung: In der Einladung betonten wir vorhandenes Engagement von Frauen "Es gibt viele Frauen, die sich gegen Gewalt an Frauen und Mädchen engagieren ..." Die erstaunten Reaktionen vieler Frauen, auch aus anderen Landkreisen ("Was es da alles gibt!") verdeutlichten, daß eine Außendarstellung, die von Frauen Erreichtes in den Vordergrund stellt, ungewohnt ist. Die Logik sozialpolitischer Förderungspolitik 'zwingt' Frauen immer wieder, Defizite herauszustreichen. Dies macht es schwer, selbstbewußt auf Erreichtes hinzuweisen. Dieser Duktus in der Einladung, Erreichtes auch öffentlich mit Anerkennung zu versehen, hat sich bei einzelnen Frauen als wichtiger Faktor für ihre Entscheidung zur Teilnahme an den Workshops erwiesen.

Überregionale und regionale Vorbereitungstreffen
Bei einem ersten Kontakt stellte ich Frauenbeauftragten und Mitarbeiterinnen von Frauenhäusern die Workshopidee vor. Ihr Interesse war für mich ein wichtiges Indiz für die Relevanz der Ergebnisse für ihre Praxis und zugleich Voraussetzung für die Durchführung der Workshops. In überregionalen und regionalen Vorbereitungstreffen wurden bereits in einer kleineren Gruppe (jeweils 5 - 10 Frauen) die Forschungsergebnisse diskutiert und zusammen mit den Fachfrauen aus der Region weitere, für die jeweilige Region sinnvolle Konkretisierungsschritte entwickelt.

In den überregionalen Treffen mit Verantwortlichen aus allen drei Landkreisen wurden übergreifende Fragen besprochen und so z.B. die Wahrnehmung auf spezifische in ländlichen Regionen öffentlichkeitswirksame Medien gerichtet (z.B. Ankündigung der Workshops in Gemeindemitteilungsblättern oder in kirchlichen Mitteilungsorganen). Auch die Frage nach öffentlichkeitswirksamen Veranstaltungsorten, die gleichzeitig keine Frauengruppierungen ausschließen, wurde hier diskutiert. So fand in diesen überregionalen und regionalen Vorbereitungstreffen bereits eine erste Vermittlung der Ergebnisse statt. Die an den Vorbereitungen beteiligten Frauen prüften die Relevanz dieser für ihre Praxis: "Läßt sich damit unser Handlungsfeld erweitern, ein anderer Blick auf Konflikte oder bisherige Grenzen des Engagements einnehmen?". Damit dieser Vermittlung der Ergebnisse wurden die beteiligten Frauen selbst zu Vermittlerinnen der Ergebnisse an weitere Frauen in den Workshops.

Auswahl der Teilnehmerinnen

Für das Ziel 'Erweiterung bestehender Kooperationsformen' wurden bereits bei der Auswahl der Frauen für die Vorbereitungstreffen unterschiedliche Gruppierungen berücksichtigt. So bezogen wir neben den offiziell ausgewiesenen Fachfrauen zum Thema 'Gewalt' wie zum Beispiel Frauenhausmitarbeiterinnen oder Frauen in Beratungsstellen auch Frauen aus kirchlichen oder berufsständischen Frauenverbänden oder Frauen unterschiedlicher Kulturkreise zu den Vorbereitungstreffen ein.

Zu den Workshops selbst luden wir in den jeweiligen Regionen gezielt Frauen in sehr unterschiedlichen Positionen ein: Professionelle, Ehrenamtliche, Politikerinnen mit unterschiedlichen Zugehörigkeiten (Frauenverbände, kirchliche Frauengruppen, autonome Frauengruppen) und an unterschiedlichen 'Orten' Tätige:

* Frauen aus der sozialpädagogischen und psychologischen Beratungspraxis (z.B. Mitarbeiterinnen von kirchlichen, kommunalen Beratungsstellen und solcher in freier Trägerschaft.),
* Frauen aus der kirchlichen und verbandlichen Erwachsenenbildung/ Frauenbildung (Bildungsreferentinnen der konfessionellen Bildungswerke, der Landfrauenverbände und Heimvolkshochschulen; Gruppenleiterinnen von Frauengruppen),

* Frauen, die als Professionelle im alltäglichen Lebenszusammenhang der Frauen tätig sind (z.B. Dorfhelferinnen, Mitarbeiterinnen von Sozialstationen;),
* Frauen, die im kommunalen Bereich frauenspezifische Arbeit machen (z.B. Frauenbeauftragte von Landkreisen und Kleinstädten),
* Frauen unterschiedlicher Kulturkreise,
* Frauen, zu deren Arbeitsgebiet die Bildungs- und Beratungsarbeit mit Frauen unterschiedlicher Ethnien und Kulturen gehört,
* Frauen, die in der autonomen Frauenarbeit tätig sind (Mitarbeiterinnen von Autonomen Frauenhäusern, Notrufgruppen, weiteren Frauenprojekten),
* Frauen aus der kommunalen, autonomen und kirchlichen Mädchenarbeit,
* Frauen, die mit Frauen und Mädchen mit Behinderungen arbeiten,
* Frauen, die als Ärztinnen, Therapeutinnen, bei der Polizei oder bei Gericht tätig sind,
* Frauen, die in Parteien und als Ortschafts-, Gemeinde- oder Kreisrätinnen politisch engagiert sind.

Dieses Spektrum erweiterte sich im Laufe der Vorbereitungsphase.

Methodische Zugänge während der Workshops

Durch verschiedene methodische Zugänge in den Workshops wurde Raum für Selbstwahrnehmungs- und Reflexionsprozesse aller teilnehmenden Frauen geschaffen. Zwei dieser methodischen Zugänge sollen hier kurz vorgestellt werden: zum einen wurden Fragebereiche zur Selbstreflexion entwickelt. Diese haben sich als ergiebig herausgestellt, um herrschende Definitionen zum Beispiel von Öffentlichkeit in ihrem die Realität verdeckenden Charakter sichtbar zu machen und um eigene Definitionen zu entwickeln. Zum anderen erprobten wir unterschiedliche Formen, mit denen die räumliche Verortung der Teilnehmerinnen und ihrer jeweiligen Form des Engagements gegen Gewalt offensichtlich wird.

Fragebereiche zur Selbstreflexion

Formen und Qualität der Vernetzung und der öffentlichen Thematisierung
* In welche Netze sind die anwesenden Frauen eingebunden, welche tragen sie mit, welche sind ihnen in ihrer Region bekannt?
* Zu welchen Frauen haben die einzelnen Teilnehmerinnen Bezüge, in denen sie Gewalt gegen Frauen und Mädchen thematisieren?
* Wie sieht der räumliche Bezug dieser Netze aus, d.h. welche Beziehungen gibt es innerhalb des dörflichen Lebenszusammenhangs, welche im regionalen und überregionalen Kontext?
* Wie sind die Formen der Thematisierung von Gewalt gegen Frauen durch die jeweilige örtliche Ansiedlung, in der sie stattfinden - im dörflichen, im regionalen oder überregionalen Lebenszusammenhang - geprägt? Welche Konflikte haben sich dabei ergeben?
* Welche unterschiedlichen Lebens- und Arbeitsbereiche bzw welche unterschiedlichen Bereiche eines Gemeinwesens werden durch die Bezüge vernetzt (ehrenamtliche/ professionelle Arbeitsbereiche; autonome/ institutionalisierte Bereiche; informelle und formale Öffentlichkeiten; sozialadministrativer und sozialpolitischer Bereich.)?
* Wo sind die Grenzen der bestehenden Netze und welche Perspektiven gibt es für weitere Vernetzungsschritte?

Dieser letzte Fragebereich verweist auf die beiden folgenden Fragebereiche und wird in diesen differenzierter behandelt.

Selbst-Verortung der Teilnehmerinnen innerhalb der Öffentlichkeit ihres Gemeinwesens - Wahrnehmung der herrschenden und der eigenen Definitionen von Öffentlichkeit

* Wodurch ist unser Öffentlichkeitsbegriff geprägt?
* Welche Rolle spielen dabei die Bilder von (groß)städtischen Öffentlichkeiten?
* Welche Rolle spielen dabei die patriarchal geprägten Öffentlichkeitsdefinitionen?
* Was verstehen die einzelnen Frauen unter einer öffentlichen Thematisierung?
* Wie kommen darin die Zusammenhänge und Kommunikationsformen unter Frauen vor?
* Nehmen die Teilnehmerinnen ihre Formen der Thematisierung von Gewalt gegen Frauen als öffentliche, als Bestandteil der Öffentlichkeit eines Gemeinwesens wahr?
* Welche Ebenen von Öffentlichkeiten gestalten Frauen mit?
* Sehen die Teilnehmerinnen das Thema Gewalt gegen Frauen als relevantes öffentliches Thema eines Gemeinwesens an, als öffentlich zu verhandelndes Thema eines Gemeinwesens?
* Messen Sie an den Formen der Thematisierung von Gewalt gegen Frauen "die moralische Qualität eines Gemeinwesens" (Hagemann-White 1993b:63)?
* Welche Bereiche der Öffentlichkeit eines Gemeinwesens sind einer Thematisierung von Gewalt gegen Frauen eher verschlossen?
* Welche Bilder von diesen Bereichen und welche realen Erfahrungen mit diesen Bereichen haben die Teilnehmerinnen im Zusammenhang mit der Thematisierung von Gewalt gegen Frauen?
* Welche Erwartungen an diese Bereiche sind bei den Teilnehmerinnen vorhanden und wie können diese durchgesetzt werden?

Umgang mit Unterschieden - Unterstützung in Konkurrenz

* Welche Erfahrungen gibt es mit einer gemeinsamen öffentlichen Thematisierung unter Frauen trotz oder gerade wegen unterschiedlicher Meinungen, Herangehensweisen, Eingebundenheiten und Verortungen?
* Welche Überraschungen gab es im Verlauf dieser Zusammenarbeit? (Über die Frage nach Überraschungen, ausgelöst durch reale Erfahrungen, werden uns unsere Bilder von 'den Anderen' zugänglich.)
* Wenn es keine Zusammenarbeit gibt, welche Bilder bzw. Wahrnehmungen haben wir von den zu diesem Thema 'anders' arbeitenden Frauen?
* Welche Möglichkeiten sehen wir trotz eines 'Konkurrenz-Verhältnissen' gemeinsam gegen Gewalt einzutreten?

Die unterschiedlichen Formen des Engagements in seiner räumlichen Verortung sichtbar machen

Ein zentrales Anliegen der Workshops war es, die Frauen füreinander mit ihren unterschiedlichen professionellen und ehrenamtlichen Tätigkeitsbereichen, institutionellen Eingebundenheiten, Gruppen- und Verbandszugehörigkeiten usw. auch in deren räumlichen Dimensionen sichtbar zu machen. Deshalb fragten wir nach der örtlichen Ansiedlung und dem räumlichen Wirkungsbereich der anwesenden Frauen und trugen dies in einzelne Landkreiskarten ein. (Dabei wurde z.B. professionelle und ehrenamtliche Tätigkeit durch unterschiedliche Farben sichtbar gemacht.) Diese Erstellung von Landkreiskarten 'der besonderen Art' sollte zum einen den Teilnehmerinnen ermöglichen, potentielle Bündnispartnerinnen in der näheren Umgebung kennenzulernen; zum anderen wurde damit auch die räumliche 'Versorgungslage' des Landkreises deutlich: Wo konzentrieren sich zum Beispiel professionelle Hilfsangebote und wo sind 'weiße Flecken' im Landkreis.

Auch ein weiterer methodischer Zugang erwies sich als sinnvoll[35]: Im Veranstaltungsraum wurden die Umrisse des Landkreises abgesteckt. Die Teilnehmerinnen positionierten sich innerhalb dieses Raumes analog ihres Wirkungsortes im Landkreis. Von diesem Ort aus stellten sie sich mit ihren Arbeitsbereichen, Arbeitsbezügen und Vernetzungswünschen vor. So wurde die räumliche Ansiedlung und Verteilung der Unterstützungsangebote und einzelner Unterstützerinnen im Landkreis räumlich wahrnehmbar:zum Beispiel eine Zentrierung der professionellen Angebote in der Stadt Ravensburg und wenig dezentrale Angebote in den Mittelstädten des Landkreises;zum Beispiel die weiten Entfernungen zwischen verschiedenen Orten im Landkreis und der Kreisstadt Ravensburg;zum Beispiel die häufig einseitige 'Blickrichtung' von den umliegenden Gemeinden aus in Richtung Kreisstadt und wenig in die Gegenrichtung, also von der Kreisstadt aus zu den Gemeinden des Landkreises oder auch zwischen den einzelnen Gemeinden. Mit Bändern wurden vorhandene und gewünschte Vernetzungen angezeigt. Mit dieser Methode wurden die Teilnehmerinnen füreinander sichtbar

* mit ihrer jeweiligen Position/ Funktion - z.B. Kommunalpolitikerin, Mitarbeiterin des Jugendamtes, Landfrauenvorsitzende, Schöffin, etc. ,
* an welchem Ort bzw. für welchen räumlichen Bereich sie im Landkreis zuständig sind
* mit ihren bestehenden Arbeitsbezügen,
* mit ihren Wünschen nach weiteren Kooperationen.

Mit den Workshops konnte eine beeindruckende Vielfalt des Engagements von Frauen in ländlichen Regionen gegen Gewalt deutlich werden. Vorhandene regionale Frauenöffentlichkeiten, die Muster ihrer Entwertung und Verdeckung durch herrschende

---

[35] Diese methodische Einheit wurde von Ursula Mähne, Mitarbeiterin einer Beratungsstelle gegen sexuellen Mißbrauch und Anneliese Siegel-Brandl, Mitarbeiterin des Frauenhauses Ravensburg gestaltet.

Definitionen und Zuschreibungen konnten sichtbar gemacht und neue regionale Öffentlichkeiten geschaffen werden. Durch die Teilnahme von Frauen in sehr unterschiedlichen Positionen wurden Voraussetzungen geschaffen, um übergreifende Arbeitsstrukturen in ländlichen Regionen und zwischen städtischen und ländlichen Regionen weiterzuentwickeln und zwar gerade in Anerkennung und Nutzung der verschiedenen Formen des Engagements. Die Diskussionen um eine Erweiterung bestehender Kooperationsformen verdeutlichten auch, daß mit Vernetzung ein hoher Arbeitsaufwand verbunden ist. Deshalb war es bei den Überlegungen bzgl. der Zusammenarbeit zwischen professionellen aber auch zwischen professionell und ehrenamtlich tätigen Frauen wichtig, die jeweiligen Erwartungen und den gegenseitigen Nutzen herauszuarbeiten.

So war es zum Beispiel aus der Perspektive ehrenamtlich engagierter Frauen wichtig aufzuzeigen,

* wie notwendig gerade ihre oftmals unspektakulären Unterstützungsangebote im Alltag als erster Schritt für eine Befreiung aus einer Beziehung zu einem gewalttätigen Mann sein können;
* daß sie sich nicht allein für die Unterstützung verantwortlich fühlen müssen und
* in welchen Formen deshalb in ihrer Region Entlastungs- und Begleitungsangebote durch professionelle Frauen gestaltet werden können, damit sie sich "... als ehrenamtliche Frauen nicht vorkommen wie ein Christbaum, dem immer neue Lichter aufgesteckt werden und der eines Tages darunter zusammenbricht", so die Worte einer Teilnehmerin.

Professionell tätige Frauen betonten,

* daß sie auf die Unterstützung von ehrenamtlich in der Region engagierten Frauen angewiesen sind, sei es für die individuelle Unterstützung, sei es zur Absicherung

der Unterstützungseinrichtungen gegen Gewalt in den kommunalpolitischen Gremien. Letzendlich hängt davon auch ab, in welchem Ausmaß sie die ehrenamtlich engagierten Frauen unterstützen können.

Deutlich wurde, daß es für das Vorhaben 'Forschungsergebnisse für die Praxis nutzbar zu machen' des beiderseitigen Interesses und einer Zusammenführung der jeweiligen Kompetenzen von Frauen aus Forschung und Praxis bedarf.

Konfliktorientierung und Verständigung als methodologische Basiselemente feministischer Forschung

Maria Bitzan

Feministische Forschung versteht sich als politisch engagierte Forschung. Sie geht aus von einem Geschlechterverhältnis, das hierarchisch organisiert ist, alle Bereiche menschlichen Zusammenlebens durchwirkt und die industrielle Gesellschaft entscheidend prägt. Beide Geschlechter sind seinen Zurichtungen unterworfen, allerdings mit sehr unterschiedlichen Erfahrungen und Folgen. Feministische Forschung will dieses Geschlechterverhältnis angreifen, will die Geschlechterhierarchie infragestellen, indem sie ihre grundlegenden Wirkungsweisen offenlegt und politische Gegenströmungen befördert.

In diesem Sinne kann sich feministische Forschung nur als eingreifende Forschung begreifen, die sich in einem engen Zusammenhang mit der Frauenbewegung und anderen emanzipatorischen politischen Bewegungen verortet. Diese ihr neuerdings zunehmend mehr zum Vorwurf gemachte Orientierung zeigt sich in ihren Konkretionen klarer als in der allgemeinen Formulierung: es ist ein Weg der Sensibilität und Genauigkeit. Es handelt sich also nicht um die vermutete Subsumtion bzw. Funktionalisierung von Forschung unter ein politisches Ziel auf Kosten von Differenzierung (vgl. die so gerichtete Argumentation bei DJI-Frauenforschung ...). Im Gegenteil: Ich behaupte, daß die Suche nach der genauen Wahrnehmung gleichzeitig Forschungshaltung und notwendiger Bestandteil emanzipatorischer Politik sein muß. In dieser Intention wird der Zusammenhang zwischen Frauenpolitik und feministischer Forschung nicht nur als gegenseitige Hilfestellung deutlich, sondern auch als Parallelität der notwendigen Strategien (vgl. die Einführung in diesem Band).

Wenn wir in der gesellschaftstheoretischen Bestimmung des Geschlechterverhältnisses die Geschlechterhierarchie vor allem als Verweigerung des gesellschaftlichen Status von Frauen herausgearbeitet haben (vgl. Abschnitt I, Kapitel 2), so wird deutlich, daß es auf jeder gesellschaftlichen Ebene um die Herstellung von Status, um die Aufhebung des Mangels an Anerkennung geht. Anerkennung wird zur zentralen Kategorie, mit der die Ebenen von Mißachtung im intersubjektiven Zusammenhang (bis hin zur Legitimität von Gewalt gegen Frauen und Mädchen), im ökonomischen System (Konstruktion von geschlechtsspezifischer Abhängigkeit), im rechtlichen Rahmen sowie im symbolischen Bereich der fehlenden Repräsentation zusammengedacht werden können (vgl. Honneth 1992, vgl. Stauber 1996, vgl. Frauenfortbildungsgruppe Tübingen 1993) und aus der sich handlungstheoretische und politische Ziele entwickeln lassen. Die Handlungsorientierung "Organisation von Anerkennung" muß sich so in Forschungsorientierung und -verfahren ebenso niederschlagen wie in den mit der Forschung zu befördernden Zielen (vgl. Bitzan/ Funk 1995). Zur Anerkennung (von Integrität und Subjektivität, von Erfahrung und Bedürfnissen) gehört auf Seiten der nicht anerkannten Subjekte das Leitmotiv, sich die eigene Wahrnehmung zu erhalten (Gegensteuerung gegen den ständigen Realitätsverlust; vgl. Bitzan 1996) und dieser zu Öffentlichkeit und allgemeiner Relevanz zu verhelfen durch die Erweiterung bzw. Relativierung gegebener dominanter Wirklichkeiten und herrschender Diskurse.

In dieser methodologischen Dimension der Anerkennung möchte ich mit dem vorliegenden Text zwei Standards näher erläutern und deren Anwendung verdeutlichen: "Konfliktorientierung" und "Verständigung".

Meine Forschungserfahrungen beziehe ich im wesentlichen aus dem Feld der Jugendhilfe/ Sozialarbeit und hierin der Gemeinwesenarbeit und Jugendhilfeplanung (vgl. Bitzan/ Klöck 1993, MFFWK 1995). In beiden Feldern bearbeitete ich frauen- und mädchenspezifische Fragestellungen und Konzeptionen. Partnerinnen jener Untersuchungsteile, auf die ich mich im folgenden konkret beziehe, waren v.a. Pädagoginnen im Praxisfeld. Im Laufe der Erfahrung (und der durchlebten Konflikte) entwickelte sich eine Form von Forschung, die - vorläufig, aber ungenügend, unter dem Label "Praxisforschung" plaziert - auf enge Interaktion setzt, Selbstaufklärung als Erkenntnisgenerierung nutzt und im kommunalpolitischen Raum präsent sein möchte, und von mir als konfliktorientierter Ansatz verstanden wird.

Wenn ich von Konflikten spreche, so habe ich damit verschiedene Ebenen im Blick (vgl. Bitzan/ Klöck 1993, vgl. Mathiesen 1986): widersprüchliche gesellschaftliche Verhältnisse als Normalitätsstruktur, als geronnene Konflikte und als struktureller Konflikt (Galtung 1975), d.h. von der Struktur her fortwährend Hierarchie erzeugend (Ökonomie, Geschlechterverhältnis etc.), Konflikte zwischen verschiedenen Interessenvertretungen (z.B. Gegensätze in der Kommunalpolitik oder zwischen Verbänden; aber auch zwischen Müttern und kinderlosen Frauen etc.), und interaktive Konflikte (in konkreten Handlungssituationen aufbrechende Gegensätze, die allerdings - auch wenn dies selten erkannt wird - häufig unterlegt sind mit Elementen der strukturellen Konflikte. Dieses zu verleugnen, ist oft schon ein Teil des Konflikts!).

Aus einem solchen breit gefaßten Konfliktverständnis ergibt sich ein spezifischer Praxisbegriff, der auf allen Ebenen Praxis vor allem begreift als Konfliktmanagement (ob bewußt oder unbewußt, ob als Regulierung/ Befriedung oder als gestaltete Auseinandersetzung). Antihierarchische Forschungsorientierungen sind dabei immer bestrebt, nicht ausschließlich die Seite der Konfliktbewältigung zu untersuchen, sondern ebenso, den zugrundeliegenden Konflikten einen Namen zu geben und sie somit als Konflikt*verhältnisse* kenntlich zu machen und die Konflikt*beteiligten* zu benennen. Für die Verallgemeinerung der hierin liegenden Erkenntnismöglickeiten ist es notwendig, den Bezug zur Öffentlichkeit in der Weise herzustellen, daß die Konflikte als politische Konstrukte deutlich werden und gerade die vermeintlich bedeutungslosen, häufig verdeckten Seiten als Teil dieses Konstrukts hervortreten als politische Größen. Da dies einerseits in der sozialwissenschaftlichen Forschung so wenig selbstverständlich scheint und andererseits in jeder Fragestellung aufzufinden wäre, müssen im methodologischen Diskurs die Standards der Konfliktorientierung und des Politikbezugs deutlich herausgearbeitet werden (vgl. Abschnitt II, Kapitel 1 in diesem Band). Konfliktorientierung in diesem Sinne indiziert also folgende Handlungskompetenzen: Konflikte aufsuchen, sie herausarbeiten, nach ihnen fragen; Konfliktverhältnisse benennen und interaktive Konflikte in größere Zusammenhänge stellen. Gleichfalls muß mit dieser Haltung immer mit Konflikten gerechnet werden, mit im Feld vorhandenen ebenso wie mit den aus der Arbeitshaltung entstehenden. Und zum dritten kann damit auch verbunden sein, Konflikte zu produzieren, in Konflikte zu gehen (unter Umständen auch mit den Forschungspartnerinnen) und sich nicht verführerischen Opfer-, Harmonie- oder Anerkennungssuggestionen zu unterwerfen (vgl. für die soziale Arbeit Bitzan/ Klöck 1993:262ff).

Wenn Konflikte als Erkenntnisquelle genutzt werden, dann werden sie nicht als Versagen, als Störgröße interpretiert, sondern sind eminent forschungsrelevante und politisch gehaltvolle Indikatoren. Deutlich wird nun auch ein innerer Zusammenhang zur Strategie der Verständigung, die es notwendig macht, individuell und kollektiv diese Sichtweise von Konflikten zu teilen (im Lernprozeß) und als politische Praxis zu etablieren.

Fünf Jahre begleitete ich Erprobungsprojekte der Jugendhilfe, welche in verschiedenen Gemeinden jeweils in sozialen Brennpunkten neuartige gemeinwesenorientierte Praxisformen entwickelten. Die Projekte befanden sich in unterschiedlichen Trägerschaften - vom Jugendamt bis zum kleinen selbständigen Verein - und waren jeweils mit mindestens einer Mitarbeiterin und einem Mitarbeiter besetzt (zuzüglich weiterer Kräften als Honorarkräfte, PraktikantIn, TeilzeitmitarbeiterInnen etc.). Zusammen mit den jeweiligen Mitarbeiterinnen erforschten wir die soziale Realität der betroffenen Frauen in den entsprechenden Gemeinwesen und entwickelten auf der Basis ihrer Erfahrungen frauen- (und mädchen)bezogene Ansätze.

Einige weitere Jahre beschäftige ich mich nun schon damit, wie Mädcheninteressen in Jugendhilfeplanungsprozessen zur Geltung kommen und eine entsprechende Berücksichtigung finden können. Die Praxis der seit 1991 (Inkrafttreten des Kinder- und Jugendhilfegesetzes) nach und nach institutionalisierten Planungen setzte an Standards an (besser: fiel zurück), die weit hinter der Entwicklung der Mädchenarbeit in der Jugendhilfe lagen. Aus diesem fachlichen Notstand heraus beschäftig(t)e ich mich in praktischen Planungsprozessen mit unterschiedlichen Zugängen und Verfahren der Partizipation von Mädchen und Pädagoginnen und der Notwendigkeit grundlegend neugedachter Planungskonzepte.

1. Konfliktorientierung als Anerkennung frauenbezogener Handlungsstrategien
Gemeinwesenarbeit in sozialen Brennpunkten, Frauen und Kinder als Zielgruppen, geschlechtsgemischte Teams, die neu in die Gemeinwesen hineingeworfen waren und eine wissenschaftliche Begleitung, die keine Evaluation von außen anstrebte, sondern mit den MitarbeiterInnen zusammen die Qualität der Handlungskonzepte zu verbessern versuchte - dies waren die Ausgangsverhältnisse meiner langjährigen Begleitforschung. Als nach einer gewissen Laufzeit unübersehbar wurde, daß in jedem Projekt Konflikte zwischen den MitarbeiterInnen (zwischen Frauen und Männern) aufbrachen, versuchte ich systematisch, die Ursachen und Zusammenhängen davon zu erforschen - und zwar im Kontext der inhaltlichen Arbeitsaufgaben (nicht abgetrennt davon): Die Mitarbeiterinnen waren überrascht und dankbar, als ich sie konkret befragte zu ihren Unmuten, Unzufriedenheitsgefühlen, Unsicherheiten etc. Sie berichteten davon, daß beispielsweise nach der Kindergruppenarbeit informelle Gespräche mit den Müttern auf bestimmte Fragestellungen verwiesen, die in der Konzeption bisher nicht vorkamen. So begannen sie, hierfür mehr Zeit einzuplanen. Sie quälten sich dabei mit der Frage, ob sie ihre Arbeit auch "gut" machten, wenn sie nicht einfach nach dem geplanten Konzept vorgingen, sondern im Feld improvisierten, Gespräche ad hoc führten, spontan Elemente von Beratung in organisatorische Besprechungen einfließen ließen etc. Sie

stöhnten auch über Rechtfertigungsdruck seitens der Kollegen, die ihnen oft vorwarfen, nicht rechtzeitig mit gestellten Aufgaben fertig zu werden oder die "eigentliche" Arbeit hintanzustellen.

Ich nahm die - in einem geschützten Raum formulierten - Unsicherheiten als Ausgangspunkt für neue Erkenntnisse über die Orientierung der sozialpädagogischen Fachlichkeit, die Lebenswirklichkeit ihrer Adressatinnen und über verdeckte Relevanzkonflikte im Lebensfeld und in Arbeitszusammenhängen.

Wir "besahen" uns ausführlich die einzelnen Unsicherheiten und Unzufriedenheiten und konnten so - in sorgfältiger Rekonstruktion - neue Aspekte zum Lebenszusammenhang der Adressatinnen und zu der notwendigen (sozialpädagogischen) Begegnungsform und Unterstützungsweise herausbekommen.

* Deutlich wurde, daß Pädagoginnen intuitiv Wege fanden, auf die gespürten Bedarfslagen einzugehen. Sie hatten ihr Handlungskonzept modifiziert, ohne jedoch dies noch vor sich selbst zu benennen, geschweige denn als Weiterentwicklung der Fachlichkeit vertreten zu können.

* Nun wurde auch deutlich, daß die Spannungen mit den männlichen Kollegen zu großen Teilen aus dem Nicht-Mitgehen mit dieser Weiterentwicklung und aus der Abwehr solcher frauenorientierter Handlungsformen resultierten. Auch den Kollegen war nicht bewußt, daß sie etwas bedrohte, daß implizit ihre Fachlichkeit unzulänglich war und daß sie - so gesehen - Beteiligte waren im Prozeß der Mißachtung der Adressatinnen.

* "Über die Kinder zu den Frauen finden" - dies ist eine in vielen Gemeinwesenprojekten geteilte Erfahrung. In meiner Forschungsarbeit interpretierte ich dies folgendermaßen: "Denn die aktive Präsenz und die Bedürftigkeit der Frauen macht die gesamte Lebenslage zu offensichtlich, um übergangen zu werden. (...) Dennoch entsteht daraus nicht automatisch ein neuer Begriff von Frauenrealität und auf Frauen bezogener Konzeption der Arbeit. Die Offenheit der Mitarbeiterinnen, ihre Reflexionsbereitschaft, ihr Mut, sich selbst in Frage zu stellen,

sowie ein unterstützendes Milieu (...) waren (...) Bedingungen (...) Erst mit der Entwicklung dieses geschlechterdifferenzierenden Blickwinkels (...) traten die Deutungen übriger Institutionen, der Öffentlichkeit, der Kollegen etc. ins Blickfeld als Widerspiegelung der verkürzten Rollendefinitionen, mit denen die Brennpunktfrauen ständig konfrontiert sind ..." (Bitzan/ Klöck 1993, S. 235f.) Mit einer solchen Interpretationsweise wurde eine neue Stufe von Fachlichkeit erreicht, deren Geltung aber erst durchgesetzt werden mußte. Meine Aufgabe als feministische wissenschaftliche Begleitung war die Herausarbeitung dieses Interpretationsrahmens und somit die Beförderung von Wahrnehmungen.

Die Konflikte im Team konnten daraufhin neu interpretiert und bearbeitet werden und aus den persönlichen Defizitzuschreibungen herauskommen. Die Pädagoginnen erhielten Unterstützung bei der Vergewisserung ihrer im Prozeß erworbenen Erkenntnisse und Kompetenzen, bei der bewußten und systematischen Weiterentwicklung/ Veränderung fachlicher Arbeitsformen und ihrem Selbstbewußtsein gegenüber Kollegen und Träger. Im Team konnte es gelingen, die Konflikte (zum Teil) als Abwehrstrategien zu interpretieren (vgl. auch Bitzan 1992).

In diesem kurz skizzierten Beispiel wird Konfliktorientierung deutlich als ein methodisches Element der wissenschaftlichen Begleitforschung: Ein theoretisches Wissen über Konflikte als Indizien verdeckter Realitätsseiten, Indizien verdeckten oder unerlaubten Wissens, veranlaßt dazu, Wege des Zugangs zu ihnen in der konkreten Praxis zu suchen. Ich versuchte also nicht aus falsch verstandener Parteilichkeit mit den Mitarbeiterinnen, Anschuldigungen zurückzuweisen und mit Hilfe meiner "wissenschaftlichen Autorität" zu zeigen, daß die Pädagoginnen sehr wohl den Konzepten genügten (also "genauso gut sind"etc.), sondern ich nahm die Probleme zum Ausgangspunkt weiterer gemeinsamer Forschungen.

Ein solches Vorgehen läßt sich - immer auf der Basis des theoretischen Konstrukts des Verdeckungszusammenhangs (s. Abschnitt I, Kapitel 2 in diesem Buch) - in vier

Stufen darstellen, die allerdings im Prozeß nicht immer getrennt hintereinander erfolgen:

1) Zunächst gilt es, Konflikte aufzufinden. In Befragungen und Beobachtungen in Diskussionen über die Arbeitsinhalte muß auf Widersprüche und Ungereimtheiten gehört werden. Dabei sind oft unbenannte Konflikte im Spiel, die sich über Anschuldigungen, Gereiztheiten, v.a. aber über Unmut, Gefühle von Inkompetenz etc. äußern. Einzelinterviews (ohne das Team) sind in jedem Fall wichtig, um solche Schwingungen aufzugreifen und weiterfragen zu können. Auf Seiten der Forscherin ist es wichtig, Erlaubnis, ja Interesse an Unsicherheiten und unklaren Handlungsstrategien, auch an Gefühlen in Bezug auf die Arbeit, zu signalisieren, was Offenheit und Mut erfordert. Sie muß sich selbst Bedingungen schaffen, damit sie nicht durch die eigene Angst davor, "hineingezogen" zu werden, blockiert wird.

2) In den Handlungsunsicherheiten verstecken sich nicht selten Ideen (und Erfahrungen) von adäquaterem Umgang mit den Adressatinnen in ihrem Lebensfeld. Da dieses veränderte Handeln oft nicht den konzeptionell geplanten Vorgaben entspricht, selten aus methodischen Leitlinien entwickelt, vielmehr intuitiv aus dem Erfassen von emotionalen Schwingungen und "Betroffenheit" von dringlichen Nachfragen entstanden ist, kann es nicht ohne weiteres als neue Fachlichkeit wahrgenommen werden. Gerade wenn "die eigene Person" mitverwoben ist, geraten Pädagoginnen schnell in die Defensive. Auch hier gilt es, nicht vorschnell fachliche Labels aufzustellen zur Stützung der Mitarbeiterinnen, sondern mit ihnen zu schauen, was die Quellen der Unsicherheit sind und wie und wo ihr intuitives, alltagsweltliches Wissen tatsächlich in Konflikt geraten ist mit fachlichen Vorgaben. Dann kann hieraus "neue Fachlichkeit" formuliert werden.

3) Eine solche - genaue - Analyse erhellt das Wissen über - verdeckte - Realitäten in der Lebenswelt der Adressatinnen. Es ist etwas darüber zu erfahren, wie Frauen sich als stark darstellen, darin aber dennoch Bedürftigkeit zum Ausdruck bringen; wie in legiti-

mierten Zeit- und Kommunikationsstrukturen (z.B. Gruppenzeiten, Festvorbereitung) unerlaubte Bedürfnisse nach emotionaler, sozialer Nähe, nach Ruhepausen und Loslassenkönnen und anderem mehr versteckt umgesetzt werden; wie Armut geschlechtsspezifisch geteilt gelebt wird und wie sie sozialpädagogisch unterschiedlich "beantwortet" wird: in Management- und Bewältigungserwartungen an Frauen und Fürsorge- und Betreuungsmaßnahmen für Männer - und darüber hinaus gleichzeitig als "Inkompetenzvermutung" bei denselben Frauen, bezüglich der adäquaten Erziehung ihrer Kinder (vgl. Bitzan/ Klöck 1993). Dieses in der Regel in keiner "Problembeschreibung" thematisierte Wissen zu benennen, bedeutet, Lebenswelt ernstzunehmen und damit auch den Frauen gerechter zu werden. Es bleibt dann verdeckt, wenn Irritationen und Unsicherheiten der Pädagoginnen übergangen werden - oder nur in Bezug auf ihre eigenen Kompetenzen reflektiert werden[36].

4) Solchermaßen genaue und damit Neues eröffnende Konfliktanalysen ergeben andere Möglichkeiten, Konfliktfähigkeit zum Aushandeln der konkreten Konflikte (beispielsweise im Team) herzustellen. Indem neue, jetzt als fachlich begründet erkennbare, Strategien benannt werden, können diese in den Mittelpunkt der Aushandlungen gestellt werden. Deutlich wird dann, daß nicht die Wahrnehmungen und die Kompetenzen (nur) einer Seite (der Pädagoginnen) zur Disposition stehen, sondern ein Ringen um angemessenes fachliches Agieren auf der Basis von Genauigkeit bei der Lebensweltanalyse der Adressatinnen stattfindet. Deutlicher kann nun auch diskursive Weiterentwicklung unterschieden werden von Konflikten aus Abwehrstrategien.

---

[36] Zu diesem Vorgehen gehört auch die Beachtung von Konfliktstellen in dem Verhältnis von professionellen Frauen zu ihren Adressatinnen - als Schlüssel für Erkenntnisse über ihre eigene Lebenswelt - dies ist im 2. Abschnitt angesprochen.

Konfliktorientierung ergibt also sowohl Verfahrenserkenntnisse als auch mehr Wissen über verdeckte Relevanzstrukturen. Die Erkenntnisse geben Aufschluß über geschlechtshierarchische Strukturen

- in der Lebenswelt,
- bei der institutionellen "Behandlung" dieser Lebenswelt und
- im fachlichen Arbeitszusammenhang.

In jedem Fall ergibt sich daraus eine politische Bestrebung, das klassische Mütterlichkeitsschema sowohl in der Wahrnehmung der Adressatinnen, als auch in der Erwartung an das Handeln der Sozialarbeiterinnen zu verlassen: Adressatinnen sind mehr und anderes als nur Mütter (und ihre Bedürftigkeit speist sich trotz vordergründiger Erscheinung keineswegs nur aus Sorge um die Kinder); Pädagoginnen haben nicht einfach nur emotionale Abgrenzungsschwierigkeiten, wenn sie sich den Frauen öffnen und mehr zuhören; und beide Gruppen dürfen nicht weiterhin dazu angehalten werden, von sich selbst abzusehen, um den Erwartungen anderer zu genügen - auf Kosten der eigenen Wahrnehmung.

Somit zeigt sich, daß auf der theoretischen Folie des Verdeckungszusammenhangs konfliktorientiertes Forschungsvorgehen (1) den Beteiligten eigenes Wissen verdeutlichen hilft, (2) die Wahrnehmung von den Adressatinnen verfeinern kann, (3) klassische Zuschreibungsebenen entlarvt, so daß sie zurückgewiesen werden können und (4) somit deutlich wird, daß vermeintlich "interne" Konflikte und "private" Unsicherheiten immer eine sozialpolitische Relevanz haben. Ebenso wird deutlich, daß in Konflikten immer Dimensionen versagter Anerkennung, Dimensionen des Mangels stecken, die es nicht zuzudecken, sondern herauszuarbeiten gilt. Konfliktorientierung ist somit ein Mittel, der Wahrnehmung der Beteiligten mehr Raum und frauenbezogenen Handlungsstrategien Anerkennung zu geben.

2. Konfliktorientierung als Anerkennung eigener Bedürftigkeit

Wenn Konflikte auf Dimensionen des Mangels verweisen, so gilt dies nicht nur für die Ebene des Arbeitsteams oder der Erfassung der Lebenssituation der Adressatinnen sozialer Arbeit, sondern muß auch eine Rolle in den Beziehungen der Forscherin mit ihren Partnerinnen spielen. Ich möchte diesen Aspekt, den ich in der professionellen Beziehung von Pädagoginnen und "Klientinnen" erforscht habe, genauer beleuchten: Die Ergebnisse lassen sich auf das Verhältnis einer Forscherin zu ihren Partnerinnen anwenden, ja, sie erhellen in spezifischer Form die Diskussionen um die Vermeidung von Hierarchien und um die umstrittene Frage der Solidarität in der feministischen Forschung.

Voraussetzung für die Erforschung dieses Verhältnisses war die Bedingung, daß durch die wissenschaftliche Begleitung den Pädagoginnen Raum geschaffen wurde, aus dem engen Handlungsdruck herauszutreten und Enttäuschung und Ratlosigkeit ohne "Gefahr" äußern zu können.

Nachdem in dem oben angesprochenen Beispiel der Gemeinwesenarbeit eine weiterentwickelte "Problemsicht" einen veränderten Kontakt zu den Adressatinnen hervorgebracht hatte und deutlich wurde, daß bisheriges konzeptionelles Handwerkszeug ungeeignet für diese Arbeit ist, mußten sich die Pädagoginnen von ihrer institutionellen Verbindlichkeit (Rolle) ein Stück distanzieren. So trat bei ihnen der Aspekt der Beziehung(sarbeit) stärker in den Vordergrund und traf zusammen mit einer gefühlsmäßigen Nähe zu den Frauen. Es fühlte sich für sie "richtig" an, obwohl sie im Projekt damit nicht "glänzen" konnten[37]. Die Kehrseite dieses neuen parteilichen Engagements waren eng verwobene, ambivalente Kontakte zwischen Pädagoginnen und

---

[37] Statt Karriere und Erfolg ist der persönliche Kontakt wichtiger - pointierte Birgit Rommelspacher in einer Untersuchung zur Methodenwahl von Frauen und Männern in der sozialen Arbeit. "Dahinter steckt allerdings auch ein nahezu unverwüstlicher Glaube, daß nur und ausschließlich in der unmittelbaren Beziehung die 'eigentlichen' Probleme zu bewältigen seien" (Rommelspacher 1987:37f.).

Adressatinnen. Letztere dankten der Mitarbeiterin ihr Engagement mit erhöhter sozialer Aufmerksamkeit und Beliebtheit, schütteten sie aber förmlich zu mit steigender Inanspruchnahme. In den hehren Zielen der emanzipativen Parteilichkeit schienen plötzlich Elemente der alten Abhängigkeitsstrukturen der sozialen Arbeit wieder auf, die doch mit der Gemeinwesenarbeit überwunden werden sollten. Manche Pädagoginnen waren mit der Zeit einem Zusammenbruch nahe, weil diese Ambivalenz im Verhältnis zu den Adressatinnen, verbunden mit der gleichzeitigen Anforderung der Legitimation ihres frauenspezifischen Ansatzes im Gesamtprojekt, sie fast zerriß. In begleitenden und nachbereitenden Fortbildungen erforschten wir (Forscherin und Pädagoginnen) gemeinsam, welche verdeckten Konflikte im parteilichen Ansatz eingeschlossen sind. Dabei ging es perspektivisch um die Frage, wie von Professionellen und Adressatinnen gemeinsam sozialpolitische Stärke erreicht werden kann. In den Vordergrund der Analyse traten verschiedene Machtaspekte (vgl. für das folgende: Bitzan/ Klöck 1993:277 ff.)

Die institutionelle Macht ist ausgestattet mit Kontrolle und Hierarchie, mit Definitionsmacht. Dies löst bei Adressatinnen gleichzeitig Ohnmacht und Allmachtphantasien hinsichtlich der Gestaltungsspielräume der Pädagogin aus - Angst und Abgabe von Eigenverantwortung. Nur eine Offenlegung der - begrenzten und begrenzenden - Rahmenbedingungen (Zeit- und Geldressourcen, Arbeitsauftrag) kann diese Phantasien in realistische Dimensionen und gleichzeitig die Adressatinnen mit in die Verantwortung für die Situation bringen. So entsteht ein realistisches Verhältnis zwischen Pädagoginnen und Adressatinnen, das keine pauschale Hingabe an die Vorgaben verlangt, sondern in gemeinsamer Aushandlung das beste aus der Situation machen will - es entsteht überhaupt Verhandelbarkeit, damit (Inter-)Subjektivität. Faktisch bedeutet dies seitens der Pädagoginnen ein bewußtes "Abgeben" von Macht. Nicht selten kann dies allerdings zu Konflikten der Pädagogin mit der Institution/ Träger führen. Ohne Rückgriff auf die gegebenen institutionellen Machtmittel läuft sie

Gefahr, die Adressatinnen auf der Beziehungsebene zu überfordern bzw. zu funktionalisieren - Beziehungsmacht anzuwenden. "Es ist ihre eigene unreflektierte Bedürftigkeit als Professionelle und als Frau, die eine neue Kolonialisierung erzeugen kann" (a.a.O., S. 280).

Institutionelle Macht und Beziehungsmacht - beides aber reduziert die Adressatinnen in ihrer Eigenständigkeit: Weder kann die Fachfrau zufrieden sein, wenn die Adressatinnen sich den institutionellen Klischees anpassen (Klientinnen "spielen", vgl. Ferguson 1985), noch, wenn sie die Beziehung zu ihr tatsächlich brauchen. Hier in Distanz zu treten, von beiden Machtquellen keinen Gebrauch zu machen, erfordert selbstreflexive Klarheit über die eigene Bedürftigkeit, über die eigenen Wünsche, die sich im Kontakt mit den Adressatinnen erfüllen sollen. Das erfordert Reflexion der eigenen Weiblichkeitsbilder über die Adressatinnen. Sie sind nicht die schutzbefohlenen Opfer, sie sind aber auch nicht die gewünschten Powerfrauen und sie können in keinem Fall den eigenen "Mangel" der Forscherin, ihre Bedürftigkeit aufheben.

Bei dem Verzicht auf Macht und damit auf reduzierende Bezugnahme "entsteht eine Leere, eine Nacktheit und die Erfahrung des Alleinseins. - Sie (die Pädagogin) (...) muß Abstand nehmen von den gewohnten (...) (falschen) Solidarisierungskonzepten. Damit aber muß die Pädagogin für sich selbst das vollziehen, was sie (...) von ihren Klientinnen erwartet: Sie muß in sich selbst trennen zwischen Mutter, Frau, Professionelle" (Bitzan/ Klöck, S. 280f.). Solche Ablöseprozesse sind extrem anstrengend. Das patriarchale Weiblichkeitsbild verweist jede Frau auf das Muttern - oder verlangt die Verleugnung des Geschlechts (vgl. Brückner 1994). Ein Konfrontieren mit der eigenen Bedürftigkeit macht auf den Mangel an Selbstausdruck, an Selbstbezug, überhaupt erst aufmerksam! Es ist ein Mangel an Anerkennung der eigenen Person - der fehlende Subjektstatus von Frauen. In sich und zwischen sich und anderen Bedürftigkeit stehen zu lassen und vorsichtig das Verschiedene wahrzunehmen - das schafft Raum. Raum für ein Selbst, das sich in Beziehung setzen kann, aktiv, anerkennend, different.

Diesen Raum braucht die Forscherin wie auch die Adressatin. Ein Verharren in der Beziehungsbezogenheit kleistert diesen Raum zu und füllt ihn mit dem Mutter-/Opfer-Schema oder mit Idealisierung. Konfrontation, Differenz erleben heißt somit, auch in Konflikt zu gehen mit dem Gegenüber - als Anerkennung ihres Subjektstatus. Es bedeutet auch, mit sich selbst in Konflikt zu gehen, der Versuchung, auf bewährte Bilder zurückzugreifen, zu widerstehen - häufig genug gegen die Vorgaben von Institution und (Sozial-)Politik. Ein Weg zu solchen Überschreitungen besteht in der Suche nach kollektiver Bezugnahme auf Frauen - als Überschreiten oder besser: Entwichtigen patriarchaler Reduzierungen[38].

3. *Verständigung als Politik*

Nun scheint es - zumindest in der fortschrittlichen sozialen Arbeit - ein alter Hut, Frauen zusammenzubringen, Gruppen zu gründen, Erfahrungen "gleicher Betroffenheit" zu inszenieren und - im politisch ambitionierten Szenarium - hieraus praktische Handlungsfähigkeit zu erzeugen[39]. Daß diese Strategien in der Regel so einfach nicht aufgehen, gehört ebenfalls zu dieser "Tradition".

Solche "Politisierungs"-Impulse finden sich in der Haltung von Praktikerinnen genauso wieder wie bei einer Forscherin, die mit dem Anspruch der Anwendungsorientierung den "Beforschten" nützlich sein möchte. Immer wieder kommen dabei Projektionen vor, wie sie auch im vorherigen Kapitel beschrieben wurden: die Frauen sollen sich zusammenschließen und politisch agieren, weil ich (die Forscherin) selbst nicht (mehr) aktiv bin. Sie sollen hinkriegen, was mir in meiner eigenen Lebenswelt nicht gelingt, nämlich, mich mit den Frauen meiner Umgebung zusammenzuschließen und

---

[38] Wichtig für diesen Weg ist ein drittes Thema, eine "Sache", die außerhalb der Beziehung liegt und von beiden Seiten als Anliegen geteilt wird.

[39] Vgl. alte Konzepte der Gemeinwesenarbeit, in denen allerdings selten Frauen als Subjekte gedacht waren; vgl. kritisch Jahrbuch 5 "Politisierung" (Bitzan/ Klöck 1994)

jenseits aller Differenzen kommunalpolitisch "auf den Putz zu hauen", - während ich, die Forscherin, mich ja leider immer so verschieden von den anderen Frauen fühle.

In Fortbildungsveranstaltungen zur Entwicklung geschlechtsdifferenzierender Gemeinwesenarbeit mit Frauen aus verschiedenen sozialpädagogischen Arbeitsfeldern einer Region arbeiteten wir an solchen Fragen der Politikfähigkeit.

Erst nach spielerischem Rollentausch war es möglich, den Blickwinkel von den (anscheinend ungenügenden) Verhaltensweisen der Adressatinnen hin zu eigenen Umgangsweisen/ Verständnissen von "Politik" zu wenden und von da aus Orientierungsdimensionen für eine unterstützende Frauenarbeit zu gewinnen. Indem die Beteiligten selbst reflektierten, *was ihnen Kraft* zu ihren Positionen *gibt*, auf wen sie sich - auch informell - stützen konnten und welchen Prozessen der Entwertung und Infragestellung sie sich immer wieder ausgesetzt fühlten, konnten sie neue Fragestellungen für die Arbeit, besser: Begegnung, mit ihren Adressatinnen finden. Unter der Hand hatte sich der klassische Politikbegriff (Interessenvertretung, Lobbyarbeit, Beteiligung) verschoben, hatten Selbstvergewisserung und Unterstützungszusammenhang besonderes Gewicht als Politik bekommen. Ebenso verlagerte sich die Zone des Politischen weiter hinein in die Lebenswelt. Die Teilnehmerinnen reflektierten die signalgebende und zum Teil provokative Wirkung, die von ihrer regionalen Fortbildung auf ihre Kollegen und Träger ausging und erkannten ihren Zusammenschluß an sich schon als politische Aktion.

Auf dem Hintergrund der Theorie des geschlechtshierarchischen Verdeckungszusammenhangs wird noch einmal klar, daß jede Frau und jeder Frauenzusammenhang mit einem Wahrnehmungsschleier über die eigenen Kraftquellen belegt ist. Nur sehr genaue Analysen (z.B. direkte Aufforderung oder Tagesablaufanalysen oder Kommunikationsbeobachtungen) legen offen, welche Kontakte zwischen Frauen tatsächlich existieren und welche Bedeutung sie haben. Darübergelegt ist ein verordnetes Netz der Orientierung an (männlichen) Autoritäten und der Suche nach deren Anerkennung (Ehe-Männer, Vorgesetzte, Bürgermeister, Initiativkreissprecher).

Kraft aber kommt daher, wo die eigene Wahrnehmung erhalten bleibt und Raum/ Relevanz hat - was nicht heißt, daß sie mit anderen "gleich" sein muß -, wo das eigene Wissen um die Bedeutung/ Wichtigkeit der eigenen Arbeit, die Gedanken und Befürchtungen usw. nicht erst legitimiert oder gar geleugnet werden müssen. Es sind dies nicht die Orte der normalerweise vorgesehenen und sozialpolitisch nahegelegten Bezüge: Familie, Team, Gemeinderat etc. Es sind andere Orte - andere Öffentlichkeiten, andere Relevanzsysteme, - die erst gesucht und erkannt werden wollen.

Die eigene Wahrnehmung/ der eigene Ort muß - unter Arbeit - hergestellt und "gepflegt" werden. Die Bezugnahme von Frauen auf Frauen läuft unter patriarchalen Bedingungen immer Gefahr, mit anderen Zielen zugedeckt zu werden (Sorge um Kinder, Funktionalisierung für andere, beispielsweise Gemeinwesen) oder zerstört zu werden (z.B. durch Konkurrenzen um Anerkennung von Männern, um das bessere "Frau-Sein"). Wenn also Fragen nach der politischen Organisationsfähigkeit oder nach der Möglichkeit zu Selbstvertretung gestellt werden, so geht es im ersten Schritt darum, sich selbst Rechenschaft über die eigenen Beziehungen zu anderen Frauen (und Mädchen) zu geben und Kraft spendende Elemente hervorzuheben, abwertende, funktionalisierende zu hinterfragen. Die Bedeutung von Frauenbezugnahme entfaltet ihre Relevanz so als Schlüssel zu eigenen Bedürftigkeiten und eben auch Gewißheiten. Sie läßt sich nicht mehr auf strategisches Vorgehen reduzieren.

Offengelegte, offen praktizierte und um die eigenen Inhalte ringende Frauenzusammenhänge sind politisch. Verständigung in diesen Zusammenhängen kann daher nur heißen: das Eigene ernstnehmen und das der anderen ansehen können. Daraus, nur daraus, ergibt sich eine Antwort auf die Frage des gemeinsamen Interesses. Und hieraus kann sich dann eine Organisation - von der Frauengruppe, dem Arbeitskreis hin zur kommunalpolitischen Interessenvertretung, entwickeln.

Die Klarheit der eigenen Verortung ermöglicht Bezugnahme auf andere Frauen. Sie ermöglicht als Teilelement politischen Handelns dann auch strategische Bündnisse.

Politisierung, Veränderung, Anwendungsorientierung - all diese Maximen frauenpolitischer Forschung - erhalten mit diesen Überlegungen eine vorsichtigere und eine radikalere Komponente: So ohne weiteres wissen wir (als Forscherinnen) eben nicht, welche (Organisations-)Formen für unsere Adressatinnen gut sind. Maßstäbe entlehnen wir nicht mehr aus Vorgaben der offiziellen Politik oder aus Zusammenhängen außerhalb von uns selbst - indem wir die Adressatinnen in bestimmte Bilder fesseln (die armen Frauen, die Pädagoginnen), sondern wir denken unter demselben gemeinsam politisch definierten Bezugssystem über Möglichkeiten/ Nutzen und Hindernisse in Frauenbezügen nach. Die Erwartungen, die wir an die Adressatinnen stellen, stellen wir auch an uns. Oder umgekehrt. In diesem Sinne müssen wir uns als Gleiche in den politischen Relevanzdiskurs hineinbegeben. Die Inhalte der in dieser Weise stattfindenden Selbstaufklärungsprozesse sind dabei von Frau zu Frau verschieden, die Denkrichtung der Selbstaufklärung, Selbstverortung und Bezugnahme ist die gleiche. Lassen sich Forscherinnen hier außen vor (und das gilt für wissenschaftliche Begleitforschung gleichermaßen wir für eigenständige Forschung), so reproduzieren sie mit der (durch die Forschungskonstellation vorab gegebenen) Hierarchie auch die Besonderung, Stigmatisierung und Entsubjektivierung der Forschungspartnerinnen.

4. Forschung als Sichtbarmachung von Interesse
Der letzte Abschnitt verwies auf die komplizierten, politisch zu begreifenden Prozesse des Erkennens des eigenen Interesses. Hier möchte ich noch einen weiteren Akzent von Verständigung als Politik im Rahmen sozial-wissenschaftlicher Praxis-Forschung verdeutlichen, der in engem Zusammenhang mit dem drittem Punkt steht.

Unser Tübinger Jugendhilfeplanungs-Projekt[40] beschäftigte sich unter anderem mit der Frage, warum sich Fachfrauen relativ selten in Jugendhilfeplanungsprozesse einmischen. Dabei stießen wir wieder - sozusagen von einer anderen Seite aus - auf den Verdeckungszusammenhang, der Frauen einerseits ihr tatsächliches Wissen als Gewißheit/ Kompetenz vernebelt und andererseits sie zuschüttet mit Erwartungen der "Mütterlichkeit", d.h. sich für andere und anderes nützlich zu machen als für die eigenen Interessen. Im Beispiel gesprochen: Wenn sie keine Lösung für den Gesamtentwurf der kommunalen Jugendhilfe haben, dürfen sie auch keine Ansprüche als vermeintlich partiale (!) Interessensgruppe anmelden. Wir stellten fest, daß sich Motivationen, sich einzumischen und falsche Erwartungen zurückzuweisen, nur dann entwickeln und vor allem halten lassen, wenn die eigenen Interessen und somit das eigene Wissen im Mittelpunkt stehen, erforscht und auch geltend gemacht werden.

Mit den Fachfrauen organisierten wir Forscherinnen eine Fachveranstaltung, in der sie selbst Umfang und Bedeutung ihres Wissens zusammentrugen und als Ausgangspunkt für Einmischungsprozesse bearbeiteten (vgl. Ev. Akademie Bad Boll 1994).

Das Forschungsszenario war in diesem Beispiel zu begreifen als Katalysator, als Inszenierung von Selbst-verständigung und -vergewisserung eigener Kompetenzen und Wissensbestände. Ausgangspunkt war die Annahme, daß das fehlende öffentliche Sich-Einmischen der betreffenden Frauen nicht auf das Fehlen eigener Interessen zurückzuführen ist, sondern wir es Prozessen der Enteignung, Umdeutung, Verdrehung von Erfahrungen bei gleichzeitiger ideologisch verbrämter Indienstnahme für die Interessen anderer zuschreiben müssen. Diese Annahme konnten wir empirisch der Selbstreflexion unserer eigenen Unsicherheiten entnehmen, theoretisch ist sie auf den Verdeckungszusammenhang gestützt als Strukturzusammenhang des Geschlechterverhältnisses im Sinne eines kollektiven Realitätsverlustes (Bitzan 1996).

---

[40] "Mädchen in der Jugendhilfeplanung", Träger: Stadt Tübingen, Frauenbeauftragte (MFFWK 1995).

Dahinter steckt das in feministischer Wissenschaft zum Grundbestand gehörende Wissen, daß zwischen "weiblicher" Erfahrung/ Wissen und geltenden Relevanzstrukturen eine Diskrepanz liegt, die überdeckt wird mit klischeehaften Weiblichkeitsbildern, die nicht selten bei Frauen selbst auch greifen. Die Diskrepanz als Konflikt findet im Inneren statt und äußert sich nach außen in Widersprüchen, Unsicherheiten, Unentschiedenheiten.

Besonders deutlich wird dies in der Frage nach Mädcheninteressen. Brown/ Gilligan (1994) stellten fest, daß der "Verlust der eigenen Stimme", der in der Pubertät von Mädchen meistens stattfindet, sprachlich sich in der oft gebrauchten Satzanfangsfloskel: "Ich weiß nicht ..." äußert. Mädcheninteressen sind nur sehr bedingt offenkundig und daher kaum mit einfachen abbildenden Methoden zu erforschen. Häufig eingeschlossen in den für viele Mädchen durchaus bewußt wahrgenommenen Konflikt zwischen eigenen Wünschen und Erfahrungen einerseits, den Erwartungen an "richtige Mädchen" und der gesellschaftlichen Begrenzung der individualisierten Bedürfnisse[41] andererseits, finden sie Strategien der Glättung und Verleugnung überschüssiger und unerlaubter Wünsche. Die Erforschung dieser Anteile ist nur möglich, wenn mit und für Mädchen Erfahrungsräume inszeniert werden, in denen andere Seiten erlaubt sind, gefragt sind, zur Geltung kommen dürfen. D.h., wenn die Forscherin eine "Praxis" inszeniert und eine - öffentliche - Erfahrung ermöglicht (vgl. genauer MFFWK 1995 und Bitzan/ Funk 1995).

Forschung als Sichtbarmachung von Interessen heißt demzufolge, dem "weiblichen Wissen", verstanden als angesammeltes Erfahrungs- und Kompetenzwissen jeder einzelnen für sie selbst, Relevanz einzuräumen. Verständigung erfordert die Sichtbarkeit des Wissens, Hervorbringung von Wissen erfordert Interesse, hinter die

---

[41] Z.B. der geschlechtsspezifische Arbeits- und Lehrstellenmarkt, unbefriedigende Vereinbarkeit von Kinder-haben und Berufstätigkeit, Dominanz des öffentlichen Raums für Männlichkeit, Anerkennung von Jugendstatus nur in männlichen jugendkulturellen Ausdrucksformen.

Kulissen der gegebenen Bilder zu schauen - beides setzt an an Unsicherheit, Widersprüchlichkeiten, Unbewertetem. Die Praxis dieser Forschung gibt direkt Anerkennung, sie gibt den Raum für Selbst-Verständigung, sie bringt Wissen über Interessen, Orientierung, Kompetenzen hervor (Ergebnisse) und sie inszeniert gleichzeitig im selben Prozeß ihre Relevanz nach innen (vor Mädchen und Frauen selbst, in Frauenzusammenhängen, als Prozeß) und nach außen (im Gemeinwesen, im wissenschaftlichen Wissen etc.). Das ist Politik. Politik ist auch, versteckten Konflikten ein Gesicht zu geben, sie aus diffusen Gemengelagen zwischen Zuschreibungen und Eigenunsicherheiten herauszuschälen - als Konflikte aus der Geschlechterhierarchie! Damit sind die sozialpolitischen Grundlagen-Konflikte, die eine ungleiche Bedürftigkeitsstruktur erzeugen, ebenso angesprochen wie Verfahrenskonflikte (vornehmlich zwischen den Geschlechtern) im Lebens- und Arbeitsfeld. Die Rückführung von Problemen/ Reduzierungen etc. auf den Grundkonflikt macht (Teile der) Grundstruktur verhandelbar - damit veränderbar - es ist eine Politisierung geronnener Normalitätsmuster. Sie löst sie ab vom personalen Inkompetenzgefühl und der Erfahrung des Nicht-genügen-könnens. Sie schafft RAUM, bei sich selbst etwas anderes festzustellen (eingeschlossenes Wissen, z.B. über Verletzungen, über das Vakuum der nicht erfüllten (Selbst)-Liebe etc.) und nach außen in Konflikt zu gehen.

Dies gilt auch für Konflikte zwischen Frauen, deren patriarchaler Kern ja gerade im Verbot des Verschiedenen liegt, des Subjektseins in der Differenz zu anderen. Das Verschiedene anzuerkennen erzeugt Raum - für Konflikt, für Ansehen, für Anerkennung.

Konfliktorientierung verweist aber ebenso auf das - zunächst befremdlich anmutende Ziel der Forschung, Konfliktfähigkeit herzustellen. Auch das ist Politik, eine, die über Forschung direkt angegangen werden kann. Frauen sind dann in der Lage, Konflikte auf der angebrachten Ebene (Fachebene) auszutragen, wenn sie den strukturellen Zusammenhang, die Abwehrstrategien und die eigene Kompetenz und Bedürftigkeit erkennen. Konflikttheoretisch betrachtet bedeutet dies, die schwächere

Seite im Konflikt aufzuwerten, zu stärken (vgl. Matthiesen). Nun wird deutlich, daß die aktive Konfliktorientierung als Quelle gelingender Verständigung zu sehen ist.

Konfliktorientierung und Verständigung - Resümee
Mit den hier erfolgten Akzentuierungen einer Forschungsmethodologie, die sich eng an dem Praxisfeld und den Alltagsvollzügen in der sozialen Arbeit ausrichtet, sollte deutlich geworden sein, daß dem Mangel im weiblichen Selbstbezug, dem sozialpolitisch der verweigerte Subjektstatus zuzuordnen ist, bei jeder Fragestellung eine wesentliche Aufmerksamkeit gebührt. Die Schlüsselbedeutung dieses Sachverhalts ergibt sich aus dem theoretischen Hintergrund des Verdeckungszusammenhangs der Geschlechterhierarchie. Wir wissen, daß gerade die Moderne perfide Muster der Zukleisterung nach wie vor bestehender Reduzierungen und Funktionalisierungen bereithält und immer wieder neu kultiviert: Individualisierung als Vereinbarkeitsproblematik von Frauen, sozialpolitische Konstruktion von patriarchalen Fürsorgebeziehungen, moderne Autonomie als Verlust des Erwartungshorizontes bezüglich Verläßlichkeit in Frauen-/ Männerbeziehungen etc.Wenn wir als feministische Forscherinnen mit diesen Verdeckungen rechnen und um sie wissen, brauchen wir

* eine erhöhte Aufmerksamkeit für das, was Frauen/ Mädchen zu sagen haben,
* eine klare Selbstreflexion über unsere eigenen bewußten und unbewußten Wünsche, die die Forschungssituation bestimmen,
* eine Orientierung, die in Konflikten (Widerständigem, Unbehagen, Ungereimtheiten) einen Schlüssel zu mehr Erkenntnis sehen kann.

Anerkennung des je eigenen, je verschiedenen Selbst von Frauen entpuppt sich so als sozialpolitische Basisgröße. Für eine Bezugnahme von Frauen auf Frauen ist Anerkennung der unabdingbare Anfang politischer Praxis.

Allerdings ist diese Praxis der Verständigung (mittels der Forschungssituation) nicht zu verwechseln mit dem alten Postulat der Gleichheit oder den oft fälschlich erfolgten

Idealisierungen. Verständigung und Konfliktorientierung sind zwei Seiten derselben Medaille Anerkennung.

Für die Forschungspraxis ergibt sich aus dem beschriebenen Vorgehen der methodische weg, direkt an Konflikten anzusetzen und sich von hier aus das Themenfeld zu strukturieren. Die Forscherin selbst sieht sich dabei im selben Verdeckungszusammenhang wie ihre Partnerinnen. Alle Erwartungen und Erkenntnisprozesse kann und soll sie auf sich selbst anwenden und so zum Teil gemeinsam neue Erkenntnisse entwickeln. Mit dieser Überlegung wird die sozialpolitische Relevanz der Inhalte und Formen dieses Prozesses, der innerlich und äußerlich vor allen Dingen zuerst Raum schafft, betont.

In diesem Sinn ist Frauenforschung immer allgemeine Forschung: sie zeigt die Struktur des grundlegenden Geschlechterkonflikts in empirischer Konkretion auf und benennt Richtungen, wie jenseits platter und folgenloser Appellationen an einer Verschiebung von Bedeutungssystemen gearbeitet werden kann. Damit trägt sie bei zur allgemeinen Verfeinerung von Wahrnehmung, sie eröffnet Frageperspektiven an alle Dimensionen sozialer Zusammenhänge, die die Realitätsverzerrungen aufdecken und gerade rücken können. Sie ist somit keine Partialforschung, sondern zeigt in ihren Verfahren (besonders der Konfliktorientierung) und Ergebnissen Dimensionen von Verdeckung, Zurichtung, Klischeebildung, die die emanzipatorische Zielrichtung des Subjektgewinns durch individuelle Anerkennung und Achtung der Realität des Verschiedenen für alle Geschlechter und alle Generationen voranbringen können.

Zur Umsetzung feministischer Standards in nicht-feministischen Zusammenhängen - am Beispiel der Drogentherapie-Forschung

Heidi Reinl

Gewohnt daran, in den unterschiedlichsten inhaltlichen Kontexten die Belange von Mädchen und Frauen in den Blick zu nehmen, wird für feministische Forscherinnen die Frage nach den Möglichkeiten der Umsetzung feministischer Standards in nicht-feministischen Zusammenhängen zum zentralen Bestandteil eines Forschungsalltags, der eben nicht von vornherein ein ausgewiesen feministischer ist. Diese Problematik stellt sich insofern zwangsläufig, da feministisches Denken - als Suche nach Möglichkeiten, der verdeckten Relevanz der Lebenswelten und -realitäten von Frauen Ausdruck zu verleihen - nicht quasi wie ein Stück Gepäck wahlweise mitzunehmen oder wegzulassen ist. Vielmehr ist dies Bestandteil eines spezifischen theoretischen und erkenntnistheoretischen Hintergrunds, der die wissenschaftliche Arbeit prägt. Dabei wären - je nach konkreter Gestalt der nicht-feministischen Zusammenhänge - durchaus kritische Anfragen von seiten nicht-feministischer WissenschaftlerInnen zu erwarten: Ist es denn überhaupt notwendig, feministische Standards in solche Zusammenhänge zu integrieren? Welchen Sinn hätte dies und was haben wir davon? Ist das Forschungsprogramm nicht schon voll genug?

Damit sind unterschiedliche Dimensionen angesprochen: Einerseits drückt sich darin die Frage nach der Relevanz feministischer Standards in "allgemeiner" Forschung aus und zielt damit auf Rechtfertigung[42], andererseits äußert sich darin auch die "Problematik der Zumutung", wie ich sie nennen möchte. An dieser Stelle werde ich nicht die grundlegende Frage nach der Relevanz feministischer Standards erörtern, sondern Möglichkeiten der Umsetzung diskutieren und exemplarisch an ausgewählten Punkten veranschaulichen, welche Bedeutung feministische Standards in einem nicht-feministischen Forschungsprojekt haben können.

Dies soll anhand des derzeit am Institut für Erziehungswissenschaft der Universität Tübingen durchgeführten Forschungsprojektes "Alltagswelten und pädagogisch-therapeutischer Erfolg in Einrichtungen der Drogenhilfe" veranschaulicht werden. Das Projekt ist Bestandteil des Tübinger Suchtforschungsverbundes und darin Teil des interdisziplinären Kooperationsprojektes von Pädagogik, Psychologie und Psychiatrie[43]. Wenngleich ich auch das pädagogische Teilprojekt zuerst einmal als nicht-feministischen Zusammenhang charakterisieren würde, bot die Anlage der Untersuchung, an der die jetzigen wissenschaftlichen MitarbeiterInnen nicht beteiligt waren, diesen dennoch Spielraum zur Berücksichtigung feministischer Standards und Herangehensweisen. Damit unterscheidet sich das pädagogische Teilprojekt hinsichtlich der Ausdifferenzierung der gemeinsamen Frage nach Wirkungsweisen von Therapiekonzepten und hinsichtlich der theoretischen Ausgangsposition deutlich von dem psychiatrischen und dem psychologischen Teilprojekt.

Die nachfolgenden Ausführungen werden sich im wesentlichen auf das pädagogische Teilprojekt beziehen, der Verbund als Ganzer soll nur an den Stellen thematisiert werden, wenn die weiteren Rahmenbedingungen eine Rolle für meine

---

[42] Rechtfertigung ist hier in dem Sinne gemeint, die Relevanz feministischer Standards gegenüber nicht-feministischen WissenschaftlerInnen zu legitimieren, obwohl vom Standpunkt einer feministischen Wissenschaftlerin die Rechtfertigungsfrage genau andersherum gestellt werden muß.

[43] Psychologie: "Wahrgenommene Kontrolle"; Psychiatrie: "Vergleichende Erforschung der ambulanten und stationären Kurz-, Mittel und Langzeittherapie".

Fragestellung spielen. Meine Überlegungen stelle ich dabei aus der Perspektive einer der wissenschaftlichen MitarbeiterInnen des pädagogischen Teilprojekts an[44].

Ausdifferenzierung der Fragestellung im Kontext drogenpolitischer Entwicklungen
Das Projekt "Alltagswelt Drogentherapie" läßt sich theoretisch im allgemeinen Konzept der Alltagswelt/ Lebenswelt verorten, wie es beispielsweise in der Sozialpsychiatrie und in der Sozialen Arbeit unter dem Stichwort der Lebensweltorientierung verankert ist (vgl. BMJFFG 1990; Thiersch 1992; Rauschenbach/ Ortmann/ Karsten 1993). Drogentherapie wird dabei verstanden als pädagogisch-therapeutisches Setting, das auf Problemlagen der KlientInnen hin konzipiert ist und die Alltagswelt der KlientInnen innerhalb der Drogenhilfeeinrichtungen strukturiert. Die Untersuchung geht der Frage nach, inwiefern bestimmte Elemente der Alltagswelt Drogentherapie Auswirkungen auf Verlauf und Resultat der Therapie bei einzelnen KlientInnen haben, also welche Elemente unter den jeweiligen Bedingungen förderlich sind, Therapieziele zu erreichen. Gefragt wird nach der Struktur und der Wahrnehmung der Alltagswelt in drei unterschiedlichen Settings (Langzeit-, Kurzzeit- und Kompakttherapie) aus der Sicht von KlientInnen und MitarbeiterInnen. Die Untersuchung zielt dabei nicht primär auf die spezifischen Therapieangebote im engeren Sinn, sondern auf den gesamten Zusammenhang des gelebten Lebens in einer Einrichtung, auf die Struktur des Lebensraums und die darin liegende pädagogische und therapeutische Wirkung. Die methodische Durchführung erfolgt anhand von qualitativen Interviews mit KlientInnen (drei Befragungszeitpunkte) und mit MitarbeiterInnen (Einzel- und Gruppengespräche) in drei Einrichtungen der Drogenhilfe Reutlingen/ Tübingen e.V.

---

[44] Wenn ich von 'Wir' spreche, beziehe ich meine KollegInnen Dr. Gabriele Stumpp und Frank Nagel ein - mit Ausnahme des 2. Kapitels, in dem das 'Wir' vorrangig die Frauen aus der Suchtarbeit einschließt.

Betrachten wir - gemäß feministischer Standards - das Geschlechterverhältnis als eine Grundstruktur der Gesellschaft, dann geht es auf struktureller Ebene immer um die gesellschaftliche Konstruktion des Geschlechterverhältnisses und damit immer auch um die Möglichkeiten des Lebens, letztlich um die Möglichkeiten des Frau-Seins und Mann-Seins innerhalb dieser Strukturen. Von diesem Standpunkt aus gesehen muß die Untersuchung geschlechterdifferenziert angelegt sein. Dem Ansatz der Geschlechterdifferenzierung liegt dabei ein Begriff von Differenz zugrunde, der sich bezieht auf eine soziale Konstruktion von Geschlecht(-erdifferenz), die erst die Grundlage für ein hierarchisches Geschlechterverhältnis schafft: eine soziale Konstruktion also, die in spezifischen Kontexten - hier: die Alltagswelt Drogentherapie - immer wieder aufs Neue (re-)produziert und wirksam wird.

Mit Ilse Lenz gesprochen geht es um "eine Matrix von Differenzen: zu begreifen wie Ungleichheit und Verschiedenheit gesellschaftlich geschaffen, sozial generiert wird" (Lenz 1992:22). Entsprechend kommt es nicht so sehr darauf an, ob und inwiefern Männer und Frauen verschieden sind, vielmehr steht im Zentrum der Betrachtung die Frage danach, wie das hierarchische Geschlechterverhältnis als Verdeckungszusammenhang funktioniert, wie sich dieser in den verschiedenen Bereichen des weiblichen und männlichen Lebenszusammenhangs innerhalb der Drogentherapie findet (vgl. Funk/ Schmutz/ Stauber 1993:160) und welche Antworten eine lebensweltorientierte Therapie darauf hat. Geschlechtsneutrale Überlegungen, die sich prinzipiell auf "das Allgemeine" und damit auf die männliche Lebensrealität beziehen, sind auf keiner Ebene mehr denkbar; dagegen erlaubt uns diese Differenzierung, die Alltagswelt und die Realität von Klientinnen und Klienten in ihren vielfältigen Facetten und jenseits gängiger Rollenzuschreibungen und Klischeebildungen zu erfassen[45].

---

[45] Daß neben Geschlecht als grundlegende Kategorie noch andere wie z.B. Ethnizität von Bedeutung sind, und damit der Blick auf die Geschlechterdifferenz erweitert werden muß, ist offensichtlich (vgl. Lenz 1992; Rommelspacher 1995), soll jedoch hier nicht weiter verfolgt werden.

Notwendig ist diese Herangehensweise schon aus einer im engeren Sinn therapiebezogenen Perspektive. Bedeutsam wird sie darüber hinaus aber auch im Kontext der momentan größtenteils alles überlagernden Fragen um die weitere Entwicklung der Drogenhilfe: Medizinisierung der Suchtarbeit, Kosteneinsparungen, Qualitätssicherung/ Qualitätsstandard, Akzeptanz- vs. Abstinenzorientierung als Stichworte einer Phase gravierender Änderungen, die bislang weitgehend ohne Bezugnahme auf Geschlechterdifferenzierung diskutiert und ausgestaltet wird. In diesem Zusammenhang möchten wir mit unserer Herangehensweise auch einen Beitrag leisten zu einer Geschlechterdifferenzierung innerhalb von drogenpolitischen Auseinandersetzungen im Sinne einer lebensweltorientierten, sich professionalisierenden Drogenhilfe. Manche Fragen könnten dann weniger kontrovers und nicht primär aus professionspolitischer Perspektive diskutiert werden. Entwicklungen, Veränderungen und Konzepte müßten sich hingegen deutlich stärker an ihrer Relevanz für die Möglichkeiten der Lebensgestaltung von betroffenen Frauen und Männern messen lassen (vgl. Heinrich 1995).

Zugang zum Forschungsfeld und Zusammenarbeit mit MitarbeiterInnen der Drogenhilfe

Das interdisziplinäre Kooperationsprojekt wurde von Anfang an in intensiver Zusammenarbeit mit der Drogenhilfe Reutlingen/ Tübingen entwickelt, wodurch eine enge Verflechtung von Forschung und Praxis angelegt ist. Dennoch ist die Struktur der ganzen Kooperation hierarchisch geprägt, sowohl was die Planung als auch die konkrete Verankerung im Praxisalltag der Einrichtungen betrifft. Unschwer lassen sich dabei verschiedene Hierarchie- und Auseinandersetzungslinien erkennen: Hierarchie zwischen den Disziplinen, parallel dazu die Auseinandersetzung um die Wertigkeit quantitativer und qualitativer Forschung, Hierarchie zwischen Wissenschaft und Praxis sowie die Hierarchie zwischen den Geschlechtern: während Männer in der Leitungs- und Planungsebene überproportional vertreten sind, ist die Beteiligung von Wissenschaftlerinnen in der Durchführung des Projektes relativ hoch. Auf der Folie dieser verschiedenen, sich teilweise überlagernden Hierarchielinien müssen die konkrete Ausgestaltung und Durchführung des Projektes und speziell die Integration feministischer Standards immer wieder betrachtet werden.

Die - entgegen aller, in erster Linie rhetorischen Versuche, Wissenschaft und Praxis gleichzustellen - existierende Höherbewertung der Wissenschaft gegenüber der Praxis manifestiert sich in unserem Fall deutlich in der Implementation der Forschung in die Praxis "von oben", also über die Leitungsebene[46]. Entsprechend skeptisch reagierten die MitarbeiterInnen auf den Beginn der Forschungsarbeiten, die zwar schon lange vage angekündigt, aber eben nicht transparent und schon gar nicht unter Beteiligung von ihnen geplant waren. Wir ForscherInnen, die wir von einem Forschungsverständnis ausgehen, das zuerst einmal die MitarbeiterInnen und die KlientInnen als ExpertInnen begreift, standen in einem derart gestalteten und nicht beeinflußbaren Prozeß vor einer schwierigen Aufgabe: Wir konnten zwar immer wieder versichern, daß wir - entgegen des bisherigen hierarchischen Vorgehens - die Zusammenarbeit und den Austausch auf gleichrangiger Ebene suchen, aber wer sollte uns das glauben? Die Darstellungen der Forschungsprojekte in den einzelnen Teams fielen entsprechend aus: Desinteresse bis Ablehnung, Angst vor völliger Überlastung, Infragestellen der Forschungsarbeiten überhaupt waren die durchgängigen Reaktionen, was sicherlich durch eine frühere Beteiligung mehrerer DrogenhilfemitarbeiterInnen in der Vorbereitung hätte gemindert werden können. Diese ersten Erfahrungen in den Teams ließen uns unsere Vorgehensweise ändern: wir begannen, die drei Teile des Kooperationsprojektes getrennt vorzustellen, wodurch es uns möglich wurde, im kleineren Rahmen zu diskutieren und auf einzelne Themenbereiche näher einzugehen wiezum Beispiel unseren

---

[46] In einzelnen Zusammenhängen waren zu einem sehr frühen Zeitpunkt auf Seiten der Drogenhilfe und der Pädagogik jeweils ein/e MitarbeiterIn zumindest teilweise integriert. Ich denke jedoch nicht, daß dies die grundsätzliche Richtung von oben nach unten infrage stellt.

Ansatz von Geschlechterdifferenzierung, der im Kooperationsprojekt als Ganzes keine Bedeutung hat. Ebenso wurden wir als ForscherInnen mit unseren Fragen an die Kompetenz der MitarbeiterInnen erkennbar. So ließ sich die hierarchische Struktur wenigstens ein Stück weit aufbrechen, oder anders formuliert: so konnten wir innerhalb hierarchischer Strukturen Formen gleichberechtigter Zusammenarbeit installieren.

Neben dieser Kontaktaufnahme in den gesamten Teams der drei Einrichtungen suchte ich von Anfang an die Kommunikation mit den verschiedenen einrichtungsbezogenen sowie mit den regionalen und überregionalen einrichtungsübergreifenden Frauenzusammenhängen[47]. Dabei erwies sich meine Verankerung in Frauennetzwerken jenseits der Suchtarbeit als äußerst tragfähige und unterstützende Basis für eine sich entwickelnde Zusammenarbeit zwischen Forscherinnen und Praktikerinnen. Indem wir (die Forscherin und die Praktikerinnen) über die unterschiedlichsten Verbindungen voneinander und von unseren jeweiligen Aktivitäten erfuhren, entwickelte sich der Versuch, Beziehungen zu knüpfen, sehr schnell zu einem wechselseitigen Prozeß, in dem potentiell alle Beteiligten ihre jeweiligen Interessen formulieren konnten. Besonders durch den Austausch mit einer Mitarbeiterin der Drogenberatungsstelle Reutlingen, die zwar nicht direkt in die Untersuchung einbezogen ist, aber zum gleichen Träger gehört, ergab sich schon im Vorfeld der konkreten Erhebungsphase ein kontinuierlicher Austausch, innerhalb dessen wir uns gegenseitig informierten, uns über Konzepte der (Frauen-)Suchtarbeit und verschiedene Praxisinitiativen auseinandersetzten und im weiteren Verlauf auch zunehmend gemeinsame Aktivitäten zum (sozialpolitischen) Transfer von Ergebnissen diskutierten und planten[48]. Nicht zuletzt durch ihr Engage-

---

[47] Dies war im Rahmen unseres arbeitsteiligen Vorgehens innerhalb des pädagogischen Teilprojektes speziell meine Aufgabe, was sicherlich auch damit zusammenhängt, daß die Verankerung von feministischen Standards primär mein Anliegen war.

[48] Auf diese Zusammenarbeit geht auch die Konzeption für ein weiteres Schuchforschungsprojekt zum Thema "Geschlechterdifferenzierte Ansätze in der Suchthilfe" zurück.

ment erhielt ich - meist auf unbürokratischem Weg - Zugang zu weiteren Netzwerken wie zum Beispiel dem AK "Frauen und Sucht" der Region Stuttgart, dem Mitarbeiterinnentreffen der Drogenhilfe Reutlingen/ Tübingen sowie zu regionalen Treffen von Fachfrauen über das "Kontakt- und Info-Café für Mädchen und Frauen mit und ohne Drogenprobleme" in Reutlingen.

Über gemeinsame Themen wie "Frauen in der Suchtarbeit" und "Geschlechterdifferenzierung in der Suchthilfe" fanden sich Anknüpfungspunkte jenseits der Trennung Wissenschaft/ Praxis und es eröffneten sich Möglichkeiten der gegenseitigen Bezugnahme und Anerkennung. Einerseits half dies den ForscherInnen, ihre Forschungskonzeption zu verfeinern, weiterzuentwickeln und den jeweiligen Gegebenheiten anzupassen, also den Blick für das Forschungs-Praxis-Feld zu schärfen. Andererseits erkannten wir zahlreiche, aus der Sicht der Praxismitarbeiterinnen interessante Punkte, die in die Erhebungen miteinbezogen werden sollten. Sie betreffen sowohl die konkrete Gestaltung der Alltagswelt Therapie als auch übergreifende Themen wie beispielsweise Veränderungen auf Seiten der Kostenträger, Entwicklungen zwischen den psychosozialen und medizinischen Berufsfeldern sowie Fragen zu geschlechterdifferenzierenden Arbeitsansätzen in der Suchthilfe. Da nun zunehmend der gemeinsame Bezugspunkt nicht mehr das beginnende Forschungsprojekt war, dem die einzelne/ der einzelne mehr oder minder offen gegenübersteht, sondern gemeinsame thematische Interessen, an denen in unterschiedlichen Zusammenhängen (zwischen Forschung, Praxis und Politik) gearbeitet wird, entwickelten sich auf diese Art und Weise vielfältige und fruchtbare Formen der Zusammenarbeit, jenseits von Konkurrenz zwischen den einzelnen Bereichen. Dies trug erheblich zur verbesserten Wahrnehmung der Bedürfnisse und Problemlagen der jeweils anderen und mithin zur Transparenz und Akzeptanz der sehr unterschiedlich strukturierten Bereiche bei, was die Kooperation im konkreten Forschungsalltag äußerst positiv beeinflußte. Beispielsweise wurden wir vielfältig unterstützt in unserem Anliegen, in den gemischten Einrichtungen möglichst zu 50% Frauen zu interviewen, was angesichts der geringen Belegung mit Frauen anfangs durchaus nicht unproblematisch gesehen wurde - weder von Forschungs- noch von PraxisvertreterInnen. Da unser Ansatz der Geschlechterdifferenzierung für die beteiligten PraktikerInnen transparent ist, bieten sich in Interviews mit MitarbeiterInnen stets auch Gelegenheiten, die KlientInnen der Therapie in ihrem Frau- oder Mann-Sein zu thematisieren und Ereignisse in diesem Kontext kritisch zu reflektieren. Allein die offene Thematisierung der Geschlechterdifferenzierung als Forschungsgrundsatz eröffnet mithin Wege, zumeist Verdecktes anzusprechen und auch im Interview "laut über Sachverhalte nachzudenken", die sonst unbenannt blieben. Hierin sehen wir eine grundlegende Erweiterung "geschlechtsneutraler" Forschung. Darüber hinaus ergeben sich in konkreten Situationen immer wieder Anknüpfungspunkte für weiterführende Debatten zwischen MitarbeiterInnen der Praxis und der Forschung, beide Felder gleichermaßen bereichernd: ForscherInnen erlangen Kenntnisse über aktuelle Entwicklungen im Praxisalltag, während gleichzeitig relevante Ergebnisse der Untersuchung in Konzept- und Strukturgespräche einfließen.

Immer wieder allerdings zeigte sich an einzelnen Punkten auch eine gewisse Ablehnung auf Seiten der MitarbeiterInnen gegenüber dem Forschungsansatz der Geschlechterdifferenzierung und insbesondere gegenüber Fragen nach geschlechterdifferenzierenden Vorgehensweisen in der praktischen Arbeit. Nicht selten kommen Aussagen wie "Sucht macht alle gleich", "Eine Frauengruppe gibt es, aber wenige interessieren sich dafür" oder aber, "Diese mußte gerade aus Gründen der Arbeitsüberlastung gestrichen werden". Dies verweist - ähnlich wie auf Seiten der Forschung - auf das Problem der Zumutung, nämlich auf die Angst, in einem ohnehin schon überfüllten Arbeitsalltag noch mit "zusätzlichen" Problemen und Anforderungen belastet zu werden. Die mit geschlechterdifferenzierter Arbeit assoziierte oder auch real verknüpfte Überforderung im Arbeitsalltag wirkt sich - so unser erster Eindruck - vor allem als ein Problem für Frauen aus. Sie sind es, die sich einerseits scheinbar von der Frage der Geschlechterdifferenzierung eher angesprochen fühlen, aber auch stärker angesprochen werden. Andererseits sind Frauen in weitaus stärkerem Maß als Männer auf Teilzeitstellen beschäftigt. Geschlechterdifferenzierung wird meist als Frauenarbeit oder als Arbeit mit Frauen verhandelt und somit fast automatisch als zusätzliches Aufgabengebiet zur "eigentlichen" Arbeit für Frauen erklärt. Männer können sich damit kurzerhand von diesem Anliegen distanzieren, und zwar ohne in den Verdacht zu kommen, dies nicht als notwendig zu erachten.

In Bezug auf die Forschungsfrage verdichtet sich zweierlei:
Erstens liegt darin ein Hinweis auf die Bedeutsamkeit der Frage nach dem Geschlechterverhältnis auf der Ebene der MitarbeiterInnen. Unser anfängliches Befremden über ablehnende Haltungen, die von uns primär als Desinteresse gedeutet wurden, brachte uns zunehmend dazu, danach zu fragen, was diese Reaktionen bedeuten, was sie vor allem im Blick auf den Arbeitsalltag der DrogenhilfemitarbeiterInnen bedeuten und wie die Abwehr mit dem auf anderen Ebenen durchaus spürbaren Interesse an Geschlechterdifferenzierung zusammenzudenken wäre; letztlich natürlich: in welcher Form sich Geschlechterdifferenzierung in der Praxis unter diesen Gegebenheiten konkretisiert, also die Frage, wie in den jeweiligen Settings mit dem Verdeckungszusammenhang der Geschlechterhierarchie umgegangen wird. Das alles sind Fragen, die wiederum in die derzeit sich in der Vorbereitung befindende MitarbeiterInnenbefragung eingehen werden. Wie sich schon gezeigt hat, ist dies ein äußerst sensibler Bereich, mit dem in der Untersuchung entsprechend sensibel umgegangen werden muß. Die Deutung als Desinteresse (und damit implizit immer auch als Vorwurf gedacht) bringt uns dabei nicht weiter. In der methodischen Umsetzung sollte es uns daher gelingen, dieses Deutungsmuster zu überschreiten und ein vorwurfsfreies Klima zu schaffen, innerhalb dessen Ängste von MitarbeiterInnen ernst genommen und der Arbeit grundsätzlich Wertschätzung und Anerkennung entgegengebracht werden. Nur auf dieser Basis könnte dann auch Raum für kritisches Nachfragen entstehen.

Denkbar wären zum einen Gruppengespräche, etwa als Forum für inhaltliche Auseinandersetzung zur Therapiegestaltung, wobei dem Thema Geschlechterdifferenzierung ein breiter Raum zuzubilligen wäre: also als eine weiter gefaßte, theoretische Annäherung, die erst in einem zweiten Schritt - auf dieser vorher geschaffenen Grundlage - zum jeweiligen konkreten Therapiesetting und Arbeitsalltag der PraxismitarbeiterInnen führt. Frauen und Männer wären damit gleichermaßen angesprochen. Somit könnten Möglichkeiten entstehen, auf unterschiedlichen Ebenen vielfältige Sichtweisen zum Ausdruck zu bringen, ohne sich primär für das eigene Tun oder die eigene Sicht der Dinge zu rechtfertigen. Zum anderen müßte das Thema Geschlechterdifferenzierung in Interviews mit einzelnen MitarbeiterInnen sowohl als gesondertes Thema bearbeitet wie auch als "Querschnittthema" verhandelt werden, d.h. Struktur und Intention der Therapiekonzepte wären demgemäß immer wieder auf ihre Wirkungen für Frauen und Männer differenziert zu betrachten. Um nur ein Beispiel zu geben: In Bezug auf die Arbeitstherapie wäre dann u.a. danach zu fragen, ob und inwiefern für die Arbeitstherapie die geschlechtsspezifische Segregation des Arbeitsmarktes und die geschlechtsspezifisch unterschiedlichen Chancen zur (Re-) Integration in die Erwerbsarbeit eine Bedeutung haben, und wie damit im Rahmen der Arbeitstherapie umgegangen wird.

Zweitens verweisen uns diese Formen von Widerstand auch auf eine kritische Betrachtung der Kategorie Geschlecht im Hinblick auf die Konstruktion der Frau als das "besondere Problem", worauf ich im folgenden näher eingehen möchte.

Muß Geschlechterdifferenzierung Frauen als ein besonderes Problem konstruieren?
Frauen gelten im Zusammenhang mit illegalen Drogen wie Heroin, Kokain und LSD eher als Minderheit. Der Literatur zufolge machen sie nur rund 30% der Konsumierenden aus, was ungefähr auch den Gegebenheiten innerhalb der Straßenszene Tübingens entspricht. Ebenso fallen sie durchschnittlich weniger unangenehm auf als ihre männlichen Kollegen. So finden wir sie seltener in den Kriminalitätsstatistiken

und in den Gefängnissen; unter denjenigen, die mit Drogen dealen, sind sie vorrangig als Kleinhändlerinnen tätig, häufig sind sie bei direkten und indirekten Drogenstraftaten die Helferinnen männlicher Haupttäter. Allenfalls als Prostituierte geraten sie in den Blick der Betrachtung, nämlich, bedingt durch den Zwang, schnell große Summen zu verdienen, als willige und billige Anbieterinnen ihrer Dienste. Dieser Umstand positioniert sie in der Rolle als Prostituierte wie auch und in der als Drogenkonsumierende am jeweils unteren Ende der Hierarchie.

Der 30%-Anteil unter den Drogenkonsumierenden gilt auch für die durchschnittliche Anzahl der Frauen in Therapieeinrichtungen. In den zwei von uns untersuchten gemischtgeschlechtlichen Einrichtungen befinden sich in der Regel max. 30% Frauen. In der 6-Monatstherapie meist sogar deutlich weniger, d.h. manchmal nur 10-20%. Eine weitere Einrichtung, die 3-Monats-Therapie, nimmt ausschließlich Männer auf. Frauen sind demzufolge insgesamt in der Minderheit, fallen weniger ins Gewicht (oder auf), geraten allenfalls als Benachteiligte, Unterdrückte oder Beschützenswerte in den Blick. Nicht zuletzt hat die in den letzten Jahren verstärkt thematisierte Auseinandersetzung um sexuellen Mißbrauch mit sich gebracht, gerade drogenabhängige Frauen in erster Linie dann zum Thema zu machen, wenn sie das Opfer sexueller Gewalt in der Kindheit oder später dann zum Beispiel als Prostituierte waren. Dies führt inzwischen zu einem therapiepolitischen Kurzschluß: Kostenträger halten die Finanzierung einer Therapie innerhalb einer Fraueneinrichtung nur dann für notwendig - und eben nur dann -, wenn nachweisbar sexuelle Mißbrauchserfahrung vorliegt (vgl. Heinrich 1995). Die autonome Entscheidung einer drogenabhängigen Frau, unabhängig von Gewalterfahrung, führt bedeutend seltener zu einer Kostenzusage für eine Frauentherapieeinrichtung. Das Geschlechterverhältnis wird also dann zum Gegenstand, wenn es als offensichtliches Gewaltverhältnis zutage tritt, jedoch auch dann nicht als Verhältnis, sondern in der personalisierten Form, die Frauen zwar als Opfer männlicher Gewalt benennt, sie freilich auch als (behandlungswürdige) Problemgruppe etikettiert. Die Strategien von Kostenträgern jedenfalls legen - werden bestimmte Ziele verfolgt - die Darstellungsweise als Opfer nahe, und die Problemgruppe wird abermals konstituiert: drogenkonsumierende Frauen werden zu Frauen mit zusätzlichen, aus ihrem Drogenkonsum resultierenden Problemen, die Männer nicht haben. Dies führt zu einem allgemeinen Erscheinungsbild: dem männlichen Drogenkonsumenten, und zu einem besonderen: der weiblichen Drogenkonsumentin. Männer mit geschlechtsspezifisch besonderen Problemen/ Themen kommen in diesem Diskurs kaum vor. Drogenkonsumentinnen scheinen ein besonders eindrucksvolles Beispiel für die "Exotisierung zu einem weiblichen Sonder- und Randproblem" (vgl. Windhaus-Walser 1991:383) abzugeben, was sich teilweise auch in der Frauengesundheits- und Frauensuchtforschung widerspiegelt (vgl. Stumpp 1997; Zurhold 1993).

Von Bedeutung sind hier in der theoretischen Betrachtung zwei Denkfiguren: die Denkfigur der universalen "Frau" und die Denkfigur der Frau als Opfer, ausgehend von einer Einheit der Frauen in einem globalen Patriarchat (vgl. Lenz 1992). Das Opfer-Theorem legt nahe, Frauen generell (und ausschließlich) in einer Opferrolle zu betrachten, was häufig dazu führt, eigentätige Aspekte sowie Konflikte zwischen Frauen zu vernachlässigen. Die Denkfigur der universalen "Frau" ist, so Ilse Lenz (1992:18), in der westlichen Sozialwissenschaft neben die Denkfigur des universalen "Menschen" getreten. In der Tradition der Aufklärung wird "diese universale Frau als 'halbierter Mensch' (...) nur leicht zu einer Art Normalkonstruktion für das Weibliche. 'Frauen sind ..., haben ..., tun ...'" (ebd.:19). Frauen, die in diese Normalkonstruktion nicht hineinpassen, wie zum Beispiel Drogenkonsumentinnen, werden unter der "generelle(n) Annahme einer 'besonderen' Unterdrückung" (ebd.) zu "besonders" Unterdrückten erklärt - als Subkategorie der Normalkonstruktion. So läßt sich für jede Frau eine Kategorie finden - stringent in dem Muster der Zweigeschlechtlichkeit gedacht, das tendenziell den männlichen Geschlechtscharakter in Abgrenzung zum weiblichen beschreibt; Unterschiede zwischen Frauen (oder zwischen Männern) bleiben außen vor (vgl. ebd.:21). Aus diesen theoretischen Grundannahmen resultieren Vereinseitigung, Reduzierung und Klischeebildung - entgegen der Tatsache, daß die

Lebenswelt von Mädchen und Frauen von vielfältigen Ambivalenzen durchdrungen ist: Erfahrungen von Zurücksetzung, Einschränkung und Gewalt existieren eigentümlich verschränkt mit Überlebenswillen, Widerstand, Lebensbewältigung und Gestaltung, d.h. Stärken und Beschädigungen vermischen sich, wie dies von Heide Funk ausgeführt wurde (vgl. Münchmeier 1997).

Welche Schlüsse lassen sich daraus für eine geschlechterdifferenzierte Drogentherapieforschung ziehen? Die Lebensrealität von drogenkonsumierenden Frauen - so nehmen wir an - ist um einiges vielfältiger, als es in dem stringent polaren Muster der Zweigeschlechtlichkeit gedacht wird: nicht alle drogenkonsumierenden Frauen sind gleich und in dieser Gleichheit ausschließlich anders als nicht-konsumierende Frauen, gleichzeitig sind sie vielleicht in manchem drogenkonsumierenden Männern ähnlicher als nicht-konsumierenden Frauen, sie sind dabei auch nicht alle besonders unterdrückt und sie sind nicht alle Opfer männlicher Gewalt. Darin deutet sich an, wie wenig die Lebenswelt von Frauen zwischen den polaren Kategorien Autonomie/ Widerstand und Unterdrückung/ Anpassung analysierbar ist.

Während ein hoher Prozentsatz drogenkonsumierender Frauen einerseits unterschiedlichen Formen von Gewalttätigkeiten ausgesetzt ist, arrangieren sie sich gleichzeitig durchaus widerständig und autonom innerhalb (drogenkonsumierender) Kulturen, z.B. als Dealerinnen, Organisatorinnen, Betrügerinnen oder einfach als Menschen, die sich einen Platz verschaffen müssen in einer Szene, deren Spielregeln weniger Anpassung und Mitmenschlichkeit als Härte, Durchhaltevermögen und Eigenständigkeit nahelegen. Daß Frauen auch dort typisch "weibliche" Aufgaben und Rollen übernehmen wie Fürsorglichkeit und Beziehungspflege, d.h. für eine angenehme Atmosphäre zuständig sind, sei davon unbenommen. Ebenso widersprüchlich zeigt sich uns das Bild der Frauen in den Therapieeinrichtungen: einerseits lassen sich zahlreiche Momente patriarchaler Ausbeutung finden, andererseits erhalten wir aus den Interviews auch Hinweise auf eine außerordentlich selbstbewußte Positionierung der Frauen in der Alltagswelt Drogentherapie.

In dieser Sichtweise verändert sich auch der Blick auf Männer in der Alltagswelt Therapie: Einerseits erfahren wir, so die Erkenntnisse aus unseren ersten Interviews, in der Männertherapie einiges über die Rolle und Funktion von Frauen in der Einrichtung - gerade durch ihre Abwesenheit. Gleichzeitig scheint genau die Abwesenheit den Raum dafür zu schaffen, daß sich Männer eher mit Fragen der eigenen Bedürftigkeit auseinandersetzen, jenseits des Zwangs, einem gesellschaftlich vordefinierten Männerbild zu entsprechen und ohne diese Anteile sofort wieder an Frauen zu delegieren. Darin lassen sich unschwer Momente einer behinderten Entfaltung von Subjektivität auf Seiten beider Geschlechter ausmachen. Geschlechterdifferenzierung in Praxis und Forschung - so deutet sich hier an - wäre daher ein Instrument, eigene Bedürftigkeit und Mangel an Unterstützung sowie Bewältigungswege auf Seiten von Männern und Frauen ins Gesichtsfeld zu rücken und damit dem Verdeckungszusammenhang hierarchischer Geschlechterverhältnisse näher zu kommen.

Es spricht einiges dafür, die Sicht auf die Opferrolle von drogenkonsumierenden Frauen zu überschreiten, und zwar ohne die Erfahrungen von Benachteiligung und Gewalt außen vor zu lassen oder nicht ernst zu nehmen - was aus feministischer bzw. frauenpolitischer Perspektive ebenso fatal wäre. Neben Beschädigungen, Verletzungen, Schwächen und Bedürftigkeiten sollten aber gleichermaßen Unterstützungsformen, Bewältigungsstrategien, Ressourcen und Stärken in den Blick genommen werden: drogenkonsumierende Frauen als handelnde Subjekte, in allen Facetten ihres Handelns und Seins. Jenseits von schematischen Reduzierungen gilt es zu fragen, welche subjektiven Erfahrungen Frauen in ihrer Biographie gemacht haben und wie sie vor diesem Hintergrund ihren Aufenthalt in der Therapie erleben, inwiefern sie die Alltagswelt als förderlich für ihre Entwicklung wahrnehmen. Welche Unterstützung bietet ihnen diese? Kann die Alltagswelt Therapie den Raum schaffen, in dem sich Frauen und Männer als Handelnde jenseits von Zuschreibungen an Geschlechterrollen zeigen und wahrgenommen werden können? Über welche Bewältigungsstrategien verfügen sie? Bietet die Therapie Möglichkeiten für die Entwicklung von Bewältigungsstrategien, ansetzend an den Ressourcen und Stärken, die die KlientInnen trotz aller Verletzungen und Beschädigungen mitbringen? Und welche Rahmenbedingungen braucht eine Therapieeinrichtung, um dies leisten zu können? In der vorgestellten Weise muß Geschlechterdifferenzierung Frauen nicht zur besonderen Problemgruppe erklären; sie kann vielmehr Frauen und Männer in ihren Stärken und Schwächen, mit ihren Behinderungen und Ressourcen sowie den daraus resultierenden Bewältigungsstrategien wahrnehmen. Darin liegt ein zentrales Moment der Erweiterung geschlechtsneutraler Forschung durch feministische Standards.

Die Aufgabe der Interviewerin/ des Interviewers ist es, im Interview das Klima so zu gestalten, daß Bedürftigkeit, Unterstützungen, Stärken und Schwächen von Frauen und Männern formuliert werden können. Dazu ist es erforderlich, daß vor dem Hintergrund der theoretischen Auseinandersetzung mit feministischen Standards ein Gehör für die oftmals feinen Töne am Rande bekannter Pfade entwickelt wird. Schematische Reduzierungen müssen also im Vorfeld schon minimiert werden, damit den InterviewpartnerInnen eine Offenheit für subjektive Erfahrungen und Sichtweisen in ihrer ganzen Vielfältigkeit jenseits von Vorab-Zuschreibungen entgegengebracht werden kann - sozusagen das Nichtalltägliche im Alltag entdeckt und entschlüsselt werden kann[49]. Daß dies ein anspruchsvolles Unterfangen ist, liegt u.a. auch in der Tatsache begründet, daß wir als ForscherInnen selbst im Verdeckungszusammenhang hierarchischer Geschlechterverhältnisse agieren, also selbst immer auch Teil des Verdeckungszusammenhangs sind, den wir gleichzeitig durchdringen und entschlüsseln wollen.

---

[49] Selbstverständlich fließen diese Überlegungen ebenso in die Auswahl der Themen- und Fragebereiche im Vorfeld der konkreten Erhebungen sowie in die Gestaltung der Auswertung des Interviewmaterials ein, worauf ich aber an dieser Stelle nicht eingehen kann.

Von der Zumutung zur Bereicherung - aber nur um den Preis von Auseinandersetzung: Anmerkungen zu Konfliktlinien im Forschungsprozeß

Zum Abschluß komme ich auf meine Eingangsfragen zurück: Ist es überhaupt sinnvoll, feministische Standards zu integrieren? Ist es nicht eher eine Zumutung? Diese Fragen muß wohl jede/r LeserIn für sich selbst beantworten. Ich hoffe jedoch deutlich gemacht zu haben, wie meine Antwort ausfallen würde. Zusammengefaßt lassen sich sinnvolle Erweiterungen durch feministische Standards auf vier Ebenen festhalten: Feministische Standards ermöglichen,

* eingebettet in die Analyse gesellschaftlicher Strukturen die Fragestellung in einer dem Forschungsgegenstand angemessenen Weise auszudifferenzieren;
* zu differenzierten, für Reduktionen und Klischees sensiblen Aussagen über die Alltagswelt beider Geschlechter zu kommen, ohne die hierarchische Konstruktion des Geschlechterverhältnisses in seiner Wirkungsweise als Verdeckungszusammenhang außer acht zu lassen, was die Gefahr der Entpolitisierung mit sich brächte;
* inhaltlich konzentrierte Zusammenarbeit mit PraxismitarbeiterInnen und damit die Optimierung des Ergebnistransfers (Anwendungsorientierung), sowie
* die Verankerung in (frauen-)drogenpolitischen Kontexten im Sinne einer Praxis-Politik-Forschungs-Verknüpfung.

In dem von mir beschriebenen Sinn ist Geschlechterdifferenzierung nicht ein "Zusatz" zum Forschungsprogramm, d.h. sie wird nicht additiv zum "Eigentlichen" gedacht - sie liegt quer dazu, indem an jedem Punkt der Untersuchung die geschlechtshierarchische Konstruktion der Gesellschaft in ihrer Wirkungsweise als Verdeckungszusammenhang reflektiert wird. Insofern meint Geschlechterdifferenzierung als grundlegende theoretische und methodische Maxime in Forschung und Praxis nicht ein "Mehr" an Aufwand, sondern eine veränderte Vorgehensweise. Sie schafft natürlich erst einmal ein "Mehr", weil sie vielleicht mit alten, liebgewonnenen

Selbstverständlichkeiten bricht und neue bzw. anders gewichtete, theoretische und methodische Überlegungen mit sich bringt. Auch dies kann jedoch immer wieder zu konflikthaften Auseinandersetzungen führen.

Im Kooperationsverbund wird unser Ansatz der Geschlechterdifferenzierung weitgehend akzeptiert, aber eben als additiver Bestandteil unserer "eigentlichen" Aufgabe. Das Problem der Zumutung entfällt hier, weil es unserer Entscheidungsfreiheit überlassen bleibt, wie wir mit unseren zeitlichen und personellen Ressourcen umgehen. Allerdings haben wir bislang im gesamten Verbund kaum fundiert über unseren Ansatz der Geschlechterdifferenzierung diskutiert, was vielleicht an den zu erwartenden Auseinandersetzungen liegt. Beispielsweise war es schon schwierig, ein gemeinsames Informationsblatt für die KlientInnen so zu formulieren, daß Frauen und Männer angesprochen werden. Unsere unterschiedlichen Vorstellungen über die Präsentation der drei Teilprojekte in den Praxiseinrichtungen führte zu getrennten Terminen, bei denen jedes Teilprojekt seine jeweiligen Schwerpunkte setzen konnte. So läßt sich die Zusammenarbeit auf dieser Ebene eher als friedliche Koexistenz beschreiben, die eine Integration feministischer Standards bislang nicht tangiert.

Auch wenn feministische Standards nicht als Zusatz, sondern als Querschnittthema verhandelt werden, kann dies in jedem Stadium der Forschung zu Auseinandersetzungen führen, weshalb die Integration feministischer Standards in nichtfeministische Zusammenhänge primär die Offenheit und Auseinandersetzungsbereitschaft aller beteiligten Personen voraussetzt. Für feministische Forscherinnen heißt das auch immer wieder, Konflikte zu riskieren, indem sie die Standards bezogen auf die Forschungsfrage zum Thema macht. Mithin bewegt sie sich auf einem schmalen Grat zwischen Alleinzuständigkeit für Frauenfragen bzw. Geschlechterdifferenzierung und der Behandlung von Geschlechterdifferenzierung als Querschnittsfrage bzw. der Beachtung feministischer Standards insgesamt. Dies gilt es immer wieder zusammen mit den KollegInnen auszubalancieren. In unserem Fall gab es von Anfang an gemeinsam geteilte Vorstellungen über die Thematisierung von Männern und Frauen, so daß günstige Ausgangsvoraussetzungen für eine Integration feministischer Standards existierten, wenngleich tendenzmäßig dies in meinen Zuständigkeitsbereich gehört(e). Mit der Auseinandersetzung über feministische Standards nahm aber die Selbstverständlichkeit im gesamten pädagogischen Teilprojekt zu, Geschlechterdifferenzierung an jedem Punkt der inhaltlichen und methodischen Auseinandersetzungen mitzudenken und zu diskutieren, so daß es mehr und mehr für alle Beteiligten ein Anliegen wurde. Aus der Alleinzuständigkeit einer Kollegin heraus kann Geschlechterdifferenzierung auch kaum als Querschnittfrage behandelt werden - vielmehr muß sie dann zwangsläufig zur Sonder- und Problemfrage werden, was nicht der Intention feministischer Standards entspräche.

III. Zur sozialpolitischen Transformation feministischer Forschung

Praxis - Forschung - Politik : Ausgangspunkte

Durch sämtliche Kapitel dieses Buches zieht sich ein Grundverständnis zum Verhältnis von Forschung und Praxis, das den Sinn feministischen Forschens in gesellschaftlicher Praxis sieht (ohne dabei die Theorieentwicklung zu desavouieren), und umgekehrt unterstellt, daß die Seite der Praxis einen direkten oder indirekten Nutzen aus einer Zusammenarbeit mit Forscherinnen ziehen kann, die gemäß eines solchen praxisorientierten Grundverständnisses arbeiten. Unsere Überlegungen zum politischen Gehalt feministischer Forschung fassen wir hier unter dem Begriff der "sozialpolitischen Transformation" zusammen. Feministische Forschung ist von ihrem Selbstverständnis her immer schon politische Forschung. Sie zielt auf die Veränderung der Geschlechterhierarchie und ist damit politikverändernd. Sie funktioniert auf der Basis von praktischer Mädchen- und Frauenarbeit, Mädchen- und Frauenpolitik und ist somit praxis-/ politikbezogen. Sie intendiert den Rückfluß ihrer Ergebnisse in eben diese Praxis/ Politik und ist damit umsetzungsbezogen. Und sie zielt auf die Transformation des Praxiswissens in die sozialpolitischen Diskurse, ist insofern "Diskurspolitik".

Was aber bedeutet "Transformation"? Geht es um Vermittlung? In welchem Sinne und in welcher Richtung? Wenn die Frage der Vermittlung lautet: "...und wie können die Forschungsergebnisse nun in die (hohe) Politik transferiert werden?", dann ist sie u.E. schon falsch gestellt, denn dann liegt ihr ein einseitiges und hierarchisches Politikverständnis zugrunde, das uns weder angemessen noch realistisch erscheint: als wäre unsere Lebenspraxis ausgeklammert aus politischen Prozessen, als hätte sie keine politische Relevanz, und als wäre Politik ausschließlich die "offizielle Politik". Unseres Erachtens liegt die politische Aufgabe von feministischer Forschung gerade darin, dafür zu sorgen, daß die eigene (potentiell politikgestaltende) Rolle von Frauen nicht mehr herausdefiniert wird aus dem Bereich dessen, was als Politik/ politische Praxis gilt, und daß dies nicht nur ein kognitiver Akt ist, sondern über entsprechende Praxis konkret erfahrbar wird.

Im Ansatz einer praxis- und politikorientierten feministischen Forschung wird das Vermittlungsproblem anders angegangen bzw. stellt sich von vorne herein anders. Die Frage nach der Vermittlung kommt nicht *nach* der Forschung, sondern ist elementarer *Bestandteil* der Forschung - sie stellt sich also an einer anderen Stufe des Gesamtprozesses. Es ist zentraler *Ausgangspunkt* der Forschung, daß sie in Praxis- (und damit immer auch in Politik-)zusammenhänge integriert sein muß, um überhaupt relevante Ergebnisse zu bekommen.

Diese enge Praxis- und Politikvermittlung beginnt bei der Bestimmung des *Forschungsbedarfs*. Dieser liegt nicht oder nur in selten Fällen offen zu Tage, sondern ist strukturell verdeckt durch herrschende Definitionen von "politikrelevanten Themen", durch Problemanalysen, die frauenspezifische Belange abspalten und in ihrer Bedeutung minderbewerten. Den Bedarf zu ermitteln, und ihm entsprechend die Fragestellung für die Untersuchung zu formulieren, ist also bereits ein Ergebnis einer gemeinsamen Aufdeckungsarbeit, eines Prozesses, den wir als Forscherinnen initiieren, unterstützen, begleitend beobachten können[50]. Er ist ein wichtiger Schritt des Forschungsprozesses, der nicht als "exploratives Vorfeld" aus der Forschung hinausdefiniert werden soll, sondern als integraler Bestandteil desselben anzusehen ist.

---

[50] Hier sehen wir derzeit viele Parallelen zur partizipationsorientierten Planungsdiskussion, in der inzwischen auch zum Standard erhoben wird, daß der Bedarf erst Ergebnis eines komplexen kommunikativen Prozesses in einer Region/ einer Kommune ist, keineswegs vorab oder durch eine bloße Auswertung der vorhandenen Infrastrukturdaten diagnostizierbar ist.

Sozialpolitische Transformation bedeutet also zunächst: die latente sozialpolitische Funktion der sozialwissenschaftlichen/ feministischen Diskurse offensiv zu wenden. Dies heißt konkreter, die eigenen Aussagen in ihrer sozialpolitischen Relevanz ernstzunehmen und in die entsprechenden politischen Diskurse einzubringen: Diskurspolitik nach außen[51]. Hier begegnet uns scheinbar wieder das "alte" Vermittlungsproblem. Aber es stellt sich anders. Indem wir die Frage explizit als herzustellende *Vermittlung* benennen, verstetigen wir nicht mehr die unausgesprochene Hierarchie der Wissens- und Relevanzbezüge, in die es gälte "hineinzukommen" - wir hinterfragen die Maßstäbe. Es geht also im erneuten Auftauchen der "alten" Vermittlungsfrage nicht mehr um die Vermittlung zwischen Theorie und Praxis, sondern zwischen lebensweltlichem Praxis- und Politikverständnis und "offizieller" Politik, sprich: dem, was im offiziellen politischen Diskursfeld als politikrelevant gilt. Es geht also darum, die Trennung von Praxis und Politik zu hinterfragen, Politik als Hierarchieverhältnis kritisch infrage zu stellen.

Sozialpolitische Transformation ist aber auch Diskurspolitik nach innen: Sie sucht nach Wegen, wie frauenpolitische Relevanzen "entdeckt" und als "Frauenpolitika" (s.u.) thematisiert werden können.

Beidesmal, nach außen und nach innen, begegnet uns dabei das Problem der Hierarchien des Wissens, welches wir in den Kontext der Geschlechterhierarchie stellen müssen: "lebensweltliches Wissen" ist Wissen aus dem "reproduktiven" (und damit den Frauen zugeschriebenen) Bereich und bekommt weniger gesellschaftliche Bedeutung zugeschrieben als das "professionelle" Wissen.

So ist unser Verständnis der Forschung also in einem doppelten Sinn umsetzungsbezogen: ihre Themen und Forschungsvorgehen werden im Praxiskontext entwickelt und bearbeitet und ihre Ergebnisse fließen in Praxis zurück, beanspruchen

---

[51] Hierzu gehört, sensibel wahrzunehmen, wo und wie die eigenen Kategorien und Begriffe in ganz andere politische Diskurse integriert werden.

Relevanz für Praxis. Und sie ist gleichermaßen diskursbezogen: sie zielt darauf, ihre Ergebnisse in den sozialpolitischen Diskurs einzubringen und diesen zu verändern.

Auf der methodischen Ebene geht es dann darum, Wege zu finden, wie diesen Hierarchien gegengesteuert werden kann. Diese Wege sehen in jeder praxisbezogenen Forschung anders aus (vgl. Projektvorstellung I und II). Feministische Forschung hat unseres Erachtens die übergeordnete Aufgabe, zur Enthierarchisierung des Wissens beizutragen, an den Bedingungen für diese Enthierarchisierung mitzuarbeiten ("Veränderung des sozialpolitischen Klimas"). Wie dies geschehen kann, zeigt das praktische Beispiel unserer Werkstatt-Tagung, mit der sich das Tübinger Institut für frauenpolitische Sozialforschung im Herbst 1996 einer interessierten weiblichen Öffentlichkeit vorstellte und gleichzeitig erprobte, wie ein gemeinsamer Prozeß der Entwicklung von Forschungsbedarfen aussehen kann. Zentraler Bezugspunkt ist der konkrete Zusammenhang mit anderen als politische Praxis. Dieser Zusammenhang ist mehr als ein Kooperationsangebot oder die Verständigung mit BündnispartnerInnen. Ausgangspunkt ist der konkrete Bezug auf die reale Lebenssituation von Frauen und Mädchen - ihre zum Teil restriktiven Bedingungen, ihre subjektiven Strategien, ihre Bewältigungsleistungen, ihre Ambivalenzen, Bedürfnisse und Potentiale - ist die gemeinsame Basis engagierter Frauen in Praxis, Forschung und Politik - ist auch der Bezugspunkt für Einflußnahmen und Durchsetzungsprozesse in diesen Bereichen.

Idee der Tagung und unserer Forschung generell war und ist, mit den beteiligten Praktikerinnen - die in ihren Positionen und Arbeitsaufgaben immer Praktikerin, Planerin, "Forschende" und Privatperson sind - zusammen Forschungsbedarf herauszuarbeiten, der sich aus den Erfahrungen bisher gelebter eigener Lösungen und Strategien stellt. Dies ist in einer sozialpolitischen Situation, die geprägt ist

* von restriktiven Bedingungen für frauen- und mädchenpolitische Initiativen,
* von einem gesellschaftlichen Diskurs, der Lösungen gesellschaftlicher Widersprüche zunehmend mehr als Privatsache behandelt,

* von einer offiziellen Politik, die sich für die Lebensrealität ihrer sozialen Akteur-Innen zunehmend weniger interessiert (vgl. Bitzan/ Bolay u.a. 1995),
* und von einem gesellschaftlichen Wiederbeleben von Ausgrenzungsdiskursen und moralischen Maßregelungen,

ein Unterfangen, das vor der pragmatisch-aktionsorientierten Ebene selbstreflexive Vergewisserungen über eigene Widerspüche, Ambivalenzen und Anstrengungen braucht und von da aus über Verfahren zur Entwicklung von politischen Strategien reflektieren kann. Wieder einmal geht es hauptsächlich und zunächst um *Auf*deckung, *Ent*deckung zugeschütteter, individualisierter Lösungen, die "im Verborgenen" den Kern des sozialen Halts und damit die fundamentalen Grundlagen sozialen Lebens darstellen. Dies jedoch wird schon längst nicht mehr als Bestandteil von Gesellschaftlichkeit thematisiert. Es geht auch um die Entdeckung praktizierter Strategien und Gestaltungen als politische Praxis des Sozialen.

Bezugspunkte für diese Praxis können dabei natürlich nicht eng gefaßte herrschende Politikdefinitionen und -bilder sein, die Politik immer nur als Agieren in vorgesehenen staatlichen bzw. kommunalen Gremien begreifen und als Regelungen, die von oben nach unten Lebenslagen regulieren und der Ökonomie die notwendigen Spielräume legitimieren. Vielmehr geht es, wie oben schon angesprochen, um ein weit gefaßtes Politikverständnis, das sich anschließt an die "Politik des Sozialen" als Perspektive auf gesellschaftlich relevantes und gesellschaftlich, das heißt sozial, bezogenes Handeln der Subjekte und ihrer subjektiven Motivationen und Leistungen dabei (vgl. Diemer 1989:14; vgl. auch Bitzan/ Klöck 1993:349-354).

Als Zielrichtung feministischer Forschung arbeiteten wir in unseren Standards die Bewußtmachung des eigenen Tuns als sozialpolitisch relevantes Tun heraus. Eigenes Tun meint Praxis, meint, daß die Handlungen, Bewältigungen und Interventionen sozialpolitische Praxis *sind* - auch wenn es nicht so benannt wird und auch (und gerade), wenn es den herrschenden Kriterien nicht entspricht.

Für unsere forschungspolitische Praxis ergibt sich daraus die Konsequenz, mit den Beteiligten sehen zu lernen, worin ihre Praxis besteht und welche sozialpolitischen Erfahrungen, welches Wissen darin eingeschlossen sind. Es bedeutet, Räume zu öffnen für die Genauigkeit der Wahrnehmung bei sich selbst und anderen[52]; es bedeutet aus der Forscherinnenperspektive vor allem auch davon auszugehen, daß die einzelnen in ihrem jeweiligen Kontext kreative Lösungen praktizieren, daß sie gestalten, daß sie Widersprüche, Zumutungen und Bedürftigkeiten wahrnehmen und bearbeiten, daß sie also ernstzunehmendes Wissen zu einer sozialpolitischen Debatte beizutragen haben. Der forschungspolitische Vermittlungsschritt besteht in der gemeinsam zu erarbeitenden Gewichtung dieser Erfahrungen/ Leistungen durch *Benennen, Herausholen aus Abwertung bzw. Negation* und der *Bereitstellung von Deutungsmustern*, die *sensibel machen für Enteignungen und Umdeutungen*.

Unser Verfahren bedeutet also, den sozialpolitischen Diskurs vom Kopf auf die Füße zu stellen, aus den Erfahrungen und (alltäglichen) Anforderungen heraus sozialpolitische Tatsachen zu erkennen und Erfordernisse zu entwickeln.

Diese Intention faßten wir theoretisch zusammen als zentrale Zielrichtungen sozialpolitischer Transformation: erstens, die Relevanz der Forschung für die Beteiligten als Klärung ihrer Situation und zweitens, Impulse für ihre Praxis und die Beteiligung an und Beeinflussung von Politik- und Wissenschaftsdiskursen durch die gefundenen Ergebnisse.

---

[52] "Wenn eine Frau die Wahrheit sagt, schafft sie damit die Möglichkeit für mehr Wahrheit in ihrer Umgebung" (Rich 1990:30).

Zum Entwicklungsbedarf frauenpolitischer Strategien zwischen Praxis, Öffentlichkeit und Interessendurchsetzung - eine Werkstatt-Tagung

Für diese Ideen zur sozialpolitischen Transformation organisierten wir im Herbst 1996 eine Werkstatt-Tagung als Forum der Erprobung und Umsetzung.

WERKSTATT-TAGUNG

Wie weibliche Freiheit entsteht ...
Zum Entwicklungsbedarf frauenpolitischer Strategien zwischen Praxis, Öffentlichkeit und Interessendurchsetzung in Baden-Württemberg

Weibliche Freiheit entsteht durch die bewußte Bezugnahme von Frauen auf Frauen - im Lebenszusammenhang, in der Öffentlichkeit und in Arbeitszusammenhängen. Dieses politische Konzept italienischer Frauen nehmen wir als Leitmotiv unserer Werkstatt-Tagung, in der wir nach produktiven Formen der Zusammenarbeit zwischen Forscherinnen und Praktikerinnen suchen wollen.

Was kann Forschung der Praxis schon nützen - fragen sich viele aktive Frauen; sie empfinden nicht selten ein Neben- oder sogar Gegeneinander dieser ungleichen "Schwestern". Wir gehen hingegen davon aus, daß die Bezugnahme und Zusammenarbeit von Frauen aus Praxis, Politik und Forschung für Entwicklung und Umsetzung frauenpolitischer Strategien sehr förderlich sein kann. Denn in Zeiten (finanz)politischen Gegenwinds wird offensives Handeln starken Belastungen ausgesetzt. Zweifel gedeihen, ob es überhaupt noch Sinn macht, sich für eine Erweiterung frauen- und mädchenparteilicher Räume einzusetzen, sich in den kommunalpolitischen Auseinandersetzungsprozeß zu begeben, fachliche Weiterentwicklungen voranzutreiben.

Außerdem wird quer durch die einzelnen Arbeitsfelder hindurch sichtbar, daß Frauen zunehmend neue Formen der Ausbalancierung und Bewältigung von Zumutungen und Wünschen im weiblichen Lebenszusammenhang praktizieren (Berufsorientierung, Bildungswünsche, unabhängige Lebensformen, Ansprüche an die Öffentlichkeit,...). Dabei bleiben Widersprüchlichkeiten, Mißerfolge aber auch kreative Leistungen weitgehend im Privaten. Gerade darum erscheint es uns wichtig, Wege der Vermittlung, Vergewisserung und Veröffentlichung eigener Anliegen aufzusuchen, bereits praktizierte Strategien füreinander sichtbar zu machen und auszuwerten.

Solche Strategien beschäftigen sich zum Beispiel mit:

* der Frage nach Formen der Solidarität mit anderen Frauen/ Projekten /Einrichtungen, wenn um die gleichen Ressourcen konkurriert wird;
* dem Umgang mit gesellschaftlicher Abwertung und Ausgrenzung von einzelnen Frauengruppierungen;
* Rollenkonflikten von Frauen in Institutionen, die eine mädchen- und frauenparteiliche Arbeit machen wollen;
* dem berufspolitischen Spagat zwischen Zielgruppenarbeit und politischem Engagement;
* persönlichen Berufsbiografien und Lebensentwürfen zwischen den Ansprüchen von Professionalität, Vielgestaltigkeit, Vereinbarkeit mit erzieherischen Aufgaben und eigener Bedürftigkeit; wie kann die Kreativität gefundener Lösungen zur Sprache gebracht werden?
* Wege zur Institutionalisierung von Mädchen- und Frauenprojekten;
* den Chancen von Planung (Regional-, Jugendhilfe, Stadtplanung) als Medium zur Durchsetzung von Mädchen- und Fraueninteressen;
* Chancen und Schwierigkeiten in der Zusammenarbeit von Professionellen und Ehrenamtlichen oder mit Frauen aus Selbsthilfebewegungen bei gemeinsamer Beteiligung an politischen Prozessen;
* produktiver und effektiver Vernetzung als Kooperationsstrategie unter den Vorzeichen von Konkurrenz;
* Selbstvertretung von Frauen und Mädchen in professionellen Zusammenhängen sowie mit Fragen nach Beteiligungsmodellen, die Interessen von Mädchen sichtbar machen;
* Fragen nach Selbstbestimmungsmodellen, die Wünsche nach Eigenständigkeit sichtbar machen.

Der Schwerpunkt der Tagung liegt auf der *baden-württembergischen* Landschaft der (Frauen-)Politik, die ihre Besonderheiten aufweist in der aktuellen Landespolitik, in unterschiedlichen regionalen

Bedingungen von Öffentlichkeit, der äußerst geringen Unterstützung/ Etablierung von Frauenforschung und einer allgemeinen Skepsis gegenüber allen frauenpolitischen Impulsen.

Eingeladen sind:

Fachfrauen und Multiplikatorinnen aus unterschiedlichen Praxisfeldern (Bildung, Beratung, Sozialarbeit, Frauenpolitik, Jugendhilfe, Mädchenarbeit, Planungsarbeit, Arbeitsmarktpolitik, etc.).

Inhalte der Tagung

Wir wollen an folgenden Fragestellungen arbeiten:
* Welchen Nutzen kann das Zusammenwirken von Praxis und Forschung für frauenpolitische Impulse haben?
* Welche Barrieren werden dabei in den Weg gestellt?
* Welchen Bedarf formulieren Teilnehmerinnen aus der Praxis (auch frauenpolitischer Praxis) an Frauenforschung?
* Was wünschen sie sich von einer Einrichtung wie der unsrigen?
* Welche Formen der Zusammenarbeit und Unterstützung sind vorstellbar?

Mit der Vorstellung von Kooperationsbeispielen aus den bisherigen Projekten von uns Institutsmitarbeiterinnen werden wir unsere Arbeitsorientierungen verdeutlichen.

Ziele der Tagung

* Verständigung über frauenpolitische Strategien und Beratungsbedarf;
* Sammlung relevanter Forschungsthemen;
* konkrete Kooperationsideen zwischen den Teilnehmerinnen und unserem Institut.

Mit dem Bezug auf die Praxen der einzelnen Frauen, auf individuelle Strategien kreativen Handelns und Umsetzens, vor allem mit dem Bezug auf die Bedürfnisse wird deutlich, daß unser Begriff von *Frauenpolitik* sich nicht in dem erschöpft, was tagespolitisch als Frauenförderpolitik abgehandelt wird (Gleichstellungspolitik). Vielmehr geht es um das weite Feld zwischen klassischer Einmischung in vorgegebene Politikmuster bis hin zu "privaten Arrangements" von Frauen.

Ein wesentliches Element dabei ist die *Bezugnahme von Frauen aufeinander*. Unter sozialpolitischen Bedingungen der Geschlechterhierarchie ist es Frauen symbolisch, materiell und alltäglich verwehrt, sich auf sich als Marginalisierte zu beziehen. Die Hierarchie schreibt die Bezugnahme auf das Männliche, Höherstehende genauso vor, wie die konkreten normalen Lebensverhältnisse Orientierungen an Männern nahelegen[53]. Frauen repräsentieren unter diesen Bedingungen nicht Bedeutung, Einfluß, Macht; sie repräsentieren auch nicht den Bezug zur Welt. Damit setzt sich in der Alltagspraxis von Mädchen und Frauen die Abwertung, Minderbedeutung von dem, was Frauen tun, was sie beizutragen haben zum Fortgang von Gesellschaft, fort. Statt der anderen (und damit sich selbst) Macht zu geben, wird sie beiden genommen (vgl. Frauenfortbildungsgruppe Tübingen 1993). In der Bezugnahme von Frauen auf Frauen sehen wir daher einen Schlüssel für politische Praxis, die die dominanten Wertsetzungen infragestellt, die die Grundlagen vieler einzelner die Gesellschaft tragenden Systeme erschüttern könnte (Familie, Schule, Regelungen der Sozialpolitik, die auf die Ausgrenzung und Abschiebung gesellschaftlicher Bindungen ins Private gebaut sind). Die Bezugnahme kann Elemente des Verdrängten, Verdeckten, Ausgegrenzten aufdecken, in den Mittelpunkt rücken, als Verdrängtes, Entnanntes sichtbar und bearbeitbar machen (vgl. z.B. Funk 1993, Libreria delle donne di Milano 1989).

Diese Gedanken schließen sich an einige Orientierungen an, die Mailänder Feministinnen entwickelten und in ihrem Buch niederlegten[54], dessen Titel wir für die Tagung übernahmen - in bewußter Anlehnung an ihr Politikverständnis. "... Indem wir einer

---

[53] So zum Beispiel die Konstruktion sozialer Sicherheit, die über das Erwerbssystem vermittelt ist und Frauen/ Familien über den (!) Erwerbstätigen mitsichert. Ebenso der Diskurs zur Chancengleichheit, der (immer noch) suggeriert, es ginge darum, daß Frauen genauso (!) wie Männer an der Welt (insbesondere der Berufswelt) teilhaben wollten/ sollten.

[54] "Wie weibliche Freiheit entsteht", 1989.

anderen Frau im gesellschaftlichen Rahmen Autorität und Wert zuschreiben, verleihen wir uns selbst, unserer eigenen Erfahrung, unserem eigenen Begehren Autorität und Wert" (ebd.:131)[55]. Allerdings ist bisher die Möglichkeit weiblicher Bezugnahme kaum im gesellschaflichen bzw. politischen Rahmen gegeben, Frauen werden im Privaten verortet, somit auch ihre Beziehungen. Deren Relevanz hat keine öffentliche Dimension. Bezugnahme als Politik muß genau dieses mitbeachten, "...daß die Grundlage unserer politischen Praxis die Beziehungen zwischen Frauen sind (...), daß diese aber bisher nur im Privaten gelebt wurden und nun einen sozialen Rahmen brauchen, um Politik zu werden" (ebd.:93).

Im Gegensatz zur Radikalität unserer italienischen Protagonistinnen lehnen wir jedoch den Bezug auf Rechtssysteme und angestrebte Veränderungen im gesellschaftlichen Regelbereich nicht von vornherein als politische Strategie ab[56] - das Einmischen, Mitmischen im herrschenden Regelsystem kann für uns ebenfalls Bestandteil feministischer Politik sein. Allerdings nicht alleinig und nicht allein - die Bezugnahme von Frauen und eine Selbstvergewisserungsstrategie, die die im herrschenden System abgewerteten Bedeutungen präsent hält, halten wir für eine unbedingte Notwendigkeit dabei. Die Bezugnahme von Frauen auf Frauen wird so einerseits zu einer Strategie für Frauenpolitik und andererseits ist sie selbst Zielpunkt, Inhalt der Politik: denn wir zielen darauf ab, daß Bezugnahmen möglich sind und daß sie einen gesellschaftlichen

---

[55] An anderer Stelle führten die Mailänderinnen das Freisetzungspotential weiblicher Bezugnahme noch genauer aus. Sie kritisieren ein zu eng gefaßtes, vermeintlich politisches Feminismuskonzept, das „nur Protest gegen den Mann als Unterdrücker (bedeutet), doch der Rest geht unter, nämlich das Zusammensein mit Frauen, die Praxis der Beziehungen zwischen Frauen, die mögliche Befreiung unseres Körpers, (...) die Freisetzung von Gefühlen, die blockiert oder eindimensional auf die Männerwelt gerichtet waren, die Bemühungen, diesen positiven Gefühlen Ausdruck zu verleihen." (ebd.:51).

[56] Die Italienerinnen meinen, dahinter verberge sich eben doch die alte Orientierung an den von Männern gesetzten Maßstäben.

Stellenwert haben, der eben genau die abgespaltenen, verformten Elemente des Seins zum Vorschein bringt und Frauen in ihrer Verschiedenheit als Frauen leben läßt.

Diese Bedeutungen und diese Zielrichtungen in der jeweiligen konkreten Praxis und den jeweils individuellen Bedingungen möglich und sichtbar zu machen - und das heißt vor allem: öffentlich zu machen, - das ist die leitende Idee der Tagung. Was wollen die hier zusammengekommenen Frauen, welche Bedingungen finden sie jeweils an ihrem Ort vor und welche Lösungen praktizieren sie?

Ausgangspunkt dabei ist das Wissen: Frauen sind individuelle Subjekte und passen nicht in die engen Rahmen der Frauenbilder, so vielfältig diese inzwischen auch geworden sind. Frauen sind immer mehr als die Bilder, die die Politik vorgibt, wie Frauen zu sein haben, auch Bilder, die wir selbst von anderen Frauen machen, in denen wir uns gegenseitig begegnen. Frauen praktizieren mehr und andere Lösungen, vor allem vielfältigere Lösungen für die widersprüchlichen Vorgaben, als bisher öffentlich zur Sprache kommt. Frauen bewegen sich mit ihren Lösungen vorrangig im halböffentlichen Bereich, selbst unsicher, ob es öffentlich sein darf, unsicher, ob es mehr als ganz privat von Interesse zu sein scheint. Es sind die ungenannten, "entnannten" Bereiche und Praktiken, auf die die Tagung besonderes Licht werfen will[57]. In den vorscheinenden Praxen wird zum einen deutlich, welche Themen und Praktiken eigentlich politisch sind, was davon relevant ist, zum andern, daß Frauen sich schon lange nicht mehr auf eindeutige Rollen und Zuweisungen festlegen lassen wollen oder können: sie *sind* Erzieherin *und* Planerin, Ehrenamtliche *und* Professionelle, Mutter *und* Erwerbstätige, Fürsorgende *und* Denkende etc.

---

[57] Beispiele hierfür sind: Das Engagement im Kindergarten, der fürsorgliche Kontakt zur Nachbarin, der Stammtisch im Frauencafe; die Realisierung frauenbezogener Arbeit innerhalb des beruflichen Feldes, jenseits des offiziellen Arbeitsauftrages; die Durchsetzung mädchenbezogener Konzeptionen; das Streiten um eine Frauensauna; Vernetzung jenseits institutioneller Vorgaben etc. Deutlich werden sollen die verschiedenen Lebensbereiche und Ebenen solcher halböffentlicher vielfältigen Lösungen und Bezugnahmen.

Im folgenden werden Beiträge und Ergebnisse der Tagung in unterschiedlicher verallgemeinernder Darstellungsform vorgestellt. Zunächst folgt der rote Faden des Tagungskonzepts, um die Idee der Erprobung auf verschiedenen Ebenen genauer nachvollziehen zu können. Dann wird aus zwei Projekten jeweils der gemeinsame Nutzen aus der Perspektive der Praktikerinnen und der Forscherinnen vorgestellt. Es folgen vier Beiträge, die anhand der Titel der Arbeitsgruppen Erkenntnisse eines zweitägigen Auseinandersetzungsprozesses zu diesem Bereich zusammenfassen.

Der rote Faden: Tagungskonzept

Mit der Tagung beschritten Teilnehmerinnen und Veranstalterinnen gemeinsam einen Weg, auf dem nach und nach die Lösungen und Strategien der einzelnen für sich selbst und in der Tagungsöffentlichkeit erkennbar - und damit mitteilbar und reflektierbar - werden konnten.

Wir interessierten uns für Lösungen in den Bereichen, die normalerweise als getrennte thematisiert und erlebt werden: das Private, das Berufliche, das Öffentliche etc. *Wo* haben Frauen *welche* Lösungen *wie* für sich gefunden, was davon ist öffentlich geworden und welche Bedingungen waren hilfreich oder gar notwendig für die Realisierung bzw. Veröffentlichung? Anders herum: welche Hindernisse und Grenzen begegneten uns und welche Wege der Überwindung fanden sich? Das gemeinsame "Forschungsinteresse" der Teilnehmerinnen richtete sich vor allem auf die kreativen Umgangsweisen und die Suche nach den Bedingungen dafür. Diese nahmen wir als Basis für Überlegungen, wie weitere Lösungen angegangen werden könnten - wie also frauenpolitische Strategien entwickelt werden können. Wichtig war dabei, immer von den Erfahrungen und Reflexionen der Beteiligten auszugehen und von da aus die Strategiefrage in den Blick zu rücken. Strategien sind nicht wegen (abstrakt) gesetzter Ziele interessant, sondern dann, wenn es darum geht, für eigene Fragen Wege zu finden; da, wo unsere Ideen vorläufige Endpunkte erreicht haben, weiterzukommen. Mit diesem Vorgehen konnten wir uns über offene Fragen und ungelöste Herausforderungen verständigen und von da aus den Forschungsbedarf formulieren.

Wir arbeiteten auf zwei Ebenen gleichzeitig und parallel:

1) Schritt für Schritt wurden die je eigenen Ausgangspunkte und Fragestellungen gefunden. Diese wurden dann vertieft und themenbezogen auf einzelne Praxisbereiche genauer analysiert. So konnten offene Fragen miteinander geteilt und Umgangsweisen, wie auch Ideen, wie es weitergehen könnte, angedacht werden.

2) Auf der zweiten Ebene erprobten wir mit diesem Vorgehen gleichzeitig einen Weg, wie Frauen Strategien entwickeln können. Dies bedeutete neben der inhaltlichen Ebene vor allem auch eine Vermittlung von "Handwerkszeug", wie die Frauen in den jeweils eigenen örtlichen Zusammenhängen daran arbeiten können, um kommunal relevante, auf ihre Erfahrungen hin bezogene frauenpolitische Strategien zu entwickeln. Auf dieser Ebene verstanden wir die Tagung weniger als Produktionsort von Rezepten für die richtige politische Arbeit, sondern als Bearbeitung des Hintergrundes, welche Vorgehensweisen sinnvoll sein könnten für die *Entwicklung von Strategien*. Das heißt generell, statt inhaltlicher Vorgaben eher danach zu schauen, auf welche Art und Weise sich der Bedarf herausschälen läßt und welche Faktoren dabei beachtet werden müßten.

Die Tagung verdeutlichte mit diesem Konzept gleichzeitig exemplarisch, wie wir als Forscherinnen unseres Instituts arbeiten, mit welchem Theorie-, Politik- und Praxisverständnis wir mit Frauen zusammenarbeiten und welchen Nutzen die Zusammenarbeit für alle Beteiligten haben kann.

Mittwoch, 6.11.1996

17.00   Anreise und Abendessen

19.30   "Auftakt" mit Begrüßung, Einführung in die Tagung und Kennenlernen

20.30   *Zwischen Wünschen, Barrieren und kreativen Lösungen - Standorte und Interessen -*

Donnerstag, 7.11.1996

9.00   *Neue Formen der Bezugnahme und Zusammenarbeit von Frauen in Forschung und Praxis - "Ein Netzwerk zur Erhebung und Durchsetzung von Traueninteressen in der Region:*

Der AK 'Frauen gegen Gewalt' im Landkreis Karlsruhe"

Referentinnen: Monika Schneider (Frauenbeauftragte des Landkreis Karlsruhe) /
Maria Knab (Tübinger Institut für frauenpolitische Sozialforschung e.V.)

"Beteiligung von Frauen und Mädchen an Jugendhilfeplanung: Selbstthematisierung als Voraussetzung"

Referentinnen: Maike Schmidt-Püttbach (Stadtjungendpflege Mössingen) /
Dr. Maria Bitzan (Tübinger Institut für frauenpolitische Sozialforschung e.V.)
- anschließend Diskussion

11.45   Vorstellung der Arbeitsgruppen

12.15   Mittagessen

14.30   Thematische Arbeitsgruppen zur Zusammenarbeit von Praxis und Forschung

AG 1: *Eigene Wege von Frauen und Mädchen - gemeinsame Wege mit Männern und Jungen: Frauen- versus Geschlechteransatz in Praxis und Forschung?*

AG 2: *Betroffene - Ehrenamtliche - Professionelle: Frauenpolitisch brisante Interessenkonstellationen.*

AG 3: *Balancen in der Lebensplanung von Frauen: Gesellschaftliche Provokationen und Innovationen.*

AG 4: *Frauenpolitik in pädagogischer Praxis: Privatinteresse oder fachlicher Standard?*

18.00	Abendessen
19.30	*"Unmögliches möglich machen"- Frauen präsentieren ihre Arbeit und Aktivitäten - Berichte aus der Praxis und Ausstellung verschiedener Aktivitäten der Tagungsteilnehmerinnen.*
	und Regeneration in der Sauna, mit Musik, Tanzen oder ...

Freitag, 8.11.1996

9.00	*Frauenpolitische Strategieentwicklung in Baden Württemberg* *Perspektiven der Zusammenarbeit zwischen Frauen aus Forschung, Praxis und Politik* (in Kleingruppen und Plenum).
11.30	Auswertung der Werkstatt-Tagung - Verabredungen
12.15	Mittagessen
13.00	Ende der Tagung und Abreise

Organisation

Seminarleitung: Christine Herfel (Landeszentrale für politische Bildung, Fachreferat Frauen); M. Bitzan, H. Huber, G. Kaschuba, M. Knab, E. Schön, A. Schwarz, B. Stauber (alle: Tübinger Institut für frauenploitische Sozialforschung e.V.)

Assistenz: Claudia Saupe

Die einzelnen *Elemente des roten Fadens* seien hier parallel für beide Ebenen nebeneinandergestellt als Abfolge methodischer Schritte:

inhaltliche Dimension	methodische Dimension
Wir nehmen die Gesamtheit unseres Lebenszusammenhangs in den Blick: Beruf, Verbindung des Beruflichen und des Privaten, Politik und Öffentlichkeit. Balanceakte zwischen Einstellungen, Wünschen und konkreten Möglichkeiten werden in allen Bereichen geleistet und beeinflussen sich gegenseitig. Wir schärfen die eigene Wahrnehmung: Unsere Wünsche, Barrieren und kreative Lösungen benennen wir in jedem Bereich. Perspektive: Wie erleben wir diese?	Gemeinsam erarbeiten Forscherinnen und Praktikerinnen (Mitforscherinnen) den jeweiligen Standort, die Fragen (Bedarf und praktizierte Lösungen).
An zwei Beispielen werden unsere Formen der Zusammenarbeit zwischen Forschung und Praxis im Rückblick erzählt: aus der Perspektive der Praktikerin und der Forscherin. Selbstthematisierung und Begleitung bei neuen Formen frauenpolitischer Strategien	Wir suchen nach Schnittpunkten zwischen den Interessen der Zielgruppe(n) und der Forscherin(nen). Wir stellen Raum her für einen gemeinsamen und beidseitigen Erkenntnisprozeß, d.h. für: * die Möglichkeit, sich selbst mit den praktizierten Lösungen und der eigenen Bedürftigkeit anzusehen, * gemeinsames Handeln in einer konkreten Praxis, * gegenseitigen Nutzen im Hinblick auf das geteilte Ziel von unterschiedlichen Orten aus.

Wir suchen nach Faktoren, die die vorher gesammelten Erfahrungen mitbestimmen: Die Voraussetzungen, Bedingungen, aus denen sich Wünsche, Barrieren und Lösungen zusammensetzen. Verortung der Faktoren in gesellschaftlichen Bereichen - institutionelle Eingebundenheiten, subjektives Verhalten, Arbeitsmarkt etc.

Perspektive: Bedingungsfaktoren erkennen und Elemente kreativer Lösungen herausarbeiten, kenntlich machen, gegenseitig weitergeben.

Wir arbeiten in gegenseitiger Bereicherung an der Produktion neuer Erkenntnisse - an thematischen Schwerpunkten. Wir wissen später mehr über Hintergründe unserer Lösungen und Fragen.

Wir entscheiden uns für konkrete Einzelziele und entwickeln in gegenseitiger regionaler Bezugnahme dafür Strategien: an welchem Bereich, welcher Frage will die einzelne zunächst weiterarbeiten, was will sie erreichen, welche Unterstützung braucht sie dazu?

Wir beziehen die Erkenntnisse zurück auf die konkrete (Lebens- und Berufs)praxis: Forscherinnen "halten" den Raum und geben Unterstützung, Beteiligte bestimmen die Arbeitssschwerpunkte.

Die linke Seite verdeutlicht den Strang der inhaltlichen Arbeit: Mit einem dreidimensionalen Frage- bzw. Wahrnehmungsraster als Ausgangspunkt und Analysemittel kann das eigene Erleben thematisiert, bewußt und mitteilbar gemacht und zum Ausgangspunkt für die Entwicklung von Strategien genommen werden. Eigenes Erleben meint damit den Prozeß und die Erkenntnis eigener Bedürftigkeiten, Hilfestellungen und praktizierter Lösungen von Herausforderungen, welche sodann in Beziehung gesetzt werden zu den Bedingungsfaktoren und Wirkungsebenen sowie den dabei beteiligten (oder zu beteiligenden) Personen. Wichtig ist die Einbeziehung der gesamten Lebenssituation, die sich im "weiblichen Lebenszusammenhang" eben selten rein in Berufs- und Privatbereich trennen läßt (zumindest was die Herausforderungen anbetrifft) und deren Lösungen unmittelbar aufeinander Wirkung haben (vgl. etwa Eckart 1987). Die

Erkenntnisse sind dann Entscheidungen für bestimmte Schwerpunkte, die Frauen vor Ort setzen wollen und Ideen, wie sie diese angehen können.

So konnte deutlich werden, daß der Horizont für Strategien sich wesentlich von der eigenen Person her bestimmt und wenig mit den von außen und oben gesetzten Politikzielen gemein hat[58].

Die rechte Seite verdeutlicht dieses Vorgehen als methodisches Werkzeug zur frauenpolitischen Verortung und Strategieentwicklung. Sie spricht die Frauen als Multiplikatorinnen an, die vor Ort diese Wege mit den dortigen Frauen gehen können. Diese Seite macht zugleich deutlich, mit welchem Vorgehen und in welchem Verständnis wir mit der Praxis zusammen Entwicklungsforschung als Praxisforschung betreiben möchten. Die einzelnen Felder der Tabelle verdeutlichen Forschungsschritte, Stufen eines gemeinsamen Erkenntnisprozesses, der auf Handlungsumsetzung zielt. Eine solche Zusammenarbeit zwischen Forschung und Praxis kann unterschiedliche Gestalt annehmen: Fortbildungen, Begleitforschung, Expertisen oder einzelne Beratungen zur Selbstverortung der Praxis[59].

Der Ertrag der Werkstatt-Tagung, und damit auch der Beitrag von uns Forscherinnen zur Frauenpolitik, ist die Erarbeitung dieser Form des Denkens und der Zusammenarbeit - als Weg, die komplexen politischen Herausforderungen anzugehen, ohne von sich selbst abzusehen. Die Suche nach dem "Richtigen" der Politik aber bleibt uns allen gleichermaßen als gesellschaftliche Subjekte aufgegeben.

---

[58] Diese sind als Elemente vom vielen Bedingungsfaktoren zu analysieren und zu berücksichtigen -zum Beispiel auch als Analyse der Erwartungen, denen frau gegenübersteht.

[59] Das entspricht der Angebotspalette unseres Instituts.

Projektvorstellung I
Ein Netzwerk zur Erhebung und Durchsetzung von Traueninteressen in der Region: Der AK 'Frauen gegen Gewalt' im Landkreis Karlsruhe

Monika Schneider, Maria Knab

Vorstellung des Arbeitskreises

Im Herbst 1994 gründete sich das Frauenbündnis auf Initiative der Frauenbeauftragten des Landkreises Karlsruhe, der Stadt Bruchsal und der Stadt Waghäusel als Reaktion auf den Mord an einer jungen Frau und mehreren Vergewaltigungen, die innerhalb kürzester Zeit im Landkreis Karlsruhe bekannt wurden. Im AK sind die unterschiedlichsten Frauenorganisationen aus dem ganzen Landkreis vertreten, z.B. die ASF, die FDP-Frauengruppe, die Frauenunion der CDU, ein Mütterzentrum, der Kreislandfrauenverein, überparteiliche Frauenstammtische sowie die genannten Frauenbeauftragten; weitere Frauen, z.T. Mitarbeiterinnen aus Gemeindeverwaltungen oder Gemeinderätinnen, sind aus Interesse dazu gestoßen.

Die Frauen entschieden sich von Anfang an, einen langfristigen Prozeß in Gang zu setzen. Es entstand das Projekt 'Schritte gegen Gewalt an Frauen und Mädchen im öffentlichen Raum eines Landkreises', dessen wissenschaftliche Begleitung vom Frauenministerium Baden-Württemberg bis Ende 1997 gefördert wurde. Mit dem Projekt will der AK auf Gewalt gegen Frauen und Mädchen in einer ländlichen Region aufmerksam machen, Wege zu mehr Sicherheit für sie suchen und konkrete Maßnahmen zur Verringerung von Angsträumen erreichen. Zentraler Bestandteil ist eine kreisweite Fragebogenaktion, an der sich von November 1995 bis März 1996 über 1000 Frauen und Mädchen beteiligten. Von Ende 1996 bis ins Jahr 1997 gab es weitere Aktionen, Gespräche und Veranstaltungen, um das Thema in die landkreisweiten Öffentlichkeiten und zuständigen Gremien zu tragen.

Ziel der Projektvorstellung

Im folgenden wird die Zusammenarbeit von Frauen aus 'Forschung' und 'Praxis' im Rahmen dieses landkreisweiten Arbeitskreises erläutert. Ein Ziel der Zusammenarbeit ist es, genauer zu bestimmen, wodurch einzelne Schritte oder Aspekte des AK zu frauenpolitisch relevanten Schritten werden, was ihre frauenpolitische Qualität ausmacht. Für solche frauenpolitisch relevanten Schritte oder Aspekte wird der Begriff 'Frauenpolitikum' eingeführt. Es wird also weder das gesamte Projekt noch die gesamte Zusammenarbeit zwischen Praxis und Forschung vorgestellt, sondern es wird hier eine spezifische Bedeutung der Bezugnahme zwischen Forschung und Praxis anhand einiger Ausschnitte aus dem Projekt erläutert[61].

In einem ersten Schritt werden die bisher im Projekt benannten Frauenpolitika im Überblick aufgelistet; im zweiten Schritt werden exemplarisch vier der Frauenpolitika erläutert; dies geschieht jeweils aus zwei Perspektiven: aus der Perspektive der 'Praxis' und aus der Perspektive der 'Forschung'.

---

[61] Eine weitere Wissenschaftlerin, Sabine Zürn, begleitet den AK mit anderen Aufgaben.

Die Frauenpolitika im Überblick

(1) Frauenpolitikum
In der Praxis von Frauen frauenpolitisch Relevantes
und Innovatives wahrnehmen, benennen und sichtbar machen 'Anerkennung
organisieren' (Bitzan/ Funk/ Daigler).

(2) Frauenpolitikum
Strukturen zur Vermittlung zwischen Basis (Landkreisbewohnerinnen)
und politischen Entscheidungsgremien herstellen.

(3) Frauenpolitikum
Dem Thema und den sozialräumlichen Bedingungen adäquate
Vorgehensweisen zur Datenerhebung, Veröffentlichung
und Interessenvertretung entwickeln.

(4) Frauenpolitikum
Orientierung an herrschenden Maßstäben sichtbar machen,
die Entwertung der eigenen Vorgehensweise durch dieseMaßstäbe sichtbar machen
und eigene Maßstäbe entwickeln.

(5) Frauenpolitikum
Sich wechselseitig Status verleihen.
Den überregionalen AK so gestalten, daß dadurch die Arbeit der einzelnen Gruppen unterstützt wird. Die Arbeit in einzelnen Gruppen und Gemeinden so gestalten, daß dadurch der überregionale AK gestärkt wird.

(6) Frauenpolitikum
Den Status und die je spezifischen Einflußmöglichkeiten einzelner Gruppierungen/ Frauen innerhalb ihres Gemeinwesens wahrnehmen und nutzen.

(7) Frauenpolitikum
Raum für Thematisierung subjektiver Erfahrungen mit dem Thema, mit der Gruppe, mit dem öffentlich-politischen Vorgehen herstellen (Ängste, Bedenken, Überraschungen, Frust, Stolz, etc.).

(8) Frauenpolitikum
In allen Phasen des Projektes die verschiedenen Arbeitsebenen berücksichtigen: das Thema 'Gewalt gegen Frauen/ Mehr Sicherheit', das Gruppengeschehen, das subjektive Erleben, die öffentlich-politische Vorgehensweise.

Erläuterung einzelner Frauenpolitika

(1) Frauenpolitikum: In der Praxis von Frauen frauenpolitisch Relevantes und Innovatives wahrnehmen, benennen, sichtbar machen 'Anerkennung organisieren' (Bitzan/ Funk/ Daigler)

Aus der Perspektive der Praxis	*Aus der Perspektiver der wissenschaftlichen Begleitung*
'AHA'-Erfahrungen	*Analyseergebnis 1:*
Unser AK entwickelt genau so tolle Ideen wie andere Initiativen anderswo!	Frauen praktizieren innovative frauenpolitische Vorgehensweisen; diese sind jedoch häufig wenig sichtbar.
Wir vergleichen uns nicht mehr mit (Groß-)-Stadterfolgen (der AK nicht und ich als Frauenbeauftragte nicht)!	Konsequenz für wissensch. Begleitung: Der Prozeß des Sichtbarwerdens und Benennens ist extra zu organisieren.
	Analyseergebnis 2:
Ich nehme das Engagement von Frauen in ländlichen Regionen 'eigenständig', in seiner Besonderheit wahr!	Öffentlich-politische Vorgehensweisen haben je spezifische regionale Bedingungen (z.B. großstädtische oder ländliche) zu berücksichtigen. Häufig orientieren sich Frauen in ländlichen Regionen an großstädtischen Vorgehensweisen und Vorstellungen von politischem Handeln und entwerten damit eigene Ansätze z.B. in der Thematisierung von Gewalt.
Unsere Vorgehensweise ist 'politisch' und 'innovativ'!	
Anerkennung unserer Initiative, unserer Arbeit!	

(2) Frauenpolitikum: Strukturen zur Vermittlung zwischen 'Basis' (Landkreisbewohnerinnen) und politischen Entscheidungsgremien herstellen.

Aus der Perspektive der Praxis

Bedeutung der Begleitung durch die Wissenschaftlerin für den AK:

Wir hätten unsere Vorgehensweise im AK selbst nie als modellhaft betrachtet und wären deshalb nicht auf die Idee gekommen, Landesmittel zu beantragen.
Es ist nicht nur möglich, sondern sinnvoll, die Dynamik des Prozesses im AK als Teil des Projektes zu begreifen und in die Antragsstellung zu integrieren.
Spiegelung des aktuellen Prozesses inhaltlich und in Bezug auf die jeweiligen Rollen im AK: Wahrnehmung der unterschiedlichen Funktionen und Aufgaben der Frauenbeauftragten, der ehrenamtlichen Frauen.
Für die Antragsstellung war eine vorausschauende Strukturierung des Prozesses durch die Wissenschaftlerin in unterschiedlichen Phasen notwendig; dies hat sich als hilfreicher Reflexionsrahmen erwiesen. Das Projekt wurde in drei Phasen angelegt:

Aus der Perspektive der wissenschaftlichen Begleitung

Bedeutung des AK für mich als Wissenschaftlerin:

Ich will herausfinden, wie 'Verbindungen' zwischen Basis und politischen Entscheidungsgremien so herzustellen sind, daß Interessen von Frauen in Entscheidungsgremien vermittelt werden können. Die Praxis von Frauen enthält wichtige Angaben über solche Verbindungen. Der AK beschreitet Wege, um diese Verbindung herzustellen. Damit andere Frauen diese Erfahrungen nutzen können, ist er modellhaft zu begleiten.
Der AK fragt landkreisweit Frauen und Mädchen nach ihren Ängsten in öffentlichen Räumen, nach Gewalt- und Übergriffserfahrungen, nach Ideen für mehr Sicherheit und formuliert daraus Forderungen und Vorschläge für Veränderungsmaßnahmen. Der AK fühlt sich auch dafür zuständig, diese Forderungen, in Öffentlichkeiten und Entscheidungsgremien des Landkreises zu ermitteln; (anstatt die Ergebnisse der Datenerhebung einem Entscheidungsträger zu übergeben.) D.h. der AK vertritt nicht ausschließlich die Interessen der im AK zusammengeschlossenen Frauen, sondern will mit den For-

1. Datenerhebung
2. Formulierung von Veränderungsmaßnahmen,
3. Vertretung von Forderungen in Öffentlichkeiten und politischen Entscheidungsgremien.

Antragsformulierung, Kontakt zu Mitarbeiterinnen im Ministerium herstellen.

derungen, die in Öffentlichkeiten und Entscheidungsgremien vermittelt werden sollen, möglichst viele unterschiedliche Interessen berücksichtigen.

Es stellt damit eine Vermittlungsstruktur zwischen Basis und kommunalpolitischen Entscheidungsgremien her bzw. dar. Ein solches Vorgehen gibt wichtige Auskünfte darüber, welche Vorgehensweisen sich als sinnvoll herausstellen

* um Frauen landkreisweit zum Thema 'Gewalt' zu befragen?
* um ein scheinbar privates Problem, wie Gewalt gegen Frauen und Mädchen, als allgemein relevantes Thema in Öffentlichkeiten und Entscheidungsgremien sichtbar zu machen?

(3) Frauenpolitikum: Dem Thema und den sozialräumlichen Bedingungen adäquate Vorgehensweisen zur Datenerhebung, Veröffentlichung und Interessenvertretung entwickeln

Aus der Perspektive der Praxis

Die Frauen des AK entwickeln vielfältige Vorgehensweisen zur Bekanntmachung und Verteilung der Fragebögen im Landkreis.

Beispiele:
Der Fragebogen wird in den Mitteilungsblättern der Kommunen veröffentlicht.
Über Infostände wird an einem landkreisweiten Aktionstag in den Klein- und Mittelstädten die Fragebogenaktion bekannt gemacht und Fragebögen direkt verteilt.
Mit diesen Formen der Verteilung von Fragebögen werden auch adäquate Formen von Öffentlichkeiten genutzt bzw. hergestellt: Diskussionen am Stand, Einzelgespräche, in denen Daten zum Thema erhoben werden, die über den Fragebogen nicht abgefragt werden könnten. Hierzu ein Beispiel: Bei einem Infostand spricht eine Frau des AK eine jüngere vorbeigehende Frau an. Diese antwortet ablehnend:
"Ich hab keine Angst, ich trage immer einen Elektroschocker bei mir." Durch das Nachfragen der AK-Frau, weshalb sie dies tue, wird

Aus der Perspektive der wissenschaftlichen Begleitung

Die Frauen im AK haben ein Wissen darüber, wie in ihren Gruppierungen über Bedrohung durch männliche Gewalt geredet wird: mit welchen Begriffen, Andeutungen und bei welchen Anlässen. Sie haben ein Wissen darüber, wie Frauen zum Thema 'Gewalt' ansprechbar sind.

Sie haben auch ein Wissen darüber, welche öffentlichen Medien relevant in ihren Zusammenhängen sind (z.B. Gemeindemitteilungsblätter). Dieses Wissen trägt wesentlich zur Qualität der Datenerhebung und Themeneröffnung bei. So wird z.B. über die Veröffentlichung der Fragebögen in den Gemeindemitteilungsblättern das Thema 'Gewalt' zu einem Bestandteil des Gemeindealltags erklärt und als solcher sichtbar. Auch die Menschen in den einzelnen Gemeindeverwaltungen haben sich damit auseinanderzusetzen.

Gewalterlebnisse und Ängste vor Übergriffen sind nur bedingt mittels eines Fragebogens nachzufragen. Deshalb sind auch andere Formen, die den Zugang zum Thema eröffnen der jungen Frau ihre Angst wieder bewußt. Deutlich wird auch eine Umgangsweise mit der Bedrohung durch männliche Gewalt. Auch dies stellt ein Ergebnis dar.

können, zu entwickeln: z.B. Einzel- oder Gruppengespräche. Andererseits stellt der Fragebogen ein sehr öffentlichkeits-wirksames Medium dar, das wir nutzen sollten, da mit der Datenerhebungsphase auch das Ziel der Veröffentlichung des Themas 'Gewalt' verbunden ist.

Fazit: Für die Datenerhebung sind unterschiedliche Vorgehensweisen zu entwickeln und in ihrer je spezifischen Qualität zu erproben.

Die Frauen des AK entwickeln den Fragebogen zunächst allein, später mit der Unterstützung einer Wissenschaftlerin; d.h. sie delegieren ihn nicht an eine Wissenschaftlerin. Sie testen ihn in ihren Frauenzusammenhängen.

(4) Frauenpolitikum: Orientierung an herrschenden Maßstäben sichtbar machen, die Entwertung der eigenen Vorgehensweise durch diese Maßstäbe sichtbar machen und eigene Maßstäbe entwickeln.

Aus der Perspektive der Praxis

Dieses Frauenpolitikum wird am Beispiel unseres Umgangs mit dem Rücklauf der Fragebögen erläutert.

Die Frauen des AK haben sich bei der Bekanntmachung und Verteilung der Fragebögen sehr viel Mühe gegeben. In einigen Gemeinden kommt dennoch eine aus Sicht der Frauen sehr geringe Anzahl an Fragebögen zurück. Sie sind enttäuscht und haben das Gefühl, trotz des großen Arbeitseinsatzes sehr wenig erreicht zu haben. (vgl. hierzu auch Frauenpolitikum (7).

Durch Nachfragen konnte ein Perspektivenwechsel vollzogen werden:
a) jede Frau, die Angst hat und sich einschränkt, ist eine zuviel.
b) Fragebögen sind nur ein Teil der Datenerhebung; viele Informationen und Ergebnisse wurden z.B. durch Gespräche erhoben. Diese werden erst nach einem bewußten Perspektivenwechsel als Ergebnisse wahrnehmbar.

Aus der Perspektive der wissenschaftlichen Begleitung

Als wichtiger Bestandteil des Projektes hat sich eine immer wieder zu führende Verständigung über unsere Bewertung der einzelnen Schritte des AK herausgestellt. Über diese Verständigung teilten wir uns unsere Maßstäbe mit. Beispielsweise Datenerhebung:
Wenn wir den Erfolg der Datenerhebung ausschließlich an der Anzahl der ausgefüllten Fragebögen messen, dann orientieren wir uns an einer spezifischen Vorstellung von Repräsentativität. Diese Orientierung führt dazu, daß wir andere, vom AK durchgeführten und für das Thema 'Gewalt' notwendige Formen der Datenerhebung (z.B. Gespräche) und deren Ergebnisse entwerten.

Beispiel: Als wir im AK genauer nach der Enttäuschung wegen des 'geringen' Fragebogenrücklaufs fragten, berichtete eine AK-Angehörige folgendes Erlebnis:
Eine von ihr angesprochene Frau hatte die Annahme des Fragebogens mit folgender Begründung verweigert: "Ich fülle keinen Fragebogen

c) Die Fragebogenaktion hatte nicht nur das Ziel, Daten zu erheben; mit ihr wurde auch das Thema 'Gewalt gegen Frauen und Mädchen in der Öffentlichkeit' landkreisweit bekanntgemacht. Diese breite Veröffentlichung ist bei der Bewertung der Fragebogenaktion mitzuberücksichtigen.

aus, da verändert sich doch eh nichts." Diese Aussage macht das Ausmaß an Resignation bezüglich des Themas 'mehr Sicherheit für Frauen' deutlich; dies ist ein wichtiges Ergebnis der Datenerhebung, das durch einen Fragebogen nie in Erfahrung gebracht werden kann, weil diese Frau den Fragebogen nicht ausfüllt. Indem wir im AK Wert darauf legten, der Enttäuschung auf den Grund zu gehen, wurde deutlich, daß wir uns häufig an spezifischen Maßstäben von Repräsentativität orientieren und daß wir damit wichtige Ergebnisse, die wir erhoben haben, nicht als Ergebnisse ernstnehmen.

Daraufhin konnten wir im AK präziser Kriterien benennen, nach denen wir Ergebnisse als solche wahrnehmen.

Projektvorstellung II

Beteiligung von Frauen und Mädchen an der Jugendhilfeplanung: Selbstthematisierung als Voraussetzung

Maria Bitzan, Maike Schmidt

Erfahrungen aus dem Praxis- und Forschungsprojekt "Mädchen in der Jugendhilfeplanung"[62].

Am Beispiel einiger Aktivitäten im Rahmen des Praxis- und Forschungsprojektes "Mädchen in der Jugendhilfeplanung" soll gezeigt werden, wie Forscherinnen und Praktikerinnen voneinander Nutzen haben können, wie in gegenseitiger Anerkennung produktive Politik geschehen kann und welche Voraussetzungen für die eigene Motivation und die Fähigkeit zur Durchführung von Projekten hergestellt werden müssen.

Der folgende Text vollzieht in seiner Konstruktion die Parallelstruktur von Erkenntnisprozessen von beiden Seiten nach. Maike Schmidt (M.S.) berichtet aus ihrem Erleben als Zuständige in der Stadtjugendpflege Mössingen, Maria Bitzan (M.B.) aus der Warte des Forschungsprojekts.

Idee und Ziel des Projektes (M.B.)

Ein bestehender Diskussionszusammenhang von Fachfrauen aus Politik, Verwaltung und Mädchen(sozial)arbeit in der Region Tübingen wollte Klarheit gewinnen über das Ausmaß vorhandener Mädchenarbeit. Als Ergebnis gemeinsamer Überlegungen mit der Frauenbeauftragten der Stadt Tübingen und mir entstand das Anliegen, nicht nur das Ausmaß, sondern ebenso die Qualität der Angebotslandschaft für Mädchen und ihre

---

[62] Dies ist die gekürzte Fassung des Vortrags vom 7.11.1996

Verankerung in der Jugendhilfe zu erforschen. Damit sollte vor allem ihr Stellenwert bei der kommunalen Jugendhilfeplanung gesichert werden. So enstand schließlich das Projekt "Mädchen in der Jugendhilfeplanung" als Praxis- und Forschungsprojekt in Trägerschaft der Stadt Tübingen (Frauenbeauftragte), das für ein Jahr, von 1994-95, vom damaligen Ministerium für Frauen, Familie, Weiterbildung und Kunst in Baden-Württemberg finanziert wurde[63].

Ausgangspunkt war die Erfahrung, daß in Jugendhilfeplanungen Mädchen kaum thematisiert werden und Themen der Frauen- und Mädchenarbeit als unwichtig gelten. Auch hatten wir festgestellt, daß Pädagoginnen wenig an Planungen beteiligt waren. Andererseits war der Leidensdruck von Fachfrauen bezüglich der Legitimierung und Verankerung ihrer Arbeit hoch. Mit dem Projekt sollten daher in die laufende Jugendhilfeplanung des Landkreises Anregungen hineingegeben werden, um parallel Kenntnisse über mögliche Einmischungsprozesse und notwendige Planungskonzepte zu entwickeln. Das Projekt bewegte sich damit auf zwei Ebenen: In die konkrete pädagogische Praxis sollten Impulse zur Thematisierung der Geschlechterfrage und damit zur Einmischung in die Planung gegeben werden; exemplarisch sollten Beteiligungsprojekte mit Mädchen angeregt bzw. durchgeführt werden. Zusammengefaßt lautete der Auftrag des Projektes:

* die modellhafte Erhebung von Interessen und Bedürfnissen von Mädchen in Stadt und Landkreis Tübingen. Wie können Lebenslagen von Mädchen erhoben und damit sichtbar gemacht werden?
* die Erarbeitung eines Bezugsrahmens zur Erfassung der Lebenswelt von Mädchen und ihrer Darstellung;

---

[63] Mitarbeiterinnen: Claudia Daigler, Gabriele Hilke; wissenschaftliche Begleitung: Maria Bitzan; Frauenbeauftragte: Edda Rosenfeld; dazu ein Beirat mit VertreterInnen der Fachpraxis, der kommunalen Jugendhilfe, des Ministeriums und der oberen Jugendbehörden (Sozialdezernent, Landesjugendamt).

* die Untersuchung von Partizipationsmöglichkeiten von Mädchen und auch von Fachfrauen. Wie kann Fachwissen von Pädagoginnen in den Planungsprozeß einfließen? Wie können weibliche Fachkräfte miteinander die für sie adäquaten Formen der Beteiligung entwickeln?
* die Erarbeitung von Bausteinen/ Hinweisen zur Organisation einer Jugendhilfeplanung, die Mädchen berücksichtigt.

Insgesamt ging es darum, Material zu erarbeiten, um für die Planungsverpflichtung der Kommunen gemäß §9, Abs. 3 des Kinder- und Jugendhilfegesetzes (Abbau der Benachteiligung von Mädchen) reale Umsetzungschancen zu ermöglichen.

Da das Projekt nur eine kurze Laufzeit hatte, ging es darum, da, wo sich bereits etwas bewegte, anzuknüpfen und weiterzumachen. Es wurde daher versucht, Kontakt zu den Stellen, die sich schon mit Planung beschäftigten, und vor allen Dingen zu Pädagoginnen, die ein eigenens Anliegen für Mädchen in der Planung haben, herzustellen.

Voraussetzungen in Mössingen (M.S.)

Für die Jugendhilfeplanung im Landkreis Tübingen suchte der Sozialdezernent Herr Dieter Rilling Mössingen als Modellstadt aus, weil die Strukturen in Mössingen überschaubar sind (ca. 18 500 EinwohnerInnen), und weil es in Mössingen eine relativ gut ausgeprägte "Sozialstruktur" gibt. Im März 1993 wurde mit einer Begegnungstagung in Weingarten mit der gemeinwesenorientierten Jugendhilfeplanung in Mössingen begonnen. Seitdem wird vor Ort in 3 Arbeitsgruppen nach Altersstufen getrennt planend gearbeitet:

1. Vorschulbereich - AK Familie
2. Schulalter - AK Schule
3. Ca. 10 - ca. 20 Jahre - AK Jugend und Freizeit

Seit 1991 gibt es eine Stelle in der Jugendpflege für die Mädchenarbeit. Der Arbeitskreis zur Mädchenarbeit wurde von mir als zuständige Pädagogin ins Leben gerufen, zunächst in einem Stadtteil, ab 1992 wurde er auf die gesamte Stadt ausgeweitet. Für die Mädchenarbeit war von Anbeginn der Druck von außen sehr deutlich. Die Stelle und die damit verbundene Arbeit standen unter stetiger Beobachtung. Daß es eine 75%-Stelle für die Mädchenarbeit gab und gibt, ist eine politische Entscheidung, die jederzeit widerrufen werden kann. Um dieser Gefahr entgegenzuwirken, wurde viel Öffentlichkeitsarbeit gemacht, wodurch gewährleistet werden sollte, daß die Mädchenarbeit in der Stadt bekannt wird. Ab September 1992 erarbeiteten drei Praktikantinnen der Evangelischen Fachhochschule in Reutlingen eine Feldanalyse zum Freizeitverhalten von Mädchen im ländlichen Raum (Mössingen, Ergenzingen, Gomaringen). Eine der für die Stadt Mössingen wichtigen Erkenntnisse ist, daß Mädchen in Mössingen eigene Räume (v.a. als Rückzug und als Möglichkeit, unbeobachtet Dinge auszuprobieren) benötigen. Mit eigenen Räumen sollte sich die Stelle zur Mädchenarbeit etablieren. Im November 1994 schließlich wurde das Mädchencafé eröffnet.

Ab Februar 1994 arbeitete das Forschungsprojekt "Mädchen in der Jugendhilfeplanung" in Tübingen. Im Februar entstand bereits der erste Kontakt zwischen den Projektfrauen und der Jugendpflege Mössingen. Ich lernte sie im Arbeitskreis der Jugendhausfrauen in Tübingen kennen. Beide Seiten hatten wir das Anliegen, Mädchenarbeit zu etablieren und so suchten wir Möglichkeiten, wie wir uns gegenseitig nutzen konnten. Ein gemeinsamer Ansatz war, Bedürfnisse und Wünsche von Mädchen sichtbar zu machen. Hierfür mußten wir eine gemeinsame Sprache finden. Die Wissenschaftlerinnen und die Praktikerin mußten erst auf einer Ebene zueinander finden. Am Anfang gab es hierbei Kommunikationsprobleme, diese konnten jedoch bald ausgeräumt werden. Das machte es umso leichter, auch die Sprache der Mädchen zu finden und zu verstehen. Forscherinnen und Praktikerinnen können voneinander lernen; sie brauchen sich gegenseitig, um ein befriedigendes Ergebnis zu erzielen. Hierbei darf es kein Gefälle geben. Genausowenig zwischen den "Forscherinnen" und den "Beforschten". Es war gut zu spüren, daß es auf einmal Mitstreiterinnen gab. Frauen, die das gleiche Anliegen haben. Nicht mehr so alleine zu sein. Jemand zu haben, die die Arbeit wertschätzte und unterstützte.

Erste Erfahrungen im Projekt (M.B.)
Wo immer die Projektmitarbeiterinnen in Kontakt mit Frauen in der Praxis kamen, war es, nach anfänglicher Skepsis[64], wie ein Dammbruch: Ein ungeheurer Bedarf an Gesprächen, an Beratungen, an Wunsch nach Begleitung und vor allem nach Anerkennung wurde sichtbar. Wir trafen auf viele verdeckte Konflikte und Verletzungen, verbunden mit hohen Ambitionen bei den Fachfrauen. Aber es gab keinen Raum, dieses systematisch zu reflektieren. Denn weder von den Frauen selbst noch von den Einrichtungen wurden diese Erfahrungen als explizites Thema von Fachlichkeit gesehen. Irgendwie lag die Thematik "daneben". Viele erhofften sich nun durch das Projekt mehr Unterstützung, insbesondere bei der Umsetzung der Lebensweltorientierung in geschlechterdifferenzierender Konkretisierung.

Auf mehreren Ebenen zeigte sich also im Praxiskontakt, daß die Annahmen zu Beginn des Projektes sich bestätigten: Wenig abgesicherte Mädchenarbeit, Hauptnutzung der offenen Angebote durch Jungen, Geringschätzung des Stellenwertes von Mädchenarbeit bei Trägern, keine konzeptionell festgelegten geschlechterdifferenzierenden Angebote. So war die Hauptrichtung von uns einerseits, beispielhaft Mädcheninteressen und -bedarf sichtbar zu machen, und andererseits, Kompetenz und Vielseitigkeit bestehender Angebote ins Bewußtsein zu rücken und als Standard für Jugendhilfe zu formulieren.

---

[64] Die Skepsis war: Wollten da "bessere" Frauen kommen, und sagen, wo's langgeht? Diese Sorge wich jedoch bald der Erleichterung, ernstgenommen zu werden.

Dafür mußten Pädagoginnen und Mädchen gefunden werden, mit denen kleine Erhebungsprojekte durchgeführt werden konnten. Das Prinzip war, daß die beteiligten Mädchen in einen pädagogischen Rahmen eingebunden sein sollten, also nicht für eine Projektaktion "verheizt" wurden.

Ein Beteiligungsprojekt: Der Film (M.S.)
Nach unterschiedlichen Überlegungen zu Möglichkeiten zur Selbstthematisierung von Mädchen (z.B. ein Fotowettbewerb oder ein Selbstverteidigungskurs) kamen wir zu dem Filmprojekt: "Mensch Mädchen". Für die Entwicklung der Idee mußten wir (Forscherinnen und Praktikerinnen) uns erst gegenseitig erklären, was wir vom Projekt wollten. Mir war das Anliegen der beiden Fachfrauen zuerst zu theoretisch, ich konnte mit dem Wort "Selbstthematisierung" zunächst überhaupt nichts anfangen. Nachdem mir der Inhalt klarer wurde, konnte ich als Praktikerin sagen, welche Methode ich für Mädchen zeitgemäß hielt. In diesem Zusammenhang wurde mir sehr deutlich bewußt, welchen Stellenwert neben den inhaltlichen Übereinstimmungen die Sympathie spielt - sowohl von den Forscherinnen zur Praktikerin, als auch von der Praktikerin zu den Mädchen. Nachdem klar wurde, daß wir das anvisierte Filmprojekt nicht mit eigenen personellen Ressourcen durchführen konnten, entschlossen wir uns, eine Filmfachfrau mit pädagogischer Ausbildung zu engagieren. Es war uns Pädagoginnen wichtig, daß die Mädchen nicht nur als Schauspielerinnen im Film vorkamen, sondern auch selbst drehen durften. Sie sollten inhaltlich beteiligt werden, beim Schnitt mitmachen und außerdem das Layout des Filmcovers gestalten. Nicht die Pädagoginnen machten den Film, sondern die Mädchen. Dementsprechend gestaltete sich der Inhalt des Films: Nicht die Interessen der Pädagoginnen standen im Vordergrund, sondern diejenigen der Mädchen. In diesem Fall gruppierte sich der Inhalt um das Thema "Märchenprinz".

Wenn ein Projekt mit diesem Umfang durchgeführt wird, ist es wichtig, daß auf die größtmögliche Transparenz von allen Seiten zu achten. Außerdem muß ein regelmäßiger Austausch stattfinden. Es erwies sich als gut, wenn es eine Koordinatorin gibt, die den Überblick behält.

Für die Mädchen war es sehr wichtig, daß sie nicht Objekte waren, sondern daß sie maßgeblich an der Realisation des Films beteiligt waren. Daß sie ihren "Märchenprinzen" ebenso umsetzen durften, wie ihre unterschiedlichen Meinungen, z.B. zu Freundschaften, war für sie eine hohe Wertschätzung.

Dieser Film konnte durch seine Erkenntnisse in der Zusammenarbeit als Vorlage für weitere Großprojekte im Landkreis dienen (z.B. für den Mädchenkalender des Landkreises Tübingen).

Mädcheninteressen und Einmischung: Raum für eigene Interessen und Selbstthematisierung (M.B.)

Eine wesentliche Erkenntnis aus diesem und anderen kleinen Erhebungs- und Beteiligungsprojekten deckt sich mit Erfahrungen aus der Mädchen- und Frauenforschung: Widersprüchliche und zum Teil nicht erlaubte Realität[65] - verbunden mit widersprüchlichem Selbstbild - läßt sich nicht durch einfache Fragen abbilden[66].

Das gilt auch für den notwendigen Unterstützungsbedarf. Mädchen brauchen Raum und Medien, sich anzusehen und auszudrücken, die Seiten vor sich und anderen hervortreten zu lassen, die im erwarteten Bild von sich nicht schon enthalten sind. Planung muß das berücksichtigen, sie darf Mädchen nicht als Erhebungsobjekte funktionalisieren. Sie muß Projekte gestalten, die auch in sich einen Eigensinn für die Mädchen haben, ihnen Raum geben. Dieser Raum wird üblicherweise in der

---

[65] Erfahrungen widersprüchlicher Anforderungen, Erfahrungen eigener "Normalität", widersprechende Interessen bzw. Neigungen.

[66] Eine einfache Befragung aktiviert zunächst nur das erwartete "Klischee". Mädchen zeigen sich, wie sie meinen, daß sie zu sein haben. Erst andere Verfahren bringen die widersprüchlichen Selbstbilder ans Tageslicht.

parteilichen Mädchenarbeit hergestellt. Somit sind die Fachfrauen auch als Expertinnen für Mädcheninteressen zu betrachten und einzubeziehen.

Die gleiche Erkenntnis wie für Mädchen gilt allerdings auch für Fachfrauen[67]. Auch hier treffen wir auf widersprüchliche Selbstwahrnehmung, unbenanntes Wissen und Selbst- und Fremdentwertungen. Viele Untersuchungen zeigen etwa, wie Frauen zögern, das, was sie wahrnehmen und wonach sie handeln, als fachliches Handeln bzw. als Fachwissen zu benennen. Daraus folgt: Auch Pädagoginnen brauchen Wege, um zu ihrem Wissen und zu ihren Anliegen Zugang zu finden. Sie brauchen Raum für Eigeninteresse und Selbstvergewisserung als Motor für Einmischung. Das Forum Tübinger Pädagoginnen, gemeinsam vorbereitet von Praxis- und Projektfrauen, gibt ein Bespiel für solchen Raum (vgl. Ev. Akademie Bad Boll 1994): Als Versammlung von Fachfrauen aus unterschiedlichen Feldern (inklusive Schulen und Beratungsstellen) ging es um die Verständigung über Themen der Mädchenarbeit und Standards der praktizierten Arbeit. Fachfrauen selbst waren Referentinnen. Die Idee war, Kompetenz in der Region für- und voreinander sichtbar zu machen und sich selbst als Sachverständige zu definieren. Auf dieser Basis erfolgte eine regionale Verständigung über sozialpolitischen Bedarf - als aus dem eigenem Wissen generiertes Anliegen für die Jugendhilfeplanung. Ziel war also die gegenseitige und öffentliche Wahrnehmung (130 Frauen waren beteiligt), die Anerkennung vorhandener Praxis und die gemeinsame Strategieentwicklung zur Absicherung und Weiterentwicklung (also Selbstthematisierung, Fortbildung, Politik). Auf diesem Forum entstand der Facharbeitskreis Mädchenarbeit, der bis heute arbeitet.

Zusammenfassend werden mit dem Forschungsprojekt insgesamt also

* inhaltliche Aspekte zur Lebenssituation von Mädchen und der Bedarf im Landkreis sichtbar gemacht und als Bedarf für Jugendhilfeplanung formuliert;

---

[67] Sie gilt für alle Frauen.

* Wege erforscht, wie dieses Wissen hervorgebracht werden kann. Dies war nicht ausschließlich die Aktivität der Forscherinnen, vielmehr lag der Schwerpunkt darin, mit Praxisfrauen zusammen solche Wege auszudenken und durchzuführen. Das Projekt schaffte hierfür den Rahmen (Raum, Wertschätzung, fachliche Zusammenhänge, Bündelung etc.);
* Möglichkeiten der Bezugnahme von Fachfrauen aufeinander initiiert;
* Mädchenarbeit bzw. Parteilichkeit für Mädchen und sozialpolitischer Bedarf in der Öffentlichkeit sichtbar gemacht;
* Konfrontierung/ Herausforderung anderer Fachkräfte, Personen in Politik und Verwaltung und ganz allgemein des Gemeinwesens mit Mädchenanliegen gewagt.

Wirkungen/ Folgen des Projektes am Beispiel Mössingen (M.S.)
Durch die Eröffnung des Mädchencafés und den Film festigte sich der Stellenwert der Mädchenarbeit in Mössingen. Mit der Präsentation des Films in der Villa Reitzenstein in Stuttgart bei der Aktion "Jugend im Park" stieg das Ansehen der Mädchenarbeit bei der Verwaltung und dem Gemeinderat. Spürbare Auswirkungen in Mössingen waren, daß es im Kollegium der Jugendpflege und letzten Endes auch in der Verwaltung keine großen Diskussionen darüber gab, daß im geplanten Jugendhaus-Neubau ein Mädchenraum notwendig ist. Außerdem wurde in der Konzeptionsplanung nach anfänglichen Schwierigkeiten der Weiterbetrieb des Mädchencafés nicht mehr in Frage gestellt. Die langjährige Zugehörigkeit zum Team und die ständige Präsentation der Mädchenarbeit in der Öffentlichkeit trugen dazu bei, daß ich angefragt wurde, die Leitungsfunktion der Jugendpflege zu übernehmen. Das hatte für die Mädchenarbeit zwei Vorteile: Zum einen konnte ich meine Nachfolgerin aussuchen und zum anderen wurde die Leitungsstelle mit einer Frau besetzt.

Weitere indirekte Auswirkungen des Filmprojektes und vielleicht des Forschungsprojektes insgesamt waren folgende:

* Der Jugendamtsleiter sah sich gezwungen, eine Vertreterin für die Mädchenarbeit in den Jugendhilfeausschuß zu berufen.
* Im Oktober 1994 fand das erste Forum Tübinger Pädagoginnen statt, daraus entwickelte sich der Facharbeitskreis zu Mädchen in der Jugendhilfeplanung.

Als sichtbares Produkt der Vernetzung von Frauen aus unterschiedlichen Institutionen, die Mädchenarbeit im Landkreis Tübingen machen, kann der Mädchenkalender 1996/97 angesehen werden.

Schluß: Selbstthematisierung als Teil von Politik (M.B.)
Fachliche Standardbestimmung und Einmischung in politische und fachliche Planungsprozesse sind nicht einfach als Postulate zu erheben. Weibliche Realität (die von Fachfrauen in ihrer professionellen Praxis ebenso wie die der Mädchen als Adressatinnen pädagogischer Arbeit) ist geprägt von Verdeckungen und Entwertungen sowie der Enteignung eigener Erfahrungen. Forschung und Praxis, die diesen Erfahrungen im sozialpolitischen Diskurs Geltung verschaffen wollen, was ja Einmischung und Partizipation meint, müssen sich - immer wieder - mit Ent-deckung und Aufwertung weiblicher Erfahrung als Konflikterfahrung beschäftigen. Nur mit Raum für Selbstthematisierung sind eigene Anliegen erkennbar und damit auch politisch formulierbar. Hierfür kann u.a. Forschung einen Rahmen und "know how" zur Verfügung stellen.

Eigene Wege von Frauen und Mädchen - gemeinsame Wege mit Männern und Jungen: Frauen- versus Geschlechteransatz in Praxis und Forschung?

Helga Huber, Gerrit Kaschuba

Der hier formulierte Gegensatz greift provokativ den Stand von Entwicklungen auf, die sich einerseits auf die Prozesse der Veränderung von Verhältnissen zwischen Frauen beziehen und die andererseits auf eine zu verändernde Verständigung zwischen den Geschlechtern hinweisen. Verschiedene Schlaglichter auf diese Entwicklungen sollen zeigen, warum eine Beschäftigung mit diesem Thema erforderlich ist:

Waren zu Beginn der Neuen Frauenbewegung in den 70er Jahren verschiedene Formen von Praxis und von Forschung ineinander verwoben, so vollzieht sich seit den 80er Jahren eine Ausdifferenzierung von Praxisfeldern[68], Wissenstransfer und Wissenschaft (vgl. Hasenjürgen 1996). Die zunehmende Differenzierung stellt neue Anforderungen an Kooperationen, die nunmehr anders' institutionalisiert werden müssen als in der Anfangsphase der Bewegung. Was die inhaltliche Auseinandersetzung betrifft, müssen uns fragen, ob Unterschiede in den politisch-moralischen Orientierungen sichtbar werden[69], oder ob sie sich lediglich auf der Ebene von unterschiedlichen Praxisfeldern bewegen. Dazu gehört die Aufgabe, Umgangsweisen

---

[68] In der Praxis - sowohl in den Berufs-, als auch in den Forschungsfeldern - differenzieren sich konkrete Zielgruppen und Inhalte aus: feministische Mädchenarbeit, Mädchen in der Jugendhilfe, Mädchen und Berufssuche, behinderte Mädchen und Frauen, Gewalt gegen Mädchen und Frauen, alleinerziehende oder verheiratete Mütter, Bildungsarbeit unter verschiedenen frauenspezifischen Themenstellungen, Suchtproblematik bei Frauen, usw.

[69] Vgl. hierzu Ilse Lenz (1995), die die Macht-, Sach- und Beziehungsebene in Bezug zum Generationenverlauf gesetzt hat.

mit der Generationenfolge (vgl. Landweer 1995; Stoehr 1995) unter Frauen zu entwickeln.

Mädchen- und frauenorientierte Ansätze wurden in den letzten zwei Jahrzehnten immer weiterentwickelt - in Praxisfeldern wie Bildungs-, Sozial- und Beratungsarbeit mit Frauen, in der Forschung, in Politik und Planung. Auch haben sich Frauen und Mädchen Räume erobert, in denen sie sich gegenseitig fördern und unterstützen können. Sinnvoll ist deshalb eine Art Bestandsaufnahme, ein Resümée, wie wir gegenwärtig den *Stand der inhaltlichen Entwicklung* und den *Grad an Institutionalisierung* der Mädchen- und Frauenarbeit bewerten.

In den letzten Jahren wird die Notwendigkeit von jungen- und männerorientierter Arbeit in der Bildungs- und Sozialarbeit wie auch in der Forschung zunehmend thematisiert, allerdings mehr als Reaktion auf die rapiden Entwicklungen in der Mädchen- und Frauenarbeit denn als Ausdruck eines eigenständigen Bedürfnisses. Die Art und Weise, wie dies geschieht, wird in der feministischen Öffentlichkeit sehr unterschiedlich aufgenommen. Kritische Stimmen sind zu vernehmen, daß sich die neu artikulierende Männer- und Jungenforschung zu wenig mit der *hierarchischen* Struktur der Geschlechter- und Gesellschaftsverhältnisse beschäftigt bzw. mit der Tatsache, daß Männer von der bestehenden Geschlechterordnung profitieren.

Eine Klärung der Auswirkungen für die Frauen- und Mädchenarbeit scheint derzeit aus inhaltlichen wie auch strategischen Überlegungen angebracht. Es stellt sich aktuell sowohl die Frage nach Differenzen in der Arbeit mit Frauen und Mädchen, als auch die Frage nach Berührungspunkten mit der Männer- und Jungenarbeit, die neu definiert werden müssen. Veränderte Ansprüche von Frauen an Männer bestehen auf Gebieten wie Bildungsbeteiligung und Bildungsinhalten, Suche nach neuen Lebensformen, Teilung von Erwerbs- und Familienarbeit, politischer Partizipation - und zwar jeweils in der strukturellen, gesellschaftlichen wie auch in der individuellen, persönlichen Dimension. In der professionellen Praxis, sei es in der Bildung, Erwachsenenbildung, Beratung, Sozialpädagogik, stellen wir an Kollegen den Anspruch, daß sie sich um

Männer- und Jungenarbeitskonzepte bemühen sollen, die an den 'spezifischen' sozialen Zuweisungen und Handlungsformen ansetzen.

Für Frauen ergeben sich ausgehend von dem skizzierten Stand der Entwicklungen Konsequenzen in zwei Richtungen: *Wir müssen uns erstens Klarheit über unsere eigenen Ansprüche in der Mädchen- und Frauenarbeit und zweitens über unsere Ansprüche an einen veränderten Umgang zwischen den Geschlechtern verschaffen.* Quer zu beiden Richtungen liegen weitere grundlegende Differenzierungen nach ethnisch-kulturellen und schicht- bzw. klassenspezifischen Unterschieden, nach lebensweltlichen regionalen Bedingungen, nach körperlichen und geistigen Behinderungen und noch grundsätzlicher nach Macht und Gewalt. Die Klärung der *eigenen Ansprüche* beinhaltet zwei Dimensionen: Zum einen beschäftigen wir uns mit der Klärung fachlicher, methodischer und damit auch frauen- und mädchenpolitischer Ansprüche, die wir in *unterschiedlichen Praxisfeldern* in unserer Arbeit vertreten (wollen). Zum anderen müssen wir uns fragen, welche *gemeinsame übergreifende Orientierung* Frauen überhaupt haben könnten. Dabei geht es um die Klärung unserer jeweiligen eigenen Ansprüche in der Arbeit, also auch um das gegenseitige Sichtbarmachen unserer Ansätze, um das Thematisieren von Differenzen unter Frauen, mit denen wir zusammenarbeiten und um Unterstützung und Sichtbarmachen bei der gemeinsamen Entwicklung von Strategien. Als gemeinsame Aufgabe von Frauen in verschiedenen Arbeitsbereichen mit Mädchen und Frauen in Praxis, Forschung und Politik sind deshalb

* die jeweiligen Ansprüche auf dem Hintergrund der aktuellen Entwicklung zu klären;
* aufzuspüren, worin Unbehagen, Verunsicherung oder Verärgerung begründet liegt;
* zu sehen, wo Veränderungen in den Positionen der einzelnen oder auch in den Anforderungen an uns stattfinden;
* zu überlegen, wie konstruktive Lösungsmodelle entwickelt werden können.

Davon ausgehend stellten sich Lehrerinnen, Sozialpädagoginnen aus der Mädchenarbeit, Frauenbeauftragte, Mitarbeiterinnen in Beratungsstellen, Bildungsreferentinnen, Frauen mit Lehraufträgen an Hochschulen und Kommunalpolitikerinnen in ihren Arbeitsgruppen folgende Fragen zu ihrer Praxis in verschiedenen Bereichen der Sozial-, Bildungs- und Beratungsarbeit und in der 'expliziten' Frauenpolitik[70]:

* Wie erlebe ich die gegenwärtige Entwicklung in meinem Tätigkeitsfeld?
* Wie soll die weitere frauen- und mädchenpolitische Praxis aussehen?
* Wie könnte - längerfristig - ein Geschlechteransatz aus frauenpolitischer Sicht aussehen?

Bei der Beurteilung der gegenwärtigen Situation wurde sowohl Unbehagen in den einzelnen Arbeitsfeldern thematisiert, als auch die Notwendigkeit der Transparenz und des Sich-Gegenseitig-Vermittelns dieser Situation und der Diskussionen in den verschiedenen Frauen- und Mädchenarbeitsbereichen deutlich. Unbehagen wurde vor allem in Bezug auf zwei zentrale Aspekte artikuliert:

Die *Bezugnahme unter Frauen* wird als nicht selbstverständlich bzw. immer noch nicht akzeptiert erlebt. Das zeigt sich zum Beispiel in Problemen mit Kolleg*innen*, die sich frauenpolitisch nicht interessiert zeigen und sich diesbezüglich abwertend äußern oder auch darin, daß Frauen Anerkennung bei männlichen Kollegen und Vorgesetzten suchen. Auf diese Erfahrungen bezogen stellte sich die Frage: Wie können sich Frauen in Zukunft stärker gegenseitig Autorität verleihen? Damit in Zusammenhang steht das Thema der Generationenunterschiede unter Frauen: Diese Unterschiede führen im beruflichen Alltag in wachsendem Maße zu Konflikten. Die Frage nach der Beziehung der älteren zu den jüngeren Frauengenerationen wurde thematisiert, was vor allem die

---

[70] Den Ausdruck 'explizite' Frauenpolitik verwenden wir hier für die Arbeitsfelder von Kommunalpolitikerinnen und Frauenbeauftragten in Abgrenzung zu den verschiedenen feministischen (sozial)pädagogischen Arbeitsfeldern, die gleichzeitig auch immer eine frauen- und mädchenpolitische Dimension beinhalten.

biographische Auseinandersetzung mit frauenpolitischen Standpunkten betrifft. Unter anderem tauchte folgende selbstkritische Frage auf: "Wissen wir es besser?

Einen weiteren wichtigen Aspekt stellt die Erfahrung einer neuen Art der *Abwertung und Übergangenheit von Mädchen- und Frauenthemen* dar. Mit zunehmender Thematisierung des 'Geschlechteransatzes' (gender) in unterschiedlichen Arbeitsfeldern wird es als zunehmend schwieriger erlebt, eigene Frauenräume wie zum Beispiel Frauenseminare zu vertreten. Auch auf der begrifflichen Ebene drücken sich strukturelle gesellschaftliche Veränderungen aus. So besteht über Neutralisierungen in der Sprache die Gefahr, daß Bezeichnungen, wie "Gleichstellung" oder "Geschlechterforschung" frauenpolitische Begriffe wie "Parteilichkeit für Mädchen und Frauen" verdrängen und damit eine Verwässerung frauenpolitischer Inhalte stattfindet. Gleichzeitig werden Jungen- und Männerarbeitskonzepte vermißt, die tatsächlich einen emanzipatorischen Anspruch vertreten. Dies mündete in die Frage, ob wir die Jungen- und Männerarbeit den männlichen Kollegen allein überlassen können, wenn diese die Geschlechterhierarchie nicht kritisch hinterfragen. Die Polarisierung zwischen Frauen und Männern scheint also unter diesen veränderten Vorzeichen eher zuzunehmen.

Als Gemeinsamkeit zeigte sich, daß alle Teilnehmerinnen nach wie vor die *Notwendigkeit einer eigenständigen Politik für Frauen und Mädchen* sehen. Sie befinden sich in ihren jeweiligen frauen- und mädchenbezogenen Arbeitsfeldern in den unterschiedlichsten Konfliktsituationen, weshalb Möglichkeiten des Erfahrungsaustausches und ein Überdenken von Orientierungen wichtig sind. Schwierig erwies sich dagegen die Formulierung von Zielen der Arbeit, die versuchte, sowohl die 'eigenen' (der Frauen und Mädchen) wie auch die 'gemeinsamen' Wege (mit Männern und Jungen) in den Blick zu bekommen. Dies erfordert erneut frauenpolitische Verständigungen unter Frauen aus verschiedenen Arbeitsbereichen. In der Diskussion war zum Beispiel der Begriff *"geschlechtergerecht"* umstritten. Er wurde gemeinsam definiert als Sichtbarmachen von Kompetenzen und von Maßstäben von Frauen sowie deren Durchsetzung in Verbindung mit dem Abbau der Vorrechte von Männern. Als arbeits- und interessenübergreifendes Ziel wurde der Abbau hierarchischer Geschlechterverhältnisse angesehen. Dabei tauchte die Frage der Notwendigkeit von 'neuen' Definitionen und Termini auf: Warum sprechen wir nicht weiterhin von "feministisch"? Inwieweit ist es möglich bzw. sinnvoll oder sogar notwendig, Begriffe wie "geschlechtergerecht" mit eigenen frauenpolitischen Maßstäben und Inhalten zu füllen? Daran schloß sich die Frage an, ob wir tatsächlich Konsens unter Frauen wollen (können). Anerkennung der Differenz unter Frauen bedeutet, daß die Bezugnahme auf Frauen zwischen den Polen als Gegnerin und als solidarische Wegbegleiterin durchaus viele Facetten bereithält, wobei die Frage nach unterschiedlichen Impulsen aus den verschiedenen Frauengenerationen ein wichtiges Thema im beruflichen Alltag ist. Klärungsbedarf in der Frage nach der Bezugnahme von Frauen auf Frauen bestehen. Zentral ist dabei die Frage nach Machtbeziehungen unter Frauen.

Als *Ansatzpunkte für frauenpolitische Strategien* können folgende zusammengefaßt werden: Eigene Frauenräume sind nach wie vor erforderlich. Sie sind keine *Frei-*Räume, sondern Orte der Selbstvergewisserung und stellen für Frauen Herausforderungen zur Konfliktaustragung dar. Sie bieten die Möglichkeit, Kraft zu gewinnen, Klarheit zu bekommen und sich über Maßstäbe zu verständigen. Weibliche Lebenskontexte erfordern ein 'sowohl als auch': Wir brauchen Frauenräume, eigene Wege und Selbstverständigung *und* sehen die Notwendigkeit gemischtgeschlechtlicher Verständigungen - unter der Voraussetzung, daß sie die Geschlechterhierarchie nicht länger konstituieren. Deshalb müssen feministische Inhalte auch in der Sprache berücksichtigt bzw. durchgesetzt, feministische Spielregeln in gemischten Veranstaltungen eingebracht und praktiziert werden.

Dieser Erfahrungsaustausch fand in einem heterogenen Kreis von Frauen statt, die aus unterschiedlichen Praxisfeldern stammen. Wir erachten einen solchen übergreifenden Austausch für wichtig - auch als Ansatzpunkt, um uns über Entwicklungen in den verschiedenen Bereichen und Ausdifferenzierungen von frauenpolitischen Positionen in der Praxis zu verständigen. Gleichzeitig zeigen sich auch Grenzen, braucht es eine fachbezogene Vertiefung der benannten zentralen Themen und offenen Fragen. Je nach den Aufgaben und Zielgruppen von spezifischen Institutionen müssen unterschiedliche Strategien, Lösungen und Umgangsformen gefunden werden. Festzuhalten bleibt, daß wir *Positionen* vertreten wollen - und wir müssen sie auch vertreten -, die sich sowohl auf politisch-moralische Orientierungen als auch auf fachliche Standards im Rahmen unserer jeweiligen Praxis beziehen, sei es in den verschiedenen pädagogischen Berufsfeldern, in der politischen Praxis, in der Wissenschaft oder auch in der persönlichen Lebensgestaltung.

Betroffene - Ehrenamtliche – Professionelle:
Frauenpolitisch brisante Interessenkonstellationen

Maria Knab, Elke Schön

Fragestellungen

Die Idee, an der Thematik des Verhältnisses zwischen Ehrenamtlichen, Betroffenen und Professionellen zu arbeiten, resultierte aus Erfahrungen, die wir in verschiedenen Handlungsfeldern in unterschiedlichen Rollen machten. Unser Anliegen war, die Bezugnahme zwischen Frauen als Betroffene, ehrenamtlich oder professionell Tätige in ihrer frauenpolitischen Qualität in den Blick zu rücken und danach zu fragen, wie sie sich - mit ihren je eigenen Interessen - unterstützend aufeinander beziehen können. Wir wissen, daß Begegnungen zwischen Frauen aus unterschiedlichen gesellschaftlichen/ beruflichen bzw. lebensweltlichen Bereichen bereichernd sein können. Oftmals aber sind sie überdeckt von Fremdbildern und Zuschreibungen, die über gegenseitige Reduzierungen auf bestimmte Merkmale/ Rollen nicht hinausgehen. Daher muß ein offener, reflexiver Blick 'erlaubt' werden, der sowohl die stärkenden, 'unterstützenden' Seiten als auch die schwierigen, konflikthaften Seiten in der Bezugnahme erkennen läßt, und dabei auch die je unterschiedlichen Interessen wahrnehmbar macht.

Fragestellungen dazu waren: Warum fühlen wir uns von der Thematik der Arbeitsgruppe angesprochen? Was zeichnet Situationen aus, in denen eine unterstützende Bezugnahme zwischen Betroffenen - Ehrenamtlichen - Professionellen gelingt? Was ist notwendig, damit die verschiedenen Gruppierungen ihre je eigenen Interessen formulieren und - auch bei Unterschieden - sich unterstützend aufeinander beziehen können? Wie ist es möglich, in der Zusammenarbeit die unterschiedlichen Ausgangsbedingungen und Kompetenzen sichtbar zu machen und produktiv zu nutzen? Wo und wie zeigen sich Barrieren in der Bezugnahme? Welche Konfliktlinien verbergen sich dahinter? Wie lassen sich die unterschiedlichen Interessen in ihrem Konfliktpotential thematisieren? Wie können wir auch hier zu kreativen Lösungen kommen?

Diesen Fragen gingen wir in der Arbeitsgruppe in der Weise nach, daß wir schwierige und geglückte Erfahrungen der Bezugnahme aus verschiedenen Arbeitsfeldern der Teilnehmerinnen reflektieren. Gleichzeitig erprobten wir auf der methodischen Ebene ein 'Handwerkszeug' zur Reflexion des Bezugnehmens erprobt.

Handwerkszeug zur Analyse der Bezugsverhältnisse
Wir baten die Teilnehmerinnen, sich eigene Erfahrungen in den unterschiedlichen Positionen als Professionelle, Ehrenamtliche und Betroffene zu vergegenwärtigen. Zur Reflexion von Konfliktsituationen, aus denen Erkenntnisse über die 'Fallen' und Chancen abgeleitet werden können, wurden folgende Differenzierungen vorgeschlagen:

* Wird der Konflikt wahrgenommen und wenn ja, von wem?
* Wird der Konflikt benannt?
* Wem gegenüber wird er benannt?

Um die Komplexität der Spannungsfelder im Hinblick auf Chancen produktiver/ bestärkender Bezugnahme zu entwirren und einzelne Faktoren herauszuarbeiten, beleuchteten wir die Beispiele auf unterschiedlichen Ebenen: die personale Ebene, die institutionelle, die gesellschaftlich-strukturelle und die Ebene von Netzwerken und Bündnissen.

Bei der Reflexion von Konfliktsituationen mit Hilfe dieses 'Handwerkszeugs', der 'Differenzierung der unterschiedlichen Ebenen', wurde deutlich, wie sehr wir dazu neigen, Konflikte zu personalisieren, d.h. sie immer wieder an den Personen selbst festzumachen. Bevor wir den Blick überhaupt auf Strukturen richten, sind wir schon dabei, als Ursachen von Barrieren in der Bezugnahme die "fehlende Verantwortlichkeit" von Ehrenamtlichen, die "mangelnde Kritikfähigkeit" von Kursteilnehmerinnen und die

"Unehrlichkeit" von Kolleginnen auszumachen. Schwierig war, uns von dieser personalisierenden Ebene zu lösen und den Blick auf die anderen Ebenen zu richten: Was haben diese Konflikte mit strukturellen Bedingungen, kommunalpolitischen Konstellationen, eigenen institutionellen Eingebundenheiten etc. zu tun? Welche institutionellen Vorgaben verhindern bzw. erschweren Kritik? Wie kann institutionell verankert werden, daß Konflikte in einem frühen Stadium angesprochen werden können? Mit Hilfe der formulierten Differenzierung wurde deutlich, daß Konflikte zum Beispiel zwischen Ehrenamtlichen und Professionellen zwar gesehen und auch benannt werden, daß aber die offen-legenden Diskussionen ausschließlich *innerhalb* der Gruppe der Hauptamtlichen stattfanden, jedoch nicht zusammen mit den Ehrenamtlichen geführt werden. Eine Teilnehmerin formulierte dies so: "Mir kommt das so bekannt vor, dieses Wahrnehmen, Benennen - ich hab das immer schon gemacht! Aber das so offen zu legen am richtigen Ort mit den richtigen Mitteln, das schein' ich versäumt zu haben. (...) Das nehm' ich jetzt so für mich mit, inne halten und erst mal nachdenken, um was es geht, das so zerbröseln, genau mit diesen Fragen. Das ist wirklich ein gutes Handwerkszeug."

Die Reflexion eines anderen Beispiels führte zur Erweiterung des Handwerkszeugs. Eine Teilnehmerin fragte, ob Offenlegen denn schon ausreiche. "Wir haben die Aussprachen (zwischen Professionellen und Ehrenamtlichen) immer wieder benutzt, um uns auf Linie zu bringen. Erst als wir den Anspruch der Gruppe hinterfragt und verändert haben, veränderte sich die Konfliktsituation". Konkret handelte es sich im Beispiel um den Anspruch, daß alle - Ehrenamtliche und Professionelle - die gleiche Verantwortung im Frauenprojekt tragen. Real war dies jedoch aufgrund unterschiedlicher Ausgangsbedingungen, zum Beispiel des unterschiedlichen Zugangs zu Informationen, nicht möglich. Über die Frage danach, wer welche Ausgangsbedingungen hat, veränderte sich der Anspruch 'alle tragen die gleiche Verantwortung'. Realitäten wurden anerkannt, zum Beispiel daß aufgrund unterschiedlicher Ausgangsbedingungen

Ehrenamtliche und Professionelle unterschiedliche, je spezifische Verantwortung und Funktionen übernehmen. So wurde aus der Frage "Wer trägt *die* Verantwortung?" die genauere Frage: "Wer trägt *welche* Verantwortung?" Damit wurde ein wichtiger Faktor für Konflikte offensichtlich: die unhinterfragte Übernahme seit langem formulierter Ansprüche. Konflikte können Anlaß sein, diese Ansprüche auf ihren Realitätsgehalt für die aktuelle Situation zu überprüfen. Welchem Anspruch jagen wir hinterher? Läßt er sich aufgrund der Ausgangsbedingungen einlösen? Für wen in unserer Gruppe stimmt dieser Anspruch? Welche anderen Ansprüche bzw. Interessen formulieren die einzelnen Frauen in der Gruppe?

Verdeckte Barrieren
Die Teilnehmerinnen der Arbeitsgruppe waren in der Mehrheit Professionelle aus der Frauenbildungsarbeit und der Frauenberatungsarbeit. Ihr Interesse am Thema der Arbeitsgruppe resultierte aus erfahrenen Konfliktkonstellationen im jeweiligen eigenen Arbeitsfeld. Benannt wurden Konfliktebenen zwischen Hauptamtlichen und Ehrenamtlichen, Professionellen und Kursteilnehmerinnen, aber auch Konflikte zwischen Professionellen. Nur eine Teilnehmerin stellte sich als Ehrenamtliche vor; sie formulierte das Interesse, sich mit den Erwartungen von Professionellen an Ehrenamtliche und dem daraus entstehenden Dilemma für Ehrenamtliche (z.B. unentlohnte Arbeit, Machtgefälle, eigene ungesicherte Lebenslage) auseinanderzusetzen. Eine weitere Teilnehmerin thematisierte sich in der Vorstellungsrunde als ehrenamtlich Tätige und als Professionelle im Sabbatjahr. Einzelne Professionelle sprachen in der Vorstellungsrunde frühere ehrenamtliche Tätigkeiten an; in der Diskussion nahmen sie jedoch vor allem auf ihre professionelle Tätigkeit Bezug. Wir, die Organisatorinnen der Arbeitsgruppe, stellen in unserer Reflexion im nachhinein fest, daß es uns nicht gelang, der als ehrenamtlich tätig sichtbar gewordenen Teilnehmerin Raum und ihrem Anliegen Bedeutung zu geben. In der Vorstellungsrunde sagte diese Teilnehmerin: "Weil ich privat hier bin und ohne Institution, weiß ich nicht, was ich

sagen soll". Hier fanden wir noch ermunternde Worte und sie thematisierte daraufhin ihre schwierigen Erfahrungen mit dem Ehrenamt. Im Diskussionsverlauf, als sie nochmals die Situation von Ehrenamtlichen ansprach, diesmal auch unter dem Aspekt fehlender gesellschaftlicher Achtung, ging ihr Anliegen dennoch unter der Dominanz anderer Themen unter.

Wir betonen das an dieser Stelle, weil sich so auch in unserer Arbeitsgruppe - einem extra inszenierten Raum für diese Thematik - spiegelte, was 'draußen' die Situation für Ehrenamtliche und Betroffene immer wieder ausmacht: gegenüber Professionellen in der Minderheit zu sein oder Abhängigkeit zu erleben und dabei wenig Aufmerksamkeit und Raum für die eigene Verortung von Interessen und Bedürfnissen zu erhalten. Aufgrund dieser Verhältnisse werden sowohl die Betroffenenperspektive als auch Konfliktlinien zwischen Betroffenen/ Ehrenamtlichen und Professionellen wenig sichtbar.

Resümierend stellt sich als ein Ergebnis der Arbeitsgruppe die Frage: Wie können Räume zur Selbstthematisierung so gestaltet werden, daß beide Interessensgruppen je für sich Ausgangsbedingungen der Sicherheit und Anerkennung erfahren? Dabei müssen wir davon ausgehen, daß die professionelle Perspektive eher die dominantere ist und entsprechende Balancemöglichkeiten einplanen[71].

---

[71] Die Teilnehmerin, die sich in der Vorstellung als Professionelle im Sabbatjahr und als Ehrenamtliche thematisierte, merkte im Gespräch an: "(...) Ich merk' jetzt, daß ich Verständnis entwickle für die Frauen, die nicht Professionelle sind, mit welchen Problemen die zusätzlich zu kämpfen haben; ich habe von vielen Frauen in ehrenamtlichen Gremien mitgekriegt, ich bin 'nur' sozusagen da, die 'Nur'-Frau! (...)." Dieses Verständnis ist ihr möglich, nachdem sie wieder ausschließlich in der ehrenamtlichen Position tätig ist und weil sie die anderen Ausgangsbedingungen einer Professionellen selbst erlebt hatte. Als Professionelle ist es oft schwierig zu sehen, wie mühsam es für Ehrenamtliche ist, für eine Sache einzutreten, weil ihnen z.B. die Infrastruktur fehlt ('wo kopiere ich?') und weil sie es als 'Nur-Frau', d.h. ohne das Gewicht einer Institution im Hintergrund, viel schwieriger haben, Gehör und Anerkennung zu finden.

Deutlich wurde, daß der Blick auf Konfliktkonstellationen und Umgangsweisen damit schrittweise erfolgen kann und muß: die eigenen erlebten Konfliktsituationen ansehen und benennen; reflektieren, wo und mit wem sie sichtbar sind; den Raum nehmen/ geben, die darin enthaltenen, dominanten Wahrnehmungs- und Erklärungsmuster wieder zu hinterfragen; Raum für eine gemeinsame Betrachtung aushalten können und wollen. Die einzelnen Prozeßstufen lassen sich nicht überspringen. Auch hier gilt die Erfahrung, daß zunächst das Eigene erkannt werden muß, damit es in etwas Verbindendes/ Verbündetes eingebracht werden kann.

Balancen in der Lebensplanung von Frauen: Gesellschaftliche Provokationen und Innovationen

Anne Schwarz, Barbara Stauber

Balancen - inwieweit stehen sie zur Diskussion?

Der Begriff "Balancen" steht hier für die alltagspraktischen Lösungen, die Frauen für die vielfältigen und häufig in Widerspruch zueinander stehenden Anforderungen finden, welche an sie in unterschiedlichen gesellschaftlichen Zusammenhängen gerichtet werden: als Freundin, als Mutter, als Hausfrau, als Berufstätige, als Kollegin, als Vorgesetzte, als gesundheitsbewußte Frau, als attraktive Frau, etc. Balancen sind somit alltäglich erbrachte aktive Leistungen, die als solche von zentraler Bedeutung für Lebensbewältigung und Lebensgestaltung sind, aber immer in Gefahr stehen, von Frauen selbst entwertet zu werden - was nur ein Reflex auf die Tatsache der gesellschaftlichen Entwertung dieser Leistungen ist. Ausgangspunkt unserer Diskussion war, diese Balancen im Hinblick auf folgende Aspekte kritisch zu hinterfragen:

* Inwiefern wird mit den je individuell kreierten Balancen der Individualisierungsdruck verstärkt, der ohnehin auf uns lastet?
* Inwiefern verstärken wir ihn selbst noch einmal, indem wir nach außen das Bild der perfekten Frau, die alle Anforderungen meistert und alles unter einen Hut bekommt, abgeben?
* Inwiefern schaffen wir dadurch neue Verdeckungsstrukturen, neue Mythen der Belastbarkeit, wo es doch eindeutig ist, daß wir uns mit unseren Balancen systematisch in Überforderungssituationen hineinmanövrieren?
* Inwiefern entwerten wir das, worum es uns im Ausbalancieren eigentlich geht? Inwiefern reduzieren wir zum Beispiel komplexe Beziehungsaufgaben zu Organisationsfragen?

* Inwiefern untergraben wir dabei die Möglichkeiten, uns als Frauen gegenseitig zu unterstützen?

Versuche, die Problematik zu identifizieren
Zielpunkt der Diskussion ist, die Bedingungen zu benennen, unter denen entlastete und entlastende Balancen möglich sind. Diese Bedingungen können grob unterschieden werden nach strukturellen und kommunikativen Entlastungen. Die Diskussion der ersteren mündet in die konkrete Utopie eines Frauen-Dienstleistungszentrums, in dem Frauen ganz unterschiedliche Dienste abrufen (und anbieten) können - auf jeweils angemessenem Qualifizierungsniveau. Dies kann als Austauschbörse organisiert sein, alternativ dazu können diese Dienste - mit Bezahlung in angemessener Höhe! - käuflich erworben werden.

Etwas komplexer gestaltet sich die Diskussion der kommunikativen Entlastung: hier geht es darum, die Konflikte zu identifizieren, die unsere Balancen als wirkliche Lösungen in Frage stellen. Es geht darum, diese Konflikte aufzudecken und nach effektiven Entlastungen zu suchen, die die existierenden Konflikte nicht verschütten. Dies kann nicht im Alleingang, sondern nur in der kommunikativen Verständigung unter Frauen geschehen. Diese allerdings muß sich in ihrer Qualität gegenüber heute verändern. Denn wir stehen zwar in vielfältigen Frauenzusammenhängen, doch nutzen wir sie zu wenig als reale Unterstützungsstruktur, genauso wie wir oft nicht die Unterstützung geben, die wirklich angebracht wäre.

Diesbezüglich sind folgende problematische Verhaltensmuster zu identifizieren:

* Statt Konflikte zu benennen, tabuisieren wir sie oft. Dies betrifft vor allem Konflikte um Macht und Konkurrenz, aus denen wir "unsere Frauenbeziehungen" künstlich herausdefinieren.
* Statt sachliche Kritik an unseren "Lösungen" zu üben, schonen wir uns und halten uns zurück. Erst eine konstruktive gegenseitige Kritik, verbunden und "gehalten"

durch solidarische Unterstützung, könnte eine verändernde Auseinandersetzung mit eben diesen "Lösungen" in Gang setzen.
* Statt uns aus unseren Rollen zu entlassen, praktizieren wir einen Umgang, der diese Rollen und die mit ihnen verbundenen Hierarchisierungen und Entwertungen reproduziert. Besonders auffällig ist dies zwischen Müttern und kinderlosen Frauen: Die Entwertung und Hierarchisierung, die erstere auf gesellschaftlicher Ebene erfahren, werden zum Beispiel dadurch, daß kinderlose Frauen keine oder reduzierte Erwartungen an Mütter stellen, noch verstärkt. "Verständnisvolle Rücksichtnahme" verkehrt sich bzw. impliziert bereits die Entwertung, die auf gesellschaftlich-struktureller Ebene schon gegeben ist.
* Statt in kritische Distanz zu den gesellschaftlichen Anforderungen zu gehen, versuchen wir ihnen sämtlich gerecht zu werden.

Die genannten Verhaltensmuster sind - um Mißverständnissen vorzubeugen - die strukturell verursachten, durch unser Verhalten aber bestätigten "Schattenseiten" weiblicher Unterstützungszusammenhänge. Sie bedingen aber, daß wir uns die intendierte (und ja auch praktizierte) gegenseitige Unterstützung partiell wieder entziehen.

Auf der Suche nach den Ursachen
Mögliche Gründe für diese gesellschaftliche Zumutungen reproduzierenden Verhaltensmuster sehen wir darin,

* daß wir Kritik viel zu schnell als persönliche Infragestellung erleben und es uns schwerfällt, die Beziehungs- und Sachebene auseinanderzuhalten - in Ermangelung einer produktiven Streitkultur, generell und mit spezifischer Ausprägung unter uns Frauen;
* daß wir uneingestandene Ängste vor Abgrenzung/ Liebesentzug mit uns herumtragen ("das kleine Mädchen in uns");

* daß wir uns verschonen, weil sonst möglicherweise verdeckte Konkurrenzen zwischen uns aufbrechen;
* daß wir "wie die Verrückten" daran arbeiten, Hierarchien unter uns zu unterdrücken.

Die tieferliegende Struktur, auf der dieser Muster beruhen, sind geschlechtshierarchische Bewertungen und Zuschreibungen. Sie spielen eine Rolle für die Art und Weise, wie wir uns als Frauen aufeinander beziehen: nehmen wir unsere Frauenbeziehungen tatsächlich gleichermaßen ernst wie unsere Beziehungen zu Männern? Gibt es eine Kluft zwischen ihrer realen Bedeutung und der Bedeutung, die wir ihr im Selbst- und Außenbild geben? Wo reproduzieren wir die abwertende Semantik, die gesellschaftlich in Bezug auf weibliche Zusammenhänge existiert? Wo reduzieren wir die Hierarchie zwischen anerkannten und nicht-anerkannten "Rückzugswegen", zum Beispiel indem wir bestimmte Personen (vor allem Männer, aber auch Frauen) aus der Verantwortung entlassen, andere nicht?

Ein zentraler Problempunkt scheint zu sein, daß wir die Balancen immer als von unserem "Ich" zu abstrahierende Leistungen sehen und vollbringen. Ausbalanciert werden muß Anforderung a, b, c, d, etc., doch das Subjekt als eigenständiger Faktor des Ausbalancierens fehlt dabei. Was aber bedeutet hier der Begriff "Subjekt als eigenständiger Faktor des Ausbalancierens"? Wir meinen damit, daß wir in der Lage sein müssen, in einem reflexiven Selbstbezug uns als Agierende innerhalb unserer Handlungen zu begreifen, die die Überforderungssituationen mit-produzieren. Durch diese Mechanismen sind wir ausbeutbar, gleichzeitig profitieren wir aber auch davon. Wo Balancen ohne das ausbalancierende Subjekt gedacht und praktiziert werden, tritt ein Doppeleffekt ein: zum einen sind solche Balancen latent überfordernd, weil die eigenen Bedürfnisse übergangen werden, zum andern verschaffen sie - gerade aufgrund dieser scheinbaren Selbstlosigkeit - der Handelnden eine moralische Überlegenheit und damit einen Gewinn, den sie sich nicht eingesteht: Sie ist die Leidende, sie ist die Überforderte. Natürlich ist dieser Gewinn jeweils nur kurzfristig. Er hat aber dennoch systemerhaltenden Charakter: Indem ich mich immer wieder als "völlig überlastet" vor anderen inszeniere, ernte ich kurzfristiges Mitleid und eine (wenn auch unproduktive) Anerkennung, und reproduziere dabei das Bild der Frau, deren Wert sich daran bemißt, möglichst viel zu leisten, und dies auf möglichst vielerlei Gebieten. Die Unterstützung selbst noch stabilisiert dieses Bild. Und in einer solchen Haltung verhaftet, kann eine Frau auch keine wirkliche Unterstützung für andere sein (wir alle kennen das Muster: sobald eine anfängt, von ihrer Überlastungssituation zu erzählen, stimmen alle in den Chor mit ein. Anstatt einander zuzuhören, dreht jede sich nur noch um sich. Und kollektiv bestärken wir uns in dem Bild der "total Gestressten").

Genauso uneingestanden ist der Gewinn, den wir daraus beziehen, überall dabei zu sein, überall mitzumischen, und uns auch überall unverzichtbar zu fühlen. Darin enthalten ist ein uneingestandenes Überlegenheitsgefühl, trotz Stress Unvereinbares bewältigen zu können. Dies hält uns davon ab uns zu fragen, was uns denn wirklich wichtig ist. Unbewußt definieren wir "Wichtig-sein" entlang der patriarchalen Leistungsmuster.

Auswege
Um diesen doppelbödigen Charakter von Überforderungen transparent zu machen, müssen wir daran arbeiten, diese reflexiv zu durchdringen. Wir müssen lernen, Gewinn- und Verlustseiten von Überforderungssituationen auf verschiedenen Ebenen zu identifizieren. Für eine reflexive Durchdringung der Überforderungssituation müssen wir uns zunächst einmal klarmachen, auf welchen Ebenen wir genau von der Problematik, an der wir leiden, auch profitieren. Dabei geht es nicht darum, diese subjektiven Gewinnseiten zu entwerten, vielmehr halten wir es für notwendig, die verschiedenen Ebenen von "Belastung" transparent, verstehbar und dadurch potentiell veränderbar zu machen.

Ein erster Schritt besteht darin, die Defizite in unserer Kommunikations- und Unterstützungskultur klar zu benennen. Was uns oft fehlt, sind Ehrlichkeit, Direktheit,

Konfliktfähigkeit. Und Mut. Diese Kompetenzen brauchen wir, um in kritische Distanz gehen zu können: in kritische Distanz zu uns selbst (zu unseren eigenen Lösungen), zueinander (was oft besonders schwierig ist, weil Distanzierung zunächst einmal negativ besetzt ist und deshalb positiv "umgewertet" werden muß), sowie auch zu den Rollen und den mit ihnen transportierten gesellschaftlichen Erwartungen. Kritische Distanz brauchen wir, um die Bilder, denen wir genügen sollen, zu dekonstruieren. Dabei reicht die partielle Dekonstruktion: wir brauchen gar nicht so weit zu gehen, diese Bilder als Ganze infrage zu stellen - schließlich haben sie auf der symbolischen Ebene auch eine wichtige Funktion. Es geht also "nur" darum, den ersten Schritt zu tun, und öffentlich (sprich: im Frauenzusammenhang) bestimmte Facetten dieser Bilder zu hinterfragen bzw. ihnen als Korrektiv die eigene gelebte Praxis gegenüberzustellen. Um diesen ersten Schritt zu tun, braucht es Vertrauen und gegenseitigen Halt. Und es bedarf der Souveränität, sich zu einer Realität, die individuell machbar ist, zu bekennen, auch wenn dies als Versagen ausgelegt werden kann. Doch gerade wenn wir uns in diesem ersten riskanten Schritt gegenseitig stabilisieren, schafft er auch wieder Vertrauen und - so jedenfalls die Phantasie zur Umsetzung - markiert einen Ausgangspunkt für einen weitergehenden Prozeß des kollektiven Lernens. Lernen, sich durch partielle Dekonstruktion und kritische Distanzierung wirkliche Entlastung zu verschaffen - so ließe sich dieser "Ausweg" schlagwortartig formulieren.

Die weitergehende Umsetzung eines solchen Lernmodells ist im Schneeballsystem vorstellbar: in moderierten Zusammenhängen wird partielle Dekonstruktion und kritische Distanzierung erprobt und in unterschiedliche Frauenzusammenhänge weitergetragen. Dort stoßen sie weitere Frauen zu einer veränderten Haltung an. Als Ort der Rückversicherung und Vergewisserung wie auch der Konfliktaufarbeitung bleibt der moderierte Zusammenhang solange erhalten, wie dies von den Teilnehmerinnen für nötig empfunden wird. Die Rolle der Forschung sehen wir genau in dieser Form der Moderation und Begleitung.

Die realen Entlastungen, zu denen wir durch einen solchen Prozeß kommen können, liegen darin,

* Kritik als Ausdruck eines persönlichen Interesses erfahren zu lernen;
* Bedürftigkeit sich selbst und anderen gegenüber eingestehen zu können - und dies als Entlastung zu erleben;
* "Einmischung" zu erlauben und umgekehrt: sich "einmischen" zu dürfen - und hier gerade nicht auf "vorsichtige Distanz" zu gehen;
* Sich gegenseitig den Druck wegzunehmen, alles können zu müssen, alles meistern zu müssen;
* sich gegenseitig die Distanzierung zu erlauben (und nicht als "Rückzug" zu entwerten. Distanzierung ist ein aktiver Schritt, der seinen "Sinn" hat);
* Die Angst vor Hierarchien untereinander zu verlieren und statt dessen die produktiven und entlastenden Seiten von Hierarchien untereinander kennenzulernen: Lernen, uns bestehen zu lassen in der Hierarchie.

Was wir brauchen ist eine (selbst-)reflexive, (selbst-)kritische Analyse von Belastungen in kommunikativen Zusammenhängen als wirkungsvolle Hilfe, um zu tragfähigen, individuell gestalteten Balancen zu kommen.

Diese Erkenntnis ist jedoch nur sinnvoll, wenn wir auch weiterhin frauen- und familienpolitisch für strukturelle Entlastungen eintreten. Ohne dies kämen wir in Gefahr, einer noch subtileren Individualisierung von Belastungen das Wort zu reden.

Frauenpolitik in pädagogischer Praxis:
Privatinteresse oder fachlicher Standard?

Maria Bitzan, Heidi Reinl

Frauenpolitische Strategien zur Durchsetzung eigener Interessen und zur Veränderung der relevanten Themen von Politik beziehen sich für uns als Professionelle in der sozialen Arbeit zunächst auf unseren Bereich der beruflichen Arbeit. Üblicherweise stehen Politik, auch Fachpolitik, und die sogenannte "eigentliche" pädagogische Arbeit sich fremd gegenüber. Dennoch praktizieren wir vielfältig an unterschiedlichen Stellen und in unterschiedlichen Formen Politik. Sobald wir unsere Frauen- bzw. Mädchenarbeit unter emanzipatorischen Zielsetzungen konzipieren, kommen wir gar nicht umhin, in unserer Fachlichkeit Ziele zu verfolgen, die sich auf die Verbesserung der Lebenssituation von Frauen und Mädchen beziehen, auf die Vergrößerung von Artikulationsmöglichkeiten und auf die Herstellung von mehr Optionen für die Lebensgestaltung. Wenn wir dies nicht als Defizite einzelner Subjekte begreifen, zielt es auf die Schaffung und Verbreiterung von Räumen: im konkreten Sinn als Plätze, Straßen, Treffpunkte, Zimmer und im übertragenen Sinne als Denk- und Handlungsräume, in denen die eigene Wahrnehmung geschärft und gelebt werden kann und selbstbestimmte Handlungsweisen ihren Ort haben. Nicht zuletzt geht es auch um Räume in der Jugendhilfe und den Anspruch auf öffentliche Ressourcen.

Wenngleich im feministischen Selbstverständnis Politik und Fachlichkeit eigentlich zusammengehören, liegen immer wieder Schwierigkeiten sowohl im Verständnis dessen, was Politik ist, wie sie mit der Pädagogik verknüpft ist, als auch in der häufig bestrittenen Legitimität einer solchen "integrierten" Fachlichkeit. Insofern erleben wir Pädagogik und Politik in konfliktreichen Spannungsverhältnissen auf mehreren Ebenen.

Schon der Versuch, fachliche mädchen- oder frauenspezifische Ansätze in konkreten Arbeitsfeldern zu entwickeln, schafft erheblichen Legitimationsdruck. Sind Fachfrauen dann noch aktiv im Sinne einer Etablierung und Absicherung dieser Arbeit oder gar einer weiteren politischen Einmischung, müssen sie fast immer mit Widerstand rechnen. Im Grundsatz gilt: Erst, wenn genügend "pädagogische" Zielgruppenarbeit geleistet ist, wird "darüber hinaus" politische Betätigung geduldet. Pädagogische und politische Ziele werden dergestalt künstlich auseinanderdefiniert, wodurch die Arbeit an Strukturen (bezogen auf die Zielgruppen oder auf die Pädagoginnen selbst) getrennt von der pädagogisch fachlichen Betätigung erscheint. Die politische Arbeit wird damit einerseits auf Zielgruppenarbeit zurückverwiesen, obwohl sie auch auf dieser Ebene nicht überall wirklich gewünscht ist. Andererseits erweckt sie den Eindruck eines privaten Interesses oder persönlichen Hobbies.

Sicher gibt es in gemischtgeschlechen Arbeitszusammenhängen andere Durchsetzungsprobleme als in gleichgeschlechtlichen; aber auch hier finden wir nicht von vornherein Übereinstimmung über Stellenwert und Form des politischen Engagements. Vor allem größeren gemischten Trägern ist der Betrieb selbst schon der Schauplatz von Durchsetzungskämpfen. Darüber hinaus ist die Kommunalpolitik eine Bühne für Konflikte, da auch hier fachpolitische und speziell mädchen- bzw. frauenpolitische Anstrengungen marginalisiert werden und generell weder in Inhalten noch in Gestaltung der Politik ihren Raum haben. Ein geringes Zeitbudget bzw. die geringe Anzahl aktiver Frauen zwingt die einzelnen innerhalb des Arbeitszusammenhangs im engeren Sinn immer wieder zu Prioritätensetzungen und Abstrichen, die den Legitimationsdruck erheblich erhöhen oder aber Entscheidungen nahelegen, die zu einer Konfliktreduktion führen. Nicht zuletzt sind Frauen persönlich immer wieder mit der Frage konfrontiert, ob sie sich in gemischten Foren oder aber in Frauenzusammenhängen engagieren sollen. Auch letztere geraten dank demotivierender Sparstrategien immer stärker in interne Konkurrenzen und die Rede von der gegenseitigen Bezugnahme erscheint insofern - oberflächlich betrachtet - obsolet.

Ist nun eigentlich die politische Option in der Mädchen- und Frauenarbeit mein persönliches surplus oder kann ich sie als Teil einer beruflichen Aufgabe begreifen? Daß diese Spannungsverhältnisse sich so stellen, ist bereits Ausdruck davon, wie stark der Druck vorgegebener Definitionen auf unser Selbstverständnis wirkt, wie sehr Begriffe und Inhalte gefüllt sind mit herkömmlichen, aus anderen Interessen gespeisten Deutungen. Daß Fachlichkeit immer politische Anteile enthält und praktiziert, daß jeder Ansatz der sozialen Arbeit etwas tut für die Gestaltung des Sozialen (also auch für bestimmte Strukturen) und daß dies verdeckt oder offen auch immer als politische Entscheidungen über Lebensverhältnisse zu werten ist, ist eine in der Normalität der Praxis verdeckte Tatsache, die erst ans Licht kommt, wenn wir diese Zusammenhänge mit unseren Inhalten füllen. In diesem Sinne fragten wir danach, was nach unserem Verständnis Politik eigentlich heißen könnte bzw. was wir umsetzen wollen, was unsere politischen Interessen in Bezug auf die Arbeit mit Mädchen und Frauen sind. Welche Formen praktizieren wir, welche sind fruchtbar und was sind die Bedingungen für gelingende Lösungen?

Als Ausgangspunkt wählten wir bewußt nicht die offiziellen Strukturen der (Kommunal-)-Politik und die von dort aus vorgegebenen Formen und Inhalte. Wir setzten die Notwendigkeit (und Fruchtbarkeit) der Bezugnahme von Frauen aufeinander in den Mittelpunkt und erkundeten von hier aus Elemente gelungener politischer Aktivitäten. Das hieß zunächst, uns freizumachen von üblichen (patriarchalen) Deutungen und Begrifflichkeiten. Politik im herkömmlichen Sinn bezeichnet die kommunalen Entscheidungswege mit den dort vorgegebenen Inhalten: also Entscheidungen im Gemeinderat, in Jugendhilfe- und Sozialausschüssen, in fachpolitischen Gremien etc. Im frauenpolitischen Kontext verkürzt sich Politik allzuschnell auf die Frage nach Finanzierungen. Das aber ist nur ein geringe Teil dessen, was wir mit der Frage nach politischer Relevanz und Aktivität meinen und verführt uns zum Verharren in den vorgegebenen Spannungsfeldern. Wenn wir "Politik" verbinden mit der Erweiterung von Räumen, um Erfahrungen zu machen, den Erfahrungen Geltung zu verschaffen, Bezugnahme von Frauen und Mädchen zu leben und praktizierte Lösungen von Widersprüchen sichtbar und für andere zugänglich zu machen, von da aus Prioritäten der öffentlichen Gestaltung des Sozialen zu verändern, dann kommen wir mit dem herkömmlichen Politikbegriff nicht weiter. Hilfsweise scheint die Orientierung auf "Strukturarbeit" sinnvoll - Strukturen im Sinne der Verständigung und Bezugnahme, im Sinne von Handlungsräumen und im Sinne öffentlicher Artikulationsmöglichkeiten. Mit diesem Zugang kommen wir auch der Suche nach Formen und Verständnis politischen Handelns, die möglichst Adressatinnen und Professionelle gleichzeitig im Blick haben, näher.

Deutlich wurde, daß die verschiedenen Elemente politischer Aktivitäten und Räume nicht als entweder-oder zu denken sind, als falsch oder richtig. Wir erarbeiteten stattdessen mehrere Standbeine, auf die gelingende Frauen- bzw. Mädchenpolitik sich zu stützen hätte, damit sie nicht den patriarchalen Deutungen ausgeliefert ist. Zwei Säulen des Politikmachens schälten sich heraus, die schlagwortartig mit den Begriffen Einmischung und Vernetzung zu fassen sind.

Die Vernetzung hat die Schaffung eines "eigenen" Ortes von Fachfrauen bzw. von Frauen mit dem gleichen Anliegen im Blick. Hier geht es um die Auseinandersetzung, um Inhalte und Zielrichtungen der eigenen Arbeit, um kritisch-konstruktive Reflexion, die nur in einem Raum gegenseitigen Respekts und der Freiheit von Legitimationsdruck und Vorab-Infragestellungen lebendig sein kann. Somit können in diesem Raum fundiert Standards der fachlichen Arbeit entwickelt sowie Zielrichtungen und Prioritäten im kommunalen Raum besprochen werden. Gleichzeitig ist hier ein Raum der gegenseitigen Bezugnahme, des Erlebens von Wertschätzung, von Kollektivität und - das schien uns fast am wichtigsten - ein Raum, der es möglich macht, die eigenen Erfahrungen gelten zu lassen, also Realität zu definieren und damit Vergewisserung über das Eigene zu erhalten. Dies ist darum nicht banal und keineswegs nur als Klüngeln (oder gar als Infragestellen der eigenen Fachlichkeit) zu werten, weil die

Praxis ständig mit Verzerrungen und Leugnungen weiblicher Erfahrungen Angriffe auf die Selbstwahrnehmung vornimmt. Dies betrifft auch Erfahrungen innerhalb der Arbeit mit Mädchen und Frauen, in denen Wünsche, Fähigkeiten und auch Bewältigungsleistungen von Widersprüchen und Leiden sichtbar werden, die aber in der offiziellen Jugendhilfepolitik verleugnet werden. In einem Facharbeitskreis von Frauen in Jugendhäusern wurde beispielsweise Vernetzung als Politik"säule" offensichtlich: die Frauen erleben sie als inhaltliche Vergewisserung, die sie im gemischten Rahmen ihrer Teams nicht haben. Hier beziehen sich Frauen aufeinander, auch in zeitlicher Kontinuität, geben sich gegenseitig Anerkennung, bestärken sich gegenseitig in ihrer Wahrnehmung gegenüber dominanter Interpretationen. Die Wirkungen sind in der Stärke der einzelnen erfahrbar, zudem haben die Frauen mehr Sicherheit bezüglich ihrer Anliegen in gemischten Zusammenhängen und empfinden ihren Rahmen produktiver für die Entwicklung von Strategien im kommunalpolitischen Raum. Nicht zuletzt wurden Spaß und Kreativität hier als Produktivkraft verortet.

Die zweite "Säule" bezieht sich auf die "offizielle" Kommunalpolitik, also auf Strukturen der Entscheidungsfindung im Gemeinwesen sowie insgesamt in gemischten Gremien. Dies ist der Bereich, der üblicherweise beim Thema des politischen Mandats in den Blick gerät, in dem Frauen bis vor einigen Jahren wenig vorfindbar waren und auch heutzutage um jeden Platz kämpfen müssen - und dies nicht nur im wörtlichen Sinn. Selbst wenn Frauen heutzutage in diesen Gremien Raum zugestanden wird, heißt das noch lange nicht, daß sie auch Raum bekommen - zum Reden und vor allem zum Gehört-Werden. Noch immer sind diese Foren von Interaktions- und Kommunikationsstilen, die Frauen weitgehend ausgrenzen, geprägt. So nehmen Frauen häufig "Sonderpositionen " ein. Diese können, wenn sie dann auch noch damit beginnen mädchen- und frauenpolitische Inhalte vorzutragen, ins völlige Abseits geraten. Es liegt auf der Hand: aus marginalisierten Positionen läßt sich nur schwer für marginalisierte Themen sprechen. Dem entgegenzuwirken, d.h. auch gegen Umdefinitionen und Verunsicherung zu kämpfen, bedeutet an sich schon Anstrengung, noch bevor es tatsächlich um Inhalte geht. In Bezug auf die Verbesserung der Lebenssituation von Frauen und Mädchen kann es jedoch nur von Vorteil sein, wenn engagierte Fachfrauen sich zahlreich in den Gremien einmischen, Raum fordern und sich nehmen sowie ihre Standpunkte deutlich machen.

Diese beiden Säulen sind als zwei Seiten derselben Medaille (Mädchen- und Frauenpolitik) zu begreifen. Es geht nicht darum, das eine gegen das andere auszuspielen als richtigere Politik. Wichtig ist das Zusammenwirken beider Aktivitätsrichtungen. In Bezug auf eine Region (Stadt, Landkreis, Bundesland) sind als Gesamtstruktur beide Bereiche zusammenzudenken und zu planen - als Teile eines Konzeptes, die sich gegenseitig zur Wirkung verhelfen. Das bedeutet nun nicht, daß jede überall dabeisein muß, sondern daß gerade je nach Kompetenzen, Kontakten und Freude an unterschiedlichen Orten gehandelt wird, aber mit gegenseitiger Bezugnahme und Rückverbindung der Strategien. Frauen in gemischten Gremien erfahren so Basis und Stütze durch die Frauennetzwerke, die eigenen Orte der Vergewisserung und Zielklärungen darstellen. Umgekehrt begeben sich die Mädchen- oder Frauenarbeitskreise nicht in die vielbeklagte gesellschaftliche Isolierung, weil sie auf die formalen Entscheidungswege Einfluß nehmen. Arbeit in den "offiziellen" Strukturen und gleichzeitig die Schaffung neuer Strukturen, die die eigene Wahrnehmung, die eigene Realität, andere Relevanzen, erschaffen, - das wäre das Konzept. So ist auch unter gegebenen Konkurrenzbedingungen noch ein Raum für Streitkultur als produktive Weiterentwicklung denkbar.

Schließlich kommt noch eine weitere "Säule" in den Blick, wenn wir uns deutlicher ins Bewußtsein rufen, daß unser Politikbegriff immer von der Selbstvertretung der eigenen Interessen ausgeht und von der generellen Wertschätzung der Subjektivität jeder einzelnen. So wie sich die Fachfrauen innerhalb der Fachlichkeit wertschätzen müssen, so ist ein subjektbezogener Umgang mit unseren Adressatinnen zwingend. Allzugern neigen wir zu Stellvertreterinnenpolitik, vergessen die Chance, mit den Zielgruppen gemeinsam Politik zu machen. Unter dem Aspekt der Strukturbildung scheinen auch in diesem Bereich Lösungsrichtungen auf: Wenn die Adressatinnen selbst als Akteurinnen von Politik in den Blick kommen, so ist erstens die Arbeit mit ihnen in Bezug auf die Schaffung von Strukturen als politische Arbeit zu begreifen, also etwa der Kampf um ein Mädchencafé oder um ein einen Treffpunkt für Frauen mit Suchterfahrungen. Das Politische der Arbeit beginnt nicht erst, wenn die Pädagogin im Jugendhilfeausschuß den Antrag auf Finanzierung vorstellt, sondern bereits da, wo mit den betroffenen Frauen oder Mädchen zusammen die Idee entwickelt wird, daß sie sich eine Anlaufstelle wünschen, einen Ort im Gemeinwesen, der ihnen gilt, der sie zeigt. Und entsprechend ist die gemeinsame Arbeit von Professionellen und Adressatinnen politische Arbeit, selbstverständlich vermischt mit pädagogischer Stützung, Beratung, Sicherheit.

Mädchen- oder Frauenpolitik bedeutet also immer Raum zu schaffen, sich aufeinander zu beziehen und sich öffentlich zu artikulieren, das übrige Gemeinwesen mit sich zu behelligen. Das Beispiel eines Mädchenkalenders, der in einer Region mit Mädchen aus verschiedenen Gruppen und Pädagoginnen aus verschiedenen Einrichtungen als übergreifendes Projekt entstand, als Produkt, das Mädchen selbst inhaltlich und formal geschaffen haben, zeigt Bedingungen und Möglichkeiten dieser Seite von Politik auf: es gab ein Netzwerk von Fachfrauen, die die Idee von Selbstvertretung und öffentlicher Raumnahme in ihrem Selbstverständnis hatten; Mädchen hatten im Projekt einen "gehaltenen" Raum, sich zu äußern und zu lernen, wie sie das tun können; alle Beteiligten hatten Spaß an dem Projekt, es verband Forderungen und Kritik mit humorvollen Formen des Sichtbarmachens - eine nicht zu unterschätzende Kraftquelle und auch ein Ziel der Politik. Mit diesem Produkt zeigten sich die Mädchen in der Öffentlichkeit, informierten über sich und beanspruchten, so wahrgenommen zu werden. Bezeichnenderweise richteten sich die öffentlichen (erzürnten) Reaktionen auf die Pädagoginnen, die diesen Raum gegeben hatten und nicht auf eine Auseinandersetzung im Gemeinwesen über den Umgang mit Mädchen bzw. über das, was Mädchen beschäftigt und warum es sie beschäftigt.

Dieses Politikverständnis als Strukturarbeit bedeutet also Strukturbildung in Bezug auf die vorhandenen offiziellen Strukturen der Politik, in Bezug auf die Vernetzung von Frauen, die gleiches wollen und in Bezug auf die Zielgruppen der Arbeit. Voraussetzung ist eine Subjektorientierung, die auf jeder Ebene konkrete Erfahrungen und Unterschiedlichkeiten nicht nur gelten läßt, sondern zum produktiven Ausgangspunkt nimmt. Hiermit könnten sich manche Spannungen mindern lassen und gegenseitige Bezugnahme als Strategie und Inhalt erkennbar werden. Politik und Pädagogik stünden sich nicht mehr fremd oder ausschließend gegenüber, sondern könnten als zusammenhängende Bestandteile von Fachlichkeit betrachtet werden.

Perspektiven der Zusammenarbeit zwischen Frauen aus Forschung, Praxis und Politik - ein Resümee[72]

Die folgenden Ausführungen sind im resümierenden Rückblick auf die Tagung formuliert, aber unter einer Perspektive, die über die Tagung als konkretes Ereignis hinausführen soll: welche Ergebnisse können wir festhalten, die uns auch weiterhin für unsere Arbeit im Wechsel zwischen Theorie und Praxis eine wichtige Orientierung sein können? Wo weist die Tagung über sich selbst hinaus? Was ist in Bezug auf das Verhältnis von Forschung und Praxis verallgemeinerbar? Insofern dieses Resümee nach solchen Möglichkeiten der theoretischen Verallgemeinerung sucht, bekommt es gegenüber dem in den vorigen Kapiteln herrschenden dokumentarischen Duktus wieder einen stärker theoretisch-systematischen Charakter.

I

Der grundlegende Ausgangspunkt ist die aus Erfahrungen aus der Forschungspraxis gewonnene Überzeugung, daß Frauen aus unterschiedlichen Praxisfeldern - Forschung inbegriffen - davon profitieren, wenn sie in einen thematisch strukturierten Austausch treten. Zentral ist also die Annahme eines gegenseitigen Nutzens von Forschung und Praxis. Beide Seiten - Forscherin und Praktikerin[73] - müssen sich immer wieder über

---

[72] Dieses Textstück ist in kollektiver Autorinnenschaft entstanden: Eine machte den Anfang, indem sie die übergreifenden Ergebnisse, die die Tagung für sie hatte, formulierte. Dann wurde der Text weitergereicht, ergänzt, erweitert - allerdings nicht gekürzt! -, bis er alle an der Tagung beteiligten Frauen durchlaufen hatte. Erst in der Endredaktion wurde dann gekürzt und durchstrukturiert.

[73] "Forscherin" und "Praktikerin" stehen hier als Kürzel für unterschiedliche Ausgangspunkte. Mit ihnen ist weder eine Wertigkeit noch ein Festschreiben von "Standorten" verbunden. Vielmehr gibt es - auch angesichts unserer eigenen berufsbiographischen Entwicklungen -

den gegenseitigen Nutzen und Gewinn bewußt werden. Die Praktikerin profitiert von der Forscherin und die Forscherin von der Praktikerin. Neben dem direkten Nutzen des Gegenübers geht es hier v.a. um das Profitieren von einem gemeinsamen Dritten: dem gemeinsamen Prozeß, auf den sich beide Seiten einlassen. Mit diesem Ausgangspunkt gewinnen wir bereits ein wichtiges Kriterium für die Angemessenheit von Forschungsmethoden: Die Methoden haben sich in zweifacher Hinsicht "zu legitimieren": als wissenschaftlich angemessen und als praxisrelevant (vgl. Bitzan/ Schmidt in diesem Band). Beides, sowohl die wissenschaftliche Angemessenheit als auch die Praxisrelevanz, können wir für die Tagung, die für uns ein "methodisches Experiment" war, konstatieren.

Diesbezüglich waren die Prozesse, die auf der Tagung in Gang gesetzt wurden, durchweg "doppelwertig". Da diese Doppelwertigkeit in Zwischenresümees auf der Tagung auch immer wieder benannt wurde, entstand der Effekt einer gegenseitigen Bestärkung: Alle Beteiligten, Organisatorinnen wie Teilnehmerinnen, konnten ihre Aussagen und Arbeitsgruppenergebnisse immer auch aus der jeweils "anderen" Perspektive betrachten. Dieser Effekt war intendiert - und dennoch war er im Erleben für alle Beteiligten überraschend stark.

---

vielfältige Wechsel zwischen Sozialarbeit, Beratungsarbeit, Bildungsarbeit, Planung, wissenschaftlicher Begleitung, Praxisforschung etc. Und es gibt - auch dies eine häufige berufliche Realität - Gleichzeitigkeiten im Sinne eines Patchworks unterschiedlicher Tätigkeiten in "Forschung" und "Praxis". Weil aber "Forschung" und "Praxis" nach unterschiedlichen Logiken funktionieren, halten wir es für sinnvoll, an einer analytischen Unterscheidung dieser beiden Perspektiven festzuhalten - allerdings mit einer gesteigerten Sensibilität für die gesellschaftlichen Hierarchien, die sie transportieren.

II

Den "gegenseitigen Nutzen", den Frauen aus unterschiedlichen Praxisfeldern[74] von der Tagung hatten, können wir unter folgenden Aspekten differenzieren:

1. Unsere Tagung hat Gegenerfahrungen organisiert:
Eine wichtige Gegenerfahrung war, zu erleben, was in Gang gesetzt werden kann, wenn Frauen aus unterschiedlichen Bereichen zusammen an Lösungen arbeiten. Dies ist auch ein bewußter Gegenakzent zu den sonstigen individualisierten Arbeits- und Politikverhältnissen.

Eine weitere Gegenerfahrung war, daß die Tagung Raum und Möglichkeit darstellte, Wirklichkeit (soziale Realität, berufliche Realität, subjektive Realität) *anders* zu deuten und zu definieren (nämlich unter Einbeziehung der Analyse gesellschaftlicher Verhältnisse im Kontext von Geschlechterhierarchien), was im herrschenden Diskurs weitgehend unterschlagen wird.

Die Tagung "entindividualisierte" subjektive Relevanzen: was die Einzelne umtreibt, was sie hindert, was sie lähmt, was sie angespornt, wird, sobald es in den Austausch mit anderen Frauen eingeht, in seiner sozialen Relevanz deutlich. "Das Private ist politisch" - dieser alte Slogan der Frauenbewegung bekam hier erneut Bedeutung.

Was wir auf der Erfahrungsebene als Gegenerfahrung beschreiben können, hat auf der politischen Ebene den Charakter von Diskurspolitik.

2. Unsere Tagung war Diskurspolitik:
Das, was politikrelevant ist, bislang aber als solches nicht sichtbar wurde, wahrzunehmen und politikfähig zu machen, darin bestand eine Aufgabe und auch ein Ergebnis der Tagung. Auf ihr wurden *Frauenpolitika* herausgearbeitet, d.h. der

---

[74] Im obengenannten Sinn, vgl. die vorige Anmerkung.

politische Charakter von Anliegen, die die Lebensrealität von Frauen prägen (seien diese strukturelle Begrenzungen oder selbstgeschaffene Ermöglichungen), wurde identifiziert und damit das, was bislang verdeckte Relevanz hatte, in einen politischen Diskurs übersetzt. An dieser Stelle scheint uns eine Erläuterung zum Politikbegriff angebracht: Dieser umfaßt nach unserem Verständnis diskursive Aushandlungsprozesse, die eben nicht nur in den offiziellen Politikarenen (Fraser 1994) stattfinden. Deren "Begrenzung" und "Umfriedung" ist ja gerade eine hochpolitische Konstruktion, mit der gesellschaftliche Relevanz zu- oder aberkannt wird. Sämtliche Aktivitäten und Diskurse, die diese Grenzziehungen infrage stellen, sind also "politische Diskurse". Mithin haben Benennungen von Zusammenhängen, die bislang aus dem offiziellen Relevanzsystem ausgegrenzt und der (weiblich konnotierten) Privatheit zugeschrieben wurden, einen hochpolitischen Charakter. Mit diesem stark handlungs- bzw. diskursorientierten Politikverständnis "verschwinden" die institutionalisierten Politikarenen natürlich nicht. Diese müssen mit dem - ja gerade in politischer Absicht vorgenommenen - Perspektivenwechsel auf einen handlungsorientierten Politikbegriff immer auch im Blick behalten werden. Aber dieser Perspektivenwechsel ist insofern ein Zugewinn, als er diese Machtstrukturen *potentiell* der (diskursiven) Veränderbarkeit aussetzt, sie also nicht mehr theoretisch "still stellt" und damit verabsolutiert. Machtstrukturen sind zunächst einmal Bedingungen des Handelns, sie treten den Subjekten entgegen in institutionalisierter Form, und dennoch sind sie *prinzipiell* "diskursivierbar", sprich: veränderbar durch diskursive Dynamiken. Damit haben wir natürlich die Realität einer institutionalisierten Politik nicht aus der Welt geschafft. Wenn wir in diesen Ausführungen zum Beispiel von "Sozialpolitik" reden, dann meinen wir genau diese in Institutionen geronnene, offizielle "Politik der Bedürfnisinterpretation" (Fraser 1994). Wir meinen jedoch nicht die Engführungen, die durch sozialstaatliche Zuständigkeiten vorgenommen werden. "Sozialpolitik" ist daher umfassender als die "klassischen" sozialpolitischen "Sparten" wie Gesundheits-, Bildungs-, Arbeitsmarkt-, Familien- etc. -politik zu verstehen. Sozialpolitik bezieht sich auf das Insgesamt der für die "offizielle" Politik der Bedürfnisinterpretation relevanten Bereiche, umfaßt also auch die Entwicklungen in den Bereichen Wirtschaft, Recht, Kultur, etc.

3. Unsere Tagung war eine konkrete Veranschaulichung des gegenseitigen Nutzens:
Durch den Tagungsablauf selbst, aber auch durch die Beiträge, die auf der Tagung gebracht wurden, und in denen genau das genannte Wechselspiel aus Forschung, Praxis und Politik dargestellt wurde, wurde der gegenseitige Nutzen konkret erfahrbar. So wurde an zwei Beispielen aus der Praxisforschung deutlich, wie Forschungsmethoden politische Prozesse unterstützen können (vgl. Bitzan/ Schmidt und Knab/ Schneider in diesem Band). Die "Autorität" der Wissenschaftlichkeit kann dabei taktisch genutzt werden (zum Beispiel für eine politisch brisante Fragebogenaktion). Aber auch die Gesprächsführung in Interviews, das Anwenden wissenschaftlicher Methoden in "wissenschaftsfernen" Bereichen, die Mitgestaltung politischer Prozesse/ öffentlicher Kommunikationsstrukturen, die verschiedenen Schritte von Veröffentlichung, Dokumentation, Präsentation von Ergebnissen etc. machen es möglich, bisher "unbenanntes" Praxiswissen zu transformieren in politikfähiges, d.h. für Politik sichtbares/ wahrnehmbares Praxiswissen, in Expertinnenwissen, das sich auf unterschiedlichen Ebenen des politischen Diskurses mit Erfolg einbringen kann.

4. Unsere Tagung hat "Auswege" entwickelt:
An dieser konkreten Nutzenerfahrung entlang hat unsere Tagung 'Auswege' entwickelt - Auswege aus einem Dilemma, das Margrit Brückner für das öffentliche Auftreten von Frauen beschrieben hat als Widerspruch zwischen öffentlicher Sichtbarkeit (als Mensch, nicht als Frau) und lustvoller Weiblichkeit, d.h. der Chance, sich positiv als Frau zu (re-)präsentieren (Brückner 1994). Deutlich wurde, welche Bezugnahme Frauen brauchen, um nicht nur öffentlich und sozialpolitisch präsent zu sein, sondern mit *ihren* Themen und mit dem, was *für sie* Relevanz hat, präsent zu sein. Eine wichtige

Voraussetzung hierfür ist, einen Rahmen herzustellen, um sich selbst und gegenseitig in dem, was für sie relevant ist, anzuerkennen. Letzteres macht einen wesentlichen Gehalt unserer Arbeit - auch in unseren einzelnen Forschungsarbeiten - aus. Es geht also nicht nur um die "sichtbare Frau", sondern auch um die sichtbare Bezugnahme von Frauen auf Frauen. Dies setzt die genaue Wahrnehmung unterschiedlicher Interessen und gesellschaftlicher "Standorte" von Frauen voraus. Es erfordert den kritischen Blick auf existierende gesellschaftliche Zuschreibungen ("die Managerin", "die Asylbewerberin" etc.), auf die eigene Mittäterschaft an diesen Konstrukten, auf die Lebensrealität, die hierdurch jeweils verdeckt wird, und – "nach vorne" gerichtet - auf mögliche Bündnisstrategien in und trotz der Unterschiedlichkeit. Es erfordert eine Machtanalyse, die jedoch ihrerseits realistisch bleiben, d.h. in der analytisch "Platz" sein muß für subjektive und kollektive Handlungsstrategien, mit denen innerhalb von Herrschaftsstrukturen agiert wird, mit denen letztere potentiell aber auch transformiert werden können.

Wenn wir hier von "Auswegen" sprechen, dann meinen wir dies auch im Hinblick auf diese Herrschaftsstrukturen. Auf diesen "Auswege" können wir zwar die Verwobenheit in letztere, einschließlich der eigenen Mittäterschaft, nicht verlassen, aber wir können "durchherrschte Situationen" verändern. Beispiele hierfür sind die gelungenen und in ihrem jeweiligen Bereich durchaus strukturverändernden Formen der Zusammenarbeit von Forscherinnen und Praktikerinnen, die in den gemeinsamen Referaten vorgestellt wurden (vgl. Bitzan/ Schmidt und Knab/ Schneider in diesem Band). Sie machen deutlich, was das Zusammenspiel von Praxis und Forschung an Veränderungspotential freisetzen kann - zum Beispiel auf der sprachlichen Ebene: wie die Forschung aus der Praxis "adäquate" handlungsbezogene Begriffe bekommt, und umgekehrt: wie die Praxis von den "Entlastungsmomenten", die die 'wissenschaftliche' Sprache mit sich bringt, profitiert - nach innen, im Kolleginnenteam, wie auch nach außen, in der kommunalpolitischen Öffentlichkeit.

III

Wie wurden auf der Tagung Gegenerfahrungen organisiert, wie Diskurspolitik betrieben[75]?

Organisation von Anerkennung

Unter den Bedingungen des patriarchalen Verdeckungszusammenhangs wird gegenseitige Anerkennung (als Grundlage und Voraussetzung von Intersubjektivität (vgl. Benjamin 1990)) zu eimen Problem, in dem sich die Geschlechterhierarchie spiegelt: Anerkennung unter Frauen hat allenfalls verdeckte Bedeutung, in den gesellschaftlichen "Relevanzbereichen" - so auch in den auf der Tagung vertretenen Berufsfeldern - wird sie nach gesellschaftlich dominanten Mustern zugeteilt oder verwehrt. Die *Organisation von Anerkennung* (vgl. Bitzan/ Funk 1995, Daigler 1996) ist damit schon per se ein Frauenpolitikum, weil hierdurch die (allgemeine) Angewiesenheit auf intersubjektive Anerkennung eigens Raum bekommt; sie wird *als allgemeine Angewiesenheit* benennbar, gleichzeitig wird die erfahrene Realität als geschlechtsspezifischer Zuweisungsrahmen für Anerkennung analysierbar, was die Analyse weiblicher Mittäterschaft an dieser Zuweisungsstruktur einschließt. Intersubjektive Anerkennung erfordert *Genauigkeit* - in der Selbstwahrnehmung wie in der Wahrnehmung der anderen. Den (geschlechtshierarchisch) verstellten Blick diesbezüglich "realistischer" zu machen und damit die Voraussetzungen für Anerkennung unter Frauen zu schaffen, ist unserem Verständnis nach eine Aufgabe feministischer Forschung. Dieser Aufgabe kann sie selbst im Rahmen einer eintägigen Veranstaltung nachkommen. Der erste Schritt besteht darin, sich gegenseitig Wert zu verleihen, indem zum Beispiel jede Frau - unter einer bestimmten, schon auf das Thema hinführenden Fragestellung - die Möglichkeit erhält, für sich und für die anderen

---

[75] Die Herangehensweise, die Art des "Aufschließens" von Themen und Zugängen, ist nicht "nur" Methode, sondern immer auch eine Praxis, eine neue Erfahrung. Gleichzeitig steckt hierin wiederum theoretische Weiterentwicklung.

sichtbar zu werden. Dies ist besonders wichtig angesichts des Statusgefälles zwischen Wissenschaft und Forschung. Durch einen gemeinsam entwickelten Kommunikationsprozeß zwischen Forschung und Praxis können Ängste, Vorbehalte und "Fremdheit" zwischen Forscherin und Praktikerin thematisiert und bearbeitet werden. Dies schafft einen wechselseitigen Zugang zum jeweiligen Arbeitsbereich mit seiner Aufgabenstruktur, seinen Konfliktfeldern und Veränderungsbedarfen. Auf dieser Basis der gegenseitigen "Einblicke" ist eine gemeinsame Entwicklung des Forschungsinteresses, an dem alle Beteiligten als Subjekte mitwirken, gewährleistet. Der gemeinsam entwickelte, organisierte und erlebte Forschungsprozeß ermöglicht gegenseitige Wertschätzung und ein Infragestellen der Hierarchie zwischen Forschung und Praxis, von der Forscherin und Praktikerin - freilich sehr unterschiedlich - betroffen sind. Die kritische Reflexion dieser Hierarchie intendiert kein künstliches Produzieren von "Gleichheit" zwischen den am Forschungsprozeß Beteiligten, aber - im Sinne des oben genannten gegenseitigen Nutzens von unterschiedlichen Kompetenzen - präzise Standortbestimmungen und Selbstsichten, bei denen auch Interessensunterschiede im Rahmen der Praxisforschung nicht unterschlagen werden dürfen. Angestrebt ist eine "Gleichheit in der Differenz" (Gerhard 1990).

Die für die Organisation von Anerkennung so wichtigen Kommunikationsprozesse zwischen Frauen aus unterschiedlichsten Arbeitsbereichen sind daher bewußt zu initiieren und zu inszenieren. Die Tagung hat daher bewußt Frauen aus unterschiedlichen Praxisfeldern angesprochen[76]. Kommunikation ist dabei nicht beliebig,

---

[76] Die Teilnehmerinnen waren: *Fachfrauen*, die mit einer sozialpädagogischen, psychologischen Ausbildung in unterschiedlichen Bereichen arbeiten. Sie formulierten vor allem das Interesse, ihre sozialwissenschaftliche und frauenpolitische Praxis mit dem aktuellen *wissenschaftlichen* Stand auffrischen zu wollen; *Lehrerinnen*, die sich nun als Frauenbeauftragte bzw. Ansprechpartnerinnen für Frauenfragen für frauenpolitische Interessen einsetzen (sollen). Sie motivierte vor allem die Suche nach Unterstützung und nach Arbeitsformen jenseits des in ihrem Auftrag strukturell angelegten Einzelkämpferinnentums. In diesem Zusammenhang sind Fortbildungen zu frauenpolitischen Themen und das Kennenlernen von prozeßorientierten Methoden gewünscht; *Frauen, die Vorortpolitik* (bzw. Tagespolitik, Basispolitik) *machen*

sondern ein immer wieder an den Forschungsbedürfnissen der beteiligten Frauen orientierter und strukturierter Vorgang.

Dies beginnt damit, den *Raum zur Selbstthematiserung* zu öffnen (vgl. unseren Tagungseinstieg). Wir halten diese Form der "Selbstanerkennung" für den weitergehenden Verlauf von Selbst- und Gegenverständigung für unerläßlich. Sich selbst zu erkennen - und zwar abgegrenzt von anderen - ist nicht ganz so selbstverständlich, wie es auf den ersten Blick scheint. Durch die (sozialpolitische) Ausgrenzung der sogenannten "reproduktiven", gesellschaftlich aber unverzichtbaren Arbeit in die "Privatheit" verschwinden Frauen nach wie vor mit Teilen ihrer Existenz, ihrer Leistungen und ihrer Wünsche in die Marginalisierung, in die gesellschaftliche Nichtexistenz und Nichterkennbarkeit. In diesem Bereich ist politisch zunächst keine Unterscheidung, Differenzierung vorgesehen. Weibliche Differenzierung gibt es so gesehen politisch nicht. Frauen in der Moderne erreichten diese Chance (der Differenz) zunächst primär im Bereich der beruflichen Arbeit (in der Aneignung des "männlich" konnotierten Bereichs), also da, wo sie genau nicht als Frauen kenntlich werden (vgl. Brückner 1994). Differenzierungen in den Bereichen des Privaten und erst recht in der Verbindung von Privatem und Beruflichem (also der verschiedenen Dimensionen unserer Balancenthematisierung) erscheinen als private Arrangements, nicht als relevante politische Fragen. Sie sind somit keine Bereiche, mit denen gesellschaftliche Anerkennung (als Verschiedene) gewonnen werden kann. Sich selbst zu sehen und sich als verschieden von der anderen zu sehen, ist daher eine Form von (zu erarbeitender) Anerkennung, die Frauen sozialpolitisch nicht per se gegeben ist: "Ich sehe, du bist so,

---

(kommunalpolitisch, gewerkschaftlich, etc.). Sie wollten in ihren frauenpolitischen Standpunkten bestärkt und weitergebildet werden.

Augenfällig war, daß wir bestimmte, frauenpolitisch wichtige Gruppen mit unserem Tagungsangebot nicht erreicht haben: beispielsweise Migrantinnen oder Frauen mit Behinderung. Obwohl wir nicht systematisch alle Frauengruppen erreichen wollten, lohnt es sich, darüber nachzudenken, inwiefern und für welche Gruppen von Frauen eine solche Veranstaltung "ausschließend" sein kann.

und: du darfst so sein, und zwar als Frau" ist der erste Inhalt der Politik der Anerkennung, wenn wir sie als Politik des Sozialen gegen herrschende Sozialpolitik setzen wollen. Wie sehr diese Anerkennung verbunden ist mit der zweiten Bedeutung des Wortes, der Wertschätzung, wird schnell klar: indem eine andere als andere anerkannt wird, wird sie als "Frau und Person" (und nicht als Kategorie Frau) wertgeschätzt. Und nur auf dieser Basis entsteht Konfliktfähigkeit. Wer sich nicht anerkennt, kann sich nicht (konstruktiv!) auseinandersetzen.

Dieser Kommunikationsprozeß muß - quasi als strukturelle Seite der Selbstanerkennung und der gegenseitigen Anerkennung - eine genaue *"Standortanalyse"* beinhalten: Wichtig ist der genaue Blick darauf, von wo aus wir agieren, was also Ausgangspunkt (auch in Bezug auf Verletzungen oder Rahmenbedingungen) ist und wohin wir wollen. Das bedeutet, und das war für die Tagung ein wichtiges Ergebnis, daß es keinen Sinn macht, nach allgemeingültigen Strategien der frauenpolitischen Durchsetzung zu suchen, sondern eben den Blick für den jeweiligen Standort zu schärfen. Die Suche bezieht sich dann auf Kriterien, mit denen unser Blick genauer werden kann. Wir sprachen in diesem Sinn von "Feminismus als Prozeß". Eine solche "Standortanalyse" im Kommunikationsgeschehen erfordert, die Bilder, die wir voneinander haben, aufzuweichen zugunsten des interessierten Blicks: um die Realität hinter den Bildern, die wir voneinander haben, sehen zu können. Das bedeutet für die eigene Person, die eigene Wirklichkeit nicht zu verdecken, sondern sie zu benennen um ihr Realität und damit auch Relevanz zuzuschreiben. Dadurch machen wir die Wirklichkeit für andere möglich - jenseits der Bilder.

Inhaltlich haben die Öffnung des Raums für Selbstthematisierung und die genaue "Standortanalyse" den Zweck, *eigene Relevanzen* zu entdecken, zu benennen, auszutauschen, auf Gemeinsamkeiten und Differenzen zu kommen. Es geht, sozialpolitisch gewendet, in diesen methodisch inszenierten Kommunikationsprozessen darum, dem, was für uns bedeutsam ist, Gewicht zu geben, es in das politische

Geschehen hineinzutransportieren, auch wenn es nicht den vorgegeben Themen entspricht. Zuallererst müssen wir es in die eigene Kommunikation hineintragen, "ertragen", weitertragen.

Mithin ist dieser Kommunikationsprozeß ein Lernfeld für die Fähigkeit zu *Selbstreflexion* (vgl. Bilden/ Becker-Schmidt 1991) *und Selbstkritik* und zu einer permanenten *"reflexiven Durchdringung"* (Giddens 1995) der Kommunikationsprozesse in all ihren Schichtungen, d.h. auch in dem, was wir uns zwischen den Zeilen vermitteln.

Die methodische Inszenierung von Kommunikationsprozessen im Sinne einer Organisation von Anerkennung kann nicht von vorne herein bis in die Einzelheiten festgelegt sein. Um sensibel zu bleiben für die Entwicklungen, die diese Kommunikationsprozesse nehmen, muß sie selbst *prozeßorientiert* angelegt, d. h. offen sein für Revisionen, Erweiterungen, Veränderung. Die methodische Inszenierung ist ein - freilich je nach Forschungs"gegenstand" unterschiedlich ausformulierter - Rahmen, in dem es dann aber darum geht - und dies bedeutet Prozeßorientierung - herauszufinden, welche Methode im jeweiligen regionalen/ thematischen/ politischen Zusammenhang angemessen ist, um einem Thema die entsprechende Relevanz zu verleihen. Und ohne die Aktivitäten anderer Frauen in anderen gesellschaftlichen Bereichen oder in "benachbarten", vielleicht sogar konkurrierenden Arbeitsfeldern damit zu entwerten. Gelingt es, Vorgehensweisen zu finden, auf die sich unterschiedliche Gruppen von Frauen beziehen können, so daß wir uns wechselseitig Status verleihen können? Dieser Suchprozeß ist ein wichtiger Schritt, sein Resultat ist ein wichtiges Forschungsergebnis. Er ist als gemeinsamer Entwicklungsprozeß und selbst als Frauenpolitikum zu betrachten.

2. *Konfliktaufdeckende Arbeitsformen*

Durch Prozesse der gegenseitigen Anerkennung und Wertschätzung, durch eine zunehmende Qualifizierung und gegenseitige Bezugnahme der am Forschungsprozeß

Beteiligten wird auch ein neuer Raum für Konflikte eröffnet. Das neue "alte" Konfliktpotential besteht zum Beispiel in der Gefahr der Profilierung einzelner in Abgrenzung zu anderen in einem neu strukturierten Beziehungsgefüge zwischen Forscherinnen und Praktikerinnen. Hier ist - von allen am Forschungsprozeß Beteiligten - eine permanente und gleichzeitige Sensibilität für die folgenden Fragen gefordert:

* *wo* ist es nachvollziehbar und der Sache durchaus dienlich, daß einzelne zeitweise sichtbarer und eher wahrnehmbar aus dem Kollektiv der am gemeinsamen Prozeß Beteiligten "herausragen"?
* *wo* geht solche "Profilierung" auf Kosten anderer (zum Beispiel in Form von Abwertung oder von unterlassener Bezugnahme auf die Leistungen und Mitarbeit anderer Frauen)?
* *was* sind die Bedingungen dafür, daß sich der Erfolg einzelner Frauen nicht gegen die Interessen des gesamten Forschungs-, Praxis-, Politikzusammenhangs richtet?

In Bezug auf letzteres ist wiederum die - gerade im vermeintlich individuellen Erfolg zentrale – "sichtbare Bezugnahme" zu nennen. In ihr sehen wir - und auch dies war ein Ergebnis der Tagung - eine ganz konkrete Möglichkeit, "Macht" als solidarischen Begriff zu entwickeln und vor allem auch zu praktizieren. Denn dann vervielfältigen sich unsere Möglichkeiten, uns vor dem Hintergrund vielfältiger Kompetenzen am jeweiligen Ort zur jeweiligen Zeit mit dem entsprechenden Thema einzubringen.

Als Voraussetzung hierfür muß in der von uns betriebenen Frauenforschung das (klassische) Statusgefälle zwischen Forschung und Praxis transparent bearbeitet werden. Auf der Tagung wurde daher in unterschiedlichen Zusammenhängen die gesellschaftliche Abwertung des Erfahrungs- und Praxiswissens aufgespürt. Differenz wird dann zu einer Kategorie der Anerkennung, wenn sie mit dem Bestreben verbunden ist, vorhandene Hierarchisierungen bewußtzumachen und abzubauen (die "Gleichheit in der Differenz" - s.o.). Das heißt vor allem, und darauf hebt ja auch die Reflexion unseres Verhältnisses zwischen Forschung und Praxis ab, einen gemeinsamen Bezugspunkt zu haben, der nicht die Differenz selbst betrifft. In unserem Zusammenhang ist das gemeinsame Dritte das sozialpolitische Ziel der Anerkennung und Gewährleistung der Optionen und ihrer Ressourcen für Frauen. In diesem Zusammenhangscheint die Thematisierung von Macht sinnvoll als Analysefrage an Binnenverhältnisse und als strategische Zielfrage nach außen. Wie kann Zusammenarbeit (Bezugnahme) von Frauen sozialpolitische Macht in und durch die Gemeinsamkeit erreichen? Wiederum kommt hier der Konfliktfähigkeit (im Sinne eines politischen Status - als Gegenüber -, ebenso wie im Sinne eines stabilen Selbstbezugs) eine entscheidende Bedeutung zu.

Konfliktarbeit ist eine kontinuierliche Arbeit an verdeckten gesellschaftlichen Konfliktlinien. Angesichts der derzeitigen gesellschaftlichen Situation wird praxisbezogene Frauenforschung immer wieder vor der Aufgabe stehen, Konfliktsituationen zu "entwirren", also - gemeinsam mit den "Praktikerinnen" - zu analysieren, wo Konfliktlinien verlaufen, wo zum Beispiel Frauen in Konkurrenzverhältnisse gedrückt werden, wo einem produktiven Umgang mit Unterschiedlichkeit von vornherein die Luft genommen wird etc. Vermeintlich individuelle Konflikte auf ihren gesellschaftlichen Gehalt zu hinterfragen, und vermeintlich individuelle Lösungen auf ihre gesellschaftliche Relevanz hin zu befragen, ist der Weg. Solche Klärungen sind ebenfalls als prozeßbezogene Forschungsschritte zu begreifen und zu werten. In diesen Überlegungen zur gesellschaftlichen Relevanz von Konflikten, sind gesellschaftspolitische Erkenntnisse enthalten, die einen wesentlichen Teil unserer Tagung ausmachten: Die Suche danach, wie a) Konflikte auf sozialpolitisch erzeugte Spaltungen zurückzuführen sind und b) ihre Bearbeitung gesellschaftlich verdeckt wird. Zunehmend sind Konflikte zwischen (politischen) Frauen sichtbar und werden mit großer Härte ausgetragen. Trotz aller Bitternis ist dieses jedoch auch als ein Ergebnis der Tatsache zu werten, daß Frauen mehr Bezugnahme erreicht haben, daß sie Netzwerke bilden, daß mehr Öffentlichkeit zwischen Frauen existiert. Wenn allerdings die Basis von eigener und gegenseitiger Anerkennung fehlt, werden die Konflikte destruktiv, weil existentiell. Die Bezugnahme wird zu einer destruktiven Kraft, mit oft sehr viel Energie.

Konflikte haben immer auch eine strukturelle Seite. So spalten sozialpolitische Vorgaben und Vorgehensweisen Frauen, bringen sie in Marginalisierungen und darin in Konkurrenz zueinander. Wenn wir Konflikte bearbeiten, ja dieses zu einer Schlüsselstelle in der gegenseitigen Bezugnahme im Hinblick auf sozialpolitische Erkenntnisse machen, dann ist es sinnvoll, diese Spaltungsprozesse genauer zu untersuchen, um sich davon absetzen zu können und besser erkennen zu können, welche Qualität die absichtlich inszenierte "Gegenerfahrung" haben muß, um uns unsere Wahrnehmung zu erhalten.

Spaltungen sehen wir in:

* Abspaltungen durch Zuschreibung bzw. Entzug von Relevanz. Insbesondere die Sparpolitik legt nahe, daß die Maßstäbe für Politikrelevantes nicht aus den alltäglichen Erfahrungen genommen werden, sondern beispielsweise aus der politischen Durchsetzbarkeit, aus dem Renommee etc.
* Bewertungen (zum Beispiel Beurteilung der fachlichen Arbeit), die oftmals auf der Basis äußerlicher Kriterien vorgenommen werden (Fallzahlen, Besucherinnenzahlen, Kooperation mit genehmen Stellen etc.).
* Suggestion einer Chance auf Finanzierung, Förderung und/ oder Anerkennung, wenn frau sich als einzelne (oder Einzeleinrichtung etc.) profiliert und genau nicht im Verbund bzw. in Solidarität mit anderen auftritt.
* Begrenzende Rahmenbedingungen (z.B. schlechte Arbeitsbedingungen), die Bezugnahmen und Traditionsbildung unter Frauen verhindern und (Selbst-) Zuschreibungen von Imkompetenz fördern.

* Der in Sparzeiten verschärfte Appell an die Solidarität, Zugehörigkeit, das Engagement für die eigene Organisation oder "das Eigentliche" der Arbeit - als konstruierter Gegensatz zur frauenpolitischen "Spezialisierung und Separierung".
* Die sozialpolitische Hierarchisierung von Differenz, als entweder-oder, richtig-falsch, oben-unten.

Diese Spaltungen wirken bei Frauen im beruflichen Bereich ebenso wie in der sonstigen Bezugnahme. Sie treffen auf tieferliegende psychodynamische Strukturen, die schon im Aufwachsen von Mädchen und bei erwachsenen Frauen immer die Selbstbezugnahme behindern. Die Selbstwahrnehmung als unsicher, nicht genügend, nicht ganz richtig, inkompetent, als Erfahrung eines grundlegenden Mangels (an Anerkennung) verhindert, andere Frauen als kompetent, sicher etc. wahrzunehmen. Sie spaltet und bildet die Grundlage dafür, daß es so schnell gehen kann, in die sozialpolitischen Spaltungsfallen zu treten, in Konkurrenz und gegenseitige Abwertung. Das Zwingen in dualistische hierarchische Denkmuster untergräbt Bezugnahme, untergräbt die Möglichkeit, Reichtum in der Differenz zu sehen - untergräbt aber auch das Ringen um eigene Relevanzkriterien. Indem sich ständig an diesen Vorgaben abgearbeitet wird/ werden muß, wird verdeckt, wie sehr die eigene Wahrnehmung, die eigene Wirklichkeit aus dem Blick geschwunden ist, wird verdeckt, daß Spaltungsprozesse wirksam sind. Im Zweifel scheint doch die Orientierung an den gesellschaftlich dominanten Kriterien der Bewertung zunächst mehr Anerkennung zu geben. Wenn Frauenpolitik und Frauenforschung hieran arbeiten wollen, bedarf es eines Rahmens für Selbstthematisierung, eines geschützten Raums, bei sich selbst genauer zu schauen, womit bestimmte Empfindungen, Einschätzungen und Verletzungen zusammenhängen. Dieser Raum ist die Chance der "Gegenerfahrung" (s.o.), in dem der Mangel dort verortet werden kann, woher er kommt: aus der dominanten Sozialpolitik.

3. Öffentlichkeit initiieren und inszenieren
Mit unserer ersten Tagung sind wir an eine größere Frauenöffentlichkeit in Baden-Württemberg herangetreten. Gleichzeitig haben wir Öffentlichkeit inszeniert, d.h. für alle Tagungsbeteiligten, Organisatorinnen wie Teilnehmerinnen, erfahrbar gemacht, was diese öffentliche Bezugnahme aufeinander, gerade wenn sie zwischen Frauen aus unterschiedlichen Praxisfeldern verläuft, in gewisser Weise also "unüblich" ist, an politischen, sprich: wieder auf "Öffentlichkeit" zielenden Energien freisetzt. Beeindruckend und emotional spürbar war eine Stimmung in der Begegnung der Vielfältigkeit, die Offenheit und ein gegenseitiges Sich- Wert-Geben ausdrückte: Ein ganzes Haus, gefüllt mit Frauen, die - auf der Basis des in der Einladung benannten frauenpolitischen Verständigungsbedarfs - bereit sind, sich gemeinsam mit ihnen Unbekannten aufeinander einzulassen, sich mit eigenem Unbekanntem (bzw. Unbenanntem) zu konfrontieren, sich mit vielfältigen Thematiken auseinanderzusetzen[77], Zusammenhänge zu entwickeln, wo sonst Trennungen dominieren. Die Lust und das Vertrauen auf die Sinnhaftigkeit, diese Zusammenhänge zu entdecken, prägten das Klima[78]. Der Austausch wurde von allen Seiten als anregend empfunden. So wurde ganz praktisch die Relevanz und eine mögliche Umsetzung der Idee von der Politik der Anerkennung deutlich. *Die Erarbeitung von Kennzeichen dieser Politik sind ein*

---

[77] Letzteres ist uns gelungen, wenn auch um den Preis einer zeitweiligen Überforderung. So ergab unsere "Teilnehmerinnenbefragung", daß es besser gewesen wäre, weniger Schwerpunkte zu setzen. Das Programm wurde als interessant, aber teilweise recht anstrengend empfunden. Es blieb zu wenig Zeit zum Kraftschöpfen, Bewegung, Austausch, zum intensiveren Kennenlernen.

[78] Nicht unerheblich für dieses Klima und von den Teilnehmerinnen auch klar so benannt war die Tatsache, daß die Mitarbeiterinnen des Instituts für frauenpolitische Sozialforschung als gemeinsame Tagungsleitung fungierten und - in ihrer Unterschiedlichkeit - abwechselnd in ihrer Verantwortung für den Tagungsablauf hervortraten. Diese Form der Professionalität - jenseits des sonst üblichen individualisierten Professionalitätsmodells - könnte "stilbildend" für die uns wichtigen Praxis-Forschungszusammenhänge werden.

Ergebnis dieser Tagung. So sehen wir in den aus der Zusammenarbeit von Frauen aus unterschiedlichen Praxisfeldern gemachten Erfahrungen eine Chance, Frauenpolitik jenseits von Identitätspolitik zu formulieren.

Die Tagung war an sich schon Ver-Öffentlichung und Ent-Individualisierung: im Austausch wurde auf vielen Ebenen deutlich, wieviel unsere jeweilige "persönliche" Lebenssituation zu tun hat mit dem Engagement, das wir aufbringen können für Fragen, die uns sehr wichtig sind Die Frage, inwieweit es uns gelingt, auf der persönlichen Ebene - zwischen verschiedenen Lebensbereichen und verschiedenen Relevanzsystemen - gelingende Balancen herzustellen, ist gekoppelt mit Fragen der sozialpolitischen Anerkennung weiblicher Lebensrealität. Diese Koppelung ist freilich meist verdeckt. Insofern waren die Diskussionen erste Schritte hin zu "Lösungen": Konflikte konnten neu benannt werden, Ängste, der Druck und seine unterschiedlichen Quellen (auch der Druck, den wir uns selbst bzw. den Frauen sich gegenseitig machen) gemeinsam entdeckt werden. Darüber hinaus gab es konkrete Anregungen für Handlungsalternativen und Raum zur Erprobung derselben.

4. Den Wechsel im Blick: Die Tagung als methodische Umsetzung von Praxis-Forschungserfahrungen und als methodisches Experiment
Die Tagung war Praxiserprobung, sie war zugleich aber auch Methodenerprobung. Mit ihr wurden wichtige Ergebnisse aus unseren unterschiedlichen Praxis-Forschungserfahrungen methodisch umgesetzt. "Methodisches Experiment" war sie insofern, als wir zum ersten Mal diese verschiedenen Erfahrungen in ein gemeinsames "Projekt" eingebracht haben. Aber auch insofern, als es bei uns allen eine anfängliche Unsicherheit darüber gab, ob wir mit der relativ offenen, betont prozeßhaften Einladung zu diesem Experiment auch auf die Interessen der Teilnehmerinnen treffen würden, ob wir überhaupt verstanden würden, ob dies mitteilbar sei.

Daß diese Mitteilung gelang, daß dieses Tagungsprojekt wirklich einen zwischen Praxis und Forschung vermittelnden Charakter bekommen hatte, können wir am

Beispiel des Umgangs mit und der Bedeutung von theoretischen Begriffen, die von der Seite der Forscherinnen in den Tagungsprozeß eingebracht wurden, verdeutlichen - zum Beispiel den Begriffen Bezugnahme, Strategie, Verdeckung, Vermittlung. Zum einen erfuhren diese Begriffe eine "Belebung", eine "lebendige Füllung" in der und durch die gemeinsame Diskussion. Zum anderen schärften diese Diskussionen aber auch den Blick dafür, wie wir uns, egal, in welchem Praxisfeld wir tätig sind, immer wieder in begrifflichen Verengungen verfangen und damit unser Denken begrenzen. Es bedarf daher einer ständigen Arbeit, die eigenen Begriffe zu hinterfragen, zu öffnen, mit unseren Inhalten zu füllen und zu vertreten. Nicht zuletzt wurden diese Begriffe für die Teilnehmerinnen in ihrer Relevanz für den gelebten Frauenalltag deutlich; sie wurden erlebt als gar nicht praxisfernes Handwerkszeug zur Analyse der eigenen Situation, welches für einen geschärften Blick auf die eigene Situation, der Konflikte und Verstrickungen sorgt.

Die Resonanz auf unsere Tagungsausschreibung sowie die Rückmeldungen der Teilnehmerinnen auf unsere Fragebogenaktion zur Auswertung der Tagung dokumentieren den großen Bedarf an Austausch, Vermittlung und Entwicklung gemeinsamer Strategien. Insofern hat sich das Tagungsthema "Bedarfsentwicklung" selbst als relevantes bestätigt. Diesen Bedarf weiter zu ent-decken und zu präzisieren, sehen wir als unsere Aufgabe an. An dem, was bereits auf der Tagung sichtbar geworden ist, werden wir ansetzen und weiter planen.

Literatur

Abels (1993): Zur Bedeutung des Female Stream für die Methodendiskussion in den Sozialwissenchaften. In: Soziologie. Mitteilungsblatt der deutschen Gesellschaft für Soziologie, Heft 1.

Appelsmeyer, Heide (1996): Stil und Typisierung in weiblichen Lebensentwürfen. Eine vergleichende Analyse biographischer und literarischer Konstruktionen älterer Frauen, Weinheim.

Arbeitsgemeinschaft Interdisziplinäre Frauenforschung und -studien (Hg.) (1990): Frauenforschung und Kunst von Frauen, Pfaffenweiler.

Arbeitsgemeinschaft Jugendfreizeitstätten Baden-Württemberg e.V. (AGJF) (Hg.) (1993): Jugendhilfeplanung - Pflicht statt Kür, Mädchenrechte in Baden-Württemberg, Stuttgart.

Arbeitsgemeinschaft Jugendfreizeitstätten Baden-Württemberg e.V. (AGJF) - Bitzan, Maria/ Daigler, Claudia/ Hilke, Gabriele / Pfendtner, Petra / Reimann, Ulrike/ Sander, Petra (Hg.) (1994): Jugendhilfeplanung - Pflicht statt Kür, Mädcheninteressen vor Ort, Stuttgart.

Arnold, Helmut/ Stauber, Barbara/ Walther, Andreas (1993): Regionalanalyse - Zugang zu regionalen Lebenswelten und Anstoß von Regionalentwicklung. In: Neue Praxis, Jg.23, Heft 3.

Aufenanger, S. (1991): Qualitative Analyse semi-struktureller Interviews. Ein Werkstattbericht. In: Garz, D./ Kraimer, K. (Hg.): Qualitativ-empirische Sozialforschung. Konzepte, Methoden, Analysen. Opladen 1991.

Baumann, Zygmunt (1995a): Moderne und Ambivalenz: Das Ende der Eindeutigkeit, Frankfurt a.M.

Baumann, Zygmunt (1995b): Identitätsprobleme in der Postmoderne. In: Widersprüche, Heft 55, Juni 1995.

Beck, Ulrich (1993): Die Erfindung des Politischen. Zu einer Theorie reflexiver Modernisierung, Frankfurt a.M.

Beck, Ulrich/ Giddens, Anthony/ Lash, Scott (1996): Reflexive Modernisierung. Eine Kontroverse, Frankfurt a.M.

Becker-Schmid, Regina et al. (1982): "Nicht wir haben die Minuten - die Minuten haben uns" - Zeiterfahrungen von Arbeitermüttern in Fabrik und Familie, Bonn.

Becker-Schmidt, Regina et al. (1983): Arbeitsleben - Lebensarbeit. Konflikte und Erfahrungen von Fabrikarbeiterinnen, Bonn.

Becker-Schmid, Regina (1984): Probleme einer feministischen Theorie und Empirie in den Sozialwissenschaften. In: Zentraleinrichtung zur Förderung von Frauenstudien und Frauenforschung an der FU Berlin (Hg.): Methoden in der Frauenforschung, Frankfurt a.M.

Becker-Schmid, Regina (1985): Probleme feministischer Theorie und Empirie in den Sozialwissenschaften. In: Feministische Studien, 4.Jg. Heft 4.

Becker-Schmid, Regina (1987): Frauen und Deklassierung. Geschlecht und Klasse. In: Beer, Ursula (Hg.): Klasse Geschlecht. Feministische Gesellschaftsanalyse und Wissenschaftskritik, Bielefeld.

Becker-Schmidt, Regina (1987): Die doppelte Vergesellschaftung - die doppelte Unterdrückung: Besonderheiten der Frauenforschung in den Sozialwissenschaften. In: Unterkirchner/ Wagner: Die andere Hälfte der Gesellschaft, Wien.

Becker-Schmidt, Regina (1989): Identitätslogik und Gewalt. Zum Verhältnis von Kritischer Theorie und Feminismus. In: Beiträge zur feministischen Theorie und Praxis, Jg. 12, Nr. 24.

Becker-Schmidt, Regina (1990): Widerspruch und Ambivalenz. Konflikterfahrung als Schritt zur Emanzipation. In: Arbeitsgemeinschaft Interdisziplinäre Frauenforschung und -studien (Hg.): Frauenforschung und Kunst von Frauen, Pfaffenweiler.

Becker-Schmidt, Regina (1991): Wenn die Frauen erst einmal Frauen sein könnten. In: Früchtl, Josef/ Calloni, Maria (Hg.): Geist gegen Zeitgeist. Erinnerungen an Adorno, Frankfurt a.M.

Becker-Schmidt, Regina/ Bilden, Helga (1991): Impulse für die qualitative Sozialforschung aus der Frauenforschung. In: Flick, Uwe et al. 1991.

Becker-Schmidt, Regina (1991): Frauenforschung. Eine Einführung. In: Herzog, W./ Violo, E. (Hg.): beschreiblich-weiblich. Aspekte feministischer Wissenschaft und Wissenschaftskritik, Zürich.

Becker-Schmidt, Regina (1994): Diskontinuität und Nachträglichkeit. Theoretische und methodische Überlegungen zur Erforschung weiblicher Lebensläufe. In: Dietzinger, Angelika et al. 1994.

Beer, Ursula (Hg.) (1987): Klasse Geschlecht. Feministische Gesellschaftsanalyse und Wissenschafts- kritik, Bielefeld.

Beer, Ursula (1997): "Objektivität" und "Parteilichkeit" - ein Widerspruch in feministischer Forschung? In: dies. Klasse Geschlecht, Bielefeld.

Behrens, Johann/Voges,Wolfgang (Hg) 1996: Statuspassagen und sozialpolitische Institutionali- sierungen, Frankfurt a.M./ New York.

Benjamin, Jessica (1989): Herrschaft - Knechtschaft: Die Phantasie von der erotischen Unterwefung. In: List, Elisabeth/ Studer, Herlinde: Denkverhältnisse, Feminismus und Kritik, Frankfurt a.M.

Benjamin, Jessica (1990): Die Fesseln der Liebe, Frankfurt a.M..

Bitzan, Maria (1992): Wenn zwei das gleiche tun... Handlungsspielräume von Frauen in der sozialen Arbeit. In: Pädagogisches Institut der Johannes-Gutenberg-Universität Mainz (Hg.): Auf ewig in der zweiten Reihe? Frauen in Bildungs- und Sozialarbeit, Mainz.

Bitzan, Maria/ Klöck, Tilo (1993): Wer streitet schon mit Aschenputtel? Konfliktorientierung und Geschlechterdifferenz - eine Chance zur Politisierung sozialer Arbeit? München.

Bitzan, Maria (1996): Geschlechterhierarchie als kollektiver Realitätsverlust - zum Verhältnis von Alltagstheorie und Feminismus. In: Grunwald, Klaus u.a. (Hg.): Alltag, Nichtalltägliches und die Lebenswelt. Beiträge zur lebensweltorientierten Sozialpädagogik, München/ Weinheim.

Bitzan, Maria (1997): Von der Nische zum Standard. Zur politischen Handlungskompetenz in der Mädchenarbeit. In: LAG Mädchenpolitik Baden Württemberg (Hg.): Wir bringen neue Bälle ins politische Spiel, Rundbrief I/97, Stuttgart.

Bitzan, Maria/ Hemmerich, Wera (1997): Die Gestaltung des Sozialen - Die Überforderung des Privaten. In: Müller, Siegfried/ Reinl, Heidi (Hg.): Soziale Arbeit in der Konkurrenzgesellschaft, Neuwied/ Berlin.

Bitzan, Maria (1998): Das Eigene zum Sprechen bringen - der Beitrag der Frauenforschung zur Entwicklung frauen- und mächenpolitischer Strategien, In: Kirsch-Auwärter, Edith/ Diemer, Susanne/ Phillips, Sigrid (Hg.): Vermittlungen, Tübingen.

Bitzan, Maria/ Funk, Heide (1995): Geschlechterdifferenzierung als Qualifizierung der Jugendhilfeplanung. In: Bolay/ Herrmann (Hg.): Jugendhilfeplanung als politischer Prozeß, Neuwied.

Böhnisch, Lothar/ Winter, Reinhard (1992): Männliche Sozialisation. Bewältigungsprobleme männlicher Geschlechtsidentität im Lebenslauf, Weinheim/ München.

Böhnisch, Lothar/ Funk, Heide (1989): Jugend im Abseits? Zur Lebenslage Jugendlicher im ländlichen Raum, Weinheim/ München.

Bourdieu, Pierre (1970): Zur Soziologie der symbolischen Formen, Frankfurt a.M.

Bourdieu, Pierre (1987): Sozialer Sinn: Kritik der theoretischen Vernunft, Frankfurt a.M.

Breitenbach, Eva (1992): Mütter mißbrauchter Mädchen: eine Studie über sexuelle Verletzung und weibliche Identität, Pfaffenweiler.

Brown, Lynn M./ Gilligan, Carol (1994): Die verlorene Stimme. Wendepunkte in der Entwicklung von Mädchen und Frauen, Frankfurt a. M./ New York.

Brückner, Margit (1994): Geschlecht und Öffentlichkeit. Für und wider das Auftreten als Frau oder als Mensch, In: Brückner, Margit/ Meyer, Birgit (Hg.): Die sichtbare Frau. Aneignung der gesellschaftlichen Räume, Freiburg i.Br.

Büchtemann, C. et al. (1994): From school to work: Patterns in Germany and the U.S. In: Schwarze, J. et al.: Labour Market Dynamics in Present Day Germany. Boulder, CO: Westview Press.

Bundesministerium für Jugend, Familie, Frauen und Gesundheit (BMJFFG) (Hg.) 1990: Achter Jugendbericht.

Chassé, Karl-August (1996): Ländliche Armut im Umbruch: Lebenslagen und Lebensbewältigung, Opladen.

Clifford, J. (1986): Introduction: Partial Truths. In: Clifford, J./ Marcus, G.E. (Hg.) Writing Culture. The Poetics and Politics of Ethnography. Berkeley, Universitiy of California Press.

Collins, P.H. (1990): Black feminist thought: Knowledge, consciousness and the politics of empowerment, New York: Routledge.

Collins P.H. (1992): Transforming the inner circle: Dorothy Smith's challenge to sociological theory. In: Sociological Theory, 10.

Dausien, Brigitte (1993): Leben für andere oder eigenes Leben? Geschlechterdifferenz in der biographischen Forschung. In: Born, Claudia/ Krüger, Helga (Hg.): Erwerbsverläufe von Ehepartnern und die Modernisierung weiblicher Lebensläufe, Weinheim.

Daigler, Claudia / Hilke, G.abriele (1996): Mädchen kommen zu Wort. Ergebnisse des Praxis- und Forschungsprojektes "Mädchen in der Jugendhilfeplanung" zur mädchengerechten Beteiligung. In: Niedersächsisches Frauenministerium (Hg.): Mädchen im Blick. Mädchengerechte Jugendhilfeplanung, Hannover.

Denzin, Norman K./ Lincoln, Yvonna S. (Hg.) (1994): Handbook of qualitative research, Sage.

Denzin, Norman K. (1994): The Art and Politics of Interpretation, In: Denzin, Norman K./ Lincoln, Yvonna S. (Hg.) 1994.

Dietzinger, Angelika (1991a): Frauen, Arbeit, Individualisierung, Opladen.

Dietzinger, Angelika (1991b): Individualisierungsprozesse in den Biographien junger Frauen: Exemplarische Fallanalysen zum Verhältnis von Anforderungen, Ansprüchen und Ressourcen. In: Combe, Arno/ Helsper, Werner (Hg.): Hermeneutische Jugendforschung. Theoretische Konzepte und methodologische Ansätze, Opladen.

Dietzinger, Angelika/ Kitzer, Hedwig/ Anker, Ingrid et al. (1994) (Hg.): Erfahrung mit Methode. Wege sozialwissenschaftlicher Frauenforschung, Freiburg.

Eckart, Christel (1991): Selbständigkeit von Frauen im Wohlfahrtsstaat? Wider eine Sozialpolitik verleugneter Abhängigkeiten im Geschlechterverhältnis, In: Widersprüche Jg. 11, Heft 39.

Eckart, Christel/ Heinze, Dagmar et al. (Hg.) (1995): Sackgassen der Selbstbehauptung - Feministische Analysen zu Rechtsradikalismus und Gewalt, Schriftenreihe der Interdisziplinären AG Frauenforschung der Gesamthochschule Kassel, Kassel.

Eichler, Margrit (1980): The Double Standard. A Feminist Critique of Feminist Social Science, New York.

Eßbach, Wolfgang (1996): Vernunft, Entwicklung, Leben - Schlüsselbegriffe der Moderne. In: Hager, Friehjof/ Schwengel, Hermann (Hg.): Wer inszeniert das Leben? Modelle zukünftiger Vergesellschaftung, Frankfurt a.M.

Evangelische Akademie Bad Boll (Hg.) (1994): Forum Tübinger Pädagoginnen, Bad Boll.

Ferguson, Kathy E. (1985): Bürokratie und öffentliches Leben: Die Feminisierung des Gemeinwesens, In: Diamond, Stanley et al. (Hg.): Bürokratie als Schicksal? Leviathan Jg. 13, Sonderheft 6/85.

Fiske, John (1994): Audiencing: Cultural Practice and Cultural Studies. In: Denzin, Norman K./ Lincoln, Yvonna S. (Hg.) 1994.

Fine, Michelle (1994): Working the Hyphens - Reinventing Self and Other in Qualitative Research. In: Denzin, Norman K./ Lincoln, Yvonna S. (Hg.) 1994.

Flick, Uwe et al. (Hg.) (1991): Qualitative Sozialforschung: Grundlagen, Konzepte, Methoden und Anwendungen, München.

Fontana, Andrea/ Frey, James H. (1994): Interviewing: The Art of Science. In: Denzin, Norman K./ Lincoln, Yvonna S. (Hg.) 1994.

Fraser, Nancy (1994): Der Kampf um die Bedürfnisse: Entwurf für eine sozialistisch-feministische kritische Theorie der politischen Kultur im Spätkapitalismus. In: dies: Widerspenstige Praktiken, Frankfurt a.M.

Fraser, Nancy (1996): Öffentlichkeit neu denken - Ein Beitrag zur Kritik real existierender Demokratie In: Scheich, Elvira (Hg.): Vermittelte Weiblichkeit. Feministische Wissenschafts- und Gesellschaftstheorie. Edition Hamburger Institut für Sozialforschung, Hamburg.

Frauenfortbildungsgruppe Tübingen (Hg.) (1993): "..daß eine anders ist und wie sie anders ist. Frauenbildung als Kontroverse, Tübingen

Frerichs, Petra/ Steinrücke, Margareta (Hg.) (1993): Soziale Ungleichheit und Geschlechterverhältnisse Opladen.

Funk, Heide (1993): Mädchen in ländlichen Regionen. Theoretische und empirische Ergebnisse zur Modernisierung weiblicher Lebenslagen, München.

Funk, Heide/ Huber, Helga (1990): Mädchenkultur - Lebensbewältigung zwischen Tradition und Moderne. In: Hebenstreit-Müller, Sabine/ Helbrecht-Jordan, Ingrid (Hg.): Junge Mütter auf dem Land - Frauenleben im Umbruch, Bielefeld.

Funk, Heide/ Schmutz, Elisabeth/ Stauber, Barbara (1993): Gegen den alltäglichen Realitätsverlust. Sozialpädagogische Frauenforschung als aktivierende Praxis. In: Rauschenbach, Thomas/ Ortmann, Friedrich/ Karsten, Maria-E. (Hg.): Der sozialpädagogische Blick. Lebensweltorientierte Methoden in der Sozialen Arbeit, Weinheim/ München.

Garz, Detlef (Hg.) (1991): Qualitativ-empirische Sozialforschung: Konzepte, Methoden, Analysen, Opladen.

Gerhard, Ute (1990): Patriarchatskritik als Gesellschaftsanalyse. Ein nicht erledigtes Projekt. In: Arbeitsgemeinschaft Interdisziplinäre Frauenforschung und -studien (Hg.): Frauenforschung und Kunst von Frauen, Pfaffenweiler.

Gerhard, Ute (1993): "Differenz und Vielfalt - die Diskurse der Frauenforschung." In: Zeitschrift für Frauenforschung 11. Jg. Heft 1 und 2.

Giddens, Anthony (1988): Die Konstitution der Gesellschaft, Frankfurt a.M. / New York.

Giddens, Anthony (1991): Modernity and Self-Identity: Self and Society in the Late Modern Age, Cambridge: Polity Press.

Giddens, Anthony (1995): Konsequenzen der Moderne, Frankfurt a.M.

Giesecke, Wiltrud (1993): Von der fehlenden Liebe zum eigenen Geschlecht. In: dies. (Hg.) Feministische Bildung - Frauenbildung, Pfaffenweiler.

Glücks, Elisabeth / Ottemeier-Glücks, Franz Gerd(Hg.) (1994): Geschlechtsbezogene Pädagogik. Ein Bildungskonzept zur Qualifizierung koedukativer Praxis durch parteiliche Mädchenarbeit und antisexistische Jungenarbeit, Münster.

Goffmann, Erving (1959): The Presentation of Self in Everyday Life, New York. dt: 1969: Wir spielen alle Theater - Die Selbstdarstellung im Alltag, München/ Zürich.

Habermas, Jürgen (1981): Theorie des kommunikativen Handelns, Frankfurt a.M.

Hagemann-White, Carol/ Rerrich, Maria S. (1988): FrauenMännerBilder. Männer und Männlichkeit in der feministischen Diskussion, Bielefeld.

Hagemann-White, Carol (1992): Berufsfindung und Lebensperspektive in der weiblichen Adoleszenz, In: Flaake, Karin/ King, Vera (Hg.): Weibliche Adoleszenz, Frankfurt a.M./ New York.

Hagemann-White, Carol (1993a): Die Konstrukteure des Geschlechts auf frischer Tat ertappen. Methodische Konsequenzen einer theoretischen Einsicht. In: Feministische Studien 1993, Heft 2.

Hagemann-White, Carol (1993b): Das Ziel aus den Augen verloren? In: Zeitschrift für Frauenforschung 11. Jg 1993, Heft 1 und 2.

Hagemann-White, Carol (1994): Der Umgang mit Zweigeschlechtlichkeit als Forschungsaufgabe, In: Dietzinger, Angelika et al. (Hg.) 1994.

Hall, Stuart (1992): Cultural studies and its theoretical legacies. In: Grossberg, L./ Nelson, C./ Treichler, P.A. (Eds.): Cultural Studies, New York.

Haug, Frigga/ Hauser, Kornelia (1985): Subjekt Frau, Hamburg/ Berlin.

Harper, Douglas (1994): On the Authority of the Image: Visual Methods at the Crossroads, In: Denzin, Norman K./ Lincoln, Yvonna S. (Hg.) 1994.

Harré, R./ Gillett, G. (1994): The discoursive mind. Thousand Oaks/ London.

Hasenjürgen, Brigitte (1993): Von der 'Subsistenzdebatte' zur 'Geschlechterforschung' - Frauen und Arbeit im Diskurs der westdeutschen Frauenforschung. In: dies./ Preuß, Sabine (Hg.): Frauenarbeit - Frauenpolitik. Internationale Diskussionen, Münster.

Hasenjürgen, Brigitte (1996): Soziale Macht im Wissenschaftsspiel. Sozialwissenschaftlerinnen und Frauenforscherinnen an der Hochschule, Münster.

Heiner, Maja (1988): Selbstevaluation in der sozialen Arbeit, Freiburg.

Heinrich, Gisela (1995): Drogenpolitik aus Frauensicht. Herausgegeben von der Hamburgischen Landesstelle gegen die Suchtgefahren e.V., Freiburg.

Heinz, Walter R. (1995): Arbeit, Beruf und Lebenslauf, Weinheim/ München.

Heinz, Walter R. (1995): Transitions in youth in cross-cultural perspective: School-to-work in Germany. In: Galaway, B./ Hudson, J. (eds.): Youth in Transition to Adulthood: Research and Policy Implications, Toronto.

Heinz, Walter R. (1996): Status passage as micro-macro linkages in life course research. In: Weymann, A./ Heinz, W.R. (eds.): Society and Biography, Weinheim, Deutscher Studien Verlag.

Heinz, Walter R. (1997): Selbstsozialisation im Lebenslauf: Umrisse einer Theorie biographischen Handelns.In: Hoerning, E. (Hg.): Biographische Sozialisation, Stuttgart.

Helfferich, Cornelia (1994): Jugend, Körper und Geschlecht, Opladen.

Heinritz, Charlotte/ Thiele, Petra (1979): Wir Weiber machen's ja doch. Frauen aus einem sozialen Brennpunkt erzählen, Bensheim.

Hildenbrandt, Bruno (1991): Fallrekonstruktive Forschung. In: Flick, Uwe (Hg.) 1991.

Hitzler, Ronald/ Honer, Anne (1991): Qualitative Verfahren zur Lebensweltanalyse. In: Flick, Uwe (Hg.) 1991.

Honer, Anne (1993): Lebensweltliche Ethnographie, Wiesbaden.

Honneth, Axel (1992): Kampf um Anerkennung. Zur moralischen Grammatik sozialer Konflikte. Frankfurt a. M.

Hopf, Christel (1979): Soziologie und qualitative Sozialforschung. In: dies./ Weingarten, Elmar (Hg.): Qualitative Sozialforschung, Stuttgart.

Hopf, Christel (1991): Qualitative Interviews in der Sozialforschung. Ein Überblick. In: Flick, Uwe (Hg.) 1991.

Huber, Helga/ Knab, Maria (1992): Alltägliche Leistungsanforderungen und Bewältigungsformen. Projektbericht "Grundlagen der Beratung für Frauen in ländlichen Regionen", Teil I, Tübingen.

Huber, Helga/ Knab, Maria (1993): Selbsterfahrungsbezogene Bildungsangebote als eine Form der Unterstützung und Beratung für Frauen in ländlichen Regionen. Projektbericht "Grundlagen der Beratung für Frauen in ländlichen Regionen", Teil II, Tübingen.

Huber, Helga (1996): Perspektiven von Frauen im Spannungsfeld zwischen bezahlter und unbezahlter Arbeit. Chancen und Grenzen auf dem Arbeitsmarkt - Leistungen für die wirtschaftliche Entwicklung ländlicher Regionen, Albstadt.

Janesick, Valerie J. (1994): The Dance of Qualitiative Research Design: Metaphor, Methodolatry, and Meaning. In: Denzin, Norman K./ Lincoln, Yvonna S. (Hg.) 1994.

Kaschuba, Gerrit/ Reich, Wulfhild (1994): "Fähigkeiten täten in mir schon stecken...": Lebensentwürfe und Bildungsinteressen von Frauen in ländlichen Regionen, Frankfurt a.M.

Keupp, Heiner (1992): Identitätsverlust oder neue Identitätsentwürfe? In: Zoll, Rainer (Hg.): Ein neues kulturelles Modell, Opladen.

Keupp, Heiner (1992): Das Subjekt und das Soziale sind auch nicht mehr das, was sie einmal waren! Aber.... In: Otto/ Hirschauer/ Thiersch (Hg.) Zeit-Zeichen Sozialer Arbeit, Darmstadt/ Neuwied.

Knab, Maria (1996): Frauennetzwerke in ländlichen Regionen zur öffentlichen Thematisierung von Gewalt gegen Frauen und Mädchen - Reflexion und Weiterentwicklung praktizierter Ansätze. Dokumentation von Workshops, Ravensburg/ Tübingen.

Knab, Maria (1998): Frauenverhältnisse - Entwicklung und Erprobung einer Forschungsperspektive, i.E.

Knapp, Gudrun-Axeli (1988): Die vergessene Differenz. In: Feministische Studien, Jg. 6, Nr. 11.

Knapp, Gudrun-Axeli/ Wetterer, Angelika (Hg.) (1992): Traditionen - Brüche. Entwicklungen feministischer Theorie, Freiburg.

König, Eberhard/ Zedler, Peter (Hg.) 1995: Bilanz qualitativer Forschung, Bd. I: Grundlagen qualitativer Forschung - Bd. II: Methoden, Weinheim.

Krüger, Helga (1985): Weibliche Körperkonzepte - ein Problem für die Jugendarbeit, In: Deutsche Jugend 11, Jg. 33.

Krüger, Helga (1993): Die "Verlängerung" des Jugendalters - kein geschlechtsneutrales Phänomen. In: Bendit, René/ Mauger/ v. Wolffersdorff (Hg.) Jugend und Gesellschaft. Deutsch-französische Forschungsperspektiven, Baden-Baden.

Krüger, Helga et al. (1987): Privatsache Kind - Privatsache Beruf. "...und dann hab' ich noch Haushalt, Mann und Wäsche...", Opladen.

Krüger, Marlies (1994): Methodologische und wissenschaftstheoretische Reflexionen über eine feministische Soziologie und Sozialforschung. In: Diezinger u.a. (Hg.) 1994.

Kvale, Steinar (1996): InterViews. An Introduction to Qualitative Research Interviewing, Thousand Oaks/ London/ New Delhi.

Lamnek, Siegfried (1987): Qualitative Sozialforschung, Band I: Methodologie, Weinheim/ München.

Lamnek, Siegfried (1988): Qualitative Sozialforschung, Band II: Methoden und Methodologie, Weinheim/ München.

Lang, Susanne / Richter, Dagmar (Hg.) (1994): Geschlechterverhältnisse - schlechte Verhältnisse. Verpaßte Chancen der Moderne? Marburg.

Lather, Patty (1991): Getting smart: Feminist research and pedagogy with/ in the postmodern, New York: Routledge.

Lather, Patty (1992): Critical frame in educational research: Feminist and poststructural perspectives, In: Theory Into Practice, 31 (2).

Lather, Patty (1995): The validity of angels: Interpretive and textual strategies in researching the lives of women with HIV/ AIDS, In: Qualitative Inquiry 1.

Lenz, Ilse (1988): Liebe, Brot und Freiheit. Zur neueren Diskussion um die Subsistenzproduktion, Technik und Emanzipation in der Frauenforschung. In: Beiträge zur feministischen Theorie und Praxis, Heft 21/22.

Lenz, Ilse (1992): Fremdheit/ Vertrautheit. Von der Schwierigkeit im Umgang mit kulturellen Unterschieden. In: Knapp, Gudrun-Axeli/ Müller, Ursula (Hg.): Ein Deutschland - zwei Patriarchate? Dokumentation der Jahrestagung der Sektion 'Frauenforschung in den Sozialwissenschaften' in Hannover, 21. - 23. Juni 1991, Bielefeld.

Lenz, Ilse (1993): Neue Nachrichten von Nirgendwo? Zu neuen Perspektiven in der Geschlechterfrage. In: Hasenjürgen, Brigitte/ Preuss, Sabine (Hg.): Frauenarbeit - Frauenpolitik. Internationale Diskussionen, Münster.

Lenz, Ilse/ Germer, Andrea (Hg.) (1996): Wechselnde Blicke. Frauenforschung in internationaler Perspektive, Opladen.

Lerner, Gerda (1995): Die Entstehung des feministischen Bewußtseins. Vom Mittelalter bis zur ersten Frauenbewegung, Frankfurt a.M.

Libreria delle donne di Milano (1989): Wie weibliche Freiheit entsteht. Berlin, 2. Auflage.

List, Elisabeth / Studer, Herlinde (1989): Denkverhältnisse. Feminismus und Kritik, Frankfurt a.M.

Maurer, Susanne (1996): Zwischen Zuschreibung und Selbstgestaltung - Feministische Identitätspolitiken im Kräftefeld von Kritik, Norm und Utopie.

Maihofer, Andrea (1995): Geschlecht als Existenzweise, Frankfurt a.M.

Märth, Ingo/ Fröhlich, Gehrad (Hg.) 1994: Das symbolische Kapital der Lebensstile. Zur Kultursoziologie der Moderne nach Pierre Bourdieu.

Marbach, Jan H./ Tölke, Angelika (1996): Junge Erwachsene - Wandel im Partnerschaftsverhalten und die Bedeutung sozialer Netzwerke. In: Behrens/ Voges (Hg.).

Marcus, George E. (1994): What Comes (Just) After "Post"? - The Case of Ethnography, In: Denzin, Norman K./ Lincoln, Yvonna S. (Hg.) 1994.

Marotzki, Winfried (1995): Qualitative Bildungsforschung, In: König, Eberhard/ Zedler, Peter (Hg.): 1995.

Mayering, Philipp (1991): Qualitative Inhaltsanalyse. In: Flick, Uwe et al. (Hg.) 1991.

Metz-Göckel, Sigrid (1991): Geschlechterverhältnis. In: Flick, Uwe et al. (Hg.) 1991.

Metz-Göckel, S./ Nyssen E. (1990): Frauen leben Widersprüche: Zwischenbilanz der Frauenforschung, Weinheim.

Mies, Maria (1978): Methodische Postulate zur Frauenforschung - dargestellt am Beispiel der Gewalt gegen Frauen. In: Beiträge zur feministischen Theorie und Praxis, 1. Jg.

Mies, Maria (1994): Frauenbewegung und 15 Jahre "Methodische Postulate zur Frauenforschung". In: Dietzinger, Angelika et al. (Hg.) 1994.

Ministerium für Frauen, Familie, Weiterbildung und Kunst (MFFWK) (Hg.) (1995): "Mädchen in der Jugendhilfeplanung", Träger: Stadt Tübingen, Frauenbeauftragte.

Modelmog, Ilse/ Kirsch-Auwärter, Edit (Hg.): Kultur in Bewegung - Beharrliche Ermächtigungen, Freiburg.

Müller, Ursula (1984): Gibt es eine "spezielle" Methode in der Frauenforschung? In: Zentraleinrichtung zur Förderung von Frauenstudien und Frauenforschung an der FU Berlin (Hg.): Methoden in der Frauenforschung, Frankfurt a.M.

Müller, Ursula (1991): Gleichheit im Zeitalter der Differenz: Einige methodologische Erwägungen zur Frauenforschung. In: Psychologie und Gesellschaftskritik 59/60.

Müller, Ursula (1994): Feminismus in der empirischen Forschung: Eine methodologische Bestandsaufnahme, In: Dietzinger, Angelika et al. (Hg.)1994.

Müller, Ursula/ Schmidt-Waldherr, Hiltraud (Hg.) (1989): FrauenSozialKunde - Wandel und Differenzierung von Lebensformen und Bewußtsein, Bielefeld.

Müller, Hans-Peter (1992): Sozialstruktur und Lebensstile. Der neuere theoretische Diskurs über soziale Ungleichheit, Frankfurt a.M.

Münchmeier, Richard (1997): Die Kompetenzen der Professionellen und die Stärken der Lebenswelt. In: Müller, Siegfried/ Reinl, Heidi (Hg.): Soziale Arbeit in der Konkurrenzgesellschaft. Beiträge zur Neugestaltung des Sozialen. Verhandlungen des 2. Bundeskongresses Soziale Arbeit, Neuwied/ Kriftel/ Berlin.

Nadig, Maya (1986): Die verborgene Kultur der Frau. Ethnopsychoanalytische Gespräche mit Bäuerinnen in Mexiko, Frankfurt a.M.

Nadig, Maya (1992): Der ethnologische Weg zur Erkenntnis. Das weibliche Subjekt in der feministischen Wissenschaft. In: Knapp, Gudrun-Axeli/ Wetterer, Angelika (Hg.) 1992.

Nestmann, Frank/ Tied, Friedemann (1990): EVAPLAN. Eine Anleitung zur strukturierten Evaluation psychosozialer Modellprojekte. In: Archiv für Wissenschaft und Praxis der sozialen Arbeit, 21. Jg.

Oakley, Anne (1981): Interviewing women: A contradiction in terms, In: Roberts, H. (Ed.): Doing feminist research, London: Routledge.

Oevermann, Ulrich (1988): Eine exemplarische Fallrekonstruktion zum Typus versozialwissenschaftlichter Identitätsformation, In: Brose, Hanns-Georg/ Hildenbrand, Bruns (Hg.): Vom Ende des Individuums zur Individualität ohne Ende, Oplanden.

Ostner, Ilona (1986): Prekäre Subsidiarität und partielle Individualisierung - Zukünfte von Haushalt und Familie, In: Berger, Johannes (Hg.): Die Moderne - Kontinuitäten und Zäsuren, Soziale Welt, Jg. 37, Sonderband 4.

Ostner, Ilona (1987): Scheu vor der Zahl? Die qualitative Erforschung von Lebenslauf und Biographie als Element einer feministischen Wissenschaft. In: Voes, Wolfgang (Hg.): Methoden der Biographie- und Lebenslaufforschung, Opladen.

Ostner, Ilona (1989): Am Staat vorbei? Sozialarbeit mit Frauen im geteilten Sozialstaat, In: Widersprüche, Jg. 9, Heft 31.

Preiss, Dagmar/ Schwarz, Anne/ Wilser, Anja (1996): Mädchen - Lust und Last der Pubertät, Frankfurt a.M.

Rabe-Kleberg, Ursula (Hg.) (1990): Besser gebildet und doch nicht gleich! Frauen und Bildung in der Arbeitsgesellschaft, Hannover.

Rauschenbach, Thomas/ Ortmann, Friedrich/ Karsten, Maria-Eleonora (Hg.) (1993): Der sozialpädagogische Blick. Lebensweltorientierte Methoden in der Sozialen Arbeit, Weinheim/ München.

Reinharz, S. (1992): Feminist methods in social research, New York, Oxford University Press.

Reinl, Heidi (1997): Ist die Armut weiblich? Über die Ungleichheit der Geschlechter im Sozialstaat, In: Müller, Sigfried/ Otto, Ulrich (Hg.): Armut im Sozialstaat - Gesellschaftliche Analysen und sozialpolitische Konsequenzen, Neuwied/ Kriftel/ Berlin.

Rich, Adrienne (1986): Von Frauen geboren - Mutterschaft als Erfahrung und Institution, München.

Rich, Adrienne (1990): Frauen und Ehre - einige Gedanken über das Lügen, In: dies.: Um die Freiheit schreiben. Frankfurt.

Rommelspacher, Birgit (1987): Mütterlichkeit und Professionalität, In: dies. (Hg.): Weibliche Beziehungsmuster, Frankfurt a.M.

Rommelspacher, Birgit (1992): Mitmenschlichkeit und Unterwerfung, Frankfurt a.M.

Rommelspacher, Birgit (1994): Frauen in der Dominanzkultur. In: Uremovic, Olga/ Oerter, Gundula (Hg.) Frauen zwischen Grenzen: Rassismus und Nationalismus in der feministischen Diskussion, Frankfurt a.M./ New York.

Rommelspacher, Birgit (1995): Dominanzkultur. Texte zu Fremdheit und Macht, Berlin

Rodenstein, Marianne (1990): Feministische Stadt- und Regionalforschung - Ein Überblick über Stand, aktuelle Probleme und Entwicklungsmöglichkeiten. In: Dörhofer, Kerstin (Hg.): Stadt - Land - Frau. Soziologische Analysen, feministische Planungsansätze, Freiburg.

Savier, Monika / Wildt, Carola (1978): Mädchen zwischen Anpassung und Widerstand, München.

Scheich, Elvira (Hg.) (1996a): Vermittelte Weiblichkeit. Feministische Wissenschafts- und Gesellschaftstheorie. Edition Hamburger Institut für Sozialforschung, Hamburg.

Scheich, Elvira (1996b): Denken im Kaleidoskop - Zu den Voraussetzungen feministischer Kritik an der Entwicklung moderner Wissenschaft. In: dies. (Hg.) 1996a.

Scheich, Elvira (1996c): Verstehen und Differenz - Ein Kommentar zum Verhältnis von Subjektivität, Erfahrung und Erkenntnis in der feministischen Theorie. In: dies. (Hg.) 1996a.

Schön, Elke (1995): KIDS in Außenräumen, In: Bolay, Eberhard/ Herrmann, Franz (Hg.): Jugendhilfeplanung als politischer Prozeß, Neuwied.

Schwarz, Anne (1998): Mädchen auf ihrem Weg zu einer selbstbestimmten Sexualität, Frankfurt a. M./ Berlin/ Bern u.a.

Smith, Dorothy E. (1992): Sociology from women's experience: A reaffirmation, In: Sociological Theory, 10, pp.

Stadelhofer, Carmen/ Kaschuba, Gerrit u.a. (1994): Zwischen Reflexion und Einmischung. Abschlußbericht der wissenschaftlichen Begleitung zum Modellprojekt "Frauenakademie", Mössingen- Talheim.

Stauber, Barbara/ Walther, Andreas (1995): Nur Flausen im Kopf? Berufs- und Lebensentscheidungen von Mädchen und Jungen als Frage regionaler Optionen, Bielefeld .

Stauber, Barbara (1996): Lebensgestaltung alleinerziehender Frauen - Balancen zwischen Anpassung und Eigenständigkeit in ländlichen Regionen, Weinheim/ München.

Stumpp, Gabriele (1997): Wer bestimmt hier eigentlich, was gesund für uns ist? Versuch einer Positionsbestimmung im Gesundheitsdiskurs, unveröffentlichtes Manuskript zum Vortrag innerhalb der Vorlesungsreihe "Themen Tübinger ErziehungswissenschaftlerInnen am Institut für Erziehungswissenschaft der Universität Tübingen.

Terhart, E. (1981): Intuition - Interpretation - Argumentation. Zur Geltungsbegründung von Interpretationen. In: Zeitschrift für Pädagogik 27.

Thiersch, Hans (1992): Lebensweltorientierte Soziale Arbeit. Aufgaben der Praxis im sozialen Wandel, Weinheim/ München.

Thürmer-Rohr, Christina (1984): Der Chor der Opfer ist verstummt. Eine Kritik an Ansprüchen der Frauenforschung. In: Beiträge zur feministischen Theorie und Praxis 11.

Thürmer-Rohr, Christina (Hg.) (1989): Mittäterschaft und Entdeckungslust, Berlin.

Thürmer-Rohr, Christina (Hg.) (1994): Verlorene Narrenfreiheit: Essays, Berlin.

Wahl, Klaus/ Honig, Michael-Sebastian/ Gravenhorst, Lerke (1982): Wissenschaftlichkeit und Interessen. Zur Herstellung subjektorientierter Sozialforschung, Frankfurt a.M.

Wahl, Klaus/ Honig, Michael-Sebastian/ Gravenhorst, Lerke (1985): Plurale Wirklichkeiten als Herausforderung. Methodologische und forschungspraktische Überlegungen am Beispiel von "Gewalt in Familien". In: Soziale Welt, Jg. 36, Sonderband 5.

West, C. (1990): The new cultural politics of difference, In: Ferguson, R./ Geverr, M./ Minh-ha, T.T./ West, C. (Eds.): Out there: Marginalization and contemporary cultures, Cambridge: MIT Press.

Windhaus-Walser, Karin (1991): Geschlechterfrage in der Sozialen Arbeit. Plädoyer zur Integration der Geschlechterfrage in den allgemeinen Diskurs von Sozialarbeit und Sozialpädagogik am Beispiel der Arbeit im Gesundheitswesen. In: neue praxis, Heft 5/6.

Witzel, Andreas (1982): Verfahren der qualitativen Sozialforschung. Überblick und Alternativen. Frankfurt a.M./ New York.

Witzel, Andreas (1996): Die Statuspassage in den Beruf als Prozeß der Reproduktion sozialer Ungleichheit. In: Bolder, A./ Heinz, W.R./ Rodax, K. (Hg.): Die Wiederentdeckung der Ungleichheit (Jahrbuch Bildung und Arbeit, Nr.1) Opladen.

Wohlrab-Sahr, M. (1993): Biographische Unsicherheit. Formen weiblicher Identität in der "reflexiven Moderne", Opladen.

Wolf, M. (1992): A thrice-told tale: Feminism, postmodernism, and ethnographic responsibility, Stanford CA: Stanford University Press.

Young, Iris Marion (1994): Geschlecht als serielle Kollektivität: Frauen als soziales Kollektiv. In: Institut für Sozialforschung (Hg.): Geschlechterverhältnisse und Politik, Frankfurt.

Zedler, Peter/ Moser, H. (1983): Aspekte qualitativer Sozialforschung. Studien zur Aktionsforschung, empirischer Hermeneutik und reflexiver Sozialtechnologie, Opladen.

Zielke, Brigitte (1993): Deviante Jugendliche. Individualisierung, Geschlecht und soziale Kontrolle, Opladen.

Zurhold, Heike (1993): Drogenkarrieren von Frauen im Spiegel ihrer Lebensgeschichten - eine qualitative Vergleichsstudie differenter Entwicklungsverläufe opiatgebrauchender Frauen, Berlin.

Zu den Autorinnen

Maria Bitzan, Jg. 1955, Mitarbeiterin des Tübinger Instituts für frauenpolitische Sozialforschung e.V. und des Instituts für Erziehungswissenschaften, Abteilung Sozialpädagogik, der Universität Tübingen. Arbeitsschwerpunkte sind Feministische Theorie der Sozialen Arbeit, Mädchenarbeit und Mädchenforschung, Jugendhilfe, Methoden der Frauenforschung.

Heide Funk, Jg. 1945, Hochschullehrerin an der Hochschule für Wirtschaft und Technik Mittweida, Fachbereich Soziale Arbeit. Arbeitsschwerpunkte sind geschlechterdifferenzierte Jugendhilfeplanung in den neuen Bundesländern, Mädchenarbeit und Mädchenpolitik sowie die Frage nach fachlichen Standards und Entwicklungsperspektiven der Sozialen Arbeit.

Helga Huber, Jg. 1948, Mitarbeiterin des Tübinger Instituts für frauenpolitische Sozialforschung e.V. Arbeitsschwerpunkte sind Strukturentwicklung in ländlichen Regionen aus Frauensicht, Zugänge von Mädchen und Frauen zum regionalen Arbeitsmarkt, Positionen von Müttern im Rahmen sozialstaatlicher Politik.

Gerrit Kaschuba, Jg. 1959, Mitarbeiterin des Instituts für frauenpolitische Sozialforschung e.V. und freiberuflich tätig in der Weiterbildung (u.a. in der Fortbildung von Weiterbildungsmultiplikatorinnen). Arbeitsschwerpunkte sind Frauen in ländlichen Regionen, Bildung und Geschlechterverhältnis, Biographieforschung, kollektives Erinnern von Frauen (NS), interkulturelles Lernen.

Maria Knab, Jg. 1961, Mitarbeiterin des Tübinger Instituts für frauenpolitische Sozialforschung e.V. Arbeitsschwerpunkte in Theorie und Praxis: Politik von Frauen, u.a. in ländlichen Lebenswelten, Eintreten von Frauen gegen Gewalt, sozialstaatliche Frauenverhältnisse, Bildung und Beratung von Frauen für Frauen.

Heidi Reinl, Jg. 1961, Mitarbeiterin des Tübinger Instituts für frauenpolitische Sozialforschung e.V. und des Instituts für Erziehungswissenschaft der Universität Tübingen. Arbeitsschwerpunkte sind Drogentherapieforschung, Lebensweltorientierung und Geschlechterdifferenzierung in der Suchthilfe, geschlechtsspezifische Sozialstaatsanalyse.

Elke Schön, Mitarbeiterin des Tübinger Instituts für frauenpolitische Sozialforschung e.V. Arbeitsschwerpunkte sind raumbezogene Mädchen und Frauenforschung, Selbstbestimmungsbewegungen und Netzwerkarbeit von Frauen.

Anne Schwarz, Jg. 1961, Mitarbeiterin des Tübinger Instituts für frauenpolitische Sozialforschung e.V. sowie des Instituts für regionale Innovation und Sozialforschung (IRIS) in Tübingen. Arbeitsschwerpunkte sind Sexualpädagogik, Mädchenforschung, Weiterbildung und Existenzgründung von Frauen.

Barbara Stauber, Jg. 1963, Mitarbeiterin des Tübinger Instituts für frauenpolitische Sozialforschung e.V. sowie des Instituts für regionale Innovation und Sozialforschung (IRIS) in Tübingen. Arbeitsschwerpunkte sind Lebenslagen und Lebensgestaltung von Mädchen und jungen Frauen, geschlechtsspezifische Übergänge zwischen Jugend und Erwachsensein, subjektbezogene Strategien sozialer Integration.

Das Tübinger Institut für frauenpolitische Sozialforschung e.V.
ist ein autonomes Forschungsinstitut, das aus einem langjährigen Arbeitszusammenhang von Frauen aus Sozialwissenschaft und Praxis hervorgegangen ist. Es bietet Wissenschaftlerinnen innerhalb und außerhalb von 'etablierten' Forschungseinrichtungen einen Ort der verbindlichen Zusammenarbeit, an dem nach neuen Formen für die wissenschaftliche Praxis und ihrer Verknüpfung mit anderen sozialen Bereichen und Bewegungen gesucht werden kann. Mit dem Institut soll die Weiterentwicklung und Etablierung feministischer Standards in Theorie und Praxis vorangetrieben werden. Dies geschieht auf der Basis kooperativer Arbeitsweisen - innerhalb des Instituts und anderer Einrichtungen - jenseits akademischer Hierarchien.

FRAUEN & GESCHICHTE, GESELLSCHAFT, KULTUR

Biró, Christine
Zwischen Fiktion und Wirklichkeit
Zur Bedeutung weiblicher Identität in den Bildern Lovis Corinths
Kunstgeschichte, Band 5, 2000, 108 Seiten, Abb., br.,
ISBN 3-8255-0291-0, ca. 50,00 DM

Claas, Babette
Gleichberechtigt in den Parteien
Der Gleichberechtigungsartikel und die Parteien in der
Geschichte der Bundesrepublik Deutschland
Feministische Theorie und Praxis, Band 14, 2000, 346 + XII Seiten, br.,
ISBN 3-8255-0300-3, ca. 60,00 DM

Neuauflage in Vorbereitung:
Dörr, Bea / Kaschuba, Gerrit / Mauerer, Susanne
„Endlich habe ich einen Platz für meine Erinnerungen gefunden"
Kollektives Erinnern von Frauen in Erzählcafés
zum Nationalsozialismus
Forschungen zum Nationalsozialismus, Band 1, 1999, 176 Seiten, Abb., br.,
ISBN 3-8255-0245-7, 19,80 DM

Förner, Judith
Musikalische Mädchen(t)räume
Die Bedeutung der weiblichen Adoleszenz für die
Ausbildung musikalisch-künstlerischer Produktivität
Frauen*Gesellschaft*Kritik, Band 33, 2000, 108 Seiten, Abb.,
ISBN 3-8255-0250-3, ca. 40,00 DM

Hoffmann-Altmann, Uta / Teheranni-Krönner, Parto /
Schultz, Ulrike (Hg.)
Frauen und nachhaltige ländliche Entwicklung
Beiträge der III. Internationalen Tagung „Frauen in der
ländlichen Entwicklung"
Frauen*Gesellschaft*Kritik, Band 34, 1999, 196 Seiten, br.,
ISBN 3-8255-0283-X, 49,80 DM

CENTAURUS VERLAG

FRAUEN & GESCHICHTE, GESELLSCHAFT, KULTUR

Koppenhöfer, Eva
Frauen und Zigaretten
Über das Ambivalente am Rauchen und seine
Ausprägungen in weiblichen Lebenszusammenhängen
Betrifft: Geschlecht. Diskussionsbeiträge junger Wissenschaftlerinnen, Band 2,
2000, 200 Seiten, br. ISBN 3-8255-0274-0, 49,80 DM

Ley, Ulrike
Einerseits und Andererseits
Das Dilemma liberaler Frauenrechtlerinnen in der Politik.
Zu den Bedingungen politischer Partizipation
von Frauen im Kaiserreich
Forum Politik & Geschlechterverhältnisse, Band, 1, 1999, 230 Seiten, br.,
ISBN 3-8255-0229-5, 59,80 DM

Puschmann, Claudia
Fahrende Frauenzimmer
Zur Geschichte der Frauen an deutschen Wanderbühnen
Frauen in Geschichte und Gesellschaft, Band 34, 2000, 172 Seiten, br.,
ISBN 3-8255-0272-4, ca. 50,00 DM

Reiter, Raimond
Frauen im Dritten Reich in Niedersachsen
Eine Dokumentation
Frauen in Geschichte und Gesellschaft, Band 33, 1998, 190 Seiten, br.,
ISBN 3-8255-0180-9, 39,80 DM

Sitter, Carmen
„Die eine Hälfte vergißt man(n) leicht!"
Zur Situation von Journalistinnen in Deutschland unter
besonderer Berücksichtigung des 20. Jahrhunderts
Frauen*Gesellschaft*Kritik, Band 31, 1998, 580 Seiten, Abb., br.,
ISBN 3-8255-0212-0, 49,80 DM

Teuber, Kristin
„Ich blute, also bin ich"
Selbstverletzung der Haut von Mädchen und jungen Frauen"
Münchner Studien zur Kultur- und Sozialpsychologie, Band 10,
2. Auflage 1999, 126 Seiten, br., ISBN 3-8255-0090-X, 39,80 DM

CENTAURUS VERLAG

MIX
Papier aus verantwortungsvollen Quellen
Paper from responsible sources
FSC® C105338

If you have any concerns about our products,
you can contact us on
ProductSafety@springernature.com

In case Publisher is established outside the EU,
the EU authorized representative is:
**Springer Nature Customer Service Center GmbH
Europaplatz 3, 69115 Heidelberg, Germany**

Printed by Libri Plureos GmbH
in Hamburg, Germany